हिंदी : वैश्विक व्याप्ति एवं प्रभाव

संपादन

डॉ. रत्नाकर नराले		डॉ. राकेश कुमार दूबे

Pustak Bharati
Toronto Canada

Editors : डॉ. रत्नाकर नराले
डॉ. राकेश कुमार दूबे

Book Title : हिंदी : वैश्विक व्याप्ति एवं प्रभाव

Published by :
Pustak Bharati (Books-India)
180 Torresdale Ave, Toronto Canada M2R 3E4
email : pustak.bharati.canada@gmail.com
Web : www.pustak-bharati-canada.com

Sales & Marketing :
Pustak Bharati (Books-India)
Publishers & Distributors
H.N. 168, Nehiyan,
Varanasi-221202, U. P.
Phone : +91-7355682455
E-mail : pustak.bharati.india@gmail.com

Price : $ 25.50
₹ 1170

Copyright ©2024

ISBN 978-1-989416-97-6

ISBN : 978-1-989416-97-6

© All rights reserved. No part of this book may be copied, reproduced or utilised in any manner or by any means, computerised, e-mail, scanning, photocopying or by recording in any information storage and retrieval system, without the permission in writing from the editors.

विषयानुक्रमिका

संपादकीय i

1. राष्ट्रीय भाषा हिन्दी : स्वतंत्रता पूर्व और पश्चात् 1
डॉ. नीलम सिंह

2. राष्ट्रीय एकीकरण में हिन्दी की भूमिका 8
डॉ. उदारता

3. वर्तमान समय में हिन्दी का स्वरूप 16
डॉ. गीता शुक्ला

4. दक्षिण भारत में हिंदी एवं आजादी का संघर्ष 21
डॉ. महक

5. हिंदीत्तर प्रांतों में हिंदी (महाराष्ट्र के विशेष संदर्भ में) 29
डॉ. जयश्री शिंदे

6. हिंदी के विकास में संस्थाओ की भूमिका 37
डॉ. समीर प्रजापति

7. स्वतंत्रता सेनानियों का हिंदी भाषा विषयक योगदान 50
विजयता दुबे

8. पं. मदनमोहन मालवीय का हिन्दी के प्रसार में योगदान 60
डॉ. राकेश कुमार शर्मा

9. हिन्दी के क्षेत्र में पंडित माखनलाल चतुर्वेदी का योगदान 68
डॉ. सीता सिंह

10. नृत्याचार्य पं. बिंदादीन महाराज का हिंदी विषयक अवदान 80
डॉ. आराधना अस्थाना

11. हिन्दी पत्रकारिता : शैशवावस्था से स्वातंत्रोत्तर तक 92
डॉ. बिन्दु भसीन

12.	राजस्थान में स्वतंत्रता संग्राम में हिन्दी पत्र-पत्रिकाओं की भूमिका (किसान आंदोलन का विशेष संदर्भ) डॉ. शिव कुमार मिश्रा	100
13.	हिंदी भाषा के प्रचार-प्रसार में भारतीय सिनेमा का योगदान मनीष कुमार गुप्ता	110
14.	हिंदी के प्रसार में सिनेमा का योगदान महमुदा खानम	121
15.	भारतीय जनसंचार माध्यमों में हिंदी की भूमिका डॉ अंजू शर्मा	127
16.	संचार माध्यम और हिंदी डॉ. भावना कुँअर	134
17.	संचार माध्यम के रूप में हिन्दी डॉ. सीना कुरियन	144
18.	संचार माध्यम और हिंदी का प्रसार दीपक दीक्षित	149
19.	प्रवासी साहित्य और साहित्यकार प्रो. बलराम गुप्ता	157
20.	प्रवासी हिन्दी पत्रकारिता : एक अस्मिता डॉ. भुवनेश्वर दूबे	168
21.	मॉरीशस में हिंदी भाषा और साहित्य : गिरमिटिया समाज के कुछ ऐतिहासिक सन्दर्भ डॉ. देविना अक्षयवर	179
22.	उज्बेकिस्तान में हिंदी भाषा और संस्कृति के प्रसार में ताशकंद राजकिय प्राच्य विद्या विश्वविद्यालय का योगदान डॉ. कमोला रहमतजोनोवा	192

23.	विदेशों में भारतीय संस्कृति की वाहक हिंदी रमेश कुमार पाण्डेय	196
24.	रामायण : भारतीय संस्कृति और इतिहास डॉ. के. पद्मिनी	206
25.	वैश्विक परिदृश्य में राष्ट्रभाषा हिंदी : मातृभाषा के ममत्व, राजभाषा के एकत्व और राष्ट्रभाषा के समत्व द्वारा भारतीय सभ्यता, संस्कृति एवं राष्ट्रीयता की पुनर्स्थापना डॉ. अजय शुक्ला	213
26.	वैश्वीकरण के परिदृष्य में हिन्दी प्रो. अमर ज्योति	223
27.	वैश्विक पटल पर हिन्दी का इतिहास मीना देवी	231
28.	वैश्वीकरण के युग में हिंदी डॉ. राजकुमार उपाध्याय "मणि" रीना मिश्रा "पल्ली"	238
29.	हिन्दी एक वैश्विक भाषा डॉ. अनिता कपूर	246
30.	हिन्दी, विश्व की सबसे बड़ी भाषा : तथ्य एवं आंकड़े (शोध रिपोर्ट 2023) डॉ. जयंती प्रसाद नौटियाल	252
31.	हिन्दी का वैश्विक परिदृश्य कार्तिक भागवत निरंजन शिवाजी गुरव	280
32.	विश्व पटल पर हिंदी डॉ. वंदना मुकेश	291
33.	वैश्विक स्तर पर हिंदी का भविष्य डॉ. एस. कृष्णबाबु	297

34.	प्रौद्योगिकी और हिंदी का विकास प्रो. (डॉ.) पी. व्ही. कोटमे	306
35.	साहित्येतर हिंदी लेखन एवं सूचना प्रौद्योगिकी डॉ. विद्या सागर सिंह	319
36.	भारतीय भाषाओं में वैज्ञानिक एवं तकनीकी शब्दावली की संरचना (हिन्दी और तेलुगु भाषाओं के संदर्भ में) डॉ. सूर्य कुमारी .पी.	324
37.	हिन्दी का फैलता क्षितिज और सिकुड़ता समाज अजित कुमार राय	334
38.	विश्व हिंदी सम्मेलनों की उपलब्धियां और प्रासंगिकता आनंद प्रकाश शर्मा	340

संपादकीय

भारत सरकार द्वारा 12वें विश्व हिंदी सम्मेलन के फरवरी, 2023 में फिजी में आयोजित किए जाने की आधिकारिक घोषणा के तुरंत बाद ही पुस्तक भारती संस्थान, कनाडा के अधिकारियों द्वारा यह संकल्प लिया गया कि संस्थान की अंतर्राष्ट्रीय शोध पत्रिका 'पुस्तक भारती पत्रिका' का 'अक्टूबर–दिसंबर, 2022' अंक 'विश्व हिंदी सम्मेलन विशेषांक होगा और साथ ही यह निर्णय भी लिया गया कि 'हिंदी : वैश्विक व्याप्ति एवं प्रभाव' विषय पर एक ग्रंथ का संपादन भी संस्थान द्वारा किया जायेगा। इस ग्रंथ के संपादन का दायित्व पत्रिका के प्रधान संपादक डॉ. रत्नाकर नराले को सौंपा गया। पत्रिका का प्रकाशन तो समय पर ही हो गया परंतु पहले प्रधान संपादक की पत्नी और बाद में स्वयं उनकी अस्वस्थता के कारण इस कार्य में अत्यधिक विलंब हो गया। बाद में पत्रिका के सह–संपादक डॉ. राकेश कुमार दूबे को सहयोगी के रूप में नियुक्त किया गया। उसी संकल्प की परिणति के रूप में यह ग्रंथ आप सभी के समक्ष प्रस्तुत की जा रही है।

आज हिंदी को संयुक्त राष्ट्र संघ की आधिकारिक भाषा बनाने का भगीरथ प्रयास किया जा रहा है। संयुक्त राष्ट्र संघ की स्थापना और भारत की आजादी के समय से ही इसके लिए प्रयास किए जा रहे हैं पर अभी तक इसमें सफलता नहीं मिली है। संयुक्त राष्ट्र संघ की आधिकारिक भाषा का दर्जा प्राप्त करना हो अथवा भारत में ही राजभाषा का स्थान प्राप्त करना हो, दोनो ही विषयों में हिंदी को लम्बा एवं सतत संघर्ष करना पड़ा है और आज भी कर रही है या यूँ कहा जाए कि हिंदी का संपूर्ण इतिहास संघर्ष का इतिहास रहा है तो कोई अतिशयाक्ति नहीं होगी।

ब्रिटिश काल में हिंदी का जो आंदोलन चलाया गया उस दौरान कहीं भी उसे राजभाषा आंदोलन नहीं वरन् सर्वत्र 'राष्ट्रभाषा आंदोलन' ही कहा गया और यह परंपरा इतनी सशक्त निकली कि परवर्ती सभी विद्वानों ने भी इसे उसी नाम से पुकारा। परंतु राजकार्य की भाषा के रूप में हिंदी को प्रतिष्ठित करने के लिए इस आंदोलन का किया जाना स्पष्ट करता है कि यह राष्ट्रभाषा का नहीं वरन् 'राजभाषा का आंदोलन' रहा है।

राष्ट्रभाषा का अर्थ है 'राष्ट्र की भाषा' अर्थात् वह भाषा जिसके माध्यम से सम्पूर्ण देश में विचार संपर्क किया जा सके। वस्तुतः राष्ट्रभाषा किसी देश में एक सिरे से दूसरे सिरे तक बोली और समझी जाने वाली

भाषा होती है। जबकि राजभाषा से तात्पर्य 'राजकार्य की भाषा' से है। सामान्यतः किसी भी राष्ट्र में बहुसंख्यक जनता द्वारा व्यवहृत भाषा (राष्ट्रभाषा) को ही राजभाषा का पद दिया जाता है। इस प्रकार राजभाषा और राष्ट्रभाषा दोनों देश की अधिसंख्य जनता की भाषा होती है। प्रायः प्रत्येक स्वतंत्र राष्ट्र में राष्ट्रभाषा को ही राजभाषा के पद पर प्रतिष्ठित किया जाता है और यह किसी भी राष्ट्र की उन्नति एवं उसकी समृद्धि के लिए नितान्त आवश्यक भी होता है। प्रशासनिक उलटफेर एवं कभी-कभी विदेशी प्रभुत्व स्थापित हो जाने से राजभाषा बदल दी जाती है, यहां तक कि विदेशी भाषाएं भी अधिकार जमा लेती हैं, परंतु राष्ट्रभाषा वही रहती है और अपना वास्तविक पद प्राप्त करने हेतु संघर्ष करती है। प्राचीन भारत की तुलना में सल्तनत शासन व अंग्रेजी शासन काल में ऐसा देखा जा सकता है।

राजभाषा एवं राष्ट्रभाषा की दृष्टि से यदि भारतीय इतिहास पर दृष्टिपात किया जाय तो यह स्पष्ट होता है कि प्राचीन भारत में देश की राष्ट्रभाषाएं क्रमशः संस्कृत, पाली, शौरसेनी प्राकृत और शौरसेनी अपभ्रंश थीं और इन्हीं भाषाओं के माध्यम से तत्कालीन शासक राजकाज किया करते थे। विक्रम की 7वीं शताब्दी से 11वीं तक अपभ्रंश की प्रधानता रही और फिर वह पुरानी हिंदी में परिणत हो गयी। राजा मुंज पुरानी हिंदी का प्रसिद्ध कवि था जो उसके दानपत्रों (संवत् 1031वि., एवं सं. 1036वि.) से प्रमाणित होता है। हिंदी क्रमश अपभ्रंश से निकली है जिसका क्षीण सूत्र 7वीं सदी से मिलता है जिसमें हिंदी का संत साहित्य लिखा जाना आरंभ हुआ। भारतवर्ष में विदेशी आक्रांताओं के आने (1100–1200ई0) के पहले इस देश की देशभाषा हिंदी और नागरी-लिपि या नागरी ही के रूपान्तर वाली थी और उसी के द्वारा देश के राजा और प्रजा का काम चलता था।

विदेशी आक्रांताओं के भारत में आगमन एवं सल्तनत स्थापित होने के साथ ही सदियों से चली आयी राजभाषा की परंपरा खंडित हो गयी और फारसी को राजभाषा बना दिया गया। सल्तनत सत्ता के जमने के साथ ही फारसी का बोलबाला हो गया और हिंदी को द्वितीय श्रेणी में ढकेल दिया गया। यद्यपि हिंदी का पद छीन गया परन्तु फिर भी वह राष्ट्रभाषा के रूप में और कुछ काल तक कुछ विभागों में राजभाषा के पद पर भी प्रतिष्ठित रही।

सुलतानों की सत्ता जम जाने के समय से ही यह धारणा बलवती होने लगी कि शासकों तथा उसके कर्मचारियों को देश में प्रचलित भाषा की जानकारी हो क्योंकि बिना लोकभाषा की सहायता के शासन नहीं चल सकता। अलाउद्दीन खिलजी ने देश भाषा का व्यापक प्रचार किया।

उसकी आज्ञा से खुसरो ने 'खालिकबारी' पुस्तक तैयार कर ग्रामों एवं नगरों में वितरित करवायी थी। कहावत ही प्रसिद्ध है कि "एक खाल ऊँट सवा लाख गारी, तिस पर लादी खालिकबारी"। खालिकबारी पुस्तक में लेखक ने सर्वत्र फारसी शब्द के पर्याय के लिए हिंदी शब्द खोजने का प्रयास किया है। हिंदी ही सल्तनत काल में देशभाषा थी जिसकी महत्ता सल्तनत काल के महानतम् साहित्यकार अमीर खुसरो ने स्वीकार की थी, उन्हीं के शब्दों में "मैं भूलों में था, पर अच्छी तरह सोचने पर हिंदी भाषा फारसी से कम नहीं ज्ञात हुई। अरबी के सिवा, जो प्रत्येक भाषा की मीर और सबों में मुख्य है, रई (अरब का एक नगर) और रूम की प्रचलित भाषाएं समझने पर हिंदी से कम मालूम हुईं।"

सुलतानी राज्य के आरंभ (1200ई.) से लेकर अकबर के राज्य के मध्य तक (1565ई. तक) माल विभाग में हिंदी का और फौजदारी कचहरियों में फारसी भाषा का प्रचार था। राजा टोडरमल (1523–1589ई.) के सुझाव पर अकबर के शासन काल में माल विभाग में भी फारसी का प्रचलन कर दिया गया। यह राजा टोडरमल का ही प्रभाव था कि हिंदुओं को फारसी सीखने को बाध्य होना पड़ा। मुगल शासकों–अकबर, जहाँगीर और शाहजहाँ के शासन काल में संरक्षण के अभाव के बावजूद भी हिंदी अत्यधिक विकसित हुई। यह काल हिंदी साहित्य का 'स्वर्णयुग' था। अठारहवीं शताब्दी के दौरान मुगल साम्राज्य के पतन के साथ ही फारसी भाषा के बासी पड़ जाने के कारण उर्दू राजभाषा के रूप में चालू की गई। फारसी भाषा तो कचहरी से उठ गई पर फारसी लिपि यहां बनी रह गई। मुस्लिम काल की नागरी अंग्रेजी शासन से विदा हो गई और हिन्दुस्तानी का अर्थ हो गया वह हिंदी जो फारसी लिपि में लिखी जाती है और हिंदुस्तानी सरकार की कृपा से वह हिंदी न रह कर फारसी हो गई।

अंग्रेजी राज्य स्थापित होने पर अंग्रेजों ने पूर्ववर्ती शासकों की भाषा संबंधी नीति को ही अपनाया। अदालती भाषा तो फारसी रही, परंतु द्वितीय भाषा के रूप में हिंदी का प्रयोग जारी रहा। समस्त आदेश एवं सूचनाएं फारसी के साथ ही हिंदी में भी लिखे जाते थे। सन् 1803ई. के आईन 31 में इस बात का स्पष्ट उल्लेख किया गया। 1837ई. में सरकार ने जनता की सुविधा के लिए यह आज्ञा प्रचारित की कि "न्याय और माल संबंधी समस्त काम फारसी के बदले यहां की देशभाषा में हुआ करें और अंग्रेजी का प्रचार केवल ऐसी चिट्ठी–पत्री में सरकारी अफसर किया करें जिससे सर्वसाधारण से कोई संबंध न हो।" इस निश्चय के अनुसार बंगाल में बँगला, उड़ीसा में उड़िया भाषा का प्रचार हुआ परंतु हिन्दुस्तान

(जिसके अन्तर्गत् बिहार, पश्चिमोत्तर प्रदेश और मध्य प्रदेश का कुछ भाग था) उर्दू जारी की गई। इसका कारण यह था कि यूरोपीय लेखकों ने उर्दू भाषा को 'हिंदुस्तानी' नाम से उल्लिखित किया था जिससे यह समझा गया कि जैसे बंगाल की भाषा बंगला, और गुजरात की भाषा गुजराती है, वैसे ही हिंदुस्तान की भाषा हिन्दुस्तानी (उर्दू) है। इस भूल के संशोधन हेतु 1840ई., 1854ई. और 1876ई. में पुनः आज्ञाएं निकली परन्तु उसका कोई फल नहीं हुआ। इस महाभूल का संशोधन सन् 1881ई. में बिहार और मध्य प्रदेश में हुआ जब वहां हिंदी भाषा और नागरी अक्षरों का प्रचार हुआ, परन्तु पश्चिमोत्तर प्रदेश और अवध प्रांत में इस सुधार का होना शेष रह गया।

1858ई. की महारानी के घोषणापत्र ने भारतीय इतिहास को एक नया मोड़ दिया। इस घोषणा पत्र से हिंदी भाषियों में आशा की किरण जागी। उन्हें ऐसा लगने लगा कि वे अब पूर्व शासकों के प्रभुत्वकाल और 19वीं सदी के प्रथमार्द्ध में अंग्रेज शासकों के एक पक्षीय व्यवहार की दमनकारी नीति से मुक्ति पा जायेंगे और उनकी इच्छा के विरूद्ध आरोपित फारसी, उर्दू से उन्हें मुक्ति मिल जायेगी। इस प्रकार हिंदी को उर्दू के समकक्ष शासकीय मान्यता दिलाने के लिए पृष्ठभूमि तैयार करने का श्रेय 1858ई. की महारानी की घोषणा को है।

1858ई. की घोषण के बाद ही हिंदी को उर्दू के समकक्ष राजभाषा का पद दिलाने हेतु उद्योग आरंभ हुआ। 1858ई. में ही, जब राजा शिवप्रसाद विद्यमान थे, उस समय अनेक सज्जनों ने इस बात को कहा था कि 'सरकारी दफ्तरों में हिंदी भाषा का प्रवेश हो', किंतु उस समय यह बात बातों में ही में रह गयी। 1858ई. के बाद कुछ प्रमुख भारतीय राजनीतिज्ञों ने भी हिंदी की चर्चा व्यापक रूप से उठाई जिसमें डॉ. राजेन्द्रलाल मित्र का नाम प्रमुख है। उन्होंने बंगाल की एशियाटिक सोसाइटी के 1864ई. की पत्रिका में अपना मत हिंदी के पक्ष में व्यक्त किया था।

सर्वप्रथम 1868ई. में इस बात का उद्योग किया गया कि पश्चिमोत्तर प्रदेश की राजभाषा परिवर्तित हो। इस वर्ष प्रथम जनवरी और बाद में अगस्त महीने में राजा शिवप्रसाद 'सितारैहिंद' ने शिक्षा पदाधिकारी की हैसियत से मेमोरेंडम उपस्थित किया जिसमें, विशेषकर दूसरे में, उन्होंने, हिंदी तथा देवनागरी की जोरदार वकालत की। प्रथम मेमोरेंडम में उन्होंने कहा था कि जनता को कोर्ट की भाषा (उर्दू) सीखनी चाहिए लेकिन दूसरे में उन्होंने कहा कि कोर्ट की भाषा जनता की भाषा

(हिंदी) होनी चाहिए। परन्तु इस उद्योग का कोई फल नहीं निकला।

पुनः 1882ई. में, जब 'एजुकेशन कमीशन' बैठा था, इस बात का पुनः उद्योग किया गया कि हिंदी को राजभाषा का पद दिलाया जाय। स्वयं भारतेन्दु हरिश्चन्द्र ने कमीशन के सम्मुख गवाही देते हुए हिंदी को अदालती भाषा का दर्जा देने की मांग की थी। उन्होंने विविध प्रमाणों एवं आधारों पर हिंदी को राजभाषा का पद दिये जाने की वकालत की। 1882ई. में ही हिंदी समर्थकों द्वारा शिक्षा आयोग को पश्चिमोत्तर प्रदेश से 67000 हस्ताक्षरों सहित 118 मेमोरियल विभिन्न शहरों एवं कस्बों से भेंजे गये जिनमें मुख्य रूप से हिंदी को उर्दू के समान सरकारी दफ्तरों की भाषा बनाने एवं विद्यालयों में हिंदी के प्रयोग करने की बात कही गई थी जिससे कि प्रायमरी शिक्षा उन्नति कर सके। परंतु इस उद्योग का भी कोई फल न हुआ।

1893ई. में नागरी (हिंदी भाषा और नागरी लिपि) को उसका स्थान दिलाने के लिए काशी में नागरीप्रचारिणी सभा की स्थापना हुई। 1896ई. में सभा हिंदी को 'बोर्ड आफ रेवेन्यू' में प्रविष्ट कराने में सफल हो गयी। इस बात से उत्साहित होकर सभा ने पश्चिमोत्तर प्रदेश की कचहरियों और दफ्तरों में हिंदी के लिए आंदोलन आरंभ किया और 1900 ई. में वह कचहरियों और दफ्तरों में नागरी के प्रयोग की अनुमति दिलाने में सफल हो गयी। सभा के प्रयास से ही नोटों और स्टाम्पों पर हिंदी को जगह मिली। नागरीप्रचारिणी सभा द्वारा ही प्रथम हिंदी साहित्य सम्मेलन का आयोजन किया गया। सभा से प्रेरणा ग्रहण करते हुए देश के असंख्य व्यक्तियों एवं संगठनों ने हिंदी आंदोलन में भाग लेकर हिंदी को राष्ट्रव्यापी बना दिया।

संविधान निर्मात्री सभा में भी, जब स्वतंत्र भारत का विधान बनाया जा रहा था, तब यह प्रस्ताव उपस्थित किया गया कि 'सभा की समस्त कार्यवाही हिंदी में हो'। संविधान सभा के अधिसंख्य लोगों ने हिंदी के लिए सराहनीय प्रयास किया। स्वतंत्रता के बाद कांग्रेस दल और स्वतंत्र भारत की सरकार ने भाषा के संबंध में जो नीति अपनाई उससे सम्पूर्ण देश के हिंदी प्रेमियों में क्षोभ व्याप्त हो गया। संविधान सभा एवं उससे बाहर सर्वत्र हिंदी की उपेक्षा की जानी आरंभ हुई। अंत में, राजशक्ति के बल और नेहरूजी के इस आदेश कि 'कांग्रेस दल का कोई भी सदस्य विधान–परिषद में 'मुंशी–आयंगर' सूत्र के विरूद्ध न तो मत दे और न इस पर कोई संशोधन पेश करे' के आधार पर 14 सितम्बर, 1949ई. को मुंशी–आयंगर प्रस्ताव पारित कर दिया गया। इस मसवदे के आधार पर संविधान के अनुच्छेद 343(1) में यह विधान किया गया कि "संघ की

राजभाषा हिंदी और लिपि देवनागरी होगी। संघ के राजकीय प्रयोजनों के लिए प्रयोग होने वाले अंको का रूप भारतीय अंकों का अन्तर्राष्ट्रीय रूप होगा'' पर साथ ही 342(2) में खण्ड (1) द्वारा 15 वर्षों तक अंग्रेजी के प्रयोग को स्वीकृति प्रदान कर दी गई। स्वतंत्रता के पश्चात् भाषा का ऐसा जहरीला बीज बोया गया कि देश के अधिकांश भागों में हिंदी को लेकर विरोध, प्रदर्शन और अनशन हुए और यहां तक कि भाषा के आधार पर प्रदेशों का विभाजन हुआ।

स्वतंत्रता से पूर्व ही हिंदी का प्रचार विदेशों में आरंभ हो गया था और भारत की आजादी के समय तक तो हिंदी कई देशों में काफी व्यवहृत होने लगी थी। गिरमिटिया देशों के साथ ही जिन विकसित देशों में भारतीय गए, उनके साथ ही हिंदी भी उन देशों में गयी और वहां फलने–फूलने लगी। स्वतंत्रता के बाद से ही भारत सरकार ने हिंदी को संयुक्त राष्ट्र संघ की आधिकारिक भाषा बनाने का प्रयास आरंभ कर दिया। स्वतंत्र भारत की सरकार ने इसी उद्देश्य से 1975ई में नागपुर में प्रथम विश्व हिंदी सम्मेलन का आयोजन किया और उसके बाद एक निश्चित अंतराल पर इसका आयोजन होता आ रहा है और यह प्रयास काफी हद तक सफल भी रहा है।

भारत में हिंदी के प्रचार–प्रसार एवं विस्तार में व्यक्तियों एवं संस्थाओं की महती भूमिका रही है। पत्र–पत्रिकाओं और अन्य संचार माध्यमों ने इसे राष्ट्रव्यापी और विश्वव्यापी बनाने का कार्य किया। हिंदी सिनेमा और उसके गीतों ने हिंदी भाषा को भारत में जन–जन तक पहुँचा दिया बल्कि विदेशों में भी लोग हिंदी फिल्मों को बड़े चाव से देखते और उसके गीतों को गुनगुनाते हैं। प्रौद्योगिकी के क्षेत्र में भी हिंदी प्रवेश कर चुकी है और दोनों एक दूसरे के विस्तार में सहायक हो रहे हैं।

गिरमिटिया मजदूरों के साथ ही हिंदी भाषा सर्वप्रथम विदेशों में पहुँची और वहां पर भारत की तर्ज पर ही संस्थाएं स्थापित हुईं जिससे हिंदी के प्रचार को बल मिला। भारतीय धर्म ग्रंथों का हिंदी के प्रचार में योगदान भी कम महत्वपूर्ण नहीं था। आजादी के बाद जो पढ़े–लिखे भारतीय विदेशों को गए, उन लोगों ने नवीन तरीके से हिंदी का प्रचार किया। विदेशों में हिंदी भाषा भारतीय संस्कृति की मुख्य वाहक बन गयी है। आज विश्व के कई देशों में रहते हुए हिंदी साहित्यकार हिंदी का साहित्य सृजित कर रहे हैं। हिंदी के प्रवासी साहित्यकारों एवं उनके साहित्य का योगदान भी कम महत्वपूर्ण नहीं है। आज विश्व के कई देशों के विश्वविद्यालयों, प्राच्य अध्ययन केंद्रों और अन्य संस्थाओं में हिंदी का पठन–पाठन और अनुसंधान हो रहे हैं और हिंदी द्रुत गति से आगे बढ़ रही है।

आज हिंदी विश्व की सर्वाधिक बोली जाने वाली भाषाओं में से एक है। हिंदी की शक्ति एवं प्रभाव का असर यह है कि आज बड़ी–बड़ी बहुराष्ट्रीय कंपनियां अपना विज्ञापन हिंदी में करवा रही हैं। आज भारत में अंग्रेजी से ज्यादा विज्ञापन हिंदी में हो रहा है। भारत के साथ ही अमेरिका जैसे देशों में प्रबंधन की शिक्षा हिंदी भाषा में दी जा रही है।

भारत में 2014 में माननीय नरेंद्र मोदी जी के नेतृत्व में एक सशक्त सरकार का गठन हुए। हिंदी के प्रचार में मोदी जी का योगदान बहुत ही महत्वपूर्ण रहा है। कहावत है कि 'जब घर का मुखिया मजबूत और सक्षम होता है तो सभीं उसकी बातों को बहुत ध्यान से सुनते और उस पर अमल करते हैं'। मोदी जी भारत में किसी भी प्रांत में जाते हैं तो अपना भाषण हिंदी में देते हैं और सभीं उसे बड़े ही चाव से सुनते हैं। जब प्रधानमंत्री जी विदेश यात्रा करते हैं तो वहां पर भारतीय समुदाय से अवश्य ही मिलते हैं और वहां भी अपना भाषण और अन्य वार्तालाप हिंदी भाषा में ही करते हैं। यह सशक्त होते भारत और हिंदी के प्रभावी होने का ही परिणाम है कि दूसरे देशों के राष्ट्राध्यक्ष भी भारतीय नेताओं से मिलते समय आत्मीयता के कुछ प्रचलित हिंदी शब्दों का व्यवहार कर रहे हैं। कोरोना महामारी ने तो हिंदी के प्रचार में अभूतपूर्व योगदान दिया। महामारी के दौरान भारत हो या भारत के बाहर, जब लोगों का आपस में मेल–जोल बंद हो गया तो एक दूसरे से अभिवादन के लिए हाथ मिलाने (शेक हैंड) की जगह 'नमस्ते' और 'नमस्कार' आम प्रचलित हो गया था, वहां तक कि दुनियां के बड़े–बड़े नेता भी, जिनकी भाषा हिंदी नहीं भी, इसका प्रयोग करने लगे थे और कर रहे हैं। वर्तमान भारत सरकार भी हिंदी के प्रति सकारात्मक भाव रखती है। संयुक्त राष्ट्र संघ में हिंदी को आंशिक प्रवेश तो मिल चुका है और आशा है कि शीघ्र ही हिंदी संयुक्त राष्ट्र संघ की आधिकारिक भाषा होने का दर्जा भी प्राप्त कर लेगी।

यह पुस्तक विद्वानों द्वारा प्रेषित शोध–पत्रों का संकलन है। इस प्रकार यह पुस्तक समस्त लेखकों के सामूहिक प्रयासों का परिणाम है। पुस्तक की रचना में साथी लेखकों के नवीनतम शोधों एवं आधुनिक विचारों को प्रमुखता से पुस्तक में जगह दी गयी है। अतः हम अपने सहयोगी विद्वानों एवं विषय–विशेषज्ञों के प्रति हृदय से आभार प्रकट करते हैं। साथ ही इस कार्य में सहयोग देने के लिए पुस्तक भारती परिवार के सभी सदस्यों एवं शुभचिंतकों का भी हृदय से आभार प्रकट करते हैं।

इस पुस्तक में संकलित शोध आलेखों में जो भी अन्तर्विचार, ऑकड़े एवं सुझाव व्यक्त किए गए हैं, वह संपूर्णतः लेखकों के हैं। इसमें संपादक और प्रकाशक का सहमत होना आवश्यक नहीं है। अपने विधा के

अनेकानेक लेखकों से प्राप्त हस्तलिखित एवं मुद्रित लेखों को उसी रूप में प्रकाशित किया गया है। लेखकों द्वारा प्रेषित या उपलब्ध कराई गई विषय सामग्री में अगर त्रुटि या कमी है तो उसका दायित्व संपादक या प्रकाशक का नहीं होगा।

    इस पुस्तक को त्रुटिरहित बनाने का हमारा पूर्ण प्रयास रहा है। कुछ त्रुटियाँ अवश्य होंगी फिर भी लेखन, मुद्रण अथवा संपादन में कुछ गलतियाँ रह गयी हो तो हम इसके लिए क्षमा प्रार्थी हैं। प्रस्तुत पुस्तक सामान्य अध्ययन करने वालों के साथ ही हिंदी साहित्यकारों, इतिहासविदों एवं शोधार्थियों के लिए उपयोगी सिद्ध हो, ऐसा प्रयास किया गया है। पुस्तक की त्रुटियों को दूर करने के लिए सभी रचनात्मक सुझावों का हम स्वागत करते हैं साथ ही आपके मार्गदर्शन की अपेक्षा रहेगी।

डॉ. रत्नाकर नराले
डॉ. राकेश कुमार दूबे

राष्ट्रीय भाषा हिन्दी : स्वतंत्रता पूर्व और पश्चात्

डॉ. नीलम सिंह

भाषा धर्म संस्कृति और राष्ट्रीयता से चार तत्व है जो मनुष्य जाति को परस्पर मिलाते भी हैं और अलग भी करते है। यह बात विरोधाभास जैसी दीखती है कि एक ही वस्तु एकीकरण और पृथक्करण दोनों का साधन हो फिर भी बात ऐसी ही है। भाषा ही एक एक मात्र वह साधन है जो अन्य पशुओं से मनुष्य को पृथक करती है और उसे मनुष्य बनाती है। साहित्य, ज्ञान विज्ञान, कला सभी क्षेत्रों में मनुष्य की समस्त उपलब्धियों का आधार भाषा है। स्वभावतः भाषा का मनुष्य के जीवन मे बड़ा महत्व है।[1] दण्डी ने कहा है -

इदमन्धतमः कृत्स्नं जायेत भुवनत्रयम्।
यदि शब्दाह्वयं ज्योतिरासंसारं न दीप्यते॥[2]

- काव्यादर्श दण्डी 1/4

अर्थात् मनुष्य के जो भी लौकिक व्यवहार सम्पन्न होते है उनका माध्यम भाषा है। प्रेम, घृणा, विरोध प्रसन्नता सभी का आधार भाषा ही होती है। भाषा का जनसमुदाय के एकीकरण में महत्वपूर्ण भूमिका होती है। भाषा का सम्बन्ध धर्म, संस्कृति, साहित्य और राष्ट्रीयता से जुड़ा है। एक राष्ट्र में अनेक भाषाएं हो सकती हैं जैसे- रूस, कनाडा, स्विटजरलैंड भारत आदि में है। रुस अनेक जनतंत्रो का संघ है और उन सभी जनतन्त्रों की पृथक-पृथक भाषाएं है पर सम्पूर्ण सोवियत संघ की राष्ट्रभाषा रूसी हैं। इसी तरह कनाडा में अंग्रेजी के साथ फ्रेंच और जर्मन मे इतावली और रूमाश । भारत में संविधान में स्वीकृत भाषाएं हैं चौदह।भारत की तरह अमेरिका, इंग्लैण्ड, कनाडा, ऑस्ट्रेलिया न्यूजीलैण्ड में भी भाषाओं की विविधता है किन्तु राष्ट्रभाषा एक ही है। इससे स्पष्ट होता है कि राष्ट्रीयता और भाषा की एकता अनिवार्य नहीं होती। एक राष्ट्र मे अनेक भाषाएं हो सकती हैं या अनेक राष्ट्रों में एक भाषा भी हो सकती है। ऐसी स्थिति में हिन्दी को राष्ट्रभाषा न मानने के पीछे का विवाद निरर्थक प्रतीत होता है।

भारत में राजभाषा की समस्या दिन पर दिन अत्यत जटिल होती जा रही है। यह समस्या खुल कर भी उसकी हुई प्रतीत होती है। देश के अनेक

हिंदी : वैश्विक व्याप्ति एवं प्रभाव

क्षेत्रों से राय विरोध की आवाज भी आने लगी हैं कि हिन्दी की समस्या को जिस ढंग से सुलझाना या वैसा नहीं किया गया । अर्थात कही न कही हिन्दी को राष्ट्रभाषा न बनाने में राजनीतिकरण हुआ है। प्रश्न यह उठता है कि जो राजनेता स्वतन्त्रता से पूर्व हिन्दी के प्रचारक थे वे स्वतन्त्रता के बाद अचानक कैसे विरोधी हो गये । स्वतन्त्रता पूर्व जो हिंदी शब्द को एक सूत्र मे बाधने में मददगार थी वह आजादी के बाद कैसे विघटनकारी हो गई। ऐसे अनेक प्रश्न राष्ट्रभाषा के सामने खड़े होते हैं, जिनका उत्तर ढूंढना हर हिन्दी भाषा भाषी के लिए व्यावश्यक है। भारत में भाषा और बोलियों का बाहुल्य भी है और वैविष्य भी किन्तु भाषा की समस्या का हल ढूंढते समय तो महत्वपूर्ण तथ्यों को हमेशा नजरअंदाज किया गया। जब तक इन समस्याओं का हल नहीं निकाला जायेगा तब तक हिन्दी राष्ट्रभाषा नहीं बन पायेगी भाषा की समस्याएं मुख्य रूप से तीन प्रकार की है. शासन और न्याय की समस्या, शिक्षा के माध्यम की समस्या, विदेशों से सम्बंध की समस्या इनमें प्रथम के केन्द्रीय, प्रान्तीय या प्रादेशिक और अन्त या अन्त: प्रदेशीय तीन रूप हैं, न्याय और शासन के लिए केन्द्र में किस भाषा का प्रयोग हो ? प्राप्त या प्रदेश में किसका प्रयोग और एक प्रान्त या एक प्रदेश से दूसरे के पत्र-व्यवहार में किस का प्रयोग हो? शिक्षा की दृष्टि से भी समस्या तीन प्रकार की है- प्रारम्भिक शिक्षा माध्यमिक शिक्षा विश्वविद्यालीय शिक्षा विदेशों से सम्बन्ध का अर्थ है उनसे पत्र-व्यवहार किस भाषा में किये जायें। (राजभाषा हिन्दी पृ. 11-18)

राष्ट्रभाषा हिन्दी की समस्या पिछले 10 सालों से उलझी नजर जाती है। भारत में अनेक भाषाएं एवं बोलियां हैं जो संविधान की पाठवीं अनुसूची में दर्ज हैं। राजभाषा के प्रश्न पर संविधान मे 12 सितम्बर, 1949 से 14 सितम्बर, 1949 तक चर्चा चली। बोलने वालो की संख्या इतनी अधिक थी कि संविधान सभा के अध्यक्ष डॉ. राजेन्द्रप्रसाद को निश्चित अवधि से नौ घण्टे अधिक देने पड़े। सभी प्रान्तो कें प्रतिनिधियो ने अपने महत्वपूर्ण विचार सदन के सामने रखे । विभिन्न राजनीतिक पार्टियों के सदस्यों के बीच काफी बहस भी हुई। निश्चित कालावधि तक कोई निर्णय नहीं हो पाया। कांग्रेस मे भी इसमे सहमति नहीं बन पाई । राजभाषा सम्बन्धी गुंशी अयंगर मसौदे पर विचार करने के लिए 12 सितम्बर, 1949 को कांग्रेस दल की बैठक हुई

लेकिन कोई ठोस निर्णय नहीं हुआ और अंततोगत्वा अम्बेडकर, आयंगर और मुंशी ने यह प्रस्ताव व्यक्तिगत हैसियत से सदन मे पेश किया। राजभाषा सम्बन्धी 343 से 351 तक के अनुच्छेद भारतीय संविधान के 17वें भाग में समाविष्ट है। ये अनुच्छेद निम्न चार अध्यायों में विभक्त है-

(1) संघ की भाषा

(2) प्रादेशिक भाषाएं

(3) उच्चतम न्यायालय, उच्चन्यायालय आदि की भाषा

(4) विशेष निर्देश (राजभाषा समस्या पृ. 35)

संविधान सभा की बहस का मुख्य मुद्दा अनुच्छेद 343 ही रहा इस अनुच्छेद ने मुख्य रूप से चार वातों पर विशेष बल दिया- संघ की राजभाषा हिन्दी और उसकी लिपि 'देवनागरी होगी, राजकाज के कामों में भारतीय अंको के अन्तर्राष्ट्रीय रूप का प्रयोग होगा और इन सब निर्देशों के बावजूद भारतीय संविधान के लागू होने से 15 वर्षों की अवधि तक अंग्रेजी भाषा उन सभी कामों में प्रचलित रहेंगी जिनके लिए जैसा जहाँ आबादी के पूर्व था। सम्भवत संविधान का यही निर्णय हिन्दी को राष्ट्रभाषा आज तक घोषित नहीं करवा सका । यहाँ हिन्दी को कमतर और अंग्रेजी को मजबूत मानना ही सबसे बड़ी भूल थी। यहाँ यह भी ध्यातव्य है कि हिन्दी कमजोर नहीं है अपितु दृढ इच्छा शक्ति की कमी है। टर्की जब अंग्रेजों से आजाद हुआ तो वहाँ के तानाशाह मुस्तफा कमाल पासा ने अपने सलाहकार से पूछा कि अंग्रेजी भाषा को टर्की से हटाने और टर्की भाषा को लागू करने में कितना समय लगेगा । सलाहकार मंत्री ने बड़ी विनम्रता से कहा कि कम से कम तीन महीना । कमाल पासा ने कहा, ठीक है यह समय समझ लो आज रात 12 वजे समाप्त हो रहा है कल से किसी भी दशा में अंग्रेजी का प्रयोग न हो। सारे काम टर्की भाषा में ही होने चाहिए। इसके अतिरिक्त जब रूस आजाद हुआ तो वहाँ 62 भाषाएँ बोली जाती थीं किन्तु वहाँ की संसद ने सिर्फ रूसी को ही मान्यता दी। कहने का तात्पर्य है कि किसी निर्णय में दृढ इच्छा शक्ति का होना आवश्यक है। हिन्दी के साथ सबसे बड़ा दुर्भाग्य यही रहा कि जिन लोगों ने हिन्दी को राष्ट्रभाषा / राजभाषा घोषित करने की जिम्मेदारी सौंपी

गई उनमें दृढ इच्छा शक्ति का अभाव दिखा। हिन्दी और अंग्रेजी के अध्ययन करने के उपरान्त इस बात को स्वीकार किया जा सकता है कि हिन्दी बोलने, लिखने में अंग्रेजी से सरल है। इसकी लिपि इतनी श्रेष्ठ है कि दुनिया की कोई लिपि इसके सामने नहीं टिक सकती। इसका प्रमाण 21वीं सदी में देखा जा सकता है।

आज दुनिया में हिन्दी बोलने वालों की संख्या सबसे ज्यादा है। आज विश्व में लगभग एक अरब 44 करोड़ लोग हिन्दी बोलते हैं। विश्व के लगभग 140 देशों में हिन्दी का अध्ययन अध्यापन होता है। दुर्भाग्यवश भारत 171 देशों का समर्थन नहीं जुटा पा रहा है जिसके कारण यूनेस्को में हिन्दी को विश्व भाषा का दर्जा दिला सके। अर्थात कहीं न कहीं कूटनीति की भी कमी देखने को मिलती है ।

हिन्दी का विरोध और अंग्रेजी का समर्थन करने वालों मे सबसे प्रमुख नाम डॉ. सुनीति चटर्जी का आता है। स्वतन्त्रता से पूर्व डॉ. चटर्जी हिन्दी को 'आधुनिक भारत की प्रतिनिधि भाषा' कहा था ।[5] किन्तु उस समय वे एक भाषाशास्त्री थे जबकि स्वतन्त्रता के बाद वे विधान परिषद के अध्यक्ष बन चुके थे अर्थात सरस्वती के अराधक के पद को त्याग कर डॉ. चटर्जी पूरी तरह से नेता बन चुके थे ऐसे में हिन्दी उनको बांटने वाली भाषा नजर आने लगी। हिन्दी के विरोध मे एवं अंग्रेजी के पक्ष में डा. चटर्जी ने 39 पृष्ठों के विमाल टिप्पण (नोट आफ डिसेंट) में 22 हिन्दी के विपक्ष में एवं 12 अंग्रेजी के पक्ष में तर्क रखें जो पूरी तरह से हेत्वाभास है, विरोधाभास है। हिन्दी राष्ट्रभाषा समस्या और समाधान देवेन्द्रनाथ शर्मा पृ0164) (देवेन्द्रनाथ शर्मा का मानना है कि हिन्दी के पक्ष और विपक्ष मे दिये गये सारे तर्क सहसा देखने पर सभ्रम उत्पन्न हो जाता है और लगता है कि ये तर्क अकाट्य है किन्तु इनमें किसी में कोई तथ्य या सार नहीं है इसलिए मैंने इन्हें हेत्वाभास और विरोधाभास कहा है। किसी को भी आश्चर्य हो सकता है कि जिस व्यक्ति ने स्वाधीनता से पहले सर्वतोभावेन हिन्दी का समर्थन किया और उसे राष्ट्रभाषा के योग्य घोषित किया वही आज हिन्दी के विपक्ष में इतनी उग्रता से क्यों बोल रहा है। तो यह सब राजनीति की माया है। (हिन्दी राष्ट्रभाषा समस्या और समाधान पृ० 167) । डॉ. सुनीति चटर्जी ही नहीं अनेक ऐसे नेता सामने

आये जो स्वतन्त्रा पूर्व हिन्दी के समर्थक थे और स्वतन्त्रता के बाद उसके विरोधी हो गये। जो तमिलनाडु आज हिन्दी का सबसे बड़ा विरोधी है, स्वतन्त्रता से पूर्व मद्रास के मुख्यमन्त्री चक्रवर्ती राजगोपालाचारी जी ने हाईस्कूल तक हिन्दी को अनिवार्य कर दिया था। हिन्दी को राष्ट्रभाषा की कल्पना करने वालों में सबसे मूर्धन्य है बंगाल के श्री केशव चन्द्र सेन जिन्होंने 1893 में अपने पत्र 'सुलभ समाचार में लिखा था – यदि भाषा एक न होने पर भारतवर्ष में एकता न हो तो उसका उपाय क्या है ? समस्त भारत में एक भाषा का प्रयोग करना इसका उपाय है । इस समय भारत में जितनी भाषाएं प्रचलित हैं उनमें हिन्दी भाषा प्रायः सर्व प्रचलित है। इस हिन्दी भाषा को यदि भारतवर्ष की एक मात्र भाषा बनाया जाये तो अनायास ही यह एकता शीघ्र ही सम्पन्न हो सकती है। यह देखकर आश्चर्य होता है कि राष्ट्रभाषा के रूप में हिन्दी की घोषणा कर उसके व्यापक प्रचार के लिए ठोस कदम उठाने वाले लगभग सभी अहिन्दी भाषी थे। हिन्दी को राष्ट्रभाषा बनाने का विचार भी सबसे पहले पश्चिम बंगाल से ही उदित हुआ और आरम्भ से अन्त तक इसे वहाँ के मूर्धन्य नेताओं, बुद्धिजीवियों का सक्रिय सहयोग एवं नैतिक बल भी मिलता रहा। राष्ट्रगीत के रचयिता स्ववेकिमद्र चटर्जी ने पूरे विश्वास के साथ भविष्यवाणी की थी कि हिन्दी एक दिन भारत की राष्ट्रभाषा बनकर रहेगी। इसका समर्थन कवीन्द्र रवीन्द्र ने किया था । आज हिन्दी संविधान में राष्ट्रभाषा का दर्जा नहीं प्राप्त कर पायी है तो सिर्फ राजनीति और दृढ़ इच्छा के अभाव में/ अन्यथा हिन्दी में ऐसी कोई समस्या नहीं है । जिसका समाधान व खोजा जा सके। यदि ऐसा होता तो विश्व मे हिन्दी की स्थिति इतनी मजबूत न होती। हिन्दी में मुख्य रूप से जिन समस्याओं को बार-बार प्रस्तुत किया जाता रहा है। उन्हें दो वर्गों में बांटा जा सकता है। पहली समस्या कल्पित है। जबकि दूसरी वास्तविक हिन्दी का विरोध करने वालो ने हिन्दी की समस्याओं का अधिकतर स्वरूप कल्पित ही रखा है। हिन्दी की सबसे बड़ी समस्या है मनोवैज्ञानिक। जिस दिन यह समस्या सुलझ जायेगी हिन्दी स्वतः राष्ट्रभाषा के पद पर आसीन हो जायेगी और इस समस्या में नेताओं का दृढ संकल्पी होना अनिवार्य है। जब तक अंग्रेजी का पल्ला पकड़े रहेंगे तब तक हिन्दी के प्रयोग की हमे आवश्यकता ही नहीं महसूस होगी। इस बात से भी खण्डन नहीं किया जा सकता कि अंग्रेजी ने अपने पांवे हमारे देश और देशवासियों में मजबूती से जमा लिया है। अंग्रेजों की सबसे बड़ी उपलब्धि

रही कि उन्होंने प्रत्येक भारतीय वस्तु के प्रति, संस्कृति के प्रति और भाषा के प्रति विमुखता और अनास्था का भाव हममें भर दिया। दो सौ वर्षों तक अंग्रेज हमारे देश पर राज्य किये और प्रचारित करते रहे कि भारतीय संस्कृति धर्म, साहित्य, सभ्यता एवं निस्सार और अनुपयोगी है। दुर्भाग्यवश हमें बड़ी सहजता से उनके इस अनर्गल प्रलाप में फंसते गये और मान बैठे कि भारत में सब कुछ -हीन है। जिस दिन हम इस भ्रम जाल से अपने आप को दृढ़ता से निकाल लेंगे और अपनी सभ्यता और संस्कृति और साहित्य पर गर्व करने लगेगे उसी समय से हमारी भाषा की समस्या का भी समाधान बड़ी सरलता से होने लगेगा। यह सिर्फ और सिर्फ मनोवैज्ञानिक समस्या है जो भारतीय भाषाओं के विकास में बाधक है। हिन्दी की कुछ वास्तविक समस्याएं भी हैं जिनके निवारण की आवश्यकता है। समय-समय पर अनेक समीतियों एवं संस्थाओं का निर्माण भी राजभाषा आयोग ने किया किन्तु गति इतनी मन्थर है कि अभी भी समाधान नहीं हो पाया है। सबसे बड़ी समस्या पारिभाषिक शब्दावली की है, बाकी जितनी भी समस्याएं हैं वे सब इसी से जुड़ी हुई हैं। " भारतीय भाषाओं का प्रयोग जो नहीं हो पा रहा है वह उपयुक्त शब्दों के अभाव की दुहाई देकर ।हिन्दी को कार्यान्वित करने की बात आती है तो सहज भाव से कह दिया जाता है--

"हिन्दी में शब्द है कहाँ कि उसे काम में लाया जाये।" राष्ट्रभाषा हिन्दी समस्याए और समाधान पृ० 51) यह पारिभाषिक शब्दावली ही वह कच्चा माल है जिससे कुछ बनाया जा सकता है। आज आवश्यकता है शिक्षा में, शास्त्र में, विधि में, चिकित्सा में विज्ञान में पारिभाषिक शब्दावली की। दो प्रकार से शब्दावली निर्माण किया जा सकता है - मौलिक रचना द्वारा और अनुवाद के द्वारा। यद्यपि प्रयास चल रहे हैं। पारिभाषिक शब्दावलियों का निर्माण हो रहा है किन्तु निर्माण की गति तेज न होने के कारण समय अधिक लग रहा है।

हिन्दी की एक बडी समस्या प्रचार-प्रसार की भी है। प्रसार का तात्पर्य है कि हिन्दी को अधिक से अधिक काम में लाना। इसके प्रमुख क्षेत्र है- शिक्षा, शासन और विधि । क्यों कि जन सामान्य का इन्हीं तीनो से विशेष सम्बंध रहता है। यदि इन तीनों क्षेत्रों में हिन्दी के प्रयोग पर बल दिया जाये और

तीनो से सम्बन्धित साहित्य का अधिक से अधिक निर्माण तेजी से किया जाये तो हिन्दी की समस्या को समाप्त किया जा सकता है।

निष्कर्षत कहा जा सकता है कि हिन्दी पूरी तरह से सम्पन्न भाषा है। हिन्दी में ऐसे तत्व मौजूद हैं जो एक देश की राष्ट्रभाषा में होने चाहिए। आज हिन्दी का बाजार विश्व का सबसे बड़ा बाजार है। पूरा विश्व हिन्दी की ओर देखने को विवश है। ऐसे में भ्रांति पूर्ण तथ्यों को आधार बनाकर विरोध करना सिर्फ राजनीति का हिस्सा हो सकता है और कुछ नहीं। आज जरूरत सिर्फ दृढ इच्छा शक्ति की आवश्यकता है जैसी दृढ इच्छा 370 के लिए प्रयोग की गयी।

संदर्भ सूची :

1. राष्ट्रभाषा हिन्दी : समस्याएं और समाधान, देवेन्द्र शर्मा, राजकमल प्रकाशन नई दिल्ली, पृ.09
2. काव्यादर्श, दण्डी -पृ.1/4
3. राष्ट्रभाषा हिन्दी समस्याएँ और समाधान, देवेन्द्र नाथ शर्मा, पृ० 17, 18
4. वही पृ० 35
5. वही पृ०167
6. वहीं पृ० 51

अससिस्टेंट प्रोफेसर (हिंदी),

डी. ए. वी. पी. जी. कॉलेज, वाराणसी

राष्ट्रीय एकीकरण में हिन्दी की भूमिका

डॉ. उदारता

'राष्ट्र' शब्द तथा राष्ट्र की अवधारणा अत्यन्त प्राचीन है यजुर्वेद में इसका उल्लेख इस प्रकार किया गया है–

ॐ आब्रह्मन् ब्राह्मणो ब्रह्मवर्चसी जायतामाराष्ट्रे राजन्य:
शूरऽइषव्योऽतिव्याधी महारथो जायतां,
दोग्ध्रीधेनुर्वोढानड्वानाशुः सप्तिः पुरन्ध्रिर्योषा जिष्णू रथेष्ठाः
सभेयो युवास्य यजमानस्य वीरो जायताम्,
निकामे निकामे नः पर्जन्यो वर्षतु,
फलवत्यो न ओषधयः पच्यन्ताम् ।
योगक्षेमो नः कल्पताम् ।।

अर्थात् परमेश्वर हमारे राष्ट्र में ब्राह्मण ज्ञान सम्पन्न हों, क्षत्रिय लोग शूर महारथी और अच्छे शस्त्रास्त्रों से युक्त हों। गायें खूब दूध देने वाली हों अच्छे बैल, चपलगति अश्व, शीलवती नारियाँ हो। यजमान शूर तथा विजयीपुत्र वाला बने। समय पर वर्षा हो और वृक्ष वनस्पतियों फलों से भरपूर हो। हम सबका योगक्षेम चलता रहे। इस प्रकार इस वेदोक्त रीति के अनुसार **'राष्ट्र'** वह जनसमूह है जो एक सुनिश्चित भूखण्ड में रहता है, संसार में व्याप्त और इसको चलाने वाले परमात्मा अथवा प्रकृति के अस्तित्व को स्वीकार करता है जो बुद्धि को प्राथमिकता देता है और विद्वज्जनों का आदर करता है। और जिसके पास अपने देश को बाहरी आक्रमण और आन्तरिक प्रकृति आपत्तियों से बचाने और सभी के योगक्षेम की क्षमता हो, वह एक राष्ट्र है।

मातृभूमि की सुरक्षा तथा विश्वकल्याण कामना से युक्त उपर्युक्त अवतरण में राष्ट्र, राष्ट्रीयता तथा राष्ट्रीय चरित्र का प्रकटीकरण सहज में होता है। भारत सिर्फ अपने लिए नहीं वरन् विश्व कल्याण का भाव लेकर जीता है। ऐसा उदान्त चरित्र विश्व में कहीं दृष्टिगोचर नहीं होता। यही अंतर हमारे राष्ट्रवाद और विदेशी राष्ट्रवाद में। हम **'वसुधैव कुटुम्बकम'** का भाव लेकर चलते हैं। सर्वभूत हितेरतः यहाँ के प्रत्येक प्राणी का संकल्प होगा।

देवदुर्लभ परमात्मा की लीलाभूमि है यह भूमि ऐसा विश्वास प्राचीन काल से रहा है–

हिंदी : वैश्विक व्याप्ति एवं प्रभाव

"गायन्ति देवा किलगीतकानि, धन्यास्तु ते भारतभूमि भागे।
स्वार्गापवर्गास्पद हेतु भूति, भवन्ति भूयः पुरूषा सुरेत्वात्।।"

पाश्चात्य राजनीति विज्ञानी सर्वश्री हालकोम्बा बरजेस, गैटल आदि के विचारों का समाहार करते हुए राष्ट्र के आवश्यक तत्वों का उल्लेख निम्नांकित है–

1. प्राकृतिक सीमाओं वाली भूमि।
2. उस भूमि पर बसने वाली जाति या जनसमाज।
3. एक समान संस्कृति।
4. एक समान धर्म या पंथ
5. एक समान भाषा

"राष्ट्रीय एकीकरण को बनाये रखने के लिए हमें सहज, सरल भाषा का प्रयोग करना होगा। और वह भाषा मातृभाषा (हिन्दी) है हिन्दी वर्तमान में विश्व में सबसे अधिक बोली जाने वाली भाषा है। भारतीय संविधान में 14 सितंबर 1949 को राजभाषा का दपर्ण दिया गया। और हम भारतीयों को इस बात का गर्व होना चाहिए। कि आज हिन्दी विश्व बाजार की भाषा बन गई है। उसका कारण यह है कि यदि हमारे उत्पादों को दूसरे देश उपभोग करेगें तो उन्हें हमारी भाषा में समझना होगा।

राट्रीय एकीकरण किन्हीं व्यक्तियों या वस्तुओं से नहीं होता अपितु इस देश में रहने वालों की संस्कृति, सभ्यता, भाषा आदि पर निर्भर करता है। यद्यपि भारत में पूर्व से लेकर पश्चिम, उत्तर से लेकर दक्षिण तक विविध पंथ एवं बोलियों तथा भाषाओं का प्रयोग होता है परन्तु प्राचीन काल से लेकर आधुनिक काल तक भाषा का इतिहास रहा है। भारत में प्राचीन काल में वैदिक संस्कृत एवं लौकिक संस्कृत तथा महाकाल में पालि, प्राकृत और अपभ्रंश तथा आधुनिक काल की भाषा हिन्दी और हिन्दीतर है। जब से मानव अस्तित्व में आया तब से लेकर आज तक वह एक भाषा को अंगीकार किये हुए है। यद्यपि आज के इस तकनीकी युग में यदि हम यह कहें कि हम हिन्दी के द्वारा ही पूर्ण विकास कर सकते हैं तो यह संभव नहीं है परन्तु यदि हम मानवीय संवेदनाओं की बात करें तो हिन्दी से सहज कोई भाषा नहीं क्योंकि मनुष्य जन्मतः इस भाषा के संपर्क में अपनी माँ के द्वारा आता है और माँ ही बच्चे की प्राथमिक पाठशाला होती है मनुष्य एक सामाजिक प्राणी है और समाज का निर्माण मनुष्य के सहयोग से होता है और समाज में रहते हुए मनुष्य अपनी इच्छाओं का अदान प्रदान करना है। विचारों को व्यक्त करने के लिए भाषा की आवश्यकता होती है। किसी भी राष्ट्र की एकता अखण्डता और

विचार विकास के रूप में महत्वपूर्ण योग्यता निभाती है। यदि राष्ट्र को सशक्त बनाना है तो भाषा का होना बहुत आवश्यक है। **'हिन्दी'** शब्द का प्रयोग आज मुख्य रूप से तीन अर्थों में हो रहा है–

1. हिन्दी का विस्तृतम अर्थ सत्रह बोलियों का घोतक है।
2. भाषा विज्ञान में प्रायः पश्चिमी हिन्दी और पूर्वी हिन्दी को ही हिन्दी माना जाता रहा है।
3. 'हिन्दी' शब्द का संकुचिततम अर्थ है खड़ी बोली, साहित्यिक हिन्दी जो आज हिन्दी प्रदेशों की सरकारी भाषा है।

पूरे भारत की राजभाषा है समाचार पत्रों तथा फिल्मों में जिसका प्रयोग होता है, जो हिन्दी प्रदेश में शिक्षा का माध्यम है और जिसे परिनिष्ठित हिन्दी, मानक हिन्दी आदि नामों से अभिहित करते हैं।

भारत विभिन्न भाषाभाषी एवं विविध संस्कृतियों का देश है। एक ओर जहाँ असम का बिहू वहीं दूसरी ओर केरल का ओणम तथा ब्रज का रसिया तथा बुन्देलखण्ड का आल्हाखण्ड तथा अवध की कजरी हमारी खूबसूरती का नमूना है। यहाँ पर विभिन्न प्रांतो की अलग–2 बोलियाँ है। परन्तु जितना विपुल साहित्य हिन्दी में लिखा गया उतना शायद किसी भी भाषा में नहीं। सिने जगत भी हिन्दी की लोकप्रियता से अछूता नहीं है। यद्यपि हाल में ही वाराणसी में **'हिन्दी तमिल संगम'** महोत्सव का आयोजन किया गया। ताकि उत्तर भारत दक्षिण भारत की कला और संस्कृति से सहजता से परिचित हो जाये। हिन्दी अपने जन्मकाल से जनभाषा और राष्ट्रभाषा होने की गौरव प्राप्त करती रहती है। वह मध्यप्रदेश की भाषा है और मध्यदेश की भाषा सदा सार्वदेशिक भाषा रही है। हिन्दी धर्म संस्कृति की नहीं अपितु व्यवसाय की भी भाषा रही है। कश्मीर से लेकर सुदूर दक्षिण और कच्छ से लेकर असम के अन्तिम छोर तक फैली हुई देवगृहों की श्रृंखला इसकी जीवन्त प्रमाण रहीं हैं। जहाँ आज भी हिन्दी का प्रयोग होता है भिन्न–भिन्न प्रदेशों से आने वाले यात्रियों की सम्पर्क भाषा एक सीमा तक हिन्दी थी। साहित्य के क्षेत्र में हिन्दी के सर्वजन सुलभ प्रमाण यह है कि सभी प्रदेशों में हिन्दी के अनेक कवि लेखक हुए हैं और प्रायः सभी भाषाओं में हिन्दी की कालजयी कृतिका अनुवाद उपलब्ध है। **'रामचरितमानस'** अथवा उसके कुछ अंशों का अनुवाद भारत की कम से कम आठ दस भाषाओं में हुआ है। यह गौरव भारत की किसी भी भाषा को प्राप्त नहीं है। तमिल, मराठी, बंगला इस प्रकार का कोई दावा नहीं कर सकती प्राचीन और अर्वाचीन वाग्मय को एकसूत्रता में तौलकर देखें तो गुण और परिमाण दोनों दृष्टि से हिन्दी कविता सर्वाधिक सम्पन्न है। अन्य भाषाओं में जहाँ रामभक्ति और

कृष्णभक्ति के एक दो पक्ष प्रमुख रहे हैं वहीं हिन्दी काव्य में प्रायः सभी सम्प्रदाय के कवि हुए हैं।

पुनर्जागरण के अग्रदूत के रूप में भारतेन्दु का अविर्भाव हुआ। भारतेन्दु की सांस्कृतिक साहित्यिक चेतना का धरातल व्यापक था उन्होनें उर्दू, बंगला, गुजराती, मराठी आदि भाषाओं के संदर्भ में हिन्दी का विकास किया और उसे प्रादेशिक स्तर से उठाकर भारतीय धरातल पर प्रतिष्ठित किया। हिन्दी की राष्ट्रीय कविता में न तो साम्प्रदायिकता को और प्रादेशिक भावना को कभी प्रश्रय मिला। हिन्दी के राष्ट्रीय कवियों ने जिन प्रतीकों और प्रतिमानों का प्रयोग किया है, वे एक देशीय नहीं, अखिल भारतीय हैं अतः साहित्य ने भी राष्ट्रीय एकीकरण में अपनी महती भूमिका का निर्वहन किया है। ज्ञान के क्षेत्र में हिन्दी की अपेक्षा अन्य भाषाएं अग्रणीं हैं लेकिन यहाँ बड़ी जल्दी अपने अभाव की पूर्ति कर ली है हिन्दी में विश्वकोश, विशाल सागर, बृहद अंग्रेजी, हिन्दीकोश आदि के अतिरिक्त विपुल तकनीकी साहित्य रचा जा चुका है वर्तमान में हिन्दी में प्रतिवर्ष जितनी साहित्य राशि का प्रकाशन होता है। उतनी भारत की सभी भाषाएं मिलाकर नही कर पातीं। हिन्दी की विविध बोलियाँ आज साहित्य निर्माण कर भाषा के स्वरूप में परिवर्तित हो चुकीं हैं। जैसे– भोजपुरी बोली एक क्षेत्र विशेष तक न सीमित रहकर राष्ट्रीय स्तर पर अपनी पहचान बना रही हैं। राष्ट्रीय एकता को ध्यान में रखते हुए मुझे कुछ पंक्तियाँ स्मरण आती है।

'हिन्द देश के निवासी
सभी जन एक हैं
रंग रूप भेष भाषा
चाहे अनेक हों।

जिस प्रकार विभिन्न पुष्पों की बनी माला का अस्तित्व मालाओं रूप में द्योतित है, ठीक उसी प्रकार विभिन्न संस्कृतियों का सामजस्यीकरण एक राष्ट्र के रूप में द्योतित होता है।

वर्तमान परिदृश्य में हिन्दी का प्रयोग करने में हम हिचकिचाहट का अनुभव करते हैं। परन्तु यदि हम अपनी मातृ–भाषा से अलग हो जाएंगे तो हमारा अस्तित्व ही समाप्त हो जाएगा वैश्वीकरण के इस दौर में हिन्दी आज विश्व बाजार की भाषा बन चुकी है। इंटरनेट के प्रचार–प्रसार ने हिन्दी को सर्वप्रदेशीय भाषा का स्वरूप प्रदान किया है। राष्ट्रीय एकीकरण में हिन्दी का महत्वपूर्ण योगदान है भाषा व्यक्ति, समाज और राष्ट्र के बीच एक कड़ी का काम करती है। अर्थ की अंधी दौड़ में तथा व्यवसायिक उपलब्धियों की दृष्टि से हमें अँग्रेजी महत्वपूर्ण लगती हो

परन्तु भारतीय संस्कृति एवं सभ्यता का विकास अपनी जड़ों से जुड़े रहने पर ही संभव है।

हिन्दी ही एक ऐसी भाषा है जो गाँव से शहर को जोड़ने का कार्य कर रही है। क्योंकि भारत की 70 प्रतिशत जनसंख्या कृषि व्यवसाय से जुड़ी है तथा ग्रामवासिनी है। डॉ0 रामकुमार वर्मा ने अपनी कविता **'ग्रामदेवता'** में लिखा है।

'हे ग्राम देवता नमस्कार
सोने चाँदी से नहीं किन्तु
तुमने मिट्टी से किया प्यार'

इस प्रकार हम कह सकते हैं कि हिन्दी ही एक मात्र ऐसी भाषा है जिसके माध्यम से हम किसी भी व्यक्ति की संवेदना से जुड़ सकते हैं। वह हमारे हदय के विचारों को आत्मसात करने में समर्थ है। जो भाषा व्यक्ति के भावों को समझ सकती है। वह समाज और राष्ट्र में निवास करने वाले प्रत्येक व्यक्ति के भावों को अंगीकार करने में सफल होगी। शिकागो के सर्वधर्म सम्मेलन में स्वामी विवेकानंद जी ने हिन्दी में अर्थात् मातृभाषा में अपना वक्तव्य दिया था। मातृभाषा हमारी धरोहर है और राष्ट्रीय एकीकरण में उसकी भूमिका महत्वपूर्ण है।

आज विश्व का समाज चौराहे पर खड़ा है। विश्व की मानवता अनुभव कर रही है। कि मर्ज बढ़ता ही गया ज्यो–ज्यों दवा की गई शायद सही निदान हीं हो सका। यत् पिण्डे तद् ब्रह्माण्डे के अनुरूप इस किंकर्तव्य विमूढ़ता से विश्व को निकालने का प्रयास अपने स्तर से करना होगा स्वामी विवेकानंद ने कहा था। कि विश्व जब किंकर्तव्यविमूढ़ होगा। तब भारत और केवल भारत ही मार्ग दर्शन करेगा। समाज का मुख्य आधारभूत घटक व्यक्ति इसका सम्यक निर्माण होना चाहिए क्योंकि राष्ट्र निर्माण में व्यक्ति की महती भूमिका है इस व्यक्ति का सर्वांगीण विकास कैसे हो? इसका दाायित्व माता–पिता, शिक्षक और समाज तीनों पर है अर्थात् अपने बालकों को इस प्रकार के संस्कार दें जिससे वह भावी राष्ट्र निर्माता के रूप में अपनी महती भूमिका का निर्वाह कर सकें।

रॉस के अनुसार– राष्ट्रीय एकता एक प्रेरणा है। जिससे प्रभावित होकर एक देश के रहने वाले लोग आपस में एक दूसरे से एक राष्ट्र के नागरिक होने के नाते सद्भावना रखते हों और मिल जुलकर देश की उन्नति सुरक्षा एवं कल्याण के लिए सक्रिय रहते हैं।

ब्रुबेकर के अनुसार– ''राष्ट्रीय एकता देश प्रेम की अपेक्षा देश भक्ति के अधिक व्यापक क्षेत्र की और संकेत करती है। राष्ट्रीय एकता के अन्तर्गत

स्थान के अतिरिक्त जाति, भाषा, इतिहास, संस्कृति एवं परंपराओं के संबंध भी आ जाते हैं'' 1961 में राष्ट्रीय एकता सम्मेलन में राष्ट्रीय एकता की व्याख्या निम्न शब्दों में की गई है–''राष्ट्रीय एकता एक मनोवैज्ञानिक, शैक्षिक प्रक्रिया है जिसके द्वारा सभी व्यक्तियों के हदय में एक एकत्रित संगठन और शांति की भावना को विकसित किया जाता है।

राष्ट्रीय एकता को स्थापित करने में शिक्षक की महती भूमिका है क्योंकि शिक्षा की सफलता शिक्षक पर निर्भर करती है क्योंकि शिक्षक एक ऐसा माध्यम है जो छात्रों में राष्ट्रीयता, संस्कृति, भाषा, देश भक्ति के संस्कार बीजारोपित करता है।

राष्ट्रीय एकता की प्राण हिन्दी 1947 में स्वतंत्रता के बाद नए भारतीय राष्ट्र के नेताओं ने एक आम सार्वभौमिक भाषा के साथ भारत के कई क्षेत्रों को एक जुट करने का अवसर पहचाना। महात्मा गाँधी ने भी इसकी आवश्यकता महसूस की।

भारत विविध भाषा–भाषी एवं विविध बोलियाँ का देश है हमारे पास हड़प्पा से लेकर, माया गुप्त काल की धरोहर है यदि हम संस्कृति का अवलोकन करें तो ग्रीक, फारसी, हड़प्पन, अरबी, मंगोलियन, आर्यन, द्रविड़ और मुगल तथा अँग्रेजी सम्भ्यताओं का समावेश होगा। भारत ने सदैव से ही नई संस्कृतियों, रीतिरिवाजों को अपनी संस्कृति में समाविष्ट करके खुद को समृद्ध किया है। और भारत जैसे विशाल देश में राष्ट्रीय भाषा की बात करना बहुत ही जटिल प्रश्न है और यह एक गंभीर समस्या भी है। बड़े राज्यों में हिन्दी भाषी लोग अधिक हैं आजादी के बाद भारत एक सार्वभौमिक सम्पन्न राष्ट्र बन गया और इसका उद्देश्य यह था कि अँग्रेजी को धीरे–धीरे प्रशासन की भाषा के रूप में चरण बद्ध तरीके से हटाया जाये और उसके स्थान पर सबसे अधिक प्रयोग की जाने वाली भाषा हिन्दी को राष्ट्र भाषा के रूप में प्रतिस्थापित किया जायें। लेकिन 1963 में तमिलनाडु राज्य में हिन्दी राष्ट्र भाषा बनाये जाने पर विरोध जताया जाने लगा। संविधान के 1943 अनुच्छेद् के तहत् सन् 1850 में भारतीय संविधान और अधिकारिक भाषा अधिनियम ने देवनागरी लिपि में हिन्दी को संघ की आधिकारिक भाषा घोषित कर दिया और यह कह दिया गया। कि 15 साल तक अँग्रेजी का प्रयोग राजकार्यों में होता रहेगा। और 1965 को अँग्रेजी का प्रयोग समाप्त कर दिया जाएगा। इस पर गैर हिंदी भाषा राज्यों ने इसका कड़ा प्रतिरोध किया। और यह तर्क दिया गया कि बंगाली, मराठी, तमिल, तेलुगू की अपेक्षा हिन्दी में साहित्यिक वृद्धि कम हुई इस प्रकार अँग्रेजी के प्रयोग को निरंतर जारी रहने दिया जाय। लेकिन यदि हम राष्ट्रीय एकीकरण के लिए हिन्दी की

भूमिका पर विचार करें तो बहुत तथ्य हमारे समक्ष हैं।

वास्तव में हिन्दी सभी को अपने में समाहित करती चली आ रही है। उसका सबसे बड़ा उदाहरण हिन्दी का विशाल भण्डार है उसमें विविध भाषाओं का शब्दों का समायोजन है। उसकी इस प्रकृति ने उसे इतना व्यापक रूप प्रदान किया है। कि वह केवल हिन्दुओं या कुछ लोगों की नहीं अपितु देश के कोटि–कोटि कंठो की पुकार और उनके हदय का घर बन चुकी है। देश में फैली हुई अनेक भाषाओं और संस्कृतियों के बीच यदि भारतीय जीवन की उदात्तता एवं एकात्मता किसी भाषा में दृष्टिगोचर होती है। तो वह हिन्दी में हिन्दी अपने उद्‌भव काल से ही विभिन्न प्रदेशों की संपर्क भाषा के रूप में प्रयुक्त होने लगी थी। मुगलकाल में फारसी बेशक राजभाषा थी किंतु शासकों के महलों में हिन्दी बोलचाल की भाषा थी। डॉ0 रामविलास शर्मा के अनुसार अबकर के महल में बोलचाल की भाषा हिन्दी थी कबीर कहते हैं–भाषा बहता नीर और तुलसीदास अपनी रामचरितमानस में कहते हैं– भाषा भनित मोरमति थोरी यह हिन्दी के महत्व को प्रतिपादित करता है। हिन्दी अपने जन्म से, प्रकृति से आंतरिक शक्ति से भारत की सार्वदेशिक भाषा के रूप में और साभासिक भाषा के रूप में और सामासिक संस्कृति की वाहिका बनकर विकसित और समृद्ध हुई है। भारतीय समाज और संस्कृति को विकसित करने में हिन्दी का जो योगदान है वह अविस्मरणीय है हिन्दी संस्कृति साहित्य, दर्शन और धर्म की अभिव्यक्ति का माध्यम ही नहीं वरन् वह भारतीयता का प्रतीक बन गई। हिन्दी सम्पूर्ण विश्व की सबसे अधिक बोली जाने वाली भाषा है और यदि इसे राष्ट्रभाषा बनाते हैं तो यह विश्व की सबसे उच्चत्‌म प्रयोग करने वाली भाषा बन जाएगी। विज्ञान और प्रौद्योगिकी को छोड़कर इतिहास, समाज विज्ञान, संगीत, कला, वाणिज्य सभी विषयों को अंग्रेजी में पढ़ाने की आवश्यकता नहीं है। राष्ट्रीय शिक्षा नीति के तहत हमारे देश के शिक्षाविदों ने हिन्दी और मातृभाषा को अनिवार्य दर्जा दिया है। यद्यपि अँग्रेजी एक वैश्विक भाषा के रूप में जानी जाती है लेकिन हम अपनी मातृभाषा की महत्ता को अस्वीकार नहीं कर सकते हैं। फिर भी हमें अपनी हिन्दी बोलने में हिचकिचाहट क्यों जिस तरह एक जर्मन, फ्रेंच और रूसी अपनी भाषा का प्रयोग करने में गर्व महसूस करता है। उसी प्रकार हमें अपनी हिन्दी से भी उतना जुड़ना चाहिए। क्योंकि अपनी भाषा अंतकरण से निःसृत होती है।

विद्वानों की मान्यता है कि भारतीय जनमानस और जनसंस्कृति को सामाजिक रूप में विकसित करने में हिन्दी का जो योगदान रहा है वह निश्चित ही अद्वितीय है हिन्दी अखिल भारतीय संस्कृति, साहित्य दर्शन,

धर्म आदि सब कुछ की अभिव्यक्ति की माध्यम ही नहीं बनी, वरन् वह भारतीयता की प्रतीक बन गई। राजस्थान में पिंगल, मध्यप्रदेश में ग्वालेरी, पंजाब में पंजाबी मिश्रित पटियाल्वी, बंगाल, असम और उड़ीसा में ब्रजबुलि के रूप में फैली। अष्टछाप के कवि कृष्णदास गुजरात से ही थे। महाराष्ट्र के संत ज्ञानेश्वर, नामदेव, एकनाथ जैसे संतो की वाणी ब्रजभाषा में प्रकट हुई। वहीं नामदेव निर्गुण वाणी के लिए खड़ी बोली का और संगुण पदों के लिए ब्रजभाषा का व्यवहार करते हैं।

हिन्दी की स्वीकार्यता का पता इस बात से चलता है कि दूसरे प्रदेश के राजनीतिज्ञों, विचारकों और साहित्यकारों ने अपने विचारों को प्रकट करने का माध्यम बनाया। आज दक्षिण के चारों राज्यों में हिन्दी का जो सफल लेखन, पठन और अध्यापन हो रहा है। उसमें महात्मा गाँधी द्वारा स्थापित **'राष्ट्रभाषा प्रचार समिति बर्धा'** जैसी अनेक संस्थाओं का अत्यधिक योगदान है।

निष्कर्ष रूप से हम कह सकते हैं कि हमें अपनी राष्ट्रभाषा (हिन्दी) पर गर्व करना चाहिए। एक हृदय हो भारत जननी पुण्य भाव हिन्दी के प्रति रखना चाहिए। हिन्दी को हृदय में धारण करके हम राष्ट्रीय एकीकरण को और अधिक मजबूत कर सकते हैं।

सधन्यवाद

संदर्भ सूची :

1. हिन्दी साहित्य का इतिहास, नगेन्द्र, भूमिका– 02 पृ0–788, 789, 791
2. राष्ट्रीय चेतना के आयाम, रमेशचन्द्र शर्मा, पृ0 18, 19, 20

अिसस्टेण्ट प्रोफेसर, हिन्दी
एस0आर0के0 पी0जी0 कॉलेज,
फिरोजाबाद

वर्तमान समय में हिन्दी का स्वरूप

डॉ. गीता शुक्ला

स्फुटवाक्करणोपात्तो भावाभिव्यक्तिसाधकः।
संकेतितो ध्वनिव्रातः सा भाषेत्युच्यते बुधैः।।
आचार्य कपिलदेव द्विवेदी

भाषा भावों एवं विचारों की अभिव्यक्ति का सशक्त माध्यम है। भारतीय संस्कृति का आधार है। भाषा ही वह बन्धन है जो चिरकाल तक राष्ट्र को एक सूत्र में बाँधे रखती है। 14 सितम्बर को संवैधानिक दृष्टि से हिन्दी को राजभाषा घोषित किया इसलिए हिन्दी दिवस 14 सितम्बर को मनाते हैं।[1]

हिन्दी का इतिहास लगभग डेढ़ सौ वर्ष पुराना है। इसमें धर्म, दर्शन, अध्यात्म, नीतिशास्त्र तथा आचार संहिता आदि का अनन्त भण्डार है। संरचना की दृष्टि से देखें जो हिन्दी में आरबी, फारसी, स्पेनिश, तुर्की, यूनानी, इतालवी, डच, जर्मन, फ्रांसीसी, पुर्तगाली तथा अंग्रेजी के असंख्य शब्द हैं क्योंकि विश्वभाषाओं की अपेक्षा हिन्दी भाषा की संरचना अधिक उदार व लचीली है।

भाषा विज्ञान में उन्नीस बोलियों के समूह को हिन्दी भाषा माना है और इसमें रचित सहित्य को हिन्दी भाषा का साहित्य माना है।[2]

भारतवर्ष में हिन्दी का प्रयोग अनेक रूपों में होता है जैसे– राजभाषा, राष्ट्रभाषा, सम्पर्कभाषा, साहित्यिक भाषा और मानक भाषा।

- राजभाषा–सरकारी कार्यालयों में पत्राचार हेतु प्रयुक्त होती है।
- सम्पर्क भाषा वाला रूप ही योजक होने के कारण राष्ट्रभाषा है।
- जनसम्पर्क के लिए प्रयुक्त होने वाला रूप सम्पर्क भाषा है।
- साहित्य में प्रयुक्त साहित्यिक भाषा है।
- राजभाषा का व्याकरण मानक भाषा है।

भारत के संविधान में हिन्दी की तीन भूमिकाएँ हैं–

- संघ की भाषा के रूप में
- हिन्दी भाषा–भाषी राज्यों की राज्यभाषा के रूप में
- सम्पर्क भाषा के रूप में

उद्भव और ऐतिहासिकता पर दृष्टिपात करें तो पाते हैं कि–तत्सम,

तद्भव, देशज और विदेशी इन चार प्रकार के शब्दों का प्रयोग हिन्दी में देखने को मिलता है जिनमें से तत्सम शब्द संस्कृत से तद्भव–प्राकृत और अपभ्रंश से, देशज लोक बोलियों से तथा विदेशी शब्द विदेशी भाषाओं से आगत है।

हिन्दी लम्बे समय से प्रतिष्ठा के लिए संघर्षरत रही है। हिन्दी की वर्तमान अवस्था चुनौतियों और सम्भावनाओं पर चिन्तन का अवसर प्रदान करती है। आज हिन्दी का स्वरूप निरन्तर वृहत्तर होता जा रहा है। अध्ययन अध्यापन व अनुसन्धान की दृष्टि से वैश्विक स्तर पर हिन्दी प्रतिष्ठित है। हिन्दी को वैश्विक बनाने में इलेक्ट्रॉनिक माध्यमों, इण्टरनेट, सोशल नेटवर्किंग की भूमिका महत्त्वपूर्ण है। बहुराष्ट्रीय कम्पनियों द्वारा अपने उत्पादों के विज्ञापन की भाषा बनाकर मनोरंजन के क्षेत्र में महत्त्वपूर्ण फिल्मों की डबिंग द्वारा हिन्दी का पर्याप्त प्रचार–प्रसार हुआ है।

साहित्य, संगीत[3] एवं कला सत्यं, शिवं एवं सुन्दर से परिपूर्ण होकर सौन्दर्य को प्राप्त होते हैं। भावों व विचारों को लिखित रूप देने में लिपि माध्यम होती है लिपि की वैज्ञानिकता पर विचार करें तो पाते हैं कि हिन्दी की लिपि वैज्ञानिक, सार्थक, ध्वन्यात्मक, गम्भीर तथा व्यापक है। साहित्यिक समृद्धि हिन्दी भााषा को और अधिक महत्त्वपूर्ण बनाती है।

जिस लिपि में संस्कृत व हिन्दी लिखी जाती है उस देवनागरी लिपि के वर्ण अक्षर कहलाते हैं अक्षर ब्रह्म को कहा जाता है। अक्षर भी ब्रह्म शब्द भी ब्रह्म, यह वैशिष्ट्य ही इस लिपि में लिखित भाषा को दिव्यता प्रदान करता है।

भारतीय संस्कृति स्थूल से सूक्ष्म की ओर अग्रसर होती है। सांस्कृतिक दृष्टि से हिन्दी का सम्पूर्ण वर्णविन्यास आध्यात्मिक है जबकि यान्त्रिक व्यवस्था में वैज्ञानिक।

हिन्दी के मूर्धन्य विद्वान् भाषा की शुद्धता के पक्षधर है परन्तु वर्तमान समय में हिन्दी संस्कृतनिष्ठ न होकर अंग्रेजीनिष्ठ हो रही है जिसे हिंग्लिश के नाम से जानते हैं। परिणाम यह है कि हिन्दी असंस्कृत व विकृत होती जा रही है कुछ ज्ञान के अभाव में और कुछ तकनीकी व पाश्चात्य प्रभाव में।

हिन्दी को राज्याश्रय की आवश्यकता कभी नहीं रही बल्कि वह तो दूब के समान है जितना उपेक्षित होती है उतना ही लहलहाती है क्योंकि हिन्दी तो राष्ट्रीयता का प्रतीक, अन्तर्प्रान्तीय व्यवहार का साघन तथा प्रादेशिक संस्कृति की अभिव्यक्ति का माध्यम है। यह कहलाने के लिए वाणी का संस्कार अत्यन्त आवश्यक है।

वाण्येका समलंकरोति पुरूषं या संस्कृता धार्यते।[4] लेखन से पूर्व उच्चारण व श्रवण दो सोपान हैं। उच्चारण आर्यों की अक्षय निधि रही है। लिपि के यथार्थ ज्ञान के बिना शुद्ध लेखन सम्भव नहीं। महाकवि कालिदास लिखते हैं कि–

लिपेर्यथावद्ग्रहणेन वाङ्.मयं नदीमुखेनेव समुद्रमाविशत्।[5]

अर्थात् लिपि के यथार्थ ज्ञान से रघु की ज्ञान भक्ति इतनी बढ़ गई थी कि वह अनायास चार समुद्रों के समान चार विद्याओं में पारंगत हो गया था।

श्रीमद्भगवद्गीता में वाणी को तप कहा गया है।[6]

एकः शब्दः सम्यक् ज्ञातः सुप्रयुक्तः स्वर्गे लोके च कामधुग् भवति।[7] कहकर जहाँ शब्द की शुद्धता का महत्त्व बतलाया गया है वहीं एक–एक वर्ण में दिव्यत्व का दर्शन किया जा सकता है।

जैसे देवनागरी के सभी वर्ण, मूलाधार, स्वाधिष्ठान, मणिपुर अनहद, विशुद्धि और आज्ञा चक्र पर उत्कीर्ण हैं।

उल्लेखनीय है कि कोश में एक–एक वर्ण के अर्थ हैं।[8] कुछ उदाहरण रूप में प्रस्तुत हैं–

'अक्षराणामकरोऽस्मि अकारो वासुदेवः आदि परन्तु आज का विद्यार्थी उसे पकड़ नहीं पाता और अकार के बिना वर्णोच्चारण करता है जिससे उच्चारण तो अशुद्ध हो ही जाता है, अर्थ भी कभी–कभी बदल जाता है।

एक वर्ण के सूक्ष्म भाग उदात्त, अनुदात्त आदि भी अर्थ परिवर्तन का कारण बनते हैं 'इन्द्रशत्रुर्वर्धस्व' में उच्च्चारण की अशुद्धि के कारण ही इन्द्र विजयी हुए और वृत्तासुर मारा गया। प्रत्येक वर्ण अर्थपूर्ण हैं–

जैसे–आ–पितामह, इ–कामरूप ई–लक्ष्मी उ–शंकर ऊ–लक्षण, रक्षण और ब्रह्मा, ए–विष्णु ऐ महेश्वर ओ–ब्रह्मा और अनन्त अं परम ब्रह्म तथा अः–महेश्वर अर्थ वाले वर्ण हैं।

इसी प्रकार व्यंजनों में भी– क–प्रजापति ख–आकाश ग–गणेश घ–धन ङ–भैरव च–चन्द्र छ–निर्मल ज–जय झ–वायु ञ–गायन ट–धरती ठ–जनता ड–शंकर ढ–ढक्का ण–सकूर त–चोर थ–शिला समूह द–कलत्र ध–धिषणा (वुद्धि) न–नेता प कुबेर फ–फूत्कार ब–भूधर भ–कान्ति म–शिव (चन्द्र) य–यश र–राय (धन) ल–दीप्ति व वरूण र–सुख ष–श्रेष्ठ स–कोप ह–कोप वारण क्ष–नृसिंह (ए) ऊर्द्ध्वाधःक्रमतो रेखा वामे वक्रा तु कुण्डली।

पुनश्चाधोगता सैव तत् ऊर्ध्वगता पुनः।[10]

तन्त्रों में वर्णों को लिखने का तरीखा बतलाया गया है।

आज देवनागरी लिपि के सम्मुख उच्चारण की भयंकर समस्या उत्पन्न हो गई है। प्राथमिक विद्यालयों से ही अज्ञानता व प्रमादवश अशुद्ध उच्चारण बढ़ता जा रहा है। किया का करा, ण को ड़ कंकण–कंकड़ गुण–गुड़ ऋ व र–ग्रह–गृह पृथा–प्रथा स व श–सकल–शकल स्वपन–श्वपन– छ व क्षा छात्र–क्षात्र इच्छा–इक्षा ज को ज़।

हिन्दी में ही नहीं अंग्रेजी में भी अशुद्ध उच्चारण जैसे–पेन–पेन, टेस्ट– टेस्ट, सिट–सीट–शीट फिट–फीट आदि शब्द अर्थ परिवर्तित कर रहे हैं।

अंग्रेजी के प्रभाव से राम, कृष्ण, योग आदि शब्द रामा, कृष्णा व योगा हो गए हैं।

विशेषणों का अशुद्ध प्रयोग– यहाँ निःशुल्क हड्डी की जाँच होती है। इस उदाहरण में निःशुल्क जाँच से पूर्व प्रयुक्त होना चाहिए।

उच्चारण के सम्बन्ध में का यह श्लोक ध्यान रखने योग्य है–

व्याघ्री यथा हरेत्वत्सान् दंष्ट्राभ्यां न च पीडयेत्।
भीता पतनभेदाभ्यां तद्वद् वर्णान् प्रयोजयेत्।।(11)

अर्थात् जैसे बाघिन अपने बच्चों को दाँतों के बीच रखकर ले जाती है लेकिन न तो बच्चे गिरते हैं और न तो दाँत चुभते हैं यद्यपि उसे डर बना रहता है गिरने व दाँत चुभने का। वैसे ही वर्णों का प्रयोग करना चाहिए। बाद में धीरे–धीरे यह स्वभाव बन जाता है।

वर्तमान समय में ज्ञान–विज्ञान की प्रगति के साथ हिन्दी का स्वरूप भी बदलना होगा, इसे रोजगार से जोड़ना होगा एक नयी सोच विकसित करनी होगी, हिन्दी जीवी होने के बजाय हिन्दीनिष्ठ होना पड़ेगा।

आजादी के पूर्व हिन्दी को जो गौरव प्राप्त था वह कालान्तर में अक्षुण्ण न रह सका हिन्दी की प्रगति तब तक होती रही जब तक निःस्पृह भाव से हिन्दी की सेवा की जाती रही परन्तु आज उस भावना का लोप तो नहीं कह सकते पर ह्रास अवश्य हुआ है।

आज साहित्यिक हिन्दी व प्रयोजनमूलक हिन्दी आदि के रूप में जो विभाजन हो रहा है उसे रोकना होगा तथा सार्वदेशिक हिन्दी को बढ़ावा देना होगा। आज समस्त हिन्दी भाषियों का दायित्व है कि इसे विकृत न होने दें तथा सम्पर्क भाषा के रूप में हिन्दी का सर्वेक्षण तथा विश्लेषण करके इसके अखिल भारतीय रूप को उच्चारण, शब्दावली, व्याकरण तथा प्रयोग की दृष्टि से स्थिर किया जाये।

जयतु हिन्दी

हिंदी : वैश्विक व्याप्ति एवं प्रभाव

सन्दर्भ स्रोत :
1. 14 सितम्बर, सन् 1949
2. डॉ. भोलानाथ तिवारी
3. गीत वाद्यं नृत्य०च त्रयं संगीतमुच्यते
4. नीतिशतकम् 19 श्लोक
5. रघुवंशम्
6. श्रीमद्भगवद्गीता 17/15
7. साहित्यदर्पण प्रथम परिच्छेद
8. एकाक्षरकोष
9. श्रीमद्भगवदगता 10/33
10. वर्णोद्धारतन्त्र
11. महर्षि पाणिनि

एसो० प्रो० एवं संस्कृत विभागाध्यक्ष,
भ०दी०आ०क०स्नातकोत्तर महाविद्यालय
लखीमपुर–खीरी

दक्षिण भारत में हिंदी एवं आजादी का संघर्ष

डॉ. महक

सार

किसी भी देश की पहचान वहां की भाषा व उससे जुड़े साहित्य से होती है तथा इस पहचान के सृजन के पीछे संघर्ष की लम्बी गाथा होती है। भाषा और साहित्य का विकास उस देश की राष्ट्रीयता का परिचायक होता है। यदि देश हमारा शरीर है तो साहित्य इसकी आत्मा है व भाषा इसका प्राण है। यह तो सभी जानते है कि स्वतंत्रता –आन्दोलन के दौरान राष्ट्र के पुनर्निर्माण में दक्षिण भारत के हिंदी प्रचार आन्दोलन का अपना एक महत्त्वपूर्ण स्थान है। लेकिन इस अवधि में यानि स्वतंत्रता पूर्व दक्षिण के अहिन्दी प्रान्तों में हिंदी के प्रचार के लिए जो जबरदस्त आन्दोलन हुए, उनका विवरण बहुत कम मिलता है व दक्षिण के अहिन्दी क्षेत्रों में हिंदी का प्रचार किन सोपानों से होकर गुजरा तथा वहां हिंदी के प्रचार में क्या कठिनाईयाँ आई व आज भी इन आन्दोलनों की प्रासंगिकता किस प्रकार है, यह दिखाने का प्रयास किया गया है। मेरा यही प्रयास है कि दक्षिण भारत में स्वतंत्रता प्राप्ति के दौरान हिंदी भाषा का विकास व आज के संदर्भ में हिंदी भाषा की आवश्यकता संबधी बिन्दुओ पर गंभीरतापूर्वक प्रकाश डाला जाए।

बीज शब्द : दक्षिण भारत, हिंदी, राष्ट्र, प्रचार, आजादी, भाषा, आन्दोलन

भूमिका

इतिहास पर दृष्टिपात करें तो हम देखते है कि हिन्दू साम्राज्य के पतन के बाद जब मुस्लिम आए तो फारसी भाषा का प्रभुत्व भी देखने को मिला। दक्षिण के मुसलमानों के शासन काल में उर्दू का प्रचार हुआ। अरबी व फारसी से परिपूर्ण उस हिंदी का नाम दक्खनी पड़ा। यही आगे चलकर हिन्दुस्तानी कहलाई। जब अंग्रेजी शासन स्थापित हुआ तो हिन्दू –मुस्लिम दोनों ही अधीन हुए और अंग्रेजी का बोलबाला हुआ। यदि बात हम स्वतंत्रता प्राप्ति के बाद की करे तो वहां भी संविधान के अनुच्छेद 343 के अनुसार संघ की राजभाषा हिंदी होगी व लिपि देवनागरी होगी। लेकिन दुर्भाग्यवश हमारे देश की गतिविधि में कुछ ऐसे परिवर्तन हुए जो भाषावार प्रान्त के पुनर्गठन के पश्चात् प्रादेशिक भाषाओं के समर्थन में हिंदी के विरुद्ध कुछ दक्षिण भारतीय लोग आवाज़ उठाने लगे। उनकी संकीर्णता इतनी बढ़ गई कि वे

हिंदी और हिंदी भाषी लोगों को घृणा की दृष्टि से देखते थे। विवश होकर केंद्र सरकार को समझौते का रास्ता निकालना पड़ा यानि हिंदी के साथ–साथ अंग्रेजी को सह भाषा के रूप में स्थापित किया जाए, जो आज तक चल रही है।

राष्ट्रीय शिक्षा में हिंदी का महत्त्व : दक्षिण अफ्रीका से स्वदेश लौटने पर महात्मा गाँधी ने भारत की स्थिति का अध्ययन किया व अनुभव किया अंग्रेजी शिक्षा ने किस प्रकार समाज में केवल बंधुवा मजदूर ही उत्पन्न किए है। इस सुधार हेतु खादी-प्रचार ,राष्ट्र भाषा प्रचार ,स्वदेशी वस्तुओं का प्रचार ,राष्ट्रीय शिक्षा ,ग्राम सुधार जैसे रचनात्मक कार्य किए। गाँधी जी ने राष्ट्र के निर्माण में राष्ट्रीय शिक्षा को अत्यंत महत्व दिया उनका मानना था कि अंग्रेजी शिक्षा प्रणाली भारतीयों के अत्यंत हानिकारक है। राष्ट्रीय शिक्षा में मात भाषा व राष्ट्र भाषा के सम्बन्ध में उनके विचार बड़े उन्नत थे। इस सम्बन्ध में उन्होंने अपने विचार अपनी हिन्द स्वराज्य नामक पुस्तक में प्रकट किए –"सारे हिंदुस्तान के लिए तो हिंदी ही होनी चाहिए। उसे उर्दू या नागरी लिपि में लिखने की छूट रहनी चाहिए। हिन्दू –मुसलमानों के विचारों को ठीक रखने के लिए बहुतेरे हिन्दुस्तानियों का दोनों लिपियाँ जानना जरूरी है।[1] दूसरे शब्दों में गाँधी जी ने हिंदी व उर्दू को एक ही मानकर उसी को राष्ट्र भाषा बनाने पर जोर दिया। हिंदी को राष्ट्र भाषा मानने वाले मनीषियों में राजा राम मोहन राय,महर्षि दयानंद सरस्वती ,केशव चन्द्र सेन, महात्मा हंसराज ,लोकमान्य बाल गंगाधर तिलक ,स्वामी श्रद्धानंद ,मदनमोहन मालवीय आदि ने अतुलनीय भूमिका निभाई।

इंदौर अधिवेशन : साहित्य सम्मेलन का वार्षिक अधिवेशन इंदौर में हुआ। यह दक्षिण भारत में हिंदी प्रचार की अत्यंत महत्त्वपूर्ण घटना हैं। महात्मा गाँधी ने इस अधिवेशन की अध्यक्षता की थी। उनका अध्यक्षीय भाषण उस समय हिंदी की आवश्यकता और अंग्रेजी के प्रभुत्व को हते है –"पचास वर्षो से हम अंग्रेजी के मोह में फँसे है, हमारी प्रजा अज्ञान में डूब रही है। सम्मेलन को इस और विशेष रूप से ध्यान देना चाहिए। हमें ऐसा उद्योग करना चाहिए कि एक वर्ष में राजकीय सभाओं में, कांग्रेस में, प्रांतीय सभाओं में और अन्य सभा समाज और सम्मेलनों में अंग्रेजी का एक भी शब्द सुनाई न पड़े। हम अंग्रेजी का व्यवहार बिल्कुल त्याग दे। जैसे अंग्रेज अपनी मादरी जबान अंग्रेजी में बोलते और सर्वथा उसे ही व्यवहार में लाते है, वैसे ही मैं आपसे प्रार्थना करता हूँ कि आप हिंदी को भारत की राष्ट्र –भाषा बनने का गौरव प्रदान करे।"[2]

सम्मेलन के बाद गाँधी जी ने दक्षिण के कुछ प्रमुख नेताओं के साथ लिखा –पढ़ी की और दक्षिण के कुछ उत्साही व देश प्रेमी युवकों की हिंदी पढ़ने की इच्छापूर्ति हेतु अपने सबसे छोटे पुत्र देवदास गाँधी को हिंदी प्रचार करने हेतु दक्षिण भेजा। हिंदी का प्रचार प्रारम्भ दक्षिण हुआ तो हिंदी पढाने वालों के न तो कोई पाठ्यक्रम था ,न ही कोई परीक्षा थी। उत्तर से शिक्षा पाकर आए अधिकतर प्रचारकों में भी अधिकतर मध्यमा परीक्षा में उत्तीर्ण थे। जब धीरे –धीरे हिंदी पढने वाले विद्यार्थियों की संख्या बढने लगी, तत्पश्चात पाठ्यक्रम को भी और परीक्षाओं को समुचित तरीकें से आयोजित करने की यिजना बनाई गई। सन 1927 तक दक्षिण के हिंदी प्रचार आन्दोलन का संचालन हिंदी साहित्य सम्मेलन, प्रयाग के पास था। लेकिन जैसे –जैसे दक्षिण में हिंदी प्रेमियों की वृद्धि हुई , वैसे –वैसे साहित्य सम्मलेन दक्षिण के हिंदी प्रचार में आर्थिक सहायता पहुचाने व कार्य संचालन पर समुचित ध्यान नहीं दे पा रहा था, इसी कारण ' दक्षिण भारत हिंदी प्रचार सभा' एक स्वतंत्र संस्था के रूप में 1927 में स्थापित हो गई। वास्तव में हिंदी प्रचार का कार्य भाषायी विविधता को देखते हुए राष्ट्रीयता से परिपूर्ण था। हिंदी के द्वारा पूरे देश में एकता उत्पन्न करना ही हिंदी प्रचार का मुख्य उद्देश्य था। राष्ट्रीय भावना के बिना यह कार्य करना अत्यंत दुष्कर था। इसलिए हिंदी प्रचारकों के लिए इस कार्य में उतरने से पहले अपने मस्तिष्क में यह तय कर लेना आवश्यक था कि वे देश सेवा के जा रहे है केवल हिंदी टीचर के रूप में नहीं। वे लिखते है –"हिंदी प्रचारक केवल अंतर प्रांतीय परिचय और व्यवहार बढाने के लिए ही नहीं वरन उससे भी बढकर एक नूतन भारतीय राष्ट्र का निर्माण करने के लिए है। भारतवासी देश की भिन्न –भिन्न भाषाओं के कारण ,एक विदेशी भाषा के जाल में फँस जाने के कारण विभक्त, कमजोर, लक्ष्यहीन और परमुखापेक्षी बने हुए है। उनमें आत्म सम्मान की, स्वदेश प्रेम की, स्वाधीनता की एक नयी आकांक्षा उत्पन्न करनी है। उन्हें विदेशी भाषा, साहित्य व संस्कृति और आदर्श की गुलामी से मुक्त करना है। चालीस करोड़ भारतवासी भारत माता की संतान है। भारतमाता सब भारतीयों की माता है। उनके पूर्वजों की माता है ,उनकी भावी संतति की माता है। सब में यह चेतना उत्पन्न करनी है। हिंदी प्रचार भारतीय नवोत्थान की पुकार है। राष्ट्रीय एकता और उद्धार इसका लक्ष्य है।"[3]

नागरी प्रचारिणी सभा – सन 1893 में जुलाई में स्व० ठाकुर शिवकुमार सिंह के प्रयास से काशी नागरी प्रचारिणी सभा की स्थापना हुई । पहले कचहरियों में फारसी लिपि की जगह नागरी लिपि का प्रचार कराना ही इस संस्था का मुख्य उद्देश्य था । कुछ समय पश्चात् हिंदी साहित्य की खोज व प्रकाशन का कार्य भी इस संस्था का मुख्य उद्देश्य बन गया । आगे चलकर समाज में हिंदी भाषा के प्रति जागृति लाना व नए-नए अनुसंधान करना भी इस संस्था का मुख्य उद्द्देश्य था परन्तु इस दिशा में इस संस्था का कार्य संतोषजनक नहीं रहा। बंकिमचन्द्र चट्टोपाध्याय कहते है –"अंग्रेजी के विषय में लोगों की जो कुछ भी भावना हो, पर मै यह दावे के साथ कह सकता कि हिंदी के बिना हमारा कार्य नहीं चल सकता । हिंदी की पुस्तकें लिखकर और हिंदी बोल भारत के अधिकांश भाग को निश्चय ही लाभ हो सकता है । यदि हम देश में बांग्ला और अंग्रेजी जानने वालों की संख्या का पता चलाए, तो हमे साफ प्रकट हो जाएगा कि वह कितनी न्यून है । हम सब को संगठित होकर इस ध्येय की प्राप्ति के लिए प्रयत्न करना चाहिए ।"[4]

हिंदी साहित्य सम्मेलन– सन 1910 में नागरी प्रचारिणी सभा के तत्वाधान में हिंदी साहित्य सम्मेलन की स्थापना हुई । इस सम्मेलन ने एक परीक्षा क्रम निर्धारित किया व हिंदी का अध्ययन –अध्यापन और अधिक लोकप्रिय बनाया। जिससे हिंदी पढ़नेवालों की संख्या में बढ़ोत्तरी हुई और हिंदी प्रचारकों को भी उत्साह मिला । जैसे –जैसे हिंदी भाषा का प्रचार –प्रसार हुआ, वैसे–वैसे पत्रिकाओ के माध्यम से इस पावन, पुनीत कार्य को गति प्रदान होती गई । यह तो सभी जानते ही है कि महावीर प्रसाद द्विवेदी ने सरस्वती पत्रिका के माध्यम से हिंदी के प्रचार में अतुलनीय योगदान दिया । श्रीमती बेसेंट अपने 'होमरूल लीग 'के मुख्य पत्र अंग्रेजी दैनिक 'न्यू इंडिया' में अंग्रेजी अनुवाद के साथ हिंदी लेख प्रकाशित करती थी । वे हिंदी का राष्ट्र भाषा बन जाना अत्यंत आवश्यक एवं अंग्रेजी को इस राष्ट्र भाषा के लिए सबसे बड़ा खतरा मानती थी । उनका कहना था कि जिस दिन अंग्रेजी हमारें 'हिंदुस्तान की राष्ट्र-भाषा हो जाएगी उस दिन समझ लेना चाहिए कि हमारे देश का पतन की ओर अग्रसर हो गया ।

मद्रास सरकार की नीति- ऐसे समय में जब मद्रास सरकार ने अपने पाठ्यक्रम में हिंदी को स्थान दिया । उस समय ' सी ' ग्रुप में ऐच्छिक विषय

के विषय के रूप में लागू किया गया। 1938 में कांग्रेस मंत्रीमंडल के हाथ में शासन की बागडोर आ गई तो सरकार ने हाईस्कूल के पहले, दूसरे व तीसरे फार्मों में उसे' ए 'ग्रुप में स्थान दिया। इस प्रकार हिंदी पड़नेवाले व पढाने वाले उत्साहित हुए। किन्तु जब कांग्रेस मंत्रिमंडल ने अपने पद से त्यागपत्र दे दिया तो सरकार ने यह निर्णय लिया कि वर्गो में सम्मिलित होना या न होना विद्यार्थियों की इच्छा पर छोड़ दिया। इस अस्थिर नीति के कारण दक्षिण के हिंदी कार्यकर्ताओं व हिंदी पड़ने वालो को अत्यंत निराशा हुई। वास्तव में हिंदी प्रेमी यह चाहते थे कि सरकार कोई ऐसा ठोस कदम उठाये ,जिससे हिंदी अनिवार्य रूप से पड़ी व समझी जाए और हुआ इसका विपरीत सरकार द्वारा यह निर्णय विद्यार्थियों पर छोड़ने से इस आन्दोलन में ह्रास हुआ।

दक्षिण भारत हिंदी प्रचार सभा - दक्षिण भारत हिंदी सभा एक महत्त्वपूर्ण हिंदी सेवी संस्था है ,जो भारत के दक्षिण राज्यों तमिलनाडु, केरल, आंध्र प्रदेश और कर्नाटक में भारत की स्वतंत्रता पूर्व से हिंदी के प्रचार –प्रसार का कार्य कर रही है। इस सभा की स्थापना 1918 में महात्मा गाँधी के कर –कमलों द्वारा राष्ट्र को एकत्रित करने के भाव द्वारा की गई और वे इस सभा के आजीवन अध्यक्ष भी रहे। सभा की स्थापना मद्रास नगर के गोखले हॉल में डॉ. सी. पी. रामास्वामी अय्यर की अध्यक्षता में एनी बेसेन्ट ने की थी। देवदास गाँधी, जवाहर लाल नेहरु, बाबू राजेन्द्र प्रसाद, आचार्य विनोबा भावे, काका कालेलकर, लाल बहादुर शास्त्री, इंदिरा गाँधी, राजीव गाँधी, डॉ. बी. डी. जत्ती, आदि मनीषियों की सक्रिय भागीदारी रही।

यह कितनी बड़ी बात है जब सम्पूर्ण भारत वर्ष में सत्याग्रह आन्दोलन तीव्र गति से चल रहा था तो हिंदी प्रचारक भी इस लहर से न बच सके। कई प्रचारक सत्याग्रही बनकर जेल गए और जेलों में भी उन्होंने हिंदी का प्रचार करना न छोड़ा। उन दिनों दक्षिण की सभी जेलों में प्रचारक पंहुच गए तथा सन 1931 की 'हिंदी प्रचारक' पत्रिका की सम्पादकीय टिप्पणी में उसका उल्लेख इस प्रकार हुआ है : "यह बड़े हर्ष की बात है कि इस सत्याग्रह आन्दोलन में हमारे जितने हिंदी प्रचारक भाई जेल के भीतर पंहुचे है, दुगुने उत्साह के साथ हिंदी प्रचार कर रहे हैं। मद्रास प्रान्त में ऐसी कोई जेल नहीं है जहां हिंदी प्रचारक न पंहुचे हो और सत्याग्रहियों को जेल के भीतर हिंदी न पढाते हो। वेल्लूर जेल में हिंदी प्रचारकों के सरदार पंडित हरिहर शर्मा जी

खुद मौजूद हैं जिनकी वजह से अभी तक करीब डेढ़ हजार रुपए की पुस्तकें सत्याग्रहियों ने खरीदी और पंडित सुब्बाराव जी (आंध्र) अलीपुर जेल में तथा पी. के. नारायण नायर (केरल)कन्नोर जेल में बड़े प्रशंसनीय कार्य कर रहे हैं । ”[5]

केवल पुरुष ही नहीं अपितु इस महान उत्सव में महिलाओं ने भी अपना प्रशंसनीय योगदान दिया । इस सन्दर्भ में श्रीमती दुर्गा बाई देशमुख ने अपनी अग्रणी भूमिका निभाई । 1924 से वे 'कस्तूरी देवी बालिका पाठशाला' नामक एक पाठशाला चला रही है, जहां बालिकाओ को हिंदी की शिक्षा दी जाती है । इसके इलावा दुर्गा देशमुख सामाजिक व राजनैतिक कार्यकर्त्ता भी है, मद्रास शहर के सत्याग्रह आन्दोलन के दरमियान इन्हें एक वर्ष की सजा हुई । जेल के भीतर पहुँचने के बाद भी इन्होंने जेल की स्त्री – कैदियों को शिक्षित करने का बीड़ा उठाया । वेल्लूर जेल में उस समय लगभग 50 स्त्रियाँ सजा भोग रही थी व दुर्गा देशमुख ने प्रण किया, इनमें से कोई भी स्त्री हिंदी से अनभिज्ञ होकर बाहर न जाए, यह अपने आप में वास्तव में कितना सराहनीय कार्य था, जो दुर्गा देशमुख ने किया । इसी तरह बल्लारी, कन्नोर, अलिपुरी आदि स्थानों क जेलों में हिंदी प्रचारक पहुँच गए व हिंदी का प्रसार होने लगा । इस तरह से हिंदी केवल भाषा के रूप में न रहकर स्वतंत्रता आन्दोलन में अपना अविस्मरणीय योगदान देने वाली भाषा के रूप में उभरी, जिसका मूल उद्देश्य भारतवासियों में एकता, अखंडता, धर्म निरपेक्षता, आपसी सदभाव का प्रचार करना था । इस उद्देश्य की पूर्ति हेतू ट्रावनकोर यानि तिरुवनंतपुरम में, केरल में, मद्रास में, बंगलौर में, तमिलनाडु में हिंदी का प्रचार विभिन्न हिंदी- प्रेमी करने लगे । तमिल करीब तीन करोड़ लोगों के द्वारा बोली व समझी जाती है । इसी के साथ द्रविड़ भाषाओं में यह सबसे प्राचीन है । हिंदी प्रचार में तमिल बहुत पीछे था वास्तव में कुछ तमिल वाले यह समझते थे कि हिंदी पढ़ने से उनकी भाषा का अपमान होगा, जिस कारण यहाँ के लोग अपने क्षेत्र में हिंदी के प्रचार के सर्वथा विरोधी थे। अपने विचारों से अवगत कराते हुए एवं भाषिक समस्याओं की और इशारा करते हुए ई. एस. ने कहा “यहाँ के लोग स्कूलों और कालेजों में हिंदी को स्थान देने से हिचकते है । जब कोई महाशय उनसे विद्यार्थियों को हिंदी की शिक्षा दीवाने के लिए कहते तो वे हिंदी और उर्दू में जो वस्तुतः एक है, झगड़ा पैदा करवाते ।”[6] मैसूर रियासत हिंदी समिति की स्थापना भी इसी उद्देश्य से की गई । कालेजो में हिंदी का प्रवेश कराने के

लिए कोशिश जारी थी। श्री ना. नागप्पा के अथक परिश्रम के फलस्वरूप इसमें भी कुछ सफलता प्राप्त हुई।

दक्षिण की पत्र- पत्रिकाओं का योगदान – हिंदी पत्र–पत्रिकाओं का इस देश के स्वतंत्रता संग्राम में महत्त्वपूर्ण योगदान रहा। स्वतंत्रता संग्राम को दिशा देने का काम मुख्य रूप से पत्रिकाओ ने किया। दक्षिण के विभिन्न केन्द्रों में हिंदी पढ़ने वालों की संख्या में वृद्धि हुई, सभा के संचालकों व विद्यार्थियों से इस मांग पर सहमति जताई कि पत्रिका को हिंदी प्रचार का व्यापक व सुसंगठित साधन बनाया जाए। सन 1923 में 'हिंदी प्रचारक' नामक एक मासिक पत्र का शुभारम्भ हुआ। दक्षिण की साहित्यिक तथा सांस्कृतिक विशेषताओ पर प्रकाश डालने वाले उच्च कोटि के लेख, कहानियाँ, हिंदी की शिक्षण पद्धति आदि इसमें प्रकाशित होते थे। हिंदी प्रचार समाचार, युग प्रभात, केरल भारती, मिलाप आदि पत्रिका ओं ने आजादी की लड़ाई में एक आधार का काम किया। वास्तव में हिंदी को भारत के हर कोने में फ़ैलाने में पत्रिका ओं का बहुत बड़ा योगदान है। हिंदी प्रचार सभा की महत्ता के बारे में श्री सत्य नारायण जी कहते है "प्राचीन साधु-संतों की तरह सत्य के द्रष्टा, दीन-दलित वर्ग की सेवा के अटल विश्वासी, बुराइयों से लड़ने वाले,संस्थाओ के निर्माता , राष्ट्र पिता के रूप में महात्मा गाँधी ने भारत की सर्वसाधारण एक भाषा हिंदी के प्रचार कार्य का बाबू पुरुषोत्तमदास टंडन, श्री मदनमोहन मालवीय, श्री जमनालाल बजाज और चक्रवर्ती राजगोपालचार्य जैसे जननायको के साथ मिलकर श्री गणेश किया।"[7]

निष्कर्ष– हिंदी का दक्षिण में प्रचार एक सांस्कृतिक आन्दोलन था, जिसने सम्पूर्ण भारत वर्ष को विशेष रूप से उत्तर-दक्षिण में समन्वय लाने का काम किया। स्वतंत्रता पूर्व वह लक्ष्य चाहे आजादी का था, जो पूर्ण हुआ किन्तु आज भी उतने ही उत्साह से, मनोयोग से, तत्परता से इस भाषा के प्रचार की आवश्यकता है जो भारत देश की इस भाषायी विविधता की कालिमा को दूर कर एक भाषा रूपी स्वर्णिम आभा का प्रकाश फैला सके, जहां पूर्व, पश्चिम सर्वत्र एक ही भाषा का परचम हो और छोटी –छोटी बातौं को लेकर विवाद न हो। ताकि भारत की एकता, अखंडता सर्वत्र उजागर हो सके।

सन्दर्भ सूची :

1. हिन्द स्वराज, महात्मा गाँधी, नवजीवन मुद्रणालय अहमदाबाद, 1909, पृष्ठ 124
2. राष्ट्र भाषा हिन्दुस्तानी, मोहन दास करमचंद गाँधी, नवजीवन प्रकाशन मंदिर, अहमदाबाद, पृष्ठ 10
3. पी. के. केशवन नायर, दक्षिण भारत के हिंदी-प्रचार–आन्दोलन का समीक्षात्मक इतिहास, हिंदी साहित्य भंडार, लखनऊ
4. राष्ट्र भाषा का इतिहास, किशोरी दास वाजपेयी, जनवाणी प्रकाशन, कलकत्ता, पृष्ठ -19
5. पी. के. केशवन नायर, दक्षिण भारत के हिंदी-प्रचार–आन्दोलन का समीक्षात्मक इतिहास, पेज 107
6. वही, पेज 392
7. वही, पेज 434

सहायक प्रोफेसर, हिंदी विभाग,
चौधरी बंसी लाल विश्वविद्यालय, भिवानी
हरियाणा

हिंदीत्तर प्रांतों में हिंदी (महाराष्ट्र के विशेष संदर्भ में)

डॉ. जयश्री शिंदे

भाषा प्रत्येक मानव समुदाय की भाव-भावनाओं को अभिव्यक्त करने का महत्वपूर्ण माध्यम है। जिसके माध्यम से वह अपना तथा अपने समुदाय का आसानी से विकास कर रहा है । विकास की इस पूरी प्रक्रिया में भौगोलिक सीमाओं को लांघने की क्षमता जिस भाषा में है, वही भाषा प्रवाहमयी कहलाती है तथा चिरंतन काल तक जनसमुदाय की लोकभाषा बनी रहती है।

भारत बहुभाषिक प्रदेश है । यहाँ सदियों से विभिन्न प्रातों में भिन्न-भिन्न भाषा का प्रयोग हो रहा है । उत्तर भारत में हिंदी भाषा का प्रभुत्व रहा है तो मध्य एवं दक्षिण भारत में हिंदी भाषा के बदले में प्रादेशिक भाषा का प्रभुत्व दिखायी देता है । इन हिंदीतर प्रांतों में प्रादेशिक भाषाओं के साथ ही हिंदी भाषा का भी प्रयोग दिखायी देता है । अतः मैंने प्रस्तुत शोध आलेख में 'हिंदीतर प्रांतों में हिंदी' को 'मराठी संत साहित्य के विशेष संदर्भ में' प्रस्तुत करने का प्रयास किया है ।

हिंदी साहित्य के मध्यकाल में संतों की विशाल परंपरा रही है । उसी प्रकार से महाराष्ट्र में भी बारहवी शती से संतों की परंपरा दिखायी देती है । इनमें संत ज्ञानेश्वर, संत नामदेव, संत चोखामेळा, संत तुकाराम, संत एकनाथ, संत गाडगे महाराज, संत तुकडोजी महाराज, संत मुक्ताबाई, संत जनाबाई, संत सोयराबाई आदि संतों ने धार्मिक, सामाजिक, राजनीतिक एवं सांस्कृतिक परिस्थितियों को केंद्र में रखकर समाज प्रबोधन का कार्य किया । इन सभी संतों ने अपने विचारों को अभिव्यक्त करने हेतु महाराष्ट्र की प्रादेशिक भाषा 'मराठी' के साथ ही हिंदी भाषा का भी प्रयोग किया ।

हिंदी प्रदेश की संत काव्य परंपरा असल में मराठी संत काव्य परंपरा की ही एक विकसित शाखा का रूप है । महानुभाव पंथ के संस्थापक स्वामी चक्रधर और वारकरी संप्रदाय (नाथ संप्रदाय) के संत ज्ञानेश्वर और नामदेव ने नवीनतम रूप देकर दख्खन के मराठी ही नहीं बल्कि उत्तर भारत की हिंदी संत काव्य परंपरा का मार्ग भी प्रशस्त किया । हिंदी संत काव्य परंपरा के

प्रथम उद्गाता संत कबीर के अविर्भाव से बहुत पहले चक्रधर स्वामी, ज्ञानेश्वर, नामदेव, चोखामेळा, जनाबाई, मुक्ताबाई, गोंदा आदि ने दखनी पदों की रचना की थी, जिसमें शैली की दृष्टि से कबीर की पद रचना का गहरा संबंध है ।

महाराष्ट्र के अपने प्राचीन संप्रदाय महानुभाव संप्रदाय में निर्गुण की अपेक्षा सगुण भक्ति को अधिक महत्त्व दिया गया है । संत ज्ञानेश्वर ने पहली बार सगुण-निर्गुण की एकता को प्रतिपादित करते हुए आपने एक अभंग मे लिखा है, "हे गोविंद मेरी समझ में नहीं आता कि मैं तुझे सगुण कहूँ या निर्गुण।"[1] संत नामदेव ने जाति-भेद का विरोध करते हुए मनुष्य की समानता का उद्घोष करते हुए कहा है, "कहा करू जाती कहा करू पाती। राजा राम सेऊँ दिन राती ।"[2] जाति भेदा-भेद का मराठी संतो ने प्रारंभ से विरोध किया है क्योंकि जादा तर संत या निम्न जाति के थे या फिर उन्हें जाति से बहिष्कृत या तिरस्कृत किया था ।

महाराष्ट्र के प्रारंभिक संत ज्ञानेश्वर, नामदेव आदि में माधुर्य भक्ति भाव अपेक्षित और विकसित रूप मे मिलता है । उन्होंने आराध्य को अपना पति मानकर उसके पास अत्यंत भावपूर्ण शब्द में आत्मनिवेदन किया है । हिंदी संत कवियों की भी प्रणय भावना या प्रेमानुभूति मराठी सांतों की भावना के अनुरूप ही है । वह रंचमात्र भी सुफियों की प्रेमानुभूति के अनुरूप नहीं है । यथा नामदेव की कुछ उक्तियाँ द्रष्टव्य है-

"मोही लागत तालबेली । बछेर बिनु गाइ अकेली ।
पनिओ बिनु मिनु तलफे । ऐसे रामनामा बिनु बापुरो नामा ।"[3]

---

[1] मराठी संतों की दक्खिनी काव्य की सामाजिक फलश्रुतिः बहुलतावादी पाठ, पृष्ठ 113

[2] वही, पृष्ठ 131

[3] वही, पृष्ठ 118

एक दूसरे स्थान पर वे दास्यभाव अभिव्यक्त करते हुए कहते हैं, "मैं बकरी मेरा राम भरतार। रचि तलफे ताकड करड सिंगार।"[4] सूफी संत परमात्मा को अपनी प्रियसी के रूप में देखते है, तो मराठी सहित अन्य भारतीय संत स्वयं को पत्नी रूप मानते हुए अपने आराध्य को बल्लभ, पति या स्वामी के रूप में स्वीकार करते आ रहे हैं।

मराठी संत साहित्य में संत नामदेव (1270 से 1350 ई.) का नाम अग्रणी है। मराठी संत काव्य परंपरा का प्रवर्तन सर्वाधिक मौलिक रूप में संत नामदेव ने किया है। वे मूलतः मराठी भाषिक संत कवि थे जिन्होंने एक ओर उत्तरी भारत मे दीर्घकाल तक अपना समय व्यतित कर अपने संत मत का प्रचार किया, तो दूसरी तरफ हिंदी में विपुल पदों की रचना की। जिनमें से सैकड़ो पद 'गुरु ग्रंथ सहाब' में संकलित है। मराठी संत काव्य के प्रवर्तक संत नामदेव दखिनी के प्रारंभिक काल के आद्य संत है। उनका व्यक्तित्व अत्यंत क्रांतिकारी था। वे ज्ञानेश्वर के साथ उत्तर भारत की यात्रा पर गये तो वहाँ प्रदीर्घकाल तक वास्तव के उपरांत वे महाराष्ट्र मे लौट आए। संत ज्ञानेश्वर ने आळंदी (पुणे, महाराष्ट्र) में समाधी ले ली। उस समय नामदेव उनके पास थे। अपने प्रिय सखा ज्ञानेश्वर के समाधीस्थ हो जाने के बाद वे महाराष्ट्र से बाहर उत्तर पंजाब की और चल बसे। कुछ समय पश्चात पुनः महाराष्ट्र में लौट आए और पंढरपूर मे समाधी ली।

मराठी संतों के हिंदी पदों में हमें ईश्वर के 'सगुण-निर्गुण' दोनों रूप दिखायी देते है। संत नामदेव के कुछ पद इस प्रकार है। यथा-

"हरि नांव हीरा हरि नांव हीरा।
हरि नांव लेत मिटै सब पीरा॥टेक॥
हरि नांव जाती हरि नांव पांती।
हरि नांव सकल जीवन मैं क्रांती॥१॥
हरि नांव सकल सुषन की रासी।
हरि नांव काटै जम की पासी॥२॥

---

[4] वही, पृष्ठ 118

हरि नांव सकल भुवन ततसारा।
हरि नांव नामदेव उतरे पारा॥ ३॥"[5]

प्रस्तुत पद में संत नामदेव अपने जीवन का केंद्र 'हरि' को ही मानते है। नाम स्मरण को भी उन्होंने महत्व दिया है -

"धृग ते बकता धृग ते सुरता।
प्राननाथ कौ नांव न लेता॥टेक॥
नाद वेद सब गालि पुरांनां।
रामनाम को मरम न जाना॥ १॥
पंडित होइ सो बेद बषानै।
मूरिष नामदेव राम ही जानै॥ २॥"[6]

ईश्वर आराधना के साथ-साथ तत्कालीन सामाजिक परिस्थितियों पर भी वे प्रश्न करते है -

"हीन दीन जात मोरी पंढरी के राया।
ऐसा तुमने नामा दरजी कायकू बनाया।
टाल बिना लेके नामा देऊन गया।
पूजा करते बम्मन उन्नैं बाहर ढकाया।
देवल के पीछे नामा अल्लख पुकारे।
जिद जिद नामा उदर देउल ही फिरे।
नाना वर्ण गया उनका एक वर्ण दूध।
तुम कहाँ के बहमन हम कहाँ के सूद।

---

5 http://kavitakosh.org/kk/%E0%A4%AA%E0%A4%A6%E0%A4 %BE%E0%A4%B5%E0%A4%B2%E0%A5%80_/_%E0%A4%AD%E0%A4%BE%E0%A4%97_1/_%E0%A4%A8%E0%A4%BE%E0%A4%AE%E0%A4%A6%E0%A5%87%E0%A4%B5

6 http://kavitakosh.org/kk/%E0%A4%AA%E0%A4%A6%E0%A4%BE%E0%A4%B5%E0%A4%B2%E0%A5%80_/_%E0%A4%AD%E0%A4%BE%E0%A4%97_1_/_%E0%A4%A8%E0%A4%BE%E0%A4%AE%E0%A4%A6%E0%A5%87%E0%A4%B5

हिंदी : वैश्विक व्याप्ति एवं प्रभाव

मन मेरो सुई तन मोरो धागा।
खेचर जी के चरण पर नामा शिंपी लागा।"[7]

संतों ने ईश्वर को राम एवं कृष्ण के रूप में देखा है। संत नामदेव ने तो नटखट कान्हा अर्थात कृष्ण के बचपन की हरकतों को भी अनुभव किया है-

"मैं भुली घरजानी बाट। गोरस बेचन आयें हाट ॥१॥
कान्हा रे मनमोहन लाल। सब ही बिसरूं देखें गोपाल ॥धु॥.
काहां पग डारूं देख आनेरा। देखें तों सब वोहिन घेरा ॥२॥
हुं तों थकित भैर तुका। भागा रे सब मनका धोका ॥३॥"[8]

संतों की भक्ति साधना में विश्वव्यापि विचारों को भी आसानी से देखा जा सकता है। उन्होंने इस संसार मो मायाजाल कहा है। मनुष्य स्वयं पर गर्व करता रहता है, किंतु उसे पता नहीं है कि यह संसार केवल माया है और जिनकी संगति साधू से होगी उसी का जीवन सफल होगा। यथा-

"संसार मायाजाल रे।
तन जोबन रूप कारण।
न कर गर्व गँवार रे।
एक दिन तो तुझको मरना।
सदा झमकत काल रे।
कुंभ कच्चा निर भरिया।
बिनसत नहीं पार रे।
कहत नामदेव सुन भई साधू।
साधू संगत धरना रे।"[9]

संत नामदेव के पुत्र संत गोंदा (1300 से 1351 ई.) ने भी हिंदी में कुछ

---

[7] मराठी संतों की दक्खिनी काव्य की सामाजिक फलश्रुतिः बहुलतावादी पाठ, पृ. 124

[8] http://tukaram.com/hindi/tukaramji_hindi.asp

[9] मराठी संतों की दक्खिनी काव्य की सामाजिक फलश्रुतिः बहुलतावादी पाठ, पृष्ठ 130

पद लिखें है, जिनमें वे ईश्वर स्मरण की बात करते हैं –

"आदि पुरुष निर्गुण निराधार की याद कर।
मेरे गुरु परवरदिगार की याद कर।
जिने माया अजब बनाई।
गैबी खजान हमने दिया।
उस साहब की याद कर।
संत महंत की याद कर।
गुणी गुणवंत की याद कर।
श्री भगवंत की याद कर।"[10]

आगे वे नाम स्मरण को भी महत्वपूर्ण बताते हुए कहते है -

"नाई जोगी नाहं भोगी नाहं जोशी संन्यासी।
नाहं कर्मी नाहं धर्मी उदासीन घरबासी।
बाबा अचिंत्य रे बाबा अचिंत्य रे ब्रह्मी स्फुर सोभाया।
नाम नही ना रूप रेखा सो मैं आम्हारी काया।
नाहं सिद्ध नाहं भेद नाहं पंडित ज्ञानी।
नाहं जपी, नाहं तपी, नाहं ध्येय ध्यानी।
नाहं पिडा ना ब्रह्मांड नाहं जीव कोई।
नाहं पुरुषा नाहं नारी नाहं देव विदेही।"[11]

सोलहवी शती में संत तुकाराम का अविर्भाव हुआ। उन्होंने शोषित-पीड़ित समाज को केंद्र में रखकर ईश्वर आराधना को महत्व दिया। भक्ति के मर्ग को ही जीवन के श्रेष्ठ मार्ग के रूप में प्रशस्त करते हुए वे कहते है,

"जग चले उस घाट कोन जाये।
नही समजत फिर फिर गोते खाये।
नही एक दोग सकल संसार।
जो मुझे तो आगला स्वार ऊपर स्वार।

---

10 मराठी संतों की दक्खिनी काव्य की सामाजिक फलश्रुतिः बहुलतावादी पाठ, पृष्ठ 158

11 वही, पृष्ठ 162

बैठे कृष्णा पीठ नही बाचे।
कोई जावे लूट देख ही।
डरफेर बैठा तू का जोवत मार्ग रामही एका।"[12]

तीर्थ यात्रा एवं कर्मफल पर विश्वास रखते हुए वे कहते है, -

"भले रे भाई जिने किया चीज अच्छा।
नही मिलत बीज फिरत फिरत पाया।
सारा मिटत लोले धन किनारा।
तीरत भरत फिर पाया जोग नही तलम रोग।
कहे तूका दास नही सिर भार चलावे पास।"[13]

जनार्दन स्वामी ने हिंदू एवं मुसलमान के बीच के धार्मिक विद्वेष को शांत करने के उद्देश्य से अपने विचार कुछ इस प्रकार प्रकट किए है,-

"क्या रे तुर्का परम मूर्खा। क्यों रे ब्राह्मण क्या कहता।
तुम्ही यवन परम नष्ट ब्राह्मण तुम बडा झुटा।
झुटपणा कोणता सांग मंतकी बनाया राख। मुडद्यावर तुम्ही ठेवता चिरे।
वही फिर पैगंबर हमारे। अवघे बोलणे मिथ्या बोलतो तुम्हारा कहना हमे झूठा।
सून तो तुम्ही तुरक भ्रष्ट झाला ब्राह्मण तू अंधा भैया दिवाना।
तुमचा आमचा विवाद थोर झुक झुक रहा चली चलनार।
एका जनार्दनी वाद तेथे सहज एक पणे संवाद।"[14]

संत तुकाराम हरि अर्थात ईश्वर के दर्शन के लिए ललायित है, -

"हरिबिन रहियां न जाये जिहिरा। कबकी थाडी देखें राहा ॥१॥
क्या मेरे लाल कवन चुकी भई। क्या मोहिपासिती बेर लगाई ॥ध्रु॥.
कोई सखी हरी जावे बुलावन। बार हि डारूं उसपर तन ॥२॥

---

12 http://tukaram.com/hindi/tukaramji_hindi.asp

13 वही, पृष्ठ 190

14 मराठी संतों की दक्खिनी काव्य की सामाजिक फलश्रुतिः बहुलतावादी पाठ, पृष्ठ 164

हिंदी : वैश्विक व्याप्ति एवं प्रभाव

तुका प्रभु कब देखें पाऊं । पासीं आऊं फेर न जाऊं ॥ ३ ॥"[15]

सारांश रूप से हम देख सकते है कि संतों का मूल उद्देश्य समाज प्रबोधन करना ही था । हां इसका माध्यम भक्ति अवश्य था । उन्हें अपने विचार अभिव्यक्त करने के लिए भौगोलिक एवं भाषायी सीमाओं को लांघकर भारत भर भ्रमण किया । मराठी भाषा के साथ-साथ मुघल एवं मुसलमान शासकों के शासन में जनता के वे अग्रदूत बने । शोषण के प्रति विद्रोह किया, साथ ही उत्तरी भारत की यात्रा कर जनसामान्य का मार्ग प्रशस्त किया ।

संदर्भ सूची :

1. हाडे गुलाबराव, मराठी संतों की दक्खिनी काव्य की सामाजिक फलश्रुतिः बहुलतावादी पाठ, विकास प्रकाशन, कानपुर, प्रथम संस्करण, 2018 ई.
2. http://tukaram.com/hindi/tukaramji_hindi.asp
3. शेटे विश्वनाथ त्रिंबक, संत ज्ञानेश्वर चरित्र, कार्य व तत्त्वज्ञान, श्री ज्ञानेश्वर विद्यापीठ प्रकाशन आळंदी देवाची जिला.पुणे सन1976
4. संपा. श्री. टिपनीस गोविंद गोपाळ, राम प्रकाश, मातोश्री प्यारी बाई सारडा, महाराष्ट्र वेद संत तुकाराम, सत्कार्य निधी, महात्मा गांधी रस्ता, नाशिक, 1982
5. इमानदार हे.वि., संत नामदेव, केसरी प्रकाशन, पुणे, 1970

प्रोफेसर एवं भूतपर्व शोध निर्देशक,
यू.इ.एस. महिला महाविद्यालय, सोलापुर

---

[15]. http://tukaram.com/hindi/tukaramji_hindi.asp

हिंदी के विकास में संस्थाओ की भूमिका

डॉ. समीर प्रजापति

'भाषा संस्कृति के निर्माण में सहायक होती है । भाषा द्वारा हम अपनी संस्कृति व्यक्त करते हैं, स्वयं संस्कृति का महत्वपूर्ण अंग है भाषा।'[1] बहुभाषिकता एवं बहुजातीयता की दृष्टि से हमारा देश संभवतः विश्व भर में सर्वाधिक विविधताओं और विचित्रताओं वाला देश है । हजारों मातृभाषाएँ यहाँ हजारों साल से बोली जाती हैं । भिन्न भाषा भाषियों के बीच परस्पर संवाद के लिए अलग-अलग संदर्भों में कई भाषाएँ संपर्क भाषा का काम करती है । भारत की जिस धार्मिक और सांस्कृतिक एकता की प्रायः चर्चा की जाती है उसका आधार संभवतः ऐसी संपर्क भाषा रही होगी जिसके माध्यम से देश भर में पर्यटन, तीर्थाटन और व्यापार-व्यवसाय करने वाले परस्पर विचार-विनिमय करते रहे होंगे । प्राचीन भारत में यह भूमिका संस्कृत ने निभाई और आधुनिक भारत में यह काम हिंदी कर रही है । "असल में हिन्दी ही भारतीय राष्ट्रीय एकता का एक मात्र सेतु है, जो भारत राष्ट्र की एकता को अपनी विविधता भरी अनेकता में एकता का सन्देश देती है ।"[2] यह भी देखा जा सकता है कि जब-जब भारत में कोई धार्मिक, सामाजिक, राजनैतिक आंदोलन खड़ा हुआ या किसी लोकनायक ने संपूर्ण देश को एक साथ संबोधित करना चाहा, तब-तब उन आंदोलनों और लोकनायकों ने उस काल की संपर्क भाषा को अपनाया । यही आवश्यकता 19वीं-20वीं शताब्दी में स्वतंत्रता आंदोलन के नायकों ने अनुभव की और निर्विवाद रूप से हिंदी को व्यापक जनसंपर्क के लिए सर्वाधिक समर्थ भाषा के रूप में पाया और स्वीकार किया । भारत में हिंदी का व्यवहार किये बिना कोई अखिल भारतीय नेता नहीं बन सकता ।"[3] महात्मा गाँधी और उनके समकालीनों ने इसीलिए हिंदी को राष्ट्रभाषा के रूप में प्रतिष्ठा प्रदान की। राजभाषा के रूप में भी हिंदी की प्रतिष्ठा का यही आधार रहा ।

कहने तात्पर्य यही है कि अंग्रेज राज के कारण ही भारत देश में एक अखिल भारतीय संकल्पना उभरकर आई और भाषा का मुद्दा प्रमुख हो उठा । पूरे देश को एकसूत्र में पिरो सके ऐसी एक ही सम्पर्क भाषा थी– हिंदी । हिंदी सदैव राष्ट्रीय एकता की कड़ी रही है । यही कारण है कि उस समय जितने

भी महत्वपूर्ण सुधारक, साहित्यकारक, कर्ण धारक नेता या संस्थाएं आयीं उन्होंने विचार-विनिमय और सम्प्रेषण के लिए हिंदी को अपनाया और उसके विकास के लिए महत्वपूर्ण योगदान दिया। अहिन्दी भाषी महापुरुषों ने भी हिंदी को अपनाने पर जोर दिया। इन महापुरुषों में स्वामी दयानंद सरस्वती, लोकमान्य तिलक, केशवचंद्र सेन, राजा राममोहन राय, नवीनचंद राय, जस्टिस शारदाचरण मित्र, महात्मा गांधी आदि ने हिन्दी को राष्ट्रभाषा का दर्जा दिलाने के प्रयास किए। ये सारे महापुरुष न कभी "भारतीय भाषाओँ पर हिन्दी लादना चाहते थे, न हिंदी लादने का हौआ खड़ा करके अंग्रेजी बनाये रखने के पक्ष में थे।"[4] हिंदी के इस प्रचार-प्रसार और विकास में विभिन संस्थाओं और व्यक्तियों का महत्वपूर्ण योगदान रहा है। सम्पर्क भाषा और राष्ट्रभाषा के रूप में हिंदी का प्रचार-प्रसार करने देश एवं प्रदेशों की आवश्यकताओं एवं अनुकूलताओं के आधार पर विभिन्न संस्थाओं की स्थापना यथा समय हुई। ऐसी संस्थाओं को मोटे तौर पर तीन भागों में विभाजित किया जाता है – 1. धार्मिक एवं सामाजिक संस्थाएं 2. राजनितिक संस्थाएं एवं 3. साहित्यिक संस्थाएं। इन संस्थाओं के सम्मलित प्रयास से हिंदी का वर्तमान स्वरूप प्राप्त हुआ है। इस आलेख में हम प्रमुख संस्थाओं के अवदान और भूमिका पर कुछ प्रकाश डालेंगे।

अंग्रेजो के प्रारम्भिक शासनकाल में जनता और सरकार के बीच संवाद स्थापना के क्रम में फारसी या अंग्रेजी के माध्यम से दिक्कतें पेश आईं तो कम्पनी सरकार ने फोर्ट विलियम कॉलेज में हिन्दुस्तानी विभाग खोलकर अधिकारियों को हिंदी सिखाने की व्यवस्था की। यहाँ से हिंदी पढ़े हुए अधिकारियों ने भिन्न-भिन्न क्षेत्रों में उसका प्रत्यक्ष लाभ देकर मुक्त कंठ से हिंदी को सराहा। सी. टी. मेटकाफ ने 1806 ई. में अपने शिक्षा गुरु जॉन गिलक्राइस्ट को लिखा था कि, 'भारत के जिस भाग में भी मुझे काम करना पड़ा है, कलकत्ता से लेकर लाहौर तक, कुमाऊँ के पहाड़ों से लेकर नर्मदा नदी तक मैंने उस भाषा का आम व्यवहार देखा है, जिसकी शिक्षा आपने मुझे दी है। मैं कन्याकुमारी से लेकर कश्मीर तक या जावा से सिंधु तक इस विश्वास से यात्रा करने की हिम्मत कर सकता हूँ कि मुझे हर जगह ऐसे लोग मिल जाएँगे जो हिन्दुस्तानी बोल लेते होंगे। टॉमस रोबक ने 1807 ई. में लिखा कि, 'जैसे इंग्लैण्ड जाने वाले को लैटिन, सेक्सन या फ्रेंच के बदले अंग्रेजी

सीखनी चाहिए, वैसे ही भारत आने वाले को अरबी-फारसी या संस्कृत के बदले हिन्दुस्तानी सीखनी चाहिए ।' विलियम केरी ने 1816 ई. में कहा था, हिंदी किसी एक प्रदेश की भाषा नहीं बल्कि देश में सर्वत्र बोली जाने वाली भाषा है । एच. टी. कोलब्रुक ने कहा था, 'जिस भाषा का व्यवहार भारत के प्रत्येक प्रान्त के लोग करते हैं, जो पढ़े-लिखे तथा अनपढ़ दोनों की साधारण बोलचाल की भाषा है, जिसको प्रत्येक गाँव में थोड़े बहुत लोग अवश्य ही समझ लेते हैं, उसी का यथार्थ नाम हिंदी है ।' जार्ज ग्रियर्सन ने तो हिंदी को 'आम बोलचाल की महाभाषा' कहा था । इन विद्वानों के मंतव्यों से स्पष्ट है कि हिंदी की व्यावहारिक उपयोगिता, देशव्यापी प्रसार एवं प्रयोगगत लचीलेपन के कारण अंग्रेजों ने हिंदी को अपनाया । उस समय हिंदी और उर्दू एक ही भाषा के रूप में प्रचलित थी । अंग्रेजों ने हिंदी को प्रयोग में लाकर हिंदी की महती संभावनाओं की ओर राष्ट्रीय नेताओं एवं साहित्यकारों का ध्यान खींचा ।

प्रमुख धार्मिक-सामाजिक संस्थाएं एवं सुधारकों का योगदान

ब्रह्म समाज 1828

प्रार्थना समाज 1867

आर्य समाज 1875

थियोसोफिकल सोसाइटी 1875

सनातन धर्म सभा 1873

रामकृष्णन मिशन 1897

धर्म एवं समाज सुधार की प्रायः सभी संस्थाओं ने हिंदी के महत्त्व को भांपकर हिंदी की हिमायत की । ब्रह्म समाज (1828 ई.) के संस्थापक राजा राममोहन राय ने हिंदी की महत्ता को देखते हुए कहा, इस समग्र देश की एकता के लिए हिंदी अनिवार्य है । केशव चंद्र सेन ने 1875 ई. में एक लेख लिखा था, 'भारतीय एकता कैसे हो', जिसमें उन्होंने लिखा है कि, 'उपाय है सारे भारत में एक ही भाषा का व्यवहार । अभी जितनी भाषाएँ भारत में प्रचलित हैं, उनमें हिंदी भाषा लगभग सभी जगह प्रचलित है । यह हिंदी अगर भारतवर्ष की एकमात्र भाषा बन जाए तो यह काम सहज ही और शीघ्र

ही सम्पन्न हो सकता है। एक अन्य ब्रह्मसमाजी नवीन चंद्र राय ने पंजाब में हिंदी के विकास के लिए स्तुत्य योगदान दिया।

आर्य समाज (1875 ई.) के संस्थापक स्वामी दयानंद सरस्वती गुजराती भाषी थे एवं गुजराती व संस्कृत के अच्छे जानकार थे। हिंदी का उन्हें सिर्फ कामचलाऊ ज्ञान था, पर अपनी बात अधिक से अधिक लोगों तक पहुँचाने के लिए तथा देश की एकता को मजबूत करने के लिए उन्होंने अपना सारा धार्मिक साहित्य हिंदी में ही लिखा। उनका कहना था कि हिंदी के द्वारा सारे भारत को एक सूत्र में पिरोया जा सकता है। वे इस आर्यभाषा को सर्वात्मना देशोन्नति का मुख्य आधार मानते थे। उन्होंने हिंदी के प्रयोग को राष्ट्रीय स्वरूप प्रदान किया। वे कहते थे, मेरी आँखें उस दिन को देखना चाहती हैं, जब कश्मीर से कन्याकुमारी तक सब भारतीय एक भाषा समझने और बोलने लग जाएँगे। अरविन्द दर्शन के प्रणेता अरविन्द घोष की सलाह थी कि लोग अपनी-अपनी मातृभाषा की रक्षा करते हुए सामान्य भाषा के रूप में हिंदी को ग्रहण करें।' थियोसोफिकल सोसाइटी (1875 ई.) की संचालिका एनी बेसेंट ने कहा था, 'भारतवर्ष के भिन्न-भिन्न भागों में जो अनेक देशी भाषाएँ बोली जाती हैं, उनमें एक भाषा ऐसी है जिसमें शेष सब भाषाओं की अपेक्षा एक भारी विशेषता है, वह यह कि उसका प्रचार सबसे अधिक है। वह भाषा हिंदी है। हिंदी जानने वाला आदमी सम्पूर्ण भारतवर्ष में यात्रा कर सकता है और उसे हर जगह हिंदी बोलने वाले मिल सकते हैं। भारत के सभी स्कूलों में हिंदी की शिक्षा अनिवार्य होनी चाहिए।'

उपर्युक्त धार्मिक-सामाजिक संस्थाओं के अतिरिक्त प्रार्थना समाज, सनातन धर्म सभा, रामकृष्ण मिशन एवं महान पुरुषो एवं विद्वानों ने हिंदी के प्रचार में महत्वपूर्ण योगदान दिया। इसमें राजा राममोहन राय, विनोबा भावे, केशवचंद्र सेन, नवीनचंद्र राय, ईश्वरचंद्र विद्यासागर, तरुणी चरण मिश्र, राजेन्द्रलाल मित्र, राज नारायण बसु, भूदेव मुखर्जी, बंकिमचंद्र चैटर्जी सुभाषचंद्र बोस रवीन्द्रनाथ टैगोर, एन. सी. केलकर, डॉ. भण्डारकर, वी. डी. सावरकर, गोपाल कृष्ण गोखले, गाडगिल, काका कालेलकर, लाला लाजपत राय, श्रद्धाराम फिल्लौरी, दयानंद सरस्वती, महात्मा गाँधी, वल्लभभाई

पटेल, कन्हैयालाल माणिकलाल मुंशी, सी. राजगोपालाचारी, टी. विजयराघवाचार्य, सी. पी. रामास्वामी अय्यर. अनन्त शयनम आयगर, एस. निजलिंगप्पा रंगनाथ रामचंद्र दिवाकर, के. टी. भाष्यम, आर. वेंकटराम शास्त्री, एन. सुन्दरैया, मदनमोहन मालवीय, पुरुषोत्तम दास टंडन, राजेन्द्र प्रसाद, सेठ गोविन्द दास आदि का नाम उल्लेखनीय है।

उक्त तथ्यों से लगता है कि धार्मिक गुरुओं, देश के विद्वानों एवं समाज सुधारकों की यह सोच बन चुकी थी कि राष्ट्रीय स्तर पर संवाद स्थापित करने के लिए हिंदी आवश्यक है। वे जानते थे कि हिंदी बहुसंख्यक जन की भाषा है, एक प्रान्त के लोग दूसरे प्रान्त के लोगों से सिर्फ इस भाषा में ही विचारों का आदान-प्रदान कर सकते हैं। भावी राष्ट्रभाषा के रूप में हिंदी को बढ़ाने का कार्य इन्हीं सुधारकों ने किया।

प्रमुख राजनितिक संस्थाएं एवं राजनितिक नेताओ का योगदान

1885 ई. में कांग्रेस की स्थापना हुई। जैसे-जैसे कांग्रेस का राष्ट्रीय आंदोलन जोर पकड़ता गया, वैसे-वैसे राष्ट्रीयता, राष्ट्रीय झण्डा एवं राष्ट्रभाषा के प्रति आग्रह बढ़ता ही गया था। 1917 ई. में लोकमान्य बाल गंगाधर तिलक ने कहा, यद्यपि मैं उन लोगों में से हूँ, जो चाहते हैं और जिनका विचार है कि हिंदी ही भारत की राष्ट्रभाषा हो सकती है। तिलक ने भारतवासियों से आग्रह किया कि वे हिंदी सीखें। उन्होंने कहा था, यह आंदोलन उत्तर भारत में केवल एक सर्वमान्य लिपि के प्रचार के लिए नहीं है। यह तो उस आंदोलन का एक अंग है, जिसे मैं एक राष्ट्रीय आंदोलन कहूँगा और जिसका उद्देश्य समस्त भारतवर्ष के लिए एक राष्ट्रीय भाषा की स्थापना करना है, क्योंकि सबके लिए समान भाषा राष्ट्रीयता का महत्त्वपूर्ण अंग है। अतएव यदि आप किसी राष्ट्र के लोगों को एक-दुसरे के निकट लाना चाहें तो सबके लिए समान भाषा से बढ़कर सशक्त अन्य कोई बल नहीं है।

महात्मा गाँधी राष्ट्र के लिए राष्ट्रभाषा को नितांत आवश्यक मानते थे। उनका कहना था, राष्ट्रभाषा के बिना राष्ट्र गूंगा है। गाँधीजी हिंदी के प्रश्न को स्वराज का प्रश्न मानते थे। हिंदी का प्रश्न स्वराज्य का प्रश्न है। उन्होंने हिंदी को राष्ट्रभाषा के रूप में सामने रखकर भाषासमस्या पर गम्भीरता से विचार किया। 1917 ई. में भड़ौंच में आयोजित गुजरात शिक्षा परिषद के अधिवेशन

में सभापति पद से भाषण देते हुए गाँधीजी ने कहा, राष्ट्रभाषा के लिए 5 लक्षण या शर्तें होनी चाहिए-

1. अमलदारों के लिए वह भाषा सरल होनी चाहिए।
2. यह जरूरी है कि भारतवर्ष के बहुत से लोग उस भाषा को बोलते हों।
3. उस भाषा के द्वारा भारतवर्ष का अपनी धार्मिक, आर्थिक और राजनीति व्यवहार होना चाहिए।
4. राष्ट्र के लिए वह भाषा आसान होनी चाहिए।
5. उस भाषा का विचार करते समय किसी क्षणिक या अल्पस्थायी स्थिति पर जोर नहीं देना चाहिए।

वर्ष 1918 ई. में हिंदी साहित्य सम्मेलन के इन्दौर अधिवेशन में सभापति पद से भाषण देते हुए गाँधीजी ने राष्ट्रभाषा हिंदी का समर्थन किया, मेरा यह मत है कि हिंदी ही हिन्दुस्तान की राष्ट्रभाषा हो सकती है और होनी चाहिए। इसी अधिवेशन में यह प्रस्ताव पारित किया गया कि प्रतिवर्ष 6 दक्षिण भारतीय युवक हिंदी सीखने के लिए प्रयाग भेजें जाएँ और 6 उत्तर भारतीय युवक को दक्षिण भाषाएँ सीखने तथा हिंदी का प्रसार करने के लिए दक्षिण भारत में भेजा जाए। इन्दौर सम्मेलन के बाद उन्होंने हिंदी के कार्य को राष्ट्रीय व्रत बना दिया। दक्षिण में प्रथम हिंदी प्रचारक के रूप में गाँधीजी ने अपने सबसे छोटे पुत्र देवदास गाँधी को दक्षिण में चेन्नई भेजा। गाँधीजी की प्रेरणा से मद्रास (1927 ई.) एवं वर्धा (1936 ई.) में राष्ट्रभाषा प्रचार सभाएँ स्थापित की गईं।

वर्ष 1925 ई. में कांग्रेस के कानपुर अधिवेशन में गाँधीजी की प्रेरणा से यह प्रस्ताव पारित हुआ कि कोंगेस का, कांग्रेस की महासमिति का और कार्यकारिणी समिति का काम-काज आमतौर पर हिंदी में चलाया जायेगा। इस प्रस्ताव में हिंदी आंदोलनों को बड़ा बल मिला।

वर्ष 1927 ई. में गाँधीजी ने लिखा, वास्तव में ये अंग्रेजी में बोलने वाले नेता हैं, जो आम जनता में हमारा काम जल्दी आगे बढ़ने नहीं देते। वे हिंदी सीखने से इंकार करते हैं, जबकि हिंदी द्रविड़ प्रदेश में भी तीन महीने के अन्दर सीखी जा सकती है। वर्ष 1927 ई. में सी. राजगोपालाचारी ने दक्षिण वालों को हिंदी सीखने की सलाह दी और कहा, हिंदी भारत की राष्ट्रभाषा तो है ही, यही जनतंत्रात्मक भारत में राजभाषा भी होगी। वर्ष 1928 ई. में

प्रस्तुत नेहरू रिपोर्ट में भाषा सम्बन्धी सिफारिश में कहा गया था- 'देवनागरी अथवा फारसी में लिखी जाने वाली हिन्दुस्तानी भारत की राष्ट्रभाषा होगी, परन्तु कुछ समय के लिए अंग्रेजी का उपयोग जारी रहेगा। सिवाय देवनागरी या फारसी की जगह या देवनागरी तथा हिन्दुस्तानी की जगह हिंदी रख देने के अंततः स्वतंत्र भारत के संविधान में इसी मत को अपना लिया गया।

वर्ष 1929 ई. में सुभाषचंद्र बोस ने कहा, प्रांतीय इर्ष्या-द्वेष को दूर करने में जितनी सहायता इस हिंदी प्रचार से मिलेगी, उतनी दूसरी किसी चीज से नहीं मिल सकती। अपनी प्रान्तीय भाषाओं की भरपूर उन्नति कीजिए, उसमें कोई बाधा नहीं डालना चाहता और न हम किसी की बाधा को सहन ही कर सकते हैं। पर सारे प्रान्तों की सार्वजनिक भाषा का पद हिंदी या हिन्दुस्तानी को ही मिला है।

वर्ष 1931 ई. में गाँधीजी ने लिखा, यदि स्वराज्य अंग्रेजी पढ़े भारतीयों का है और केवल उनके लिए है तो सम्पर्क भाषा अवश्य अंग्रेजी होगी। यदि वह करोड़ों भूखे लोगों, करोड़ों निरक्षर लोगों, निरक्षर स्त्रियों, सताए हुए अछूतों के लिए है तो सम्पर्क भाषा केवल हिंदी हो सकती है। गाँधीजी जनता की बात जनता की भाषा में करने के पक्षधर थे।

वर्ष 1936 ई. में गाँधीजी ने कहा, अगर हिन्दुस्तान को सचमुच आगे बढ़ना है तो चाहे कोई माने या न माने राष्ट्रभाषा तो हिंदी ही बन सकती है, क्योंकि जो स्थान हिंदी को प्राप्त है, वह किसी और भाषा को नहीं मिल सकता है। वर्ष 1937 ई. में देश के कुछ राज्यों में कांग्रेस मंत्रिमंडल गठित हुआ। इन राज्यों में हिंदी की पढ़ाई को प्रोत्साहित करने का संकल्प लिया गया

जैसे-जैसे स्वतंत्रता संग्राम तीव्रतम होता गया वैसे-वैसे हिंदी को राष्ट्रभाषा बनाने का आंदोलन जोर पकड़ता गया। 20वीं सदी के चौथे दशक तक हिंदी राष्ट्रभाषा के रूप में आम सहमति प्राप्त कर चुकी थी। वर्ष 1942 से 1945 का समय ऐसा था जब देश में स्वतंत्रता की लहर सबसे अधिक तीव्र थी, तब राष्ट्रभाषा से ओतप्रोत जितनी रचनाएँ हिंदी में लिखी गईं उतनी शायद किसी और भाषा में इतने व्यापक रूप से कभी नहीं लिखी गई। राष्ट्रभाषा प्रचार के साथ राष्ट्रीयता के प्रबल हो जाने पर अंग्रेजों को भारत

छोड़ना पड़ा।

साहित्यिक संस्थाओं का योगदान

हिंदी के प्रचार-प्रसार की नींव को मजबूत करने में भारतेंदु और भारतेंदु मंडल साहित्यकारों की महत्वपूर्ण भूमिका रही है। अगर भारतेंदु हिंदी भाषा को न मिलते तो सम्पर्क भाषा एवं राजभाषा के रूप में हिंदी को जो कुछ भी महत्व दिया गया है, वह शायद न मिलता। "हिंदी भाषा के प्रसार में, हिन्दी साहित्य का स्तर ऊँचा करने में और हिंदी प्रदेश की जनता को जगाने में भारतेंदु जी की पत्रकारिता और निबंध-कला ने अपनी अपूर्व भूमिका पूरी की।"[5] इसके बाद हिंदी की यह यात्रा महावीरप्रसाद द्विवेदी, मैथिलीशरण गुप्त, हरिऔध से होती हुई आज महत्वपूर्ण पड़ाव पर पहुँच चुकी है।

हिंदी के प्रचार-प्रसार में कार्यरत संस्थाओं को सूची निम्न प्रकार है –

1. अक्षरम 2. अंतर्राष्ट्रीय हिन्दी समिति, वर्जिनिया (सं॰रा॰अ॰) 3. अखिल भारतीय हिन्दी संस्था संघ, नई दिल्ली 4. अखिल भारतीय अनुवाद परिषद, अहमदाबाद 5. अखिल भारतीय भाषा साहित्य सम्मेलन, भोपाल एवं पटना 6. अखिल भारतीय साहित्य कला मंच, मुरादाबाद 7. अपनी भाषा, कोलकाता 8. अरुणाचल नागरी संस्थान, ईटानगर 9. असम राष्ट्रभाषा प्रचार समिति, गुवाहाटी 10. आन्ध्र प्रदेश हिन्दी प्रचार, हैदराबाद 11. आरा नागरी प्रचारिणी सभा, आर (बिहार) 12. उत्तर प्रदेश हिन्दी संस्थान, लखनऊ 13. उत्तर प्रदेश हिन्दी ग्रंथ अकादमी, लखनऊ 14. ओड़िशा राष्ट्रभाषा परिषद, पुरी 15. कर्नाटक महिला हिन्दी सेवा समिति, बंगलुरू 16. कर्नाटक हिन्दी प्रचार समिति, बंगलुरू 17. कहानी लेखन महाविद्यालय, अंबाला 18. कादंबरी, जबलपुर 19. काशी नागरी प्रचारिणी सभा, वाराणसी	55. महाराष्ट्र राष्ट्रभाषा सभा, पुणे 56. माधवराव सप्रे संग्रहालय, भोपाल 57. मारिशस हिन्दी संस्थान, मारिशस 58. मुंबई हिन्दी विद्यापीठ, मुंबई 59. मुंबई प्रांतीय राष्ट्रभाषा प्रचार सभा, मुंबई 60. मैसूर हिन्दी प्रचार परिषद, बंगलुरू 61. मोकामा अंचल तुलसी साहित्य परिषद्, मोकामा 62. राजभाषा संघर्ष समिति, दिल्ली 63. राजभाषा विभाग 64. राजभाषा कार्यान्वयन समिति 65. राजभाषा आयोग 66. राजभाषा विधायी आयोग एवं राजभाषा खंड 67. राजस्थान साहित्य अकादमी, उदयपुर 68. राष्ट्रभाषा प्रचार समिति, वर्धा 69. राष्ट्रीय हिन्दी परिषद, मेरठ 70. राष्ट्रभाषा महासंघ, मुंबई 71. राष्ट्रीय अनुवाद मिशन 72. राष्ट्रीय हिन्दी साहित्य सम्मेलन, तिरूवनंतपुरम 73. विक्रमशिला हिन्दी विद्यापीठ, भागलपुर 74. विजय वर्मा मेमोरियल ट्रस्ट, मुंबई

20. केन्द्रीय हिन्दी प्रशिक्षण संस्थान, नई दिल्ली
21. केन्द्रीय हिन्दी निदेशालय, नई दिल्ली
22. केन्द्रीय अनुवाद ब्यूरो, नई दिल्ली
23. केन्द्रीय सचिवालय हिन्दी परिषद, नई दिल्ली
24. केन्द्रीय हिन्दी समिति
25. केन्द्रीय हिन्दी संस्थान, आगरा
26. केरल हिन्दी प्रचार सभा, तिरूवनंतपुरम
27. केरल हिन्दी साहित्य अकादमी, तिरूवनंतपुरम
28. क्षेत्रीय कार्यान्वियन कार्यालय, राजभाषा विभाग
29. गुजरात विद्यापीठ, अहमदाबाद
30. घनश्यामदास सराफ ट्रस्ट, मुंबई
31. छत्तीसगढ़ प्रदेश हिन्दी साहित्य सम्मेलन, रायपुर
32. जैमिनी अकादमी, पानीपत
33. तमिलनाडु हिंदी अकादमी, चेन्नई
34. दक्षिण भारत हिन्दी प्रचार सभा, चेन्नई
35. दक्षिण भारत हिन्दी प्रचार सभा, धाड़वाड़

75. विदर्भ हिन्दी साहित्य सम्मेलन, नागपुर
76. विद्या विभाग, कांकरौली, मेवाड़
77. वैश्विक हिंदी सम्मेलन, मुंबई
78. विश्व हिन्दी सम्मेलन
79. विश्व हिन्दी सचिवालय, मारिशस
80. विश्वेश्वरानंद वैदिक शोध संस्थान, होश्यारपुर
81. वीरेन्द्र केशव साहित्य परिषद, टीकमगढ़
82. वैज्ञानिक तथा तकनीकी शब्दावली आयोग, नई दिल्ली
83. संसदीय राजभाषा समिति, नई दिल्ली
84. साहित्य अकादमी, नई दिल्ली
85. साहित्य अकादमी, भोपाल
86. साहित्यमंडल, श्रीनाथद्वारा
87. हिंदी साहित्य विद्यालयी शिक्षा संस्थान (म.प.)
88. हिन्दी प्रचारिणी सभा, मारिशस
89. हिन्दी शिक्षण योजना, राजभाषा विभाग

36. नगर राजभाषा कार्यान्वियन समिति, राजभाषा विभाग
37. नव उन्नयन, नई दिल्ली
38. नागरी लिपि परिषद्, नई दिल्ली
39. पदुमलाल पुन्नालाल बख्शी सृजनपीठ, बिलासपुर
40. परिमल, इलाहाबाद
41. पुरुषोत्तमपुर हिन्दी प्रचार सभा, गंजाम, उड़ीसा
42. बंगीय हिन्दी परिषद, कोलकाता
43. बिहार राष्ट्रभाषा परिषद, पटना
44. बिहार हिन्दी साहित्य सम्मेलन, पटना
45. भारतीय अनुवाद परिषद्, नई दिल्ली
46. भारतीय हिन्दी परिषद, प्रयाग
47. भारतीय ज्ञानपीठ, नई दिल्ली
48. भारतीय भाषा संस्थान, मैसूर
49. भारतीय भाषा प्रतिष्ठापन राष्ट्रीय परिषद, मुंबई
50. मध्य प्रदेश राष्ट्रभाषा प्रचार समिति, भोपाल
51. मध्य प्रदेश हिन्दी साहित्य सम्मेलन, ग्वालियर
52. मध्य भारत हिन्दी साहित्य समिति, इंदौर
53. मणिपुर हिन्दी परिषद, इंफाल
54. महात्मा गांधी अंतर्राष्ट्रीय हिन्दी विश्वविद्यालय, वर्धा

90. हिन्दी सोसाइटी, सिंगापुर
91. हिन्दी परिषद, नीदरलैंड
92. हिन्दी शिक्षा समिति, उड़ीसा, कटक
93. हिन्दी शिक्षा समिति, जहीराबाद
94. हिन्दी साहित्य सम्मेलन, प्रयाग
95. हिन्दी प्रचार-प्रसार संस्थान, जयपुर
96. हिन्दी सेवी महासंघ, इंदौर
97. हिन्दी सलाहकार समिति
98. हिन्दी संगठन, मारिशस
99. हिन्दी अकादमी, दिल्ली
100. हिन्दी प्रचारक संघ, तमिलनाडु
101. हिन्दी विद्यापीठ, देवघर
102. हिन्दुस्तानी अकादमी, इलाहाबाद
103. हिन्दुस्तानी प्रचार सभा, मुंबई
104. हिन्दी विज्ञान साहित्य परिषद, भा॰ प॰ अ॰ के॰, मुंबई
105. भाषा शिक्षण,हाजिनगर,उत्तर 24 परगना,पश्चिम बंगाल
106. सदीनामा प्रकाशन,कलकत्ता,पश्चिम बंगाल
107. मैत्रेय ग्रंथागार,गौरीपुर नैहाटी, उत्तर 24 परगना,पश्चिम बंगाल
108. मातृभाषा उन्नयन संस्थान,इंदौर, मध्यप्रदेश

हिंदी : वैश्विक व्याप्ति एवं प्रभाव

स्वतंत्रता के बाद हिंदी की संवैधानिक स्थिति के अनुसार हिंदी की अभिवृद्धि, विकास, प्रचार-प्रसार और आगामी और प्रगामी प्रयोग का दायित्व विशेष रूप से भारत सरकार को दिया गया है । केंद्रीय शिक्षा मंत्रालय ने स्वैच्छिक हिंदी संस्थाओं को आर्थिक सहायता, हिन्दी अध्यापकों के लिए अनुसंधान और प्रशिक्षण संस्थाओं का खर्च, विश्वविद्यालयों के स्तर की मानक पुस्तकों का हिंदी तथा अन्य भारतीय भाषाओं में अनुवाद और प्रकाशन, विश्वकोश, शब्दकोश तथा अहिंदी भाषी क्षेत्रों में हिंदी के प्रचार-प्रसार की योजनाएँ आदि कार्यक्रम प्रस्तुत किए हैं ।

गृह मंत्रालय के राजभाषा विभाग द्वारा समय-समय पर हिंदी के प्रचार-प्रसार हेतु विभिन्न कार्यक्रमों का आयोजन किया जाता है । उदाहरण के लिए राजभाषा विभाग ने कार्यालयों के लिए कुछ अन्य आदेश भी दिए हैं, जैसे अंग्रेजी टाइपराइटर नहीं है वहाँ कम से कम एक हिंदी टाइपराइटर होना अनिवार्य है। कार्यालय के तार का पता हिंदी तथा अंग्रेजी में होना चाहिए । 14 सितंबर को प्रत्येक वर्ष हिंदी दिवस मनाने का अनुदेश भी राजभाषा विभाग का ही है । केंद्रीय कार्यालय की फ़ाइलें, विजिटिंग कार्ड, मुहरें, समय-सूचक बोर्ड, नामपट्ट सभी हिंदी में होंगे । जून, 1975 में स्थापित 'आधिकारिक भाषा विभाग में 'तकनिकी सेल' की स्थापना का उद्देश्य ही है "केन्द्रीय सरकार के मंत्रालय, विभाग व् सरकारी उपक्रमों तथा राष्ट्रीयकृत बैंकों में अंग्रेजी व् हिंदी दोनों भाषाओँ के प्रयोग का प्रचार-प्रसार करने तथा तकनिकी व् इलेक्ट्रानिक उपकरणों पर हिंदी के प्रयोग को बढ़ावा देना है ।[6] अगस्त, 1985 में स्थापित 'केन्द्रीय हिंदी प्रशिक्षण संस्थान' केन्द्र सरकार के नए कर्मचारियों को हिंदी भाषा, हिंदी टाइपिंग तथा हिंदी स्टेनोग्राफी सिखाने का काम सुचारू ढंग से कर रहा है ।

राजभाषा का स्वरूप तब तक पूर्णत: विकसित नहीं हो पाएगा जब तक राजभाषा को व्यवहार और बोलचाल की भाषा न बनाया जाए । यह भाषा अभिव्यक्ति का सशक्त माध्यम है । अत: हिन्दी के माध्यम से युवकों को कौशल प्रशिक्षण दिया जाए । इस बात की ओर भी ध्यान दिया जाना चाहिए कि लोग अधिक से अधिक हिंदी को व्यवहार में लाए । जो लोग हिंदी को राजभाषा और राष्ट्रभाषा के रूप में देखना नहीं चाहते, तरह-तरह के बहाने करते है और अंग्रेजी की वकालत करते है उन्हें तवज्जो नहीं देना है । "किसी

की आँखें सूरज को नहीं देख सकती तो इसका मतलब यह नहीं कि सूरज को उगना ही नहीं चाहिए । अंग्रेजो के चले जाने के बाद भी हमारे बीच में जो काले अंग्रेज रह रहे है उनकी अंग्रेजी मानसिकता की ओर हमें अधिक ध्यान देने की आवश्यकता नहीं है ।"[7]

अंग्रेजी भाषा पर निर्भरता कम करके भी हिंदी का विकास किया जा सकता है । आज जापान, चीन इत्यादि राष्ट्र अंग्रेजी ज्ञान के बिना आत्मनिर्भर बन गए । यद्यपि हिंदी के प्रति लोगों के सकीर्ण और संकुचित नजरिए को बदलने की जरूरत है । हिंदी को सरल और व्यवहारिक बनाने के लिए हिंदी को अधिकाधिक तत्सम शब्दावली से दूर रखना चाहिए । हिंदी के भीतर वे सभी गुण विकसित किए जाने की आवश्यकता है जो अंग्रेजी में है ।

आज संचार माध्यमों द्वारा हिंदी विश्व की सर्वाधिक शक्तिशाली भाषाओं में से एक बन चुकी है । वैश्विक क्रम में यह दूसरी सबसे अधिक बोली व समझी जाने वाली भाषा है । रेडियो, टेलीविजन, सिनेमा, इंटरनेट आदि ने इसके प्रचार-प्रसार में अत्यंत महत्वपूर्ण भूमिका निभाई है । समाचार-पत्रों और पत्रिकाओं तथा विज्ञापनों में हिन्दी का ही वर्चस्व है । परंतु इन माध्यमों में जिस तरह की हिंदी प्रयुक्त हो रही है वह अपना शुद्ध रूप लिए हुए नहीं है । 'हिंगलिश' उसका मिश्रित स्वरूप है । इन संचार माध्यमों में हिन्दी के शुद्ध रूप का विकास किया जाना आवश्यक है ।

संसदीय राजभाषा समिति की सिफारिशों के फलस्वरूप मार्च, 1960 में 'केंद्रीय हिंदी निदेशालय' की स्थापना हुई । इस निदेशालय ने हिंदी के विकास और इसे बढ़ावा देने के लिए कई योजनाओं को मूर्त रूप दिया है । निदेशालय ने अनुवाद कार्य को बढ़ावा दिया, साथ ही अनेक प्रामाणिक शब्दकोशों और विश्वकोशों के निर्माण का कार्य किया । 27 अप्रैल,1960 के आदेशानुसार 'वैज्ञानिक तथा तकनीकी शब्दावली आयोग' की स्थापना की गई जिसके तहत कृषि, चिकित्सा, मानविकी, समाज-विज्ञान, सूचना तथा प्रसारण, परिवहन, पर्यटन, भौतिकी, रसायन, गणित आदि विषयों की शब्दावलियाँ तैयार की जा चुकी है। इस आयोग द्वारा "अब तक 53 से भी अधिक पारिभाषिक शब्दकोशों का प्रकाशन हो चुका है । आयोग ने अभी तक 5.5 लाख से भी अधिक तकनिकी शब्दों की खोज व् विकास किया है ।"[8]

हिंदी : वैश्विक व्याप्ति एवं प्रभाव

केंद्रीय सरकार के गृह मंत्रालय ने कर्मचारियों को हिंदी सिखाने के लिए पूरे देश में 175 केंद्रों में हिन्दी प्रशिक्षण की संस्थाएं चलाई हैं । 'प्रबोध प्रवीण' और 'प्रज्ञा' नाम के पाठ्यक्रम निर्धारित किए। 1973 में सभी मंत्रालयों और विभागों को हिंदी कार्यशालाएँ चलाने के अनुदेश दिए गए । हिंदी के प्रयोग को बढ़ाने हेतु कलकत्ता, मुंबई, चेन्नई, आदि में हिंदी टाइपिंग सिखाने के केंद्र स्थापित किए गए । 1 मार्च, 1971 को केंद्रीय अनुवाद ब्यूरो की स्थापना की गई । हिन्दी की अभिवृद्धि और प्रसार में सूचना एवं प्रसारण मंत्रालय का भी महत्वपूर्ण योगदान रहा ।

कम्प्यूटर और इंटरनेट के क्षेत्र में हिन्दी के प्रचार-प्रसार हेतु अनेक साफ्टवेयर और कार्यक्रम नियोजित किए जा रहे हैं । ई. सी. आई. एल. हैदराबाद ने कम्प्यूटर में हिंदी तथा अन्य भारतीय भाषाओं के संबंध में एक प्रोटोटाइप बनाया था । इसके अतिरिक्त अनेक एप्स और हिंदी साफ्टवेयर बनाए जा चुके हैं जो हिन्दी में है और हिंदी के वैश्विक स्वरूप को समृद्ध करते जा रहे हैं । सभी टाइपिस्टों तथा अधिकारियों, कर्मचारियों को हिन्दी टाइपिंग का प्रशिक्षण देने की व्यवस्था की गई है । आज इंटरनेट और सोशल मीडिया ने हिन्दी का स्वरूप सुदृढ़ बना दिया है । असंख्य सामग्री हिन्दी में उपलब्ध है ।

हिन्दी के स्वरूप को और अधिक विकसित करने हेतु इसे रोजगार से जोड़ना आवश्यक है । वर्तमान में हिन्दी वालों के लिए अनेक रोजगार की संभावनाएं हैं जैसे- पत्रकारिता का क्षेत्र, उच्चतर शिक्षण संस्थानों से लेकर प्राथमिक स्तर पर अध्यापन कार्य, टाइपिस्ट, शोध कार्य, रेडियो और दूरदर्शन पर कार्यक्रम प्रस्तुतकर्ता, साहित्यकार, गीतकार और समाज सेवाओं जैसे (IAS, HAS) आदि में हिन्दी वालों की पहुँच बढ़ती जा रही है । आवश्यकता सिर्फ मानसिकताओं को परिवर्तित करने की है। दूसरी महत्वपूर्ण बात कि, "हमें हिंदी में सारा ज्ञान-विज्ञान लाना होगा । (विभिन्न संस्थाओ के लिए) यह कोई भारी-भरकम या असम्भव कार्य नहीं है । बाज़ार का नियम है की जिस चीज की मांग हो, उसे सृजन करनेवालों की कमी नहीं होती ।"[9] "हमें ऐसा साहित्य तैयार करना है, जो दुनिया की दौड़ में आगे बढ़ने में सहायक हो, न कि हमें पीछे खींचे ।"[10] हिन्दी स्वाभिमानी देश की राष्ट्रभाषा होने के बावजूद इसे अपना उचित प्राप्य नहीं मिला, उसके मूल में

राष्ट्रनायकों की कुंठा, अंग्रेजी का मोह, हिंदी भाषियों की उदासीनता, हिंदी की विभिन्न संस्थाओ की निष्क्रियता, हिंदी में अनुवादित साहित्य एवं पारिभाषिक शब्दावली के निर्माण में कछुआ चाल आदि कई मुख्य कारण है। आवश्यकता है इसे दूर करने की ।हमें आशा ही नही विश्वास है कि विश्व की परम शक्तिशाली भाषाओँ में से एक भाषा हिंदी अपना स्थान लेकर रहेगी।

संदर्भ सूची :

1. भाषा और समाज, रामविलास शर्मा, राजकमल प्रकाशन, नई दिल्ली, 2020, पृष्ठ 406
2. राजभाषा हिन्दी, कृष्णकुमार रत्तू, बुक एनक्लेव प्रकाशन, जयपुर, 2002, पृष्ठ 2
3. भाषा और समाज, रामविलास शर्मा, पृष्ठ 370
4. वही, पृष्ठ 370
5. भारतेंदु युग और हिंदी भाषा की विकास परम्परा, रामविलास शर्मा, राजकमल प्रकाशन, नई दिल्ली, 2006 पृष्ठ 73 (उदधृत : hindi sarang.com)
6. https://navbharat times.iniatimes.com. 13 sept.2013
7. राष्ट्रभाषा हिंदी, राहुल सांकृत्यायन, राधाकृष्ण प्रकाशन, नई दिल्ली, 2002; पृष्ठ 26
8. https://navbharat times.iniatimes.com. 13 sept.2013
9. राष्ट्रभाषा हिंदी, राहुल सांकृत्यायन, पृष्ठ 34
10. वही, पृष्ठ 56

असोसिएट प्रोफेसर, हिंदी विभाग,
कला, विज्ञान एवं वाणिज्य महाविद्यालय, पिलवाई,
गुजरात
Email : prajapatisamir142@yahoo.com

स्वतंत्रता सेनानियों का हिंदी भाषा विषयक योगदान

विजयता दुबे

"बाइबल में बेबल (बेबीलोनिया) के मीनार की एक कथा आती है कि आदम के बेटों ने आसमान तक पहुंचने के लिए एक बहुत बड़ा मीनार बनाना चाहा। ईश्वर ने देखा कि ये लोग स्वर्ग तक पहुंचकर मेरी बराबरी करने लगेंगे। इन लोगों की एक भाषा थी और वह मिलकर काम करते ऊपर चढ़ते चले जा रहे थे। ईश्वर ने अब इन्हें भिन्न-भिन्न भाषाएँ देकर तितर-बितर कर दिया। भाषा की विभिन्नता के कारण अब ये एक-दूसरे की बात ही न समझ सकते थे। वे आपस में लड़ने लगे। झगड़े में मीनार भी टूट-फूट गया।"[1] यह कथा इस ओर संकेत करती है कि हमारे और हमारे देश के विकास के लिए भाषिक एकता अत्यंत आवश्यक है। भाषिक विविधताओं का परहेज कर किसी एक भाषा के जरिए राष्ट्र में एकता को स्थापित किया जा सकता है। यदि किसी देश के लोगों को एक ही भाषिक सूत्र में बांध दिया जाए तो उनके भावों व विचारों में एकरूपता की प्रवृत्ति देखने को मिलेगी। यदि किसी देश में भाषा की विभिन्नता पाई जाती है तो उस देश में सामाजिक, सांस्कृतिक और राजनीतिक एकता कभी स्थापित नहीं हो सकती। आयरिश कवि टामस डेविस ने कहा है कि किसी भी देश को राष्ट्र की उपाधि तब तक नहीं मिल सकती जब तक उस देश की मातृभाषा को राष्ट्रभाषा का दर्जा नहीं दिया जाता। यदि भारत में हिंदी की स्थिति की बात करें तो इसे मातृभाषा, राजभाषा, संपर्क भाषा की मान्यता प्राप्त है किंतु राष्ट्रभाषा के संदर्भ में सभी बुद्धिजीवी शंकालु है। डॉ. हरदेव बाहरी के अनुसार- "हमारे देश के ही साथ लंका, वर्मा और पाकिस्तान में स्वतंत्र सत्ता की स्थापना हुई। इन सभी देशों की अपनी-अपनी भाषा है जिसमें सब का कार्य-व्यवहार होता है, खेद है कि एक भारत ऐसा देश है जहाँ राष्ट्र भावना एक समस्या बनी हुई है।"[2]

हिंदी भाषा समन्वय, एकता और अखंडता की भाषा है। आज के वर्तमान संदर्भ में हिंदी भाषा का प्रयोग सामान्यतः राष्ट्रभाषा, संपर्क भाषा एवं संविधान द्वारा राजभाषा के रूप में प्रयोग किया जाता है। हिंदी भाषा एवं साहित्य दोनों ही राष्ट्रीय एकता एवं अखंडता का प्रतीक बन गए हैं। इसी

एकता ने भारत को राष्ट्र संज्ञा दी है। हिंदी ने एक भाव, एक विचार, एक जाति, एक अनुभूति के माध्यम से विभिन्न प्रांतों, राज्यों, धर्मों, वर्गों, संप्रदायों, व्यवसायों इत्यादि को एकजुट कर एक राष्ट्र के रूप में पिरोया है।

संस्कृत, पालि, प्राकृत और हिंदी क्रमशः अलग-अलग युगों में सम्पूर्ण देश की भाषा के रूप में प्रयुक्त होती रही है। समय चाहे जो भी रहा हो, जिस किसी को भी जनसंपर्क करने के आवश्यकता महसूस हुई चाहे वह सम्राट हो या धार्मिक-सामाजिक सुधारक या फिर साहित्यकार उसने अपने विचारों के प्रचार का माध्यम हिंदी को चुना। विभिन्न युगों से तीर्थ यात्रियों, व्यापारियों एवं कलाकारों की भाषा हिंदी ही रहे।

19वीं सदी के आरंभ में खड़ी बोली हिंदी का प्रचार जोर-शोर से हुआ। इसमें अहम भूमिका ईसाई मिशनरियों ने निभाई। उन्होंने अपने धार्मिक विचारों के प्रचार-प्रसार के लिए हिंदी भाषा को ही अपना माध्यम बनाया। डॉ. सुरेश माहेश्वरी के अनुसार- "इसाई मिशनरियों ने अपने धार्मिक विचारों और सिद्धांतों को सुगम तथा सरल बनाने के लिए हिंदी और नागरी का आश्रय लिया।"3 इस दिशा में उन्होंने हिंदी के व्याकरण लिखे, शब्दकोश तैयार किए।

भारत के स्वतंत्रता संग्राम की नींव सन् 1857 की क्रांति में पड़ चुकी थी। इस क्रांति की असफलता का एक प्रमुख कारण भावात्मक स्तर की कमी तथा राष्ट्रीय एकता का अभाव था। विभिन्न नेताओं एवं समाज सुधारकों ने यह अनुभव किया कि भावात्मक एवं राष्ट्रीय एकता के लिए एक सर्वस्वीकृत सामान्य भाषा की आवश्यकता है जो सभी भारतीयों को एकता के सूत्र में जोड़ सकें। राजा राममोहन राय ने भारतवासियों की एकता के लिए हिंदी भाषा को अनिवार्य माना। वे हिंदी में पढ़ते-लिखते तथा दूसरों को भी हिंदी में पढ़ने-लिखने के लिए प्रोत्साहित करते थे। केशव चन्द्र सेन ब्रह्म समाज के अन्यतम नेता थे साथ ही हिंदी के प्रबल समर्थक थे। उन्होंने अपने पत्र "सुलभ समाचार" के माध्यम से स्पष्ट किया कि भारतीय एकता स्थापित करने के लिए भारत में एक ही भाषा का व्यवहार आवश्यक है। इन्हीं की प्रेरणा से स्वामी दयानंद सरस्वती का ध्यान भी हिंदी के क्षेत्र में गया। डॉ. सुरेश महेश्वरी ने लिखा है- "केशव चन्द्र सेन भी हिंदी के प्रबल समर्थक थे। सन् 1857 में 'सुलभ समाचार' के अंक में उन्होंने हिंदी को भारत की सबसे

हिंदी : वैश्विक व्याप्ति एवं प्रभाव

अधिक प्रचलित भाषा के रूप में स्वीकारा। साथ ही उन्होंने हिंदी को भारत की एकता के लिए अत्यंत आवश्यक माना। केशव चन्द्र सेन की प्रेरणा से महर्षि दयानन्द सरस्वती ने हिंदी में व्याख्या देना प्रारंभ किया।"4

आर्य समाज ने स्वभाषा, स्वधर्म एवं स्वदेश का अखिल भारतीय स्तर पर जोर-शोर से प्रचार-प्रसार किया। इसके प्रवर्तक महर्षि दयानंद यूँ तो गुजराती ब्राह्मण थे फिर भी उन्होंने अपना समस्त धार्मिक साहित्य हिंदी भाषा में लिखा। आर्य समाज के प्रायः सभी कार्य एवं गतिविधियां हिंदी में ही होती थी। स्वामी दयानंद ने आर्य भाषा को देश की उन्नति का प्रमुख आधार मानते हुए हिंदी को राष्ट्रीय स्वरूप प्रदान किया। इस संदर्भ में डॉ. लक्ष्मीनारायण गुप्त अपने ग्रंथ 'हिंदी भाषा और साहित्य को आर्य समाज की देन' में लिखा है- "उन दिनों अधिकांश व्यक्ति स्वामीजी के धार्मिक दृष्टिकोण समझने और ग्रहण करने के हेतु आर्य समाज के हिंदी पत्रों को पढ़ते और दूसरों में भी प्रचार करते थे।..."5 'सत्यार्थ प्रकाश', 'पंचमहायज्ञ विधि', 'वेद विरुद्ध मत खंडन' इत्यादि ग्रन्थों में हिंदी भाषा का प्रयोग किया गया। उन्होंने एक व्याख्यान में कहा था कि- "भाई मेरी आंखें तो उस दिन को देखने के लिए तरस रही है जब कश्मीर से कन्याकुमारी तक सब भारतीय एक भाषा को समझने और बोलने लग जाएंगे। जिन्हें सचमुच मेरे भावों को जानने की इच्छा होगी वे इस आर्यभाषा (हिंदी) को सीखना अपना कर्तव्य समझेंगे।..."6

थियोसोफिकल सोसाइटी ने अपने विचारों का प्रचार-प्रसार अंग्रेजी के साथ साथ हिंदी भाषा में भी किया, जिसमें अहम भूमिका इस सोसाइटी की संस्थापिका एनी बेसेंट ने निभाई। उनके हृदय में भारत के प्रति सच्चा प्रेम और लगाव था। इन्हीं के प्रयासों से दक्षिण भारत में हिंदी का प्रचार हो पाया था। उन्होंने हिंदी सीखने के लिए दक्षिण भारत के निवासियों से आग्रह किया ताकि राष्ट्रीय एकता स्थापित हो सके। उन्होंने कहा- "हिंदी सीखने का कार्य ऐसा त्याग है जिसे दक्षिण भारत के निवासियों को राष्ट्र की एकता के हित में करना चाहिए।"7

राष्ट्रीय प्रेम की भावना को विकसित करने, उसे राष्ट्र-व्यापी स्वरूप देने के लिए सन् 1885 में 'इंडियन नेशनल कांग्रेस' की स्थापना हुई। आरंभ में कांग्रेस की नीति ब्रिटिश सरकार के साथ मिलकर देशवासियों को जागृत

करने की थी किंतु ब्रिटिश सरकार की दोषपूर्ण नीतियों से परेशान होकर कांग्रेस ने अंग्रेजी सरकार का विरोध किया। लोकमान्य बाल गंगाधर तिलक कांग्रेस के गरम दल के नेता थे जिन्हें '**भारतीय असंतोष का जनक**' भी कहा जाता है। उन्होंने हिंदी में एक सुप्रसिद्ध नारा दिया- 'स्वराज्य हमारा जन्मसिद्ध अधिकार है। जिसे हम प्राप्त करेंगे ही।' उन्होंने भारतवासियों से आग्रह किया कि हिन्दी सीखें क्योंकि उनका मानना था कि हिंदी भाषा ही वह कड़ी है जिसके माध्यम से भारत को एकता के सूत्र में बांधा जा सकता है। उनके अनुसार- "राष्ट्र संगठन के लिए आज ऐसी भाषा की आवश्यकता है जिसे सर्वत्र समझा जा सके। हिन्दी राष्ट्रभाषा बन सकती है।..."[8]

पंजाब केसरी लाला लाजपतराय स्वदेशी के प्रबल समर्थक थे। जिन्होंने हिंदी भाषा के संरक्षण में अहम् भूमिका निभाई। उनके प्रयत्नों के कारण ही पंजाब के शिक्षा के क्षेत्र में हिंदी को महत्वपूर्ण स्थान मिल पाया। सुरेश माहेश्वरी के अनुसार- "लालाजी के प्रयत्नों के कारण पंजाब विश्वविद्यालय के पाठ्यक्रम में हिंदी को स्थान मिला।" राष्ट्रीय आंदोलन के त्रिमूर्ति कहे जाने वाले लोकमान्य बालगंगाधर तिलक, बिपिनचंद्र पाल एवं लाला लाजपत राय (लाल—बाल-पाल) ने अपने भाषण का माध्यम हिंदी को ही चुना।

पंडित मदनमोहन मालवीय हिंदी महासभा के तीन बार अध्यक्ष चुने गए थे। पत्रकारिकता के क्षेत्र से उन्होंने भारत के स्वाधीनता संग्राम में भाग लिया था। राष्ट्रिय शिक्षा को महत्व देते हुए उन्होंने हिंदी के अध्ययन को अनिवार्य बताया। इस उद्देश्य को पूर्ण साकार रूप देने के लिए फरवरी 1917 में वाराणसी में 'बनारस हिंदू विश्वविद्यालय' की स्थापना की। उन्होंने अदालतों में नागरी लिपि के प्रवेश हेतु कठिन प्रयत्न किया एवं सफलता भी प्राप्त की। इससे हिंदी की राजनीतिक स्थिति भी मजबूत हुई। इस प्रकार हम कह सकते हैं कि मालवीय जी ने हिंदी को सामाजिक, राजनीतिक और शैक्षणिक क्षेत्रों में स्थान दिलाया।

पंडित मदनमोहन मालवीय के उत्तराधिकारी के रूप में राजर्षि पुरषोत्तमदास टंडन ने हिंदी को भारत की राष्ट्रभाषा और भारतीय संघ की राजभाषा बनाने में महत्वपूर्ण योगदान दिया। उन्हें हिंदी का प्रहरी कहा जाता है। वे हिंदी साहित्य सम्मेलन के प्रमुख अंग थे। लोकसेवा मंडल सभापति के रूप में उन्होंने हिंदी के प्रचार कार्य में अपना सहयोग दिया।

जहां गांधी जी हिंदुस्तानी को ही हिंदी मानते थे वही टंडन जी ने हिंदी भाषा तथा देवनागरी लिपि के प्रश्न पर किसी भी प्रकार के भ्रम के विरोधी थे। पुरषोत्तमदास टंडन की हिंदी सेवा के विषय में ज्ञानवती दरबार ने लिखा है- "...वास्तव में टंडन जी उस मंच के निर्माता हैं, जिस पर आकर अनेक हिंदी प्रेमियों ने अपनी-अपनी श्रद्धा और क्षमता के अनुसार हिंदी के भंडार को भरा।"[9]

डॉ. राजेंद्र प्रसाद का व्यक्तित्व संतो की तरह था एवं व्यवहार गांधीवादी था। सन् 1910 में उनकी मुलाकात पंडित मदनमोहन मालवीय, पुरुषोत्तम दास टंडन से हुई। राष्ट्रभाषा हिंदी के संबंध में उन्होंने कहा था- "मैं हिंदी के प्रचार, राष्ट्रभाषा के प्रचार को राष्ट्रीयता का मुख्य अंग मानता हूं, मैं चाहता हूं कि यह भाषा ऐसी हो, जिसमें विचार आसानी से साफ-साफ स्पष्टतापूर्वक व्यक्त हो सके।"[10] उन्होंने केंद्र सरकार के कर्मचारियों को हिन्दी प्रशिक्षण दिलवाने में मुख्य भूमिका निभाई।

स्वतंत्रता संग्राम में राष्ट्रवादी आंदोलन को जनवादी आंदोलन में परिवर्तित करने का श्रेय महात्मा गांधी को है। वे बहुधा व्यक्तित्व यथा- राजनीतिज्ञ, समाज सुधारक, व्यवहारिक, आदर्शवादी, संगटनकारी, जनप्रिय लोकनेता इत्यादि के धनी थे। कांग्रेस के इंदौर अधिवेशन में राष्ट्रभाषा सम्बन्धी अपने विचारों को स्पष्ट करते हुए उन्होंने कहा कि- "मेरा यह मत है कि हिंदी ही हिंदुस्तान की राष्ट्रभाषा हो सकती है और होनी चाहिए।"[11] उन्होंने हिंदी और अंग्रेजी भाषा की तुलना कर यह स्पष्ट किया कि राष्ट्रभाषा के जो पांच लक्षण होने चाहिए, उसमें हिंदी भाषा खरी उतरती है। उनके द्वारा सुझाए गए राष्ट्रभाषा के पांच लक्षण निम्नवत् हैं-

1. वह राजकीय कर्मचारियों के लिए सरल हो।
2. उस भाषा के द्वारा भारत में आपस के धार्मिक, आर्थिक, सामाजिक और राजनीतिक व्यवहार संपन्न हो सके।
3. उस भाषा को देश के अधिकांश निवासी बोलते हो।
4. वह भाषा राष्ट्र के लिए सरल हो।
5. वह भाषण क्षणिक या अल्पस्थायी स्थिति पर निर्भर न हो।

हिंदी : वैश्विक व्याप्ति एवं प्रभाव

डॉ. हरदेव बाहरी ने इसका अर्थ स्पष्ट करते हुए लिखा है- "इसका तात्पर्य यह कि कोई विदेशी भाषा किसी दूसरे देश की राष्ट्रभाषा नहीं हो सकती। गांधी जी मानते थे कि राष्ट्रभाषा के सारे गुण भारत की भाषाओं में केवल हिंदी में मिलते हैं।"[12] दक्षिण भारत में हिंदी के प्रचार की पहल महात्मा गांधी ने किया था। उनकी प्रेरणा से वर्धा और मद्रास में राष्ट्रभाषा प्रचार सभाएं स्थापित हुई जिसके माध्यम से हजारों-लाखों लोगों को हिंदी सिखाई गई। इस सभा ने तमिल, तेलुगु, कन्नड़ और मलयालम इत्यादि प्रदेशों में हिंदी का जोर-शोर से प्रचार-प्रसार किया। गांधी जी ने स्वयं अपने पुत्र देवदास गांधी को हिंदी के प्रचार के लिए दक्षिण भारत में भेजा। गांधी जी के दक्षिण भारत में हिंदी अभियान की सराहना करते हुएप्रगतिशील आलोचना के पितामह डॉ. रामविलास शर्मा ने लिखा है- "दक्षिण भारत में गांधी जी और उनके अनुयायियों-सहयोगियों ने जितना हिंदी प्रचार किया है, उतना और किसी नेता, राजनीतिक पार्टी या सांस्कृतिक संस्थाओं ने नहीं किया। इसलिए आज के विभिन्न दलीय नेताओं के अंग्रेजी प्रेम को देखकर कहना पड़ता है कि, इन सब की तुलना में गांधी जी देश की जनता के बहुत नजदीक थे।"[13]

नेताजी सुभाषचंद्र बोस ने राष्ट्रभाषा सम्मेलन कलकत्ता (1929) में अपना भाषण हिंदी में पढ़ा और कहा कि अंग्रेजी के बजाय हमें हिंदी से काम लेना चाहिए। उन्होंने यह भी कहा कि प्रांतीय संघर्ष को दूर करने में हिन्दी उपयोगी सिद्ध होगी। उनका मानना था कि हिंदी को सभी प्रांतों की सार्वजनिक भाषा का पद मिलना चाहिए। नेताजी के अनुसार- "यदि हम लोगों ने तन-मन-धन से प्रयत्न किया तो वह दिन दूर नहीं है। जब भारत स्वाधीन होगा और उसकी राष्ट्रभाषा होगी हिंदी।"[14]

काका कालेलकर अहिंदी भाषा नेता थे जिन्होंने राष्ट्रभाषा हिंदी के प्रचार को राष्ट्रीय सेवा माना। दक्षिण भारत में हो रहे हिंदी प्रचार-प्रसार में उनका महत्वपूर्ण योगदान था। सुरेश माहेश्वरी के अनुसार- "वे दक्षिण भारत में हिंदी प्रचार के कर्णधार रहे।"[15] हिंदी के संबंध में उनका मत गांधीजी के समान था क्योंकि काका जी हिंदुस्तानी के कट्टर समर्थक थे। राष्ट्रभाषा हिंदी के संबंध में उनका मत है- "हमारी राष्ट्रभाषा हमारी राष्ट्रीयता का सबूत भी है और उसका साधन भी है।...हिंदी भाषा को राष्ट्रभाषा के तौर पर

हिंदी : वैश्विक व्याप्ति एवं प्रभाव

राज्यभाषा के तौर पर समर्थ बनाना है।"16

विनोबा भावे कहते थे कि भारत की मातृभूमि पर मातृभाषा ही राष्ट्रभाषा का दर्जा प्राप्त करेगी न कि कोई विदेशी भाषा। वे यह भी कहते थे कि लोग मातृभाषा के स्तर पर मातृभाषा का प्रयोग करें एवं राष्ट्रभाषा के स्तर पर राष्ट्रभाषा का प्रयोग करें। वे हिंदी भाषा को समुद्र की संज्ञा देते थे। उनका मानना था कि हिंदी भाषा विभिन्न भाषाओं के व्याकरणिक विशेषताओं को ग्रहण करने की क्षमता रखती है। उनके अनुसार- "हिंदी की खास खूबी है कि वह आसानी से क्षेत्रीय शब्दों, वाक्य रचना, शैली को पचा सकती है। इतना पचाने की शक्ति जिसमें है, वही राष्ट्रभाषा हो सकती है।"17

ब्रिटिश काल के दौरान भारत में अनेक साहित्यिक एवं हिन्दी संस्थाओं का उद्भव हुआ जिंका प्रमुख उद्देश्य हिंदी का प्रचार-प्रसार करने के साथ-साथ हिंदी की व्यवहारिकता को बढ़ाकर उसे राष्ट्रभाषा के रूप में स्थापित करना था। इन संस्थाओं में 'हिंदी साहित्य सम्मेलन, प्रयाग', 'नगरी प्रचारिणी सभा काशी', 'अखिल भारतीय हिंदी संस्था संघ, नई दिल्ली' 'दक्षिण भारत हिन्दी प्रचार सभा, मद्रास', 'राष्ट्रभाषा प्रचार समिति वर्धा', 'महाराष्ट्र राष्ट्रभाषा सभा, पुणे' इत्यादि प्रमुख थी। 10 मार्च, 1893 को गोपालप्रसाद खत्री, बाबू श्यामसुंदर दास ने 'नागरी प्रचारिणी सभा (काशी)' की स्थापना की जिसका प्रमुख उद्देश्य हिंदी भाषा को विकसित करने के साथ-साथ देवनागरी लिपि के व्यवहार को बढ़ाना था।

4 अगस्त, 1964 में भारत सरकार एवं हिंदी भाषा का प्रचार करने वाली संस्थाओं के सहयोग से 'अखिल भारतीय हिंदी संस्था संघ(नई दिल्ली)' की स्थापना हुई। इस संघ का प्रमुख उद्देश्य भारत के विभिन्न क्षेत्रों में कार्यरत विभिन्न हिंदी संस्थाओं में एकरूपता और एकता लाना था।

महात्मा गांधी एवं उनके पुत्र देवदास गांधी तथा चक्रवर्ती राजगोपालाचारी इत्यादि के प्रयासों से सन् 1918 में 'दक्षिण भारत हिंदी प्रचार सभा (मद्रास)' की स्थापना हुई। इस सभा का प्रमुख उद्देश्य हिंदी भाषा के जरिए राष्ट्रीय एकता को मजबूत करना था।

महात्मा गांधी, डॉ. राजेंद्र प्रसाद, राजर्षि पुरुषोत्तमदास टंडन, पंडित

हिंदी : वैश्विक व्याप्ति एवं प्रभाव

जवाहरलाल नेहरु, नेताजी, सुभाष चंद्र बोस, काका कालेलकर, माखनलाल चतुर्वेदी इत्यादि के प्रयासों से महाराष्ट्र के वर्धा में सन् 1936 में 'राष्ट्रभाषा प्रचार समिति' की स्थापना हुई। भारत के विभिन्न क्षेत्रों में इस समिति की 25 से अधिक संस्थाएं हैं। इसके सुझावों के आधार पर ही 14 सितंबर को भारतवर्ष में 'हिंदी दिवस' मनाया जाता है। इस समिति का प्रमुख उद्देश्य- राष्ट्रभाषा हिंदी का प्रचार-प्रसार करना, राष्ट्रभाषा हिंदी से संबंधित परीक्षाओं का संचालन कार्य करना, हिंदी से संबंधित पुस्तकों का प्रकाशन करना। हिंदी भाषा एवं साहित्य के विकास के लिए हिंदी से संबंधित पुस्तकें लिखवाना, अनुवाद करना तथा उनका प्रकाशन करना। विकिपीडिया के अनुसार इसका उद्देश्य है- "देवनागरी लिपि का प्रचार करना और टंकण, कंप्यूटर तथा शीघ्र लिपि के प्रशिक्षण और प्रसार के लिए आवश्यक कार्य करना।"[18] अतः हम कह सकते हैं कि महाराष्ट्र में यह समिति हिंदी का प्रचार-प्रसार करने वाली एकमात्र प्रमुख संस्था है। विभिन्न नेताओं एवं संस्थाओं के अलावा राजभाषा हिंदी के प्रचार-प्रसार में लेखकों एवं पत्रकारों ने महत्वपूर्ण भूमिका निभाई। भारतेन्दु युग से ही ब्रिटिश शासन का विरोध साहित्य द्वारा किया जा रहा था। भारतेंदु ने 'भारत दुर्दशा' और 'भारत जननी' के माध्यम से अंग्रेजों की नीतियों की कटु आलोचना की। प्रतापनारायण मिश्र ने अपने पत्र 'ब्राह्मण' तथा बालकृष्ण भट्ट ने 'हिंदी प्रदीप' के माध्यम से अंग्रेजों के आर्थिक शोषण को दर्शाया तथा जनता को स्वतंत्रता अभियान में भाग लेने के लिए प्रेरित किया। हिंदी के प्रचार-प्रसार में विभिन्न पत्रिकाओं यथा- सरस्वती, माधुरी, सुधा, वीणा, प्रभा, चांद इत्यादि ने स्वाधीनता आंदोलन के दौरान राष्ट्रभाषा हिंदी के प्रचार-प्रसार में महत्वपूर्ण भूमिका निभाई। हिंदी साहित्य से जुड़े साहित्यकारों ने भी राष्ट्रभाषा हिन्दी के विकास में अहम् भूमिका निभाई जिसमें प्रमुख थे- मैथिलीशरण गुप्त, माखनलाल चतुर्वेदी, सुभद्रा कुमारीचौहान, मुक्तिबोध, यशपाल, उपेंद्रनाथ अश्क इत्यादि।

राष्ट्रभाषा हिंदी अपनी सार्वदेशिकता और सर्वप्रियता के कारण राष्ट्रभाषा का दर्जा प्राप्त कर पाई है। स्वाधीनता आंदोलन में विभिन्न लोगों

हिंदी : वैश्विक व्याप्ति एवं प्रभाव

को एकजुट करने में इस भाषा ने संपर्क भाषा एवं क्रांतिकारी भाषा के रूप में अहम् भूमिका निभाई। जैसे-जैसे स्वतंत्रता संघर्ष तीव्र होता गया वैसे-वैसे इस भाषा की स्थिति मजबूत होते चली गई। स्वतंत्रता संघर्ष में जितने गीत हिंदी भाषा में लिखे गए उतने शायद अन्य भारतीय भाषाओं में नहीं। राष्ट्रभाषा के जरिए भारत में राष्ट्रीयता प्रबल हुई और इसका परिणाम यह हुआ कि अंग्रेजों को भारत छोड़कर जाना पड़ा।

हिंदी भाषा की अपनी विरासत है जिसकी यात्रा संस्कृत, पालि, प्राकृत, अपभ्रंश, अवहट्ट, प्रारंभिक हिंदी, दक्खिनी हिंदी से होते हुए आज अपने पूर्ण रूप में संपर्क भाषा, जनभाषा एवं राजभाषा के रूप में अपनी भूमिका अदा कर रही है। इसके महत्व को उजागर करते हुए सुनीति कुमार चटर्जी ने लिखा है- "आर्यावर्त के श्रेष्ठ अंश मध्य प्रदेश की भाषा हिंदी है। हिंदी के प्रसार का पहला मुख्य कारण यही है कि हिंदी भारत के हृदय देश की भाषा है, दूसरा कारण है हिंदी भाषियों की उद्यमशीलता।...ऐतिहासिक और भाषातत्व की भी दृष्टि से अगर देखा जाए तो हिंदी की व्यापकता और भारत की राष्ट्रभाषा होने के लिए हिंदी ही की योग्यता सब लोगों को माननी पड़ेगी।"[19]

संदर्भ सूची :

1. बाहरी, हरदेव, हिन्दी भाषा, अभिव्यक्ति प्रकाशन, इलाहाबाद, संस्करण: 2017, पृ. 151-152
2. वही, पृ. 152
3. माहेश्वरी, सुरेश, हिंदी राष्ट्रभाषा से विश्वभाषा की ओर, विकास प्रकाशन, कानपुर, संस्करण: प्रथम, 1998, पृ.47
4. वही, पृ. 51
5. वही, पृ. 52
6. वही, पृ. 54
7. वही, पृ. 58

8. वही, पृ. 62
9. वही, पृ. 65
10. वही, पृ. 66
11. बाहरी, हरदेव, हिन्दी भाषा, पृ. 158
12. वही 158
13. माहेश्वरी, सुरेश, हिंदी राष्ट्रभाषा से विश्वभाषा की ओर, पृ. 68.
14. वही, पृ. 69
15. वही 69
16. वही, पृ. 70
17. वही, पृ. 72
18. hi.wikipedia.org
19. माहेश्वरी, सुरेश, हिंदी राष्ट्रभाषा से विश्वभाषा की ओर, पृ. 87

पी-एच. डी. शोध छात्रा,
कलकत्ता विश्वविद्यालय, कोलकाता
email : vijayatadubey1@gmail.com

पं. मदनमोहन मालवीय का हिन्दी के प्रसार में योगदान

डॉ. राकेश कुमार शर्मा

राष्ट्रीय स्वतन्त्रता संग्राम के अंकुरण, पल्लवन, प्रसरण एवं सुनिश्चित फलागम की संभावना तक जिन मनीषियों का व्यक्तित्व एवं कृतित्व व्याप्त है उनमें स्वनाम धन्य भारत रत्न पं. मदन मोहन मालवीय जी अग्रगण्य हैं। उनकी सादगी, विद्वता, कर्मठता, देश–प्रेम एवं दूरदर्शिता आज के युग में भी जाज्वल्यमान है। स्वतंत्रता संग्राम के पुराकथाओं के मध्य यह व्यक्ति मात्र इसलिए ध्यानाकर्षण नहीं करता कि यह सादा जीवन और उच्च विचार का जीता–जागता उदाहरण था या फिर उन्हें महामना की मानद उपाधि मिल गयी थी बल्कि इसलिए भी, कि सांस्कृतिक चेतना के वाहक के रूप में इन्होंने स्वतन्त्रता संग्राम के आंदोलन को परिपूर्णता प्रदान की। राजनीतिक एवं आर्थिक स्वतंत्रता प्राप्ति के प्रबल संग्राम के साथ ही साथ उन्होंने सामाजिक अभ्युदय के जिस आन्दोलन का ध्वज वहन किया वह मात्र तात्कालिक आवश्यकता ही नहीं एक दूरदर्शी दृष्टि भी थी। असभ्य एवं असंस्कृत होने का जो तथाकथित कलंक भारतवासियों पर थोपा जा रहा था। उसका प्रक्षालन करते हुए सांस्कृतिक पुनर्जागरण का जो अलख जगाया गया उसमें मालवीय जी के स्वर का परिचय देने की आवश्यकता नहीं । यथार्थ में किसी भी राष्ट्र की आत्मा उसके उस सामाजिक परिवेश में आश्रय लेती है, जिसमें उसकी आम जनता निवास करती है। मेरे इस कथन का एकमात्र प्रमाण बस यह है कि यदि हमारा समाज राष्ट्रीय चेतना से जाग्रत रहा होता तो हमारा इतिहास वर्तमान से भिन्न होता।

उपर्युक्त सन्दर्भ में उल्लेखनीय है कि सामाजिक एवं सांस्कृतिक पुनर्जागरण के आन्दोलन में मालवीय जी ने उसके समग्र स्वरूप पर ध्यान केन्द्रित किया । स्वाभाविक था इस जनव्यापिनी चेतना की वाहिका के रूप में भाषा सबसे पहले चर्चित होती क्योंकि यही तो वह माध्यम है कि जिसके सुयोग से मनुष्य की समस्त उपलब्धियों, विकास, सभ्यता एवं संस्कृति की आधारपीठिका निर्मित होती है। मालवीय जी का भाषानुराग दो रूपों में अभिव्यक्त हुआ । प्रथम के अन्तर्गत राष्ट्रभाषा के रूप में हिन्दी के उत्कर्ष का प्रयास था तो द्वितीय के अन्तर्गत उसके राजभाषा का वरण। हिन्दी के प्रति उनका यह अनुराग मात्र भावनात्मक या मोहासक्तिजन्य नहीं था, क्षेत्रीयता में संपृक्ति भी नहीं, बल्कि जन–जन

व्यापिनी इसके स्वरूप का परिणाम था । यद्यपि मराठी, बंगला, गुजराती तथा द्रविड़ परिवार की भाषाआं में उस समय उच्च स्तर का साहित्य लेखन हो रहा था, परन्तु इन भाषाओं का क्षेत्रीय स्वरूप था जबकि हिन्दी 40 प्रतिशत देशवासियों की मातृभाषा होने के साथ–साथ समूचे देश में प्रसारित थी और संस्कृत की सुयोग्य उत्तराधिकारिणी के रूप में इसके विकास की असीम संभावनाएँ थी। इसका स्वरूप भी अन्य भाषाओं की अपेक्षा राष्ट्रीय था। हिन्दी के प्रगति–पथ पर प्रयाण की बेला में मालवीय जी ने व्यक्तिगत प्रयासों को सामूहिक प्रयासों में समायोजित किया।

मालवीय जी ने राष्ट्भाषा आन्दोलन को एक नयी दिशा प्रदान की तथा अदालतों में प्रयुक्त होने वाली फारसी लिपि की जगह देवनागरी लिपि की वकालत की। उन्होंने स्पष्ट कहा कि यदि मान लिया जाये कि फारसी लिपि में अधिक तीव्रता से काम चलता है तो भी नागरी के गुणों को नहीं भुलाया जा सकता। शिकस्त लिखने में यदि अदालत का कुछ समय बच जाता है तो उन्हीं कागजों को पढ़ने में बहुत समय नष्ट हो जाता है और अन्त में नामों आदि के सम्बन्ध में सन्देह बाकी रह जाता है । उन्होंने ऑकड़ों के आधार पर यह सिद्ध किया कि इस प्रान्त में प्राइमरी स्कूलों में हिन्दी पढ़ने वाले छात्रों की संख्या उर्दू पढ़ने वाले छात्रों से दुगुनी–तिगुनी है तथा मालवीय जी की सभा के कार्यकर्ता प्रान्त के विभिन्न भागों से हिन्दी के पक्ष में साठ हजार हस्ताक्षर कराकर लाये। इसके पश्चात् एक प्रभावशाली प्रतिनिधि मंडल जिसमें सर सुन्दरलाल तथा अयोध्या, मॉडा, आवांगढ़ और सुरसान के राजा सम्मिलित थे । उक्त ज्ञापन पत्र को लेकर 2 मार्च, 1898 ई. को प्रतिनिधि मण्डल संयुक्त प्रान्त के तत्कालीन गर्वनर एण्टोनी पैट्रिक मैक्डानल से मिला । ज्ञापन पत्र में मालवीय जी के अकाट्य तर्कों को युक्ति संगत रूप में प्रस्तुत किया गया था, फलतः गवर्नर ने प्रार्थना पत्र स्वीकार कर लिया । उर्दू हितैषियों के बीच खलबली मची। मुसलमानों में भी कुछ सज्जन ऐसे थे जो हिन्दी समर्थक थे। प्रसिद्ध शायर अकबर इलाहाबादी ने उर्दू–फारसी समर्थकों के रोष को देखते हुये कहा था–

'दोस्तो! तुम कभी हिन्दी के मुख़ालिफ़त न बनो।
बाद मरने के खुलेगा कि ये थी काम की बात।।'

मालवीय जी ने नागरी लिपि की बुराई करने वालों के लिए एक दिन अरबी नजीर नागरी लिपि में लिखकर हाईकोर्ट में पढ़कर इस तरह ठीक–ठीक सुनाई कि मौलवी जामिल अली, जो एक मशहूर वकील थे, मुकदमा खत्म होने पर उनसे कोर्ट के बरामदे में मिले और हाथ पकड़कर

कहा–'पंडित साहब, आज मैं नागरी अक्षरों की उम्मीदगी का कायल हो गया, लेकिन मैं 'पब्लिक' में यह नहीं कहूँगा ।

अन्ततः 14 अप्रैल सन् 1900 ई. को गवर्नर ने अदालतों में फारसी लिपि के साथ नागरी लिपि के चलन की आज्ञा जारी कर दी ।[1]

इस निर्णय से हिन्दी का अदालतों में प्रचलन हुआ और हिन्दी की स्थिति में प्रभावकारी परिवर्तन हुआ। इसके फलस्वरूप हिन्दी के प्रचार व प्रसार का कार्य बड़ी तेजी से होने लगा।[2] मालवीय जी के प्रयासों से सर एण्टोनी मेक्डानल ने प्रान्तीय सरकार की सन् 1877 ई. की वह राजाज्ञा भी वापस ले ली जिसने सरकारी कार्यालयों में दस रूपये या इससे अधिक को नौकरी पाने के लिए उर्दू या फारसी में एंग्लो वर्नाकुलर मिडिल परीक्षा पास करना अनिवार्य बना दिया था।[3] दूसरी तरफ मालवीय जी ने लाला भगवानदीन, बाबू श्यामसुन्दर दास, आचार्य रामचन्द्र शुक्ल तथा अयोध्यासिंह उपाध्याय ''हरिऔध'' जैसे विद्वानों से सुसज्जित कर काशी हिन्दू विश्वविद्यालय में 1922 में हिन्दी विभाग में स्नातकोत्तर कक्षाओं का आरम्भ करके साहित्यिक संस्कार का सुयोग भी उपस्थित किया।[4]

स्नातकोत्तर स्तर तक हिन्दी विभाग की स्थापना करने के उपरान्त मालवीय जी की मुख्य चिन्ता हिन्दी में पाठ्य–पुस्तकें उपलब्ध करना था और वे अपने भाषणों में इस चिन्ता की अभिव्यक्ति भी करते रहते थे उनका विचार था कि ''यत्न चेष्टा का प्रयोजन कर स्कूल–कॉलेज स्थापित किये गये हैं उनमें लड़के हिन्दी पढ़े। यूरोपीय इतिहास, काव्य कला कौशल आदि की पुस्तकें हिन्दी में अनुवादित हों । हिन्दी में उपयोगी पुस्तकों की संख्या बढ़ायी जाये। सरकार ने स्कूलों में हिन्दी जारी कर दी है। अब हमें चाहिए, हम हिन्दी की उत्तमोत्तम पाठ्य–पुस्तकें तैयार करे।''[5] उनके इन विचारों को सभा में मूर्त रूप दिया। हिन्दी में अनेक मौलिक पुस्तकों का अनुवाद और मौलिक ग्रन्थों का लेखन–सभा के प्रयासों द्वारा संभव हुआ।

हिन्दी भाषा का यह परम सौभाग्य रहा कि उसकी प्रगति से मालवीय जी कभी परिपूर्ण तुष्ट नहीं हुए। यही कारण था कि वे निरन्तर हिन्दी सेवा में लगे रहे। जब सन् 1892 ई. में काशी में बाबू श्यामसुन्दर दास, पं. रामनारायण मिश्र तथा ठाकुर शिवप्रसाद सिंह ने देवनागरी लिपि के प्रचार और हिन्दी साहित्य के विकास के लिए नागरी प्रचारिणी सभा की स्थापना की।[6] तो मालवीय जी ने सभा में सक्रिय रूचि प्रदर्शित की और 1895 ई. में इससे प्रत्यक्ष रूप से जुड़कर रचनात्मक दिशा प्रदान की।[7] नागरी प्रचारिणी सभा पुरातन साहित्य का शोध संग्रह, परिमार्जन,

प्रकाशन तथा मौलिक ग्रन्थों के सृजन का उद्यम करने लगी तो वे हिन्दी के देशव्यापी प्रचार–प्रसार हेतु हिन्दी प्रेम की लहर पैदा करने के लिए तत्पर हुए, फलतः 1 मई, 1910 की बैठक में नागरी प्रचारिणी सभा ने हिन्दी साहित्य सम्मेलन का निश्चय किया। काशी नागरी प्रचारिणी सभा के विशाल प्रांगण में त्रिदिवसीय (10,11,12 अक्टूबर 1910) सम्मेलन का आयोजन हुआ। इस सम्मेलन में पं. श्याम बिहारी मिश्रा ने मालवीय जी के संदर्भ में कहा कि " ....जिस समय मालवीय जी ने हिन्दी की उन्नति का यत्न आरम्भ किया था, उन दिनों हिन्दी के जानने वाले बहुत थोड़े थे। हिन्दी की उन्नति का यत्न करने में हिन्दीसेवियों को अगणित असुविधाओं का सामना करना पड़ता था। मालवीय जी ने हिन्दी को कभी नहीं बिसारा, इसकी उन्नति का जैसा उद्योग आप पहले करते थे, वैसा ही अब भी कर रहे हैं। हिन्दी की जो उन्नति दिखायी देती है, उसमें मालवीय जी का उद्योग मुख्य कहना चाहिए। आपके ही यत्न से हिन्दी को अदालतों में जगह मिली है। यह बात सब लोगों को मालूम है कि तरह–तरह के कामों में फॅसें रहकर भी मालवीय जी हिन्दी की सेवा कर रहे हैं।[8] इस त्रिदिवसीय सम्मेलन में अध्यक्ष पद से बोलते हुए मालवीय जी ने अपने लम्बे व्याख्यान में जनता से हिन्दी भाषा सीखने, अंग्रेजी ग्रन्थों के हिन्दी अनुवाद करने तथा सरल, सहज भाषा के प्रयोग का सुझाव दिया। उन्होंने कहा–"हिन्दी में फारसी–अरबी के बड़े–बड़े शब्दों का जैसा व्यवहार बुरा है। हिन्दी को अकारण ही संस्कृत के शब्दों से गूॅथ देना भी वैसा ही बुरा है। हमारी भाषा के शब्द ऐसे हों जिससे सब प्रदेश के लोग लाभ उठा सकें। सब भाषाएँ हमारी भाषाएॅ हैं पर हिन्दी अपनी बहनों में सबसे प्राचीनतम और बड़ी बहन है और माता का रूप और प्रकृति उससे बहुत मिलती है। आप भी ऐसा यत्न करें जिससे आपकी भाषा राष्ट्र भाषा बन सके।' हिन्दी वाड्.मय समृद्ध हो सके इसी उद्देश्य से उन्होंने हिन्दी साहित्य सम्मेलन की स्थान की।[9]

सभा के इस प्रथम सम्मेलन के गर्भ से 'हिन्दी साहित्य सम्मेलन' नाम संस्था का जन्म हुआ। यह सभा की राजनीतिक शाखा थी। उद्देश्य था देशव्यापी व्यवहारों और कार्यों को सुलभ बनाने के लिए देवनागरी लिपि एवं राष्ट्भाषा हिन्दी का प्रसार। हिन्दी को अन्तर्प्रान्तीय भाषा बनाना, सरकारी प्रबन्धों, कार्यालयों, कचहरियों आदि में उसके प्रवेश के लिए आन्दोलन करना, विश्वविद्यालयों में उसे उच्च शिक्षा का माध्यम बनाये जाने के लिए यत्न करना तथा हिन्दी में उच्चस्तरीय परीक्षा की व्यवस्था करना आदि।[10] हिन्दी साहित्य सम्मेलन, प्रयाग में अपना स्थायी कार्यालय स्थापित करते हुए भी हर वर्ष देश के कोने–कोने में अपनी

छटा बिखेरता रहा है। हिन्दी साहित्य सम्मेलन की यह लौ अब भी जल रही है। आज भी मालवीय जी की सेवा का जीवित प्रतीक हिन्दी साहित्य सम्मेलन अपने निर्माता के असीम हिन्दी प्रेम को प्रकट करता है।

मालवीय जी गॉधी जी के निकटवर्तियों से एक रहे हैं। स्वतंत्रता संग्राम में उन्होंने गॉधी के साथ कंधे से कंधा मिलाकर साथ दिया परन्तु मालवीय जी ने हिन्दी के प्रश्न पर कोई समझौता नहीं किया। जब गॉधी जी ने कहा कि राष्ट्भाषा हिन्दी नहीं हिन्दुस्तानी (उर्दू) होनी चाहिए, जिसमें संस्कृत और फारसी मिली–जुली हो और जो नागरी तथा फारसी लिपियों में लिखी जा सके। हिन्दी साहित्य सम्मेलन ने गॉधी जी के इस सिद्धान्त को अस्वीकार कर दिया, गॉधी जी ने अपना त्यागपत्र दे दिया जिसे स्वीकार कर लिया गया।[11] यह निर्णय लेने वाले सम्मेलन के सदस्यों में मालवीय जी भी एक थे। यह एक ऐतिहासिक निर्णय था क्योंकि हिन्दुस्तानी के पक्षधर लोगों में पंडित जवाहर लाल नेहरू, डॉ. राजेन्द्र प्रसाद, मौलाना अबुल कलाम आजाद, काका कालेलकर तथा सेठ जमनालाल बजाज जैसे लोग थे। यह विवाद उस समय तो प्रचण्ड रूप धारण कर दिया जबकि संविधान सभा के अंतर्गत पं. नेहरू के नेतृत्व में एक दल हिन्दुस्तानी भाषा और अरबी–रोमन लिपि को संघ की राजभाषा एवं लिपि स्वीकार किये जाने की वकालत करने लगा। लेकिन अपने अन्तस् में मालवीय जी की भावनाओं की विरासत लिए हुए राजर्षि पुरूषोत्तम दास टंडन, सेठ गोविन्ददास तथा डॉ. राजेन्द्र प्रसाद प्रभृति हिन्दी प्रेमियों ने उनका विरोध करते हुए 6 तथा 7 अगस्त, 1949 को 'राष्ट्भाषा व्यवस्था परिषद्' के दिल्ली अधिवेशन में देवनागरी लिपि में लिखित हिन्दी को संघ की राजभाषा के रूप में स्वीकार किये जाने का प्रस्ताव पारित करा लिया। यद्यपि फिर भी राजनीति से प्रेरित कलुषित भाषा नीति अपनी मानसिक गुलामी का द्योतन करने हेतु अंग्रेजी को 15 वर्षों के लिए राजभाषा पद पर बिठाने में सफल रही और निर्धारित 15 वर्ष वर्तमान के वर्ष तक पूर्ण नहीं हो सका है। इस नीति ने हिन्दी एवं अहिन्दी भाषा–भाषियों के मध्य कलह का जो बीज बोया उसके परिणाम सर्वविदित हैं।

हिन्दी पत्रकारिता को भी उन्होंने एक दिशा दी। इस क्षेत्र में भी मालवीय जी ने एक पथ–प्रदर्शक की भॉति आदर्श मार्ग की स्थापना की है। 'हिन्दुस्तान', अभ्युदय तथा 'मर्यादा' जैसी पत्र–पत्रिकाओं के सम्पादन के द्वारा उन्होंने हिन्दी पत्रकारिता का ऐसा मापदण्ड निर्धारित किया था, सम्पादन कला की ऐसी ज्योति जगायी थी, जिसके शुभ प्रकाश में कई दशकों तक हिन्दी पत्रकारिता अपने प्रशस्त मार्ग पर बढ़ती रही है। इन

पत्र–पत्रिकाओं में प्रस्तुत उनकी सम्पादकीय टिप्पणियॉं न केवल हिन्दी पत्रकारिता की अमूल्य निधियॉं हैं, अपितु तत्कालीन भारतीय जनमानस की ऐसी चित्र–मूर्तियॉं हैं, जिनसे इतिहास के पृष्ठ अपना सर्वोत्तम तथ्य पा सकेंगे।[12] इसके अतिरिक्त मालवीय जी का विशेष आग्रह भाषागत शुद्धता पर था। वे बड़े सावधान प्रूफ संशोधक थे। कभी–कभी वे प्रूफ में इतना संशोधन कर देते थे कि पूरी खबर या आलेख को फिर से कम्पोज करने पर मजबूर होना पड़ता था। वे लेखां का छपते–छपते तक संशोधन करते थे। वे मशीन पर चढ़े पत्र को भी शुद्ध किया करते थे। उनका नाम सुनकर अभ्यस्त प्रेस वाले भी कॉंप उठते थे। उनका मानना था कि समाचार–पत्र ही आम जन में भाषा का प्रचारक व शिक्षक है। इसलिए कोशिश होनी चाहिए कि भाषा की त्रुटियॉं न जाने पायें। क्योंकि अच्छे प्रूफ की अशुद्धियॉं बड़े अपयश की बात है। इसलिए प्रधान सम्पादक हाते हुए भी वे प्रूफ को जब तक स्वयं देखकर सुधार नहीं लेते थे, तब तक उन्हें सन्तुष्टि नहीं मिलती थी। प्रसिद्ध साहित्यकार स्वर्गीय हजारी प्रसाद द्विवेदी ने भी मालवीय जी की संशोधन प्रियता की सादर सराहना की है।[13] भारतीय पत्रकारिता की दृष्टि से उनको 'आदिगुरू' ही कहा जाना चाहिए।[14]

हिन्दी भाषा के प्रति उनके अगाध प्रेम ने अन्य प्रादेशिक भाषाओं को तिरस्कार की दृष्टि से नहीं देखा बल्कि उनकी उन्नति की भी कामना की थी। उनका विचार था कि "सब प्रान्तों में अपने–अपने प्रान्त की भाषा की उन्नति हो, सभी भाषाएँ शोभा के साथ प्रौढ़ बनें। इन सब में रहते हुए भी हिन्दी भाषा राष्ट्रीय भाषा के रूप में प्रयुक्त की जा सकती है। अभी तक जो कार्य अंग्रेजी के माध्यम से होता आया है, वह अब हिन्दी के माध्यम से होना चाहिए।"[15] क्योंकि उनका विचार था कि राष्ट्रीय एवं भावात्मक एकता के लिए हिन्दी को अपनाना अनिवार्य है।

मालवीय जी का यह भाषानुराग जन्मजात गुण भी था। वे हिन्दी भाषा के उत्थान के साथ–साथ उसकी अभिव्यक्ति के कलेवर में भी परिष्कार पर बल देते थे। मानसिक उन्नयन तथा प्रेरणादायक साहित्य–जन के वे पक्षधर थे। मात्र 14 वर्ष की आयु में श्रृंगार रस की दशा–दिशा का अंकन करने वाला यह दोहा मालवीय जी की भावी मानसिकता की मानसिक क्षमता का द्योतक करने वाला जीवन्त दस्तावेज है

यह रस ऐसो है बुरो, मन को देत बिगारि।
याते पास न जाइये, जब लौ होय अनारि।।

लेकिन ब्रज भाषा की सरस कविताओं का सृजन महामना के उस जीवनकाल खण्ड तक ही सीमित था, जब तक कि उनके अन्तःकरण में स्वधर्म और स्वराज्य का प्रबल झंझावत आन्दोलित नहीं हुआ था। जब राष्ट्रीयता, धार्मिकता और समाज सुधार का भाव जगाता तो उनके उद्दाम यौवन के आवेग का रेचन हो गया और कवि मकरन्द शिथिल पड अन्तस् के किसी कोने में ठिठक कर रहे गये।[16] इसी कारण से वे हिन्दी में कोई मौलिक लेखन नहीं कर सके, किन्तु हिन्दी को राष्ट्रभाषा व राजभाषा के रूप में स्थापित करने में उन्होंने महत्वपूर्ण भूमिका निभायी। मालवीय जी की हिन्दी–सेवा राष्ट्–भाषा के इतिहास में चिरस्मरणीय रहेगी।

सन्दर्भ :

1. पाण्डेय, बाल मुकुन्द व शर्मा, देवेन्द्र कुमार, भारत रत्न महामना, वाणी प्रकाशन, नई दिल्ली 2015, पृ. 143–144
2. वर्मा, ईश्वर प्रसाद, मालवीय जी के सपनों का भारत, आर्य प्रकाशन मंडल, नई दिल्ली, 2012, पृ. 56
3. वाजपेयी, कृष्णदत्त, भारतीय पुनर्जागरण और मदनमोहन मालवीय, विश्वविद्यालय प्रकाशन, वाराणासी, 1981, पृ. 16
4. दास, श्यामसुन्दर, मेरी आत्मकहानी, इंडियन प्रेस प्रयाग, 1957, पृ. 210–216
5. वर्मा, ईश्वर प्रसाद, उपर्युक्त, पृ. 143
6. सम्मेलन पत्रिका श्रद्धांजली विषेषांक, पृ. 145
7. चतुर्वेदी, सीताराम, पंडित मदन मोहन मालवीय, प्रकाशन विभाग, सूचना एवं प्रसारण मंत्रालय, भारत सरकार, नई दिल्ली, 2014, पृ. 45
8. चतुर्वेदी, सीताराम व मिश्र, केशव चन्द, सांस्कृतिक परिप्रेक्ष्य में भारतीय जीवन, भरतीय प्रकाशन मंदिर, लखनऊ, 1965, पृ. 86
9. साप्ताहिक भारत, दिसम्बर 25, 1961 पी.के. मालवीय संग्रह, राष्ट्रीय अभिलेखागार
10. शर्मा, देवेन्द्र कुमार, हिन्दी साहित्य का विकास : ऐतिहासिक दृष्टिकोण (प्रयाग 1900–1950) वाणी प्रकाशन, 2014, पृ. 177
11. चतुर्वेदी, सीताराम, उपर्युक्त, पृ. 46
12. सम्मेलन पत्रिका : श्रृद्धांजलि विशेषांक पृ. 149–150
13. पाण्डेय, बाल मुकुन्द व शर्मा, देवेन्द्र कुमार, उपर्युक्त, पृ. 152–153
14. शर्मा, फतहचन्द अराधक, युगपुरूष मालवीय जी, दिल्ली, 1972, पृ.

46
15. उपर्युक्त पृ. 69
16. सिंह, सोरन मदन मोहन मालवीय : व्यक्तित्व व कृतित्व, राधा प्रकाशन नई दिल्ली, 1989, पृ. 147–148

पूर्व प्राचार्य
उच्च शिक्षा, राजस्थान
ई–327, अम्बेड़कर नगर, अलवर
Email : rks.alwar@gmail.com

हिन्दी के क्षेत्र में पंडित माखनलाल चतुर्वेदी का योगदान

डॉ. सीता सिंह

माखनलाल चतुर्वेदी! यह नाम हिंदी जगत में एक मीठी कसक पैदा करने के लिये काफी है । इस नाम में एक उपासनीय श्रद्धा है। इस नाम में एक संयत विद्रोह का विकास क्रम है। हिंदी साहित्य में इस नाम में उतना ही चमत्कार है जितना भगवान शिव के उस नाम में है जो 'नीलकंठ' बनकर व्यक्त हुआ था।

किसी कवि के कृतित्व का अध्ययन करने के लिए उसके जीवन वृत्त का अन्वेषण करना आवश्यक है। कवि कितना ही विषयगत प्रवृत्ति का आश्रय क्यों ना ग्रहण करें, जाने-अनजाने उसके जीवन के अनेक प्रसंग उसके कृतित्व मे अनुदित हो जाते हैं। कवि की व्यक्तिक अनुभूतियां ही अभिव्यक्ति पाकर साहित्यिक कृति बन जाती है। पंडित माखनलाल चतुर्वेदी जी कला को जीवन का अनुवाद मानते हैं- जीवन से कला के अनुवाद की अपेक्षा रखते हैं। इसलिए अन्य कवि की अपेक्षा चतुर्वेदी जी के जीवन-वृत्त का अनुसंधान, उनकी कृतियों को भली प्रकार समझने के लिए अत्यावश्यक है। उनके काव्य को समझने के लिए उनके साधारण व्यक्तित्व और साहित्यिक व्यक्तित्व के विकास का सामानांतर अध्ययन अत्यंत आवश्यक है। वे व्यक्तिगत जीवन में जैसे शालीन, मधुर, अभिजात, सहानुभूतिशील और बौद्धिक हैं, वैसे ही अपने काव्य में भी। उनके साधारण व्यक्तित्व का जिस क्रम से विभिन्न प्रभावों के अंतर्गत तथा अपनी स्वाभाविक प्रेरणा से विकास हुआ, उनका साहित्यिक व्यक्तित्व भी उसी क्रम से विकसित हुआ।[1]

पंडित माखनलाल चतुर्वेदी जी प्राचीन प्रशस्त परम्पराओ के दिव्य पुरुष थे जो सदैव चिर सनातन आर्यता के प्रतीक बने रहे। वे स्वाधीनता संग्राम के अग्रणी ध्वजावाहक थे । कांटों की सेज पर पलने और तलवार की धार पर चलने वाले की महानता को आँकना, मानो सागर की गहराई को आँकने का प्रयास करना है। उनके कृतित्त्व पर भारतीय संस्कृति की आमिट छाप पड़ी है। उनकी कृतियों में मानवीय व राष्ट्रीय युग चेतना की झलक

मिलती है। तत्कालीन राष्ट्रीयता की पूर्ण अभिव्यक्ति चतुर्वेदी जी के साहित्य में उपलब्ध है। वे एक महान यात्रा पुरुष थे। जीवन प्रवाह की बहुमुखी धाराओं के डेल्टे में उनका सतत गतिशील जीवन अपनी वेणुमयी एवं शंखमयी उपस्थिति को आजीवन अभिव्यक्ति देता रहा। उनका उर्जस्वित व्यक्तित्व समर्पण के उस बिंदु तक पहुंच चुका था जो "अपनी प्रकाश यात्रा में ज्योर्तिमय की अभीप्सा में, दूसरों के पथ को आलोकित करते हुए खुद निछावर हो जाता है।" यात्राशील व्यक्तित्व की एक अन्य सशक्त झांकी श्री गिरिजाकुमार माथुर ने इन शब्दों में अंकित किया है," जब सत्य की अभिव्यक्ति कठिन थी और इतिहास के मौन को स्वर देना संकटमय था, जब भावना के हरहराते प्रपात बन्दी थे और माध्यम- पथ अवरुद्ध थे तब उन्होंने विद्रोह को शब्द दिए, प्रपातो पर जड़े हुए पाषाण खंड सरकाये, और जब धारा वेग से बह निकली तो वही उन्होंने अपनी उपलब्धि मानी । अन्य उपलब्धियों को अस्वीकार कर दिया ।

धारा चलती गई........... लेकिन वह धारा के साथ-साथ तट पर चलते रहे –अंसप्रत्त, निर्मोहि , रवि ठाकुर की पंक्ति की तरह –" जदि तोर डाक शुने केऊ ना आशे, तबे एकला चलो रे ।" निसंदेह पंडित माखनलाल जी का पथ 'एकला पत्थर' था, उस पर कोई भी तो नहीं था जो चलकर दिखा पाता कि पंडित माखनलाल चतुर्वेदी जी अकेले नहीं हैं, वह भी हैं , साथ या अनुवर्ती रूप में या आगे-आगे ।

सच्चिदानन्द हीरालाल वातस्याचन 'अज्ञेय' जी के शब्दों में पंडित माखनलाल चतुर्वेदी जी ने लगातार एक भारतीय अस्मिता स्थापित करने का प्रयत्न किया, जो स्वाधीनता संघर्ष के युग - संदर्भ में कोई अचरज की बात नहीं थी, पर समाज को आत्मवान बनाये रखने में भी अविराम भाव से लगे रहे - उन परिस्थितियों में भी जिनमे शरीर भी संकटापन्न रहता है और उस मानसिकता के बीच भी जो सेक्युलरिज्म के नाम पर आत्मा को ही वही बिल्कुल नकार देना चाहती थी। संस्कृति और राजनीतिक संदर्भ में ये दो बातें कहकर साहित्यिक संदर्भ में यह भी कहूं कि उपयोग में यह भी कहूँ कि उस युग में, जब अधिकतर लेखक एक विखंडित व्यक्तित्व वाले लेखक होने लगे थे। पंडित माखनलाल चतुर्वेदी जी के अखंडित व्यक्तित्व ने अपने समकार्लिनो के सामने एक आदर्श भी रखा, एक चुनौती भी खड़ी की । किसी भी देश, किसी भी समाज के लिए एक अखंड व्यक्तितव बहुत बड़ी उपलब्धि होता है।

पंडित माखनलाल चतुर्वेदी जी के अभाव में तो वह और भी उभर उठी है–वैसी ही मादक, वैसी ही स्नेहमयी । पंडित माखनलाल चतुर्वेदी जी के शब्दों में

मैं पहला पत्थर मंदिर का,
अनजाना पथ जान रहा हूँ ।
गढ़ुँ नीव मैं अपने कन्धो,
पर मंदिर अनुमान रहा हूँ ।।[4]

इस मार्मिक अभिव्यक्ति का अर्थ तो अब सूझने लगा है, जब नीव का पत्थर अनजाने पथ की ओर अग्रसर हो गया। निश्चय ही उनके कंधों पर आधारित कलशों से नया भान्वंतर भास्कर होगा और उनकी वाणी का वर्चस्व बीहड़ से बीहड़ पथो में भी हमारा भय- मोचन करता रहेगा ।

चतुर्वेदी जी की काव्य कृतियां और उनका योगदान-

अपने व्यक्तिगत जीवन में स्वतंत्रता संग्राम के कर्मठ सैनिक बलीपंथी अद्वितीय क्रांतिदर्शी पत्रकार और साहित्य क्षेत्र में एक भारतीय आत्मा के नाम से विख्यात पंडित माखनलाल चतुर्वेदी सुदिर्घकाल से सन 1904 से जनवरी, सन 1968 तक अनवरत साहित्य सृजन करते रहे और प्रत्येक क्षेत्र में उनमें वही ताजगी और तारुण्य दिखाई दिया जो उनके साहित्य-सृजन के आरंभिक काल में था ।

हम कवी के व्यक्तितव को उसके काज से अलग नहीं कर सकते । कवि और उसके काज में अभिन्न सम्बन्ध होता है। उच्च कोटि का साहित्यकार जनता की वाणी में बोलता है। पण्डित माखनलाल चतुर्वेदी जी की वाणी भी जनता की ही, वाणी रही है। उन्होंने झोपड़ों के भी गीत गाये हैं। उनके गीत महलों से खेत–खलिहानों तक गूंजते हैं। साहित्यकार का जीवन आराधना का जीवन होता है. पडित माखनलाल चतुर्वेदी जी का जीवन इसका साक्षी है।

पंडित माखनलाल चतुर्वेदी जी की कविताओं का मूल स्वर, मूल अन्तर्वर्तिनी भाव- धारा-प्रेम, रहस्य और राष्ट्रीयता की भावनाओं की अद्‌भुत त्रिवेणी है, जिसे 'समर्पण' और 'बलिदान' की भावना कहा गया है। श्री प्रभुदयाल अग्निहोत्री के शब्दों में "हिमकिरीटिनी में समर्पण और बलिदान ही तो सारे गीतों की अन्तरध्वनी है ।"[5] पण्डित माखनलाल चतुर्वेदी जी का सम्पूर्ण काव्य की मूल चेतना 'राष्ट्रीय है। उन्होंने राष्ट्र को अपना अराध्य स्वीकार करके अपने काव्य का अहर्य राष्ट्रदेवता के चरणों में अर्पित किया है।

इसलिए वे स्वयं 'साहित्य -देवता' हैं। राष्ट्रीयता की मूल भावधारा पर आधारित उनका काव्य भारतीय राष्ट के स्वातंत्र्य -इतिहास का लेखा-जोखा प्रस्तुत करता है। उनका काज राष्टीय भावनाओं की अभिव्यक्ति मात्र नहीं है, वह हमारी समग्र राष्ट्रीय चेतना का प्रतिरुप हैं । चतुर्वेदीजी के काव्य में समय के पैरों के निशान स्पष्ट दीखते हैं। कभी-कभी लगता है कि “जब कभी इतिहास के राहगीर को अपनी यात्रा का सामान सजाना होगा, उस समय उसे इन निशानों की जरुरत होगी ।"[6] इतिहास के ये निशान ही उनके काव्य के, विशेषकर उनके राष्टीय काव्य का वास्तविक स्वरुप हैं- उनकी अन्तर्वर्तिनी मूल भावधारा /- समग्र रूप में "पडित माखनलाल चतुर्वेदी जी के राष्टीय प्रगीतों में वलिदान की भावनाएँ, गाँधीजी का तप- त्याग और प्रेम अहिन्समयी आत्मा तथा सामयिक राजनीति के सर्प का पुकरण, आर्थिक, सामाजिक, सांस्कृतिक आदि विभिन्न परिस्थितियों का चित्रण उदबोधन, जेल-यातनाए, संस्मरण, श्रधाजलियाँ आदि प्रमुख रूप में मिलती हैं ।"[7] प्रलय और प्रणय - दोनों उनके काव्य –व्यक्तितव के दो छोर होते हुए भी एक में मिले हुए हैं- वे प्रलय और प्रणय के कवि हैं। उन्होंने स्वयं कहा है –"पीढ़ी को तुम मधुर गाने दो तो प्राणों की उठान भी दो, सपने फुले तो बलि के पुष्प भी फूलें, कलि चटके तो आकाश से गोलियाँ भी चरक दें। रिमझिम यह बरसे तो बारूद की फुलझड़ियाँ क्यों न रंग दे? मानव विकारों को उठाकर विश्व की जिन्दगी देने वाले मधुर गायक,प्यार में जीवन घोल- घोलकर गाओ।" [8] उनके राष्ट्रीय काव्य में सम्पूर्ण व्यक्तितव की अभिव्यक्ति मिल जाती है “उनकी भाव-धारा की सारी लहरियाँ राष्टीय गंगा में ही प्रवाहित दिखाई देती हैं।“[9]

पण्डित माखनलाल चतुर्वेदी के राष्टीय काव्य का हम अधोलिखित वर्गीकरण कर सकते हैं

1. राष्ट्रीय चेतना का काव्य

    (क) बलिदान और समर्पण - मूलक राष्ट्रीय काव्य
    (ख) क्रान्ति और विद्रोह-स्वर मूलक राष्ट्रीय काव्य
    (ग) सामनिक राष्ट्रीन चेतना का काव्य

(घ) वीर-पूजा, संस्मरण और श्रद्धांजलि परक राष्ट्रीय काव्य

(ङ) गाँधी जी राष्ट्रीय चेतना का काव्य

(च) देश-प्रेम, देश-वन्दना और प्रशन्ति सम्बन्धी राष्टीय काव्य।

(छ) स्वातन्योत्तर राष्ट्रीय काव्य

2. रहस्य मूलक राष्ट्रीय काव्य (राष्टीय आध्यात्मिक काव्य)

3. प्रेम-मूलक राष्ट्रीय काव्य

4. प्रकृति-प्रेम- -मूलक राष्ट्रीय काव्य।

पंडित माखनलाल चतुर्वेदी जी के काव्य में बलिदान की भावना अधिक पुवर रूप में व्यक्त हुई हैं।[10] उनकी कलिका भी बलि का गान सुनती हैं -

मत व्यर्थ पुकारे शूल - शूल,
कह पल - पूल-सह फुल-फुल ,
हरी को बोतल में बंद किये
के हरी से कह नख छुल-छुल।।

इसी प्रकार , उनके 'पुष्प की अभिलाषा" तो उनके काव्य का प्रतिनिधि स्वर है-

मुझे तोड़ लेना बनमाली, उस पथ में देना तुम फेक।
मातृभूमि पर शीश चढ़ाने, जिस पर जानें वीर अनेक ।।[11]

क्रांति और विद्रोह का स्वर पंडित माखनलाल चतुर्वेदी जी के राष्टीय काव्य की दूसरी महत्वपूर्ण प्रव्रत्ति हैं अधोलिखित पंक्तियों में उन्होंने कोकिला से यही अपेक्षा की है.-

इन लौह- सीकयों की कठोर पाशों में,
क्या भर दोगी ? बोलो निद्रित लाशों में ?[12]
क्या ? घुस जाएगा रुदन , तुम्हारे निःश्वासो के द्वारा, कोकिल बोलो तो।
और सबेरा हो जायेगा, उलट-पुलट जग सारा, कोकिल बोलो तो।[13]

बलि, प्रलय और अग्नि की यही हुंकार चतुर्वेदी जी के राष्ट्रीय काव्य की सम्पत्ति है।[14] "लोकमान्य तिलक के क्रांति और अग्निमय स्फूलिंगों के पथ

हिंदी : वैश्विक व्याप्ति एवं प्रभाव

के सैनिक होने के कारण उनके इन प्रगीतों में सर्वत्र अध्यादमयी अग्नि, ज्वाला और जलन मिलती है ।[15] इस प्रकार की कुछ कविताएँ देखी जा सकती हैं। द्वार बलि का खोल, चल भुजेल कर दें । (कुटिम-निरि एक तर का मोल कर दें।

> सूली का पथ सीखा हैं ।
> सुविधा सदा बचाता आया ।
> मैं बलि-पथ का अंगारा हूँ ।
> जीवन-ज्वाला जलाता आया ।। [16]

"कैदी और कोकिला' कविता में राष्ट्र का यह चित्र कितना करुण हैं-

> जीवन पर अब दिन-रात कड़ा पहरा हैं ।
> शासन है या तम का प्रभाव गहरा है।[17]

उन्होंने लोगों में देशभक्ति की भावना भर डाली। जेल की कोठरियाँ भर गयीं। लोग स्वेच्छा से जेल जाने लगे। क्यों न जाये क्योंकि पण्डित माखनलाल चतुर्वेदी जी तो उन्हें उपालम्भ देते रहते हैं-

> रक्त है, चाहे नसों में क्षुद्र पानी,
> जॉच कर, तू शीश दे -देकर जवानी।। [18]

विशेषकर' बलिशाला ही हो मधुशाला। उनके प्रेम- मूलक राष्टीय काव्य का प्रतिनिधि स्वर कहा जा सकता हैं -

> लिशाला ही हो मधु-शाला,
> प्रीयतम-पथ हो देश-निकाला।
> प्राणव का आसव हो ढाला,
> गिरे न इसमें दाग री ।। [19]

जवानी के नाम पंडित माखनलाल चतुर्वेदीजी के अधोलिखित उदबोधन तो युग –तरुण के लिए अमर-संदेश हैं-

> चढ़ा दे स्वातन्त्र प्रभु पर अमर पानी,
> विश्व माने तू-जवानी है, जवानी ।। [20]

'एक भारतीय आत्मा' के सम्मानित पद से विभूषित श्री पंडित माखनलाल चतुर्वेदी जी हिन्दी साहित्य में विशिष्ट स्थान रखते हैं। उनके

योगदान पर विचार करें तो उनके साहित्यिक व्यक्तितव की तीन उपलब्धिया सामने आती है। वे हैं-

1. चिरन्तन युवा कवि

2. परम्परा और आधुनिकता का समन्वय

3. मानवतावाद ।

चतुर्वेदी जी गध रचनाएँ और उनका योगदान-

पंडित माखनलाल चतुर्वेदी जी ने साहित्य की लगभग सभी विधाओं में सर्जना की। उन्होंने "साहित्य की भाषा को नया स्वर और नया ओज दिया, कोमलता और धार दी, मुहावरों को तेवर दिया और अभिवयक्ति को नया आयाम दिया। उनकी रचनाओं में विद्रोह और वैष्णवी समर्पण का भाव एक साथ देखा जा सकता है। 'प्रभा', 'प्रताप', और 'कर्मवीर के यशस्वी संपादक के रूप में जो गध उन्होंने लिखा है, वह एक ओर तो जनभाषा को साहित्य की ऊँचाई पर प्रतिष्ठित करने वाला है, तो दूसरी ओर गहन जीवन- चिन्तन को जन जन तक संप्रेषित करने वाला नाटक के अतिरिक्त निबन्ध, गध –काव्य, कहानी, संस्मरण भूमिकाएँ, भाषण और पत्र साहित्य में चतुर्वेदी जी के समृद्ध गध ने अनेक आयाम स्थापित किये हैं।

सरल भाव के चितेरे सुप्रतिष्ठित साहित्यकार पंडित माखनलाल चतुर्वेदी जी ने पर्याप्त समय तक हिन्दी की सेवा की। उन्होंने काव्य, निबन्ध, गधकाव्य , रेखाचित्र, संस्मरण, नाटक और कहानी आदि क्षेत्रों में अपना महत्त्वपूर्ण योगदान किया है। उनके निबन्ध तथा गध -सम्बन्धी रचनाएँ 'अमीर- इरादे : गरीब इरादे' 'समय के पाँव, चिन्तक की लाचारी' आदि में प्रकाशित हैं। “साहित्य देवता” उनके गध काव्य -खण्डों का संकलन है। उन्होंने 'कृष्णार्जुन-युद्ध' नामक एक नाटक भी लिखा है। 'कला का अनुवाद' चतुर्वेदी जी की दस कहानियों का संकलन है। इस संकलन' के अतिरिक्त उनकी छः कहानियाँ एवं एक लघु कथा पत्रिकाओं में प्रकाशित प्राप्त होती है। पंडित माखनलाल चतुर्वेदी जी के साहित्य के इस वैविध्य को दृष्टिगत करते हुए यह निर्विवाद कहा जा सकता है कि कवि-रूप के अतिरिक्त वे गधकार, नाटककार एवं कहानीकार के रूप में पाठकों के समक्ष उपस्थित होते हैं।

'कृष्णार्जुन-युद्ध' पं. माखनलाल चतुर्वेदी जी अकेला नाटक है। फिर भी

केवल इस नाटक के कारण पण्डित माखनलाल चतुर्वेदीजी को पौराणिक नाटककारों में प्रमुख स्थान दिया जाता है।" कृष्णार्जुन-युद्ध'यधपि पौराणिक नाटक है, तो भी स्थान-स्थान पर राष्ट्रीयता और देश-प्रेम की झलक इस नाटक में मिलती है। भारतीन राष्ट्र गौरव की भावना और उस पर अपने प्रमाणों को भी न्यौछावर कर देने की प्रेरणा इस गीत में हैं। कुछ पंक्तिया प्रष्टय हैं।

भाव प्रकाशा, भेद-विनाशा, हो, बस एक
राष्ट्र की भाषा, हो दृढ़ बिश्चत उद्देश्नय ,
जिस पर हों, हम सब चाहे नि:शेष ।
भूलो न रमेश, जन्म कर्म की, भूमि तुम्हारी भारत-देश ।"[21]

स्वतंत्रता की भावना के लिए व्याकुलता चित्रित हुई है-

" हो सौ बार विश्व में हा! हा!
अरी दसता तेरा नाश
इस मदान्ध कठ पुतलो में हो
स्वामिभक्ति का क्यों कर बास ?
धन्य वीर वे रखते हैं जो अपना जीवन सदा स्वतंत्र ।
फूंका नहीं किसी ने मुझमें जीवन का यह प्यारा मंत्र ॥" [22]

"साहित्य देवता" चतुर्वेदी जी के तैंतीस भावात्मक गध खण्डों[23] का संग्रह और एक श्रेष्ठ गढ़कव्यकार और अद्धितीय शैलीकार के रूप में उनकी कीर्ति का प्रथम आलोक बिन्दु है।

"साहित्य देवता" भाव, कला और प्रतिपाध की दृष्टि से लेखक की उत्कृष्ट रचना है और गधकाव्य के क्षेत्र में उनकी अद्‌भुत प्रतिभा का परिचय देती है। "साहित्य देवता", "नीलम" 'जब रसवंती बोल उठे' 'न सघने वाला सौदा, "जीवन का प्रश्नचिन्ह " "स्त्री " की कुछ पंक्तिया है- "पुत्रि ! ओ स्ली के अभिनव संस्करण और प्रेम के मधुरतम और कटूतम स्वाद, तुम अनुभव करो और जाने कि तुम्हारी हस्त- रेखाओ पर आकर्षण शिलाभूमि का स्वभाव, उसकी शक्ति, उसका स्नेह, उसका हरियाना और सहज शक्ति और सबसे अधिक उसका प्रजनन ठहरा हुआ है।"[24] "साहित्य देवता "में प्रेम और भक्ति,

राष्ट्रीयता तथा बलिदान की भावना की सुन्दर व्यंजना मिलती है। इन गध खण्डों में भावुक भक्त ह्रदय भावावेश में उमड़ पड़ा है। आत्मसमर्पक की यह भावना भक्ति, गदगद स्वर की यह पुकार कितनी मार्मिक है. "सहारे मेरे, मैं तो सदा ही तुम्हारी गति का गुलाम, तुम्हारी मर्जी का मोहताज हूँ, मै तो मिटने की मिट जाने की वस्तु हूँ - अनिल हूँ । नित्य तो तुम ही हो अनिल। चाहे तुम मेरे साथ खेला, चाहे मुझे अपने साथ खिलाओ।"[25] चतुर्वेदी जी के अनुसार- "पुन विचारों को मेरे लेखे उससे सरल भाषा में नही लिखा जा सकता था।"[26]

"अमीर इरादे : गरीब इरादे "चतुर्वेदी जी प्रकाशित गद्य कृति है। विचारात्मक निबन्धों में कला, साहित्य, काव्य, और वय्क्तितव आदि महत प्रश्नों पर लेखक की मनीषा का उदघाटन[27] मिलता है। इनमें कहीं तो भावक्षिप्त रूप में ह्रदय का यह स्वर मिलेगा, तो कहीं इस प्रकार की विचार मडिया भी बिखरी मिलेंगी " यदि निन्दा हत्या का पुश्चरण नहीं है तो क्या है?[28] क्या हत्या एक तीक्ष्ण मनोभाव का ही परिणाम नही ?

"समय के पान" पंडित माखनलाल चतुर्वेदी जी की द्वारा लिखित महापुरुषो और साहित्यकारों के संस्मरणों और रेखाचित्रों का संकलन है। लेखक के अनुसार इस पुस्तक के बहुत से व्यक्तियों ने जो चरण-चिन्ह छोड़े हैं, वे कभी मिट नहीं सकते ।" [29]

महापुरुष के जीवन हमें यह स्मरण दिलाते है कि हम किस प्रकार अपने जीवन को ऊँचा उठा सकते हैं ।[30] संस्मरण के लेखक में जिस भावचित्री प्रतिभा, सह्न्ध्यता, विम्ब-विधान, कौशल और संशिलवर चित्रण की आवश्यकता होती है, वह चतुर्वेदी जी में प्रभूत मात्रा में हैं। डॉ. पंधसिंह शर्मा 'कमलेश' ने हिन्दी निबन्ध साहित्य में चतुर्वेदी जी की मूल्यवान देन का निष्कर्ष इस प्रकार प्रस्तुत किया है,- "उनकी सुक्तिया, उनके विरोधाभास, उनकी फारसी और संस्कृतयुक्त भाषा, उनकी मौलिक कल्पनाएँ और सूझें उनकी विधायक प्रतिभा की ऊँचाई के प्रमाण हैं और इस दृष्टि से वे हिन्दी-गध काव्यकारों में बहुत ही ऊँचे स्थान के अधिकारी हैं।"[31] निबंधो के क्षेत्र में चतुर्वेदीजी की सबसे बड़ी देन है – साहित्यिक विषयों पर विशुद्ध भावात्मक निबन्धों का सृजन । 'कला का अनुवाद' पंडित माखनलाल चतुर्वेदीजी की दस

कहानियो का संग्रह है। ये कहानियाँ केवल कहानियाँ नहीं लेखक का व्यक्तित्व है। क्रान्तिकारी कवि की वाणी, जीवन की समस्त संवेदना और कटुता को अपने में समेट कर इन कहानियों के रूप में मुखरित हो उठी हैं। 'चिन्तक की लाचारी' 'चतुर्वेदी जी के 14 चुने हुए भाषणों का संग्रह है। 'पाँव- पाँव " में चतुर्वेदी जी के 26 गध- खण्डों का अप्रकाशित संग्रह है। इन निबन्धों में कुल मिलाकर साहित्य और जीवन के विविध पक्षों पर यथार्थ की भावभूमि पर सहृदयतापूर्वक प्रकाश डाला गया - है । पाँव -पाँव' चलने के प्रयास रूप इन रचनाओं की भाषा प्राय: सरल और व्यवहारिक है। इन रचनाओं में जिस शैली का सर्वाधिक सफल प्रयोग मिलता है, वह है - सरल और व्यवहारिक व्यंगातमक शैली । शायद व्यंग 'पाँव-पाँव' की भाषा का विशिष्ट गुण है। कहीं- कहीं तो व्यंग अधिक तीखा हो गया है, जैसे निम्नलिखित पंक्तियों में, -" जो रामायण, भागवत और अवतार – कथाये हमारी माँ-बहन, बेटियों के मुँह पर थी, वे कहाँ विलीन हो गई ? बदले में हमने कुछ वीरता, कुछ रसीलापन और कुछ बेशर्मी भी पाई, किन्तु मूर्तिया बेच – कर मानो सिनेमा की तस्वीर खरीद लाये ।" [32]

'रंगो की बोली' चतुर्वेदीजी ने गध -खण्डों का अप्रकाशित संग्रह है। इसमें चतुर्वेदीजी के साहित्य - सम्बन्धी विचार अधिक स्वतंत्रता से सामने आये हैं । उनके अनुसार – "यदि भारतीन मन को एक वृक्ष मानें तो उसके निचे हमने शब्दों का, वाक्य विन्यास का, चुराई हुई कल्पनाओं का तथा और भी कितनी ही बातो का इतना विदेशी खाद भर दिया है कि यह मन भारतीय मिट्टी से रस ग्रहण नहीं कर पाता ।[33]

पडित माखनलाल चतुर्वेदी जी के सम्पूर्ण साहित्य का 'अनुशीलन करने के पश्चात निष्कर्षतः यह कहा जा सकता है कि उनके साहित्यिक व्यक्तितव में तीन भावनाएँ- मुख्त हैं- विद्रोह, अल्हड़ता और समर्पण । उनके मानसिक गढन में इन भावनाओं के अनुरूप ही उनका प्रेमी, सिपाही और चिन्तक रूप सामने आता है और इन्ही तीनों के संश्लेषण ने उन्हें साहित्यकार बनाया है। उनके व्यक्तित्व के तीनों अंग उनके कवीरूप में करूप में सन्निहित है और यही साहिल की प्रत्येक प्रवित विद्या पर अपनी स्पष्ट छाप रखे हैं। उनके साहित्य

का रूप समझ पाने के लिए चतुर्वेदी जी की पंक्तिया सिध हो सकती है--

सिर पर प्रलय, नेब में मस्ती, मुट्ठी में मन चाही ।
लक्ष्य मात्र मेरा प्रियतम है, मै हूँ एक सिपाही ॥

सन्दर्भ सूची :

1. श्री कान्त जोशी सं. माखनलाल चतुर्वेदी : यात्रा पुरुष, पृष्ट 7
2. वही, पृष्ट 8 .
3. श्रीकांत जोशी सं. माखनलाल चतुर्वेदी –रचनावली -1, आवरण पृष्ठ 1
4. श्री कान्त जोशी सं. माखनलाल चतुर्वेदी : यात्रा पुरुष, पृष्ट 6
5. कृष्णदेव शर्मा, माखनलाल चतुर्वेदी : व्यक्तित्व एवं कृतित्व, पृष्ट 102
6. वही, पृष्ट 202
7. वही, पृष्ट 202
8. पण्डित माखनलाल चतुर्वेदी, अमीर इरादे : गरीब इरादे, पृष्ट 24
9. पण्डित माखनलाल चतुर्वेदी, साहित्य-देवता', पृष्ठ 73
10. कृष्णदेव शर्मा, माखनलाल चतुर्वेदी : व्यक्तित्व एवं कृतित्व, पृष्ट 204
11. श्रीकांत जोशी सं. माखनलाल चतुर्वेदी –रचनावली, खंड -6, पृष्ठ 79
12. वही, पृष्ठ 80
13. वही, पृष्ठ 141
14. कृष्णदेव शर्मा, माखनलाल चतुर्वेदी : व्यक्तित्व एवं कृतित्व, पृष्ट 64
15. गणेश खरे, आधुनिक प्रगित काव्य, पृष्ठ 311 .
16. रंजन, माखनलाल चतुर्वेदी : एक चिन्तन, पृष्ठ 36-37
17. श्रीकांत जोशी सं. माखनलाल चतुर्वेदी –रचनावली, खंड -6, पृष्ठ 137
18. रंजन, माखनलाल चतुर्वेदी : एक चिन्तन, पृष्ठ 26
19. कृष्णदेव शर्मा, माखनलाल चतुर्वेदी : व्यक्तित्व एवं कृतित्व, पृष्ट 217.
20. श्रीकांत जोशी सं. माखनलाल चतुर्वेदी –रचनावली, पृष्ठ 216
21. श्रीकांत जोशी सं. माखनलाल चतुर्वेदी –रचनावली, खंड -1, पृष्ठ 248

22. वही, पृष्ठ 248
23. कृष्णदेव शर्मा, माखनलाल चतुर्वेदी : व्यक्तित्व एवं कृतित्व, पृष्ठ 125
24. श्रीकांत जोशी सं. माखनलाल चतुर्वेदी –रचनावली, खंड -2, पृष्ठ 203..
25. कृष्णदेव शर्मा, माखनलाल चतुर्वेदी : व्यक्तित्व एवं कृतित्व, पृष्ठ 129
26. श्री माखनलाल चतुर्वेदी, पाँव -पाँव, साहिल के प्रति
27. अमीर इरादे : गरीब इरादे , "परिचय" से ।
28. अमीर इरादे : गरीब इरादे, पृष्ठ 96.
29. श्रीकांत जोशी सं. माखनलाल चतुर्वेदी –रचनावली, खंड -4, दो शब्द।
30. श्रीकांत जोशी सं. माखनलाल चतुर्वेदी –रचनावली, खंड -2, दो शब्द ।
31. पंचसिंह कमलेश, 'हिन्दी गध काव्य, पृष्ठ 281
32. कृष्णदेव शर्मा, माखनलाल चतुर्वेदी : व्यक्तित्व एवं कृतित्व, पृष्ठ 139
33. श्री माखनलाल चतुर्वेदी - 'रंगो को बोली, आमुख

असिस्टेंट प्रोफ़ेसर, हिन्दी विभाग,
श्री बलदेव स्नातकोत्तर महाविद्यालय, बड़ागाँव,
वाराणसी ।

हिंदी : वैश्विक व्याप्ति एवं प्रभाव

नृत्याचार्य पं. बिंदादीन महाराज का हिंदी विषयक अवदान

डॉ. आराधना अस्थाना

लखनऊ का कथक घराना अपनी कलागत विशिष्टताओं के साथ ही अपने रचनागत के लिए भी प्रसिद्ध है। इस घराने के कलाकारों ने ठुमरी, दादरा, भजन, होरी, कवित्त आदि सभी प्रकार की रचनाओं द्वारा अपनी रचनाधर्मिता का परिचय दिया है। लखनऊ कथक घराने के शिरोमणि बिंदादीन महाराज ने ही अकेले लगभग 1500 ठुमरियों, दादरों, होरी, भजनों इत्यादि की रचना कर संगीत और हिंदी की सेवा की। इनमें से उनकी सभी रचनाएं उपलब्ध नहीं हैं परन्तु जितनी उपलब्ध है वे अत्यंत उत्कृष्ट कोटि की है।

कथक नृत्य के सर्वांगीण विकास और इसे एक सुविख्यात कला के रूप में प्रतिष्ठित एवं परिमार्जित करने में सिद्धहस्त लखनऊ कथक घराने के प्रख्यात नृत्याचार्य बिंदादीन महाराज का जन्म सन् 1838 में हुआ था।[1] बिंदादीन महाराज के पिता का नाम महाराज दुर्गाप्रसाद था, जो नवाब वाजिदअली शाह के कला गुरु ठाकुर प्रसाद जी के भ्राता थे।

बिंदादीन महाराज का घराना मूलरूप से हंडिया तहसील का है। नवाब आसफुद्दौला के समय बिंदादीन महाराज के पितामह प्रगास जी लखनऊ आकर बस गए थे। बिंदादीन महाराज के पिता दुर्गा प्रसाद जी इतने कुशल नृत्याचार्य थे कि, इनके बारे में प्रसिद्ध है कि "नृत्य करते-करते यह परन मारकर हाथी को लांघ जाते थे और पुनः सम पर उसी ओर लौट आते थे।[2] बिंदादीन महाराज ऐसे गुणी कलाकार (ठाकुर प्रसाद) के शिष्य थे।

बिंदादीन महाराज अत्यन्त प्रतिभावान एवं सम्माननीय कलाकार थे। इनका जीवन अत्यंत सरल, सहज था। दुपलिया टोपी और अचकन का साधारण सा पहनावा, छोटे कद एवं सांवले रंग तथा घुंघराले केशविन्यास में महाराज जी का व्यक्तित्व अत्यंत ही आकर्षक लगता था। इनके मुख पर दिव्य ओज एवं मधुर मुस्कान होती थी।

बिंदादीन महाराज अनेक प्रकार के चमत्कार पूर्ण नृत्यों के प्रदर्शन में सिद्धहस्त थे। नई-नई परनों की रचना अत्यन्त शीघ्रता एवं सरलता से कर लेते थे। विभिन्न प्रकार केचमत्कारपूर्ण नृत्यों का प्रदर्शन भी महाराज जी जी ने किया था तथा गुलाल बिछाकर नाचते हुए उस पर चित्र बना देना, कील, बताशे अथवा तलवार पर नृत्य करना आदि।[3]

वातावरण निर्माण के पश्चात बिंदादीन महाराज किसी विशिष्ट भाव की ठुमरी या दादरा का प्रदर्शन अपनी मुद्राओं के माध्यम से करते थे।

बिंदादीन महाराज श्री कृष्ण के परम भक्त थे,[4] इनकी रचनाओं में प्रायः राधा–कृष्ण की विभिन्न लीलाओं का उल्लेख रहता था। अपने प्रदर्शन की जीवंतता के माध्यम से महाराज जी उदात्तता की उन गहराइयों को छू लेते थे जहां पर दर्शक गण के उसी भाव की अनुभूति अत्यंत आत्मीयता के साथ होती थी। दर्शकों की मनोवृत्ति को पूर्णरूपेण समझने एवं उसके अनुरूप भाव प्रदर्शन की महाराज जी में अद्भुत क्षमता थी, भावों की ऐसी काल्पनिक अभिव्यक्ति दुर्लभ है।

नृत्य कला के शास्त्र सम्मत बनाने के लिए बिंदादीन महाराज ने निरंतर प्रयत्न किया। बोलो, परनो और गीतों की रचना महाराज जी ने स्वयं की।[5] श्रृंगारिक भावों से साम्यता दिखाते हुए नृत्य, शैली से एकाकारिता प्रदर्शन महाराज जी की विशिष्टता है। इनके द्वारा रचित गीतों की आज भी धूम है।

बिंदादीन एवं कालका प्रसाद की जोड़ी राम–लक्ष्मण की जोड़ी के नाम से विख्यात थी। बिंदादीन महाराज एक कुशल शिक्षक थे। इनकी शिष्य परम्परा आज भी देश विदेश कथक नृत्य की परम्परा को आगे बढा रही हैं।

महाराज जी श्रीकृष्ण के विभिन्न लीलाओं का प्रदर्शन अत्यंत भावपूर्ण एवं रसमय ढंग से करते थे जिससे उनकी अपार भक्ति भावना प्रदर्शित होती थी और सम्पूर्ण जनमानस उन्हें अवतार समझकर उनके प्रति श्रद्धा भाव प्रदर्शित करता था। श्रीकृष्ण जन्मोत्सव के अवसर पर बिंदादीन महाराज का छः दिन का अद्भुत नृत्य प्रदर्शन हुआ करता था जो अत्यंत प्रसिद्ध है।[6] बिंदादीन महाराज के नृत्य कौशल की श्रेष्ठता के कारण लखनऊ कला साधकों के लिए आकर्षण का केंद्र बन गया था। नृत्य सीखने के लिए कलाकार दूर–दूर से आते थे।

इस प्रकार देश के कोने– कोने में नृत्य का प्रचार हुआ। कवि प्रतिभा का परिचय देते हुए बिंदादीन महाराज ने लगभग 1500 ठुमरियो की रचना की।[7] बिंदादीन महाराज का देहावसान डॉ. पुरू दधीच के अनुसार 1918 में और गीता रघुवीर के अनुसार 1915 में हुआ। आपके कोई संतान नहीं थी। कालका प्रसाद के पुत्र अच्छन महाराज, लच्छू महाराज, शंभू महाराज ने इस घराने की कला को आगे बढाया।

बिंदादीन महाराज अभिनय में भी सिद्धहस्त थे। इनकी मूल प्रेरणा अभिनय की कला थी। इसलिए उन्होंने कथक के इसी उपेक्षित पक्ष को

समृद्ध किया। अभिनय की असीम नर भावनाओं को देखते हुए इन्होंने लगभग 1500 ठुमरियो, दादरों, छोटी गजलों की रचना की।[8] इनका प्रयोग नृत्य के लिए किया गया। इसे आकर्षक ढंग से गाने के साथ ही चेहरे अभिनय और नृत्य के माध्यम से भावो की सशक्त अभिव्यक्त भी करते थे। इनका जीवन सरल, उदार एवं परोपकारी था। इन्होंने वैष्णव संप्रदाय धार्मिक रासधारी परम्परा का निस्तर पालन कियाद्य अत्यंत धार्मिक प्रवृत्तिक होने के कारण नृत्य उपासना के समय सदैव मनका लिए रहते थे।

नाथद्वारे में एक बार श्रीकृष्ण का रूप धारण कर नृत्य करते समय सभी उन्हें श्रीकृष्ण समझकर साष्टांग प्रणाम करने लगे थे।

इनकी सबसे बड़ी विशेषता नृत्य द्वारा भाव प्रदर्शन है। इन्होंने नायिका भेद से प्रेरणा लेकर अपनी भावाभिव्यक्ति को सशक्त बनाया। महाराज जी की चालो की रचना अत्यंत ही प्रसिद्ध है। इनमें गज चाल, मयूरचाल आदि प्रमुख है।[9] महाराज जी उत्तम कोटि के वाग्येयकार थे।

कला प्रदर्शन की शैली को रोचक बनाने के लिए इन्होंने इसे नया रूप दिया। ताल तोडा, परन गतो की जोड–तोड ओर प्रतिद्वंदिता नृत्य में होती थी। उसमें ताल का चमत्कार ओर कौतुक होने के साथ ही कला की सर्वोच्चता भी परिलक्षित होती थी। वातावरण निर्माण के बाद किसी विशिष्ट भाव की ठुमरी या दादरा के माध्यम से महाराज जी अपनी मुद्राऔ को प्रदर्शित करते थे।

इनकी रचनाओं में प्रायः राधा–कृष्ण की विभिन्न लीलाओं का उल्लेख रहता था। विभिन्न प्रकार के विशिष्ट भावों का निपुणता के साथ नवीनीकरण कर उसे "अदा" के रूप में प्रस्तुत करते थे। इनके द्वारा रचित बोल, वरन और गीतों की श्रृंगार के भावों सेसाम्यता स्थापित किया जाता है। महाराज जी एक योग्य एवं कुशल शिक्षक होने के साथ ही एक श्रेष्ठ कवि भी थे। इनके द्वारा रचित गीत आज भी अत्यंत लोकप्रिय है।

बिंदादीन महाराज ने नृत्य की प्रस्तुति के स्वरूप में की थी। बिंदादीन ने परिवर्तन कर अभिनय का एक क्रम बनाया, उदाहरण के लिए नृत्य का आरंभ गणेश वंदना या आमद से करना आरंभ किया।

बिंदादीन महाराज ने अपने भ्राता कालका प्रसाद के साथ मिलकर कथक को सूक्ष्म सैद्धांतिक रूप देने के साथ ही रस–निष्पादन के योग्य भी बनाया। इन्होंने इस नृत्य में लय का परिष्कार करते हुए शिल्पगत सूक्ष्मता का भी समावेश किया।

इन्होंने अभिनय के लिए ऐसी बहुत सी रचनाएं की जिनमें गहरी भक्तिपूर्ण व्यंजनाएं और आकर्षक धुनो के साथ बोलो में उत्तम कोटि की साहित्यिकता भी विद्यमान है। इनकी बहुत सी रचनाएं लिपिबद्ध या रिकॉर्ड न होने के कारण लुप्त हो गई, कुछ ही उपलब्ध है। बिरजू महाराज एक श्रेष्ठ नर्तक, तबला वादक होने के साथ अच्छे गायक भी हैं। इनके द्वारा बिंदादीन महाराज की रचनाओं को गहरी साहित्यिकता प्रदान हुई है।

महाराज जी की रचनाएं भक्ति रस से ओत–प्रोत है। इनकी राधा–कृष्ण विषयक रचनाओं की धुनें अत्यधिक चित्ताकर्षक है। इससे महाराज जी के एक महान रचनाकार और संगीतकार होने का पता चलता है। इन नृत्य गीतों के कथानक राधा–कृष्ण के उदात्त प्रेम–मिश्रित नायिका भेद पर आधारित हैं।

इनकी कला–कौशल से देश का हर कलाकार प्रभावित था। श्री चंद्रशेखर पंत ने ठुमरी शीर्षक अपने लेख में लिखा था–'बिंदादीन, कालका प्रसाद, शम्भू महाराज, अच्छन महाराज, लच्छु महाराज, बिरजू महाराज लखनऊ घराने के ये सभी कथक कलाकार उस परम्परा के थे जिसने न केवल कथक नृत्य को समृद्ध किया बल्कि ठुमरी और खासकर उसके 'भाव बताना' पक्ष को भी सजाया सवारा। इस पद्धति में फर्श पर बैठकर अनौपचारिक मुद्राओं द्वारा बारीक और सधे हुए गायन के साथ बोलों का भावात्मक भाष्य किया जाता है।'[(10)]

बिंदादीन महाराज की हर रचना के अंत में कवि का उपनाम गुदा हुआ रहता था–

"बिंदा कहत्.........

बिंदादीन महाराज की रचनाओं में भजन ठुमरी, दादरा, होरी, झूला इत्यादि सब सम्मिलित हैं। ठुमरियों में श्रृंगार रस की प्रधानता है। कुछ और रचनाओं में करुण, वीर, हास्य इत्यादि रसों की भी झलक मिलती है। इनकी रचनाओं की भाषा भी अवधि व ब्रजभाषा है। जिसका उन्होंने अत्यंत सुंदरता से प्रयोग किया है। सुंदर भावाभिव्यक्ति के माध्यम से इसकी सशक्त अभिव्यंजना भी इनकी रचनाओं में मिलती है। इनका साहित्यिक योगदान भी अतुलनीय है, महाराज जी भगवान श्री कृष्ण के भक्त थे, इनकी अनेक लीलाओं का वर्णन इनकी रचनाओं में सुंदर ढंग से प्रस्तुत किया गया है। पद्मश्री बिरजू महाराज ने बिंदादीन महाराज के कला एवं साहित्य पक्ष पर प्रकाश डालते हुए बताया।[(11)]

बाबा की रचनाओं के शब्दों का गठन, ताल, छन्दों के अनुसार हुआ

है, ऐसा नृत्य भाव के लिए नहीं मिलता। सामान्यता ठुमरी में एक अंतरा होता है। इसमें एक उत्था गाने के बाद एक लाइन गाते हैं उसके बाद अंतरा गाया जाता है, परंतु बाबा के अंतरे अधिक होते हैं। अष्टपदी में 8 पद होता है। झूला इत्यादि में 8 पदों का जिक्र मिलता है, परंतु सभी रचनाएं और ग्रंथ नष्ट हो गए भूसे हो गए। इसे गोमती में डाला गया अच्छी तरह छप सकता था जो उपयोग होता। बाबा के लेखनी राग का एक मूड है। इनकी ठुमरी भावनाओं से निर्मित होती है। इसमें एक राग जिसमें ठुमरी प्रस्तुत की जा रही है उसमें सौंदर्य के लिए दूसरे राग के भी स्वर लगा सकते हैं। बाबा के हर मूड के हिसाब से लिखा है।

लखनऊ का कथक घराना अपनी कलागत विशिष्टताओं के साथ ही अपने रचनात्मक वैभव के लिए भी प्रसिद्ध है। इस घराने के कलाकारों की रचनाओं ठुमरी, दादरा, भजन, होरी, कविता इत्यादि रचनाओं के द्वारा अपनी रचनाधर्यिता का परिचय दिया है। इस घराने के कलाकारों द्वारा पोथी प्रकाश नामक ग्रंथ की रचना हुई जो कालांतर में नष्ट हो गई। लखनऊ कथक घराने के शिरोमणि बिंदादीन महाराज ने लगभग 1500 ठुमरियों,दादरो, होरी, भजनों इत्यादि की रचना की जितनी उपलब्ध है, वह अत्यंत उत्कृष्ट हैं कुछ रचनाएं दृष्टय है।

ठुमरी

राग जंगला काफी ताल–तीनताल

प्रस्तुत ठुमरी राग जंगला काफी तथा तीनताल में निबद्ध है। यह एक धुन प्रधान राग है, इसमें ठुमरी टप्पा, गजल इत्यादि गीत अधिक होते हैं इसमें ही वर्तो का प्रयोग होता है। तीनताल में 16 मात्राएं होती हैं।[12]

काह करुं देखो गारि देत कान्हाई रे।।
मैं तो लाखन बार समझाई रे।।
काह करुं.....
मटकी पकड़ मोरी झटक पटकी बिंदा कहत सगरे लोगन में मोरी पत गंवाई रे।।
काह करुं............

ठुमरी

राग–सोहनी ताल–तीनताल

यह रचना राग सोहनी एवं तीनताल में निबद्ध है। इस राग की उत्पत्ति भारवा घाट से हुई है। जाति षाडव–षाडव है। धैवत वादी गांधार

संवादी है। आरोंह में ऋषभ पंचभूत अवरोह में पंचम वर्ज्य है। इसमें कोमल ऋषभ तथा तीव्र मध्यम का प्रयोग होता है। गायन समय रात्रि का अंतिम पहर है।[13]

काहे को मेरे घर में आए हो। प्रीतम तुम रेन सौतन संग जागे नैना रत्नारे
पइयां न पटों ए प्यारे।।
काहे को।।.
हटो जाओ तुम उन्हीं के संग रहो। हमें ना छेड़ो श्याम बिंदा सुनो यह
नहीं माने जिया जारे डारे।
काहे को।।..[14]

दादरा

राग– गार ताल–दादरा

रचना राग–गाए ताल दादरा में निबद्ध। दादरा ताल में 6 मात्राएं होती हैं। इसकी अल्प की खमाज जाट से मानी गई है। इसमें दोनों गांधार तथा दोनों निषाद का प्रयोग होता है।

अन्य स्वर शुद्ध प्रयुक्त होते हैं। वादी स्वर गांधार, संवादी निषाद या धैवत दोनों हो सकते हैं। गायन समय रात्रि का दूसरा पहर है। इसमें ठुमरी की धुन गाई जाती है।[15]

लचक मुक नीर भरे री चंचल क्या प्यारी है नार।।
उमंग जवानी चाल मतवाली बात जादू की बाकी गजब करे री।।
चंचल क्या प्यारी..
चितवन हसन भऊवन की डोलन।।
गात नुकीली बिंदा घायल करे री।।
चंचल क्या प्यारी।[16]

कविता

निरतत ढंग अंग सुभंग हे ऽऽऽ।
बहे पवन मंद सुगंध शीतल।
बंसीवट तट निकट यमुना।
वृंदावन की कुंज गलिक यह।
राधे गोपी उमंग हे ऽऽऽ।
निरतत..[17]

लखनऊ का कथक घराना नृत्य के साथ अपनी भावात्मक एवं

शिल्पगत पक्ष से समृद्ध है। इस घराने की कला गुरुओं बिंदादीन महाराज, ठाकुर प्रसाद, लच्छू महाराज तथाअन्य नृत्याचार्यों की रचनाओं में काव्य के सभी अवयवों रस, भाव, नायिका भेद, भाषा, छंद इत्यादि का सर्वत्र प्रयोग दृष्टिगोचर होता है। इस घराने के कलाकारों ने जहां नृत्य के माध्यम से भावो को मूर्त रूप देकर रसोत्पत्ति में सहायता की वहीं दूसरी ओर शिल्पगत उत्पादन के द्वारा साहित्य को समृद्ध किया। इन नृत्याचारों को उनकी काव्यगत विशिष्टताओं के कारण कवि एवं साहित्यिक की श्रेणी में रखा जा सकता है।

बिंदादीन महाराज की रचनाओं का भाव पक्ष

प्रत्येक काव्य रचना के दो पक्ष होते हैं भाव पक्ष और कला पक्ष। भावपक्ष के अंतर्गत उस रचना में वर्जित विषय आता है। हास्य परिहास के भाव का निम्नलिखित रचना में बहुत सुंदर वर्णन हुआ है–

ठुमरी

राग – मिश्र कल्याण ताल दादरा

काहे रोकत डगर प्यारे नंदलाल मेरे ।।

नित्य ही करत झगरा हमसे , पनघट नाहीं जाने देत देखत सब नारी मोरी बहियां क्यों गहेरे।।

काहे......

विनती करूं मैं नाहीं वो मानत सुनत नाहीं मोरी छीन लीन्हों है गले को हार, मांगू नाहीं देत।।

काहे.......

बिंदा देखो ढीठ लंगर परर्बस मेरी लाज लत, दूंगी दुहाई अबही तोए नंदजी के डेरे।।

काहे....(18)

श्री कृष्ण गोपीका को मार्ग में रोककर हास परिहास करते हैं। उसे जल लेने हेतु नहीं जाने देते। वे उसके सम्मुख खड़े होकर उसका मार्ग अवरुद्ध कर देते हैं। गोपियां नंदलाल से विनम्र निवेदन करती है कि वह ऐसा ना करें क्योंकि सभी सखियों उसे देख रही है वे सभी यह भी देखती है कि आप मेरी बाहं पकड़ लेते हैं। मेरी विनती भी नहीं मानते। श्री कृष्ण ने गोपियों के गले का हार छीन लिया है और बार–बार मांगने पर भी नहीं देते बिंदादीन कहते हैं, कि गोपी रुष्ट होकर धमकी देती है कि अगर श्रीकृष्ण ने उसकी बात नहीं मानी और नित्य प्रति में भी उसे इसी प्रकार तंग करते रहे तब वह उसकी शिकायत नंद जी के पास

जाकर करेगी क्योंकि नंदलाल अत्यंत ढिंट हो गए हैं और इन्हें गोपीका की लोक निंदा की भी परवाह नहीं है।

एक अन्य स्थल पर बिंदादीन महाराज ने पुनः एक ऐसी मुख्य नायिका का वर्णन किया है, जो श्री कृष्ण के हास परिहास से रुष्ट होकर अपनी सखी से कहती है कि हे सखी श्री कृष्ण बहुत ही नटखट हो गए हैं, वह मेरी बात तनिक भी नहीं मानते, वे मनमानी करते हैं। बीच रास्ते में मेरी बांह पकड़ लेते हैं इन्हें लोकलाज का भी भय नहीं है। श्री कृष्ण के हास परिहास से उसके वस्त्र अस्त व्यस्त हो गए हैं हाथों की चूड़ियां टूट गई है परंतु मुझे भी ऐसे नंदलाल से स्नेह हो गया है। जो बहुत ही अनाड़ी है और नित्य प्रति सबके सम्मुख मेरी लाज को उछालते रहते हैं मैं स्नेह के वशीभूत होकर इन्हें रोक भी नहीं पा रही हूं।

कला पक्ष

लखनऊ के कथक घराने के कवि–कलाकारों की रचनाओं में ब्रजभाषा का प्रधान्य है। इनके बहुत से उदाहरण है एवं कवित्त ब्रजभाषा से लिए गए हैं।

ब्रजभाषा की उत्पत्ति, शौरसेनी, अपभ्रंश से मानी गई है। इस भाषा का माधुर्य कथक के तोड़ो, परनो, टुकड़ों, कवित्तों, ठुमरियों यहां तक कि भजनों को भी अभिव्यक्त करने में समर्थ सिद्ध हुआ है। बिंदादीन महाराज की ब्रजभाषा की रचना दृष्टय है।

इनकी रचनाओं में ठुमरी के अतिरिक्त दादरा, झूला, होरी का भी वर्णन दृष्टिगोचर हुआ है। लगभग सभी तालों का प्रयोग हुआ है। बिंबो की सुंदर योजना भी हुई है ।

नायिका भेद के समस्त प्रकार जैसे मुग्धा मध्या, खंडिता, विरहत्कंठिक, प्रगल्मा, मानिनी, अभिसारिका इत्यादि सभी भेदों का वर्णन हुआ है। विरहत्कंठिक नायिका का वर्णन दृष्टि है।

ठुमरी

राग– मल्हार का प्रकार ताल–तीनताल

घिर घिर आए बादरा ।
चमके गरजे बरसे मेघ ।
घिर घिर....
कारि घटा घनघोर लीन्हों ।
सूनी सेज जिया माह डरे ।
बिंदा थर–थर कांपे देह।
घिर–घिर ...[19]

हिंदी : वैश्विक व्याप्ति एवं प्रभाव

प्रकृति की संवेदात्मक अनुभूतियों के लय में एकात्मक हो मनुष्य के तन, मन व आत्मा का मुक्त होने की छटपटाहट में रचनात्मक दिशा पाकर कला में रूपांतरित हो जाती है। तैतरीय उपनिषद का वाक्य है 'रसो वैसा' अर्थात रस ब्रह्म है।

लखनऊ कथक घराने के नृत्याचार्य जिन्होंने इस परंपरा को सुदृढ़ रखा तथा उनके बारे में प्रसिद्ध है कि 18वीं शताब्दी के पूर्वाद्ध से ही उन्होंने अपने भाव भावों को शब्दों में ढालना आरंभ कर दिया।

बिंदादीन महाराज में व्यापक नैसर्गिक योग्यता थी। महाराज जी एक श्रेष्ठ रचयिता भी थे। महाराज जी की रचनाओं में अत्यधिक शिल्प सामर्थ्य, भाषा सौंदर्य और आकर्षक धुन भी उपलब्ध होता है।

इनकी ठुमरियों में स्वर और साहित्य का ऐसा सम्मिश्रण है जिनमें कहीं तो कृष्ण के लिए गोपियों की विरह गाथा परिलक्षित होती है, तो कहीं जीवात्मा के परमात्मा से मिलन की उत्कंठा। इनकी रचनाओं में हिंदी काव्य धारा के कवियों की भांति इन उदाहरणोंके अतिरिक्त राधा–कृष्ण के होली के विस्तृत वर्णन और खंडिता नायिका तथा बृज की धरती और गोपियों के सुहाने चित्र भी उपलब्ध होते हैं। इन्होंने अनेकों संचारी भावों सुंदर अंग भंगिमाओं और विलासपूर्ण गतों की रचना की है। इन्होंने बृज भाषा का प्रयोग करने की साथ ही हिंदी काव्य धारा के अनेक कवियों की रचनाओं को अपनी गायिका के माधुर्य एवं भावाभिनय के शिल्प द्वारा मूर्त रूप प्रदान कर इसे सशक्त एवं प्रभावोत्पादक भी बनाया। यथा मीराबाई का प्रसिद्ध भजन **"मेरे तोगिरधर गोपाल दूसरा न कोई"** और तुलसीदास का भजन **"ठुमक चलत रामचंद्र बाजत पैजनिया"** आदि।

महाराज जी तुलसीदास एवं सूरदास की भांति भगवत प्रेम में अखंड डूबे हुए थे। महाराज बिंदादीन श्री कृष्ण के भक्त थे। और उन्होंने अनेकों रचनाएं ईश्वर की प्रशस्ति में ही की है। इनके द्वारा रचित ठुमरी दादरा और भजन कथक के अभिन्न अंग का हिस्सा बन गए। इन्होंने जयदेव कृत अष्टपदियों की भांति अष्टपदियों की रचना की जिनमें 8 पद होते हैं और इन पर अभिनय किया जाता था।

महाराज जी की ठुमरियों में नायिका भेद जीवात्मा और परमात्मा का भाव निहित है।

बिंदादीन महाराज का साहित्य कत्थक ही नहीं हिंदी साहित्य जगत के लिए भी एक महत्वपूर्ण देन है। महाराज जी की निम्नलिखित रचनाओं को उच्च कोटि के साहित्यिक रचनाओं की श्रेणी में रखा जा सकता है:–

घुंघवारी अलंकमधु पंक्ति सोहे कमलन पर।
लगो चंद्र कोनो मानों राहु सी ग्रहनिया।।
मुकुट सिरउत चंद्रिका।
इत श्याम उतन तन गोट।
मनहू घन पर तड़ित चमकत।
देखि नाचत मोर।
झूलत राधे नवल किशोर।।

बिरजू महाराज ने बिंदादीन महाराज की रचनाओं में साहित्यिकता के संदर्भ में बताया है–बाबा की रचनाओं में साहित्य भी होता है। इसमें पद्माकर, सूरदास इत्यादि पुराने कवियों की रचनाओं का आभास लेकर लेखनी बागी बढ़ती जाती है। बाबा की रचनाओं के शब्द का गठन ताल लय और छंदो के अनुसार जैसा नृत्य भाव के लिए है वैसा और नहीं मिलता..." बाबा ने हर मूड के हिसाब से लिखा है। इनकी रचनाएं छेड़छाड़ तथा स्थानों आदि जैसे जमुना आदि के आधार पर भी मिलती है। छेड़छाड़ शब्द प्रकृति का ऐसा हिस्सा है। जैसे जमीन में सींक लगाते ही जमीन व सींक दोनों एक दूसरे को छेड़ते हैं। जैसे सभी साज चुपचाप रखे है उन्हें छेड़ने पर ही तरंग होता है, वह छेड़ उस साज की आत्मा है। बांसुरी छेड़ने या फूकने पर ही बजती है। महाराज जी द्वारा छेड़छाड़ की ठुमरिया खूब रची गई। बाबा की रचनाओं में श्रृंगार सौंदर्य है। श्रृंगार रस घराने का राजा है। पूरी प्रकृति ही श्रृंगारमय है। जैसे छवि के रूप श्रृंगार के सदृस्य हैं जिससे छाया मिलती है। ठेठ पेड़ बिना छांव के अच्छा नहीं है। छेड़छाड़ एक खूबसूरत शब्द है। कृष्ण के छेड़छाड़ में सौंदर्य है, अश्लीलता नहीं। सखियों के छेड़छाड़ में तथा कृष्ण के प्रति उनकी नाराजगी में भी एक सौंदर्य का आभास होता है।(20)

संदर्भ सूची :

1. गीता रघुवीर, कथक के प्राचीन नृतांग, पृष्ठ 29
2. लक्ष्मी नारायण गर्ग, हमारे संगीत संग्रह, पृष्ठ 664
3. पुरु दधीच, कथक नृत्य शिक्षा, भाग–1, पृष्ठ 115
4. लक्ष्मी नारायण गर्ग, हमारे संगीत संग्रह, पृष्ठ 666
5. सुभाषिनी ठाकुर, कथक नृत्य का परिचय, पृष्ठ 127
6. वही, पृष्ठ 127
7. सुशीला मिश्रा, लखनऊ की संगीत परम्परा, पृष्ठ 22

8. बिरजू महाराज द्वारा आराधना अस्थाना को दिया गया साक्षात्कार
9. क्रमिक पुस्तक मालिका भाग–6, पृष्ठ 366
10. महाराज बिंदादीन की रचनाएं कला हेतु बिरजू महाराज, रस गुंजन, पृष्ठ 6
11. पुरु दधीच, कथक नृत्य शिक्षा, भाग–1, पृष्ठ 115
12. गीता रघुवीर, कथक के प्राचीन नृतांग, पृष्ठ 29
13. वही, पृष्ठ 66
14. क्रमिक पुस्तक मालिका भाग–3, पृष्ठ 405
15. महाराज बिंदादीन की रचनाएं कला हेतु बिरजू महाराज, रस गुंजन, पृष्ठ 6
16. विकास गंगाधर तैलंग द्वारा बताया गया
17. महाराज बिंदादीन की रचनाएं कला हेतु बिरजू महाराज, रस गुंजन, पृष्ठ 45
18. अल्पिका, कथक कलाकार
19. महाराज बिंदादीन की रचनाएं कला हेतु बिरजू महाराज, रस गुंजन, पृष्ठ 5
20. बिरजू महाराज द्वारा आराधना अस्थाना को दिया गया साक्षात्कार

संदर्भ ग्रंथ सूची

1. साक्षात्कार, बिरजू महाराज द्वारा आराधना अस्थाना को दिया गया साक्षात्कार, 01–03–2012
2. सम डांसर्स ऑफ इंडिया, सुशीला मिश्रा, हरमन पब्लिकेशन हाउस, नई दिल्ली, 1992
3. कथक नृत्य शिक्षा, भाग–2, पुरु दधीच, बिंदु प्रकाशन, इंदौर 9वां सं. 1916
4. कथक के प्राचीन नृतांग, श्रीमती गीता रघुवीर, पब्लिकेशन स्कीम, जयपुर, 2000
5. कथक नृत्य, लक्ष्मी नारायण गर्ग, संगीत कार्यालय हाथरस छठा संस्करण 1994
6. भारतीय संस्कृत में कत्थक परंपरा, मांडवी सिंह स्वाति पब्लिकेशन, दिल्ली, 1990
7. क्रमिक पुस्तक मालिका, भाग–2,3,4,5,6, मूल ग्रंथाकार विष्णु नारायण भातखंडे, संगीत कार्यालय हाथरस, 2014
8. रस गुंजन–महाराज बिंदादीन की रचनाएं कला हेतु बिरजू महाराज, पॉप्युलर प्रकाशन प्राइवेट लिमिटेड मुंबई, 2012

9. डॉ. विकास गंगाधर राव तैलंग द्वारा बताया गया प्रवक्ता संगीत भातखंडे संगीत, संस्थान लखनऊ
10. राग परिचय, भाग—1, हरीश चंद्र श्रीवास्तव, संगीत सदन प्रकाशन इलाहाबाद, 2015

सहायक प्राध्यापक, हिंदी,
ख्वाजा मुईनुद्दीन चिश्ती भाषा विश्वविद्यालय, लखनऊ

हिन्दी पत्रकारिता : शैशवावस्था से स्वातंत्रोत्तर तक

डॉ. बिन्दु भसीन

पत्रकारिता का उपलब्ध इतिहास बहुत पुराना नहीं है किन्तु पत्रकारिता में रूचि रखना मानव की सनातन प्रवृत्ति है। भारत में पुराणों का महत्त्वपूर्ण स्थान है। ये पुराण केवल धार्मिक ग्रन्थ ही नहीं है अपितु साहित्य, संस्कृति और इतिहास के जीवंत दस्तावेज हैं। इन पुराणों में व्यक्त पत्रकार का चरित्र नारद का है। उनके बारे में प्रसिद्ध है कि वे सत्य बोलते हैं, एक जगह अधिक समय तक नहीं ठहरते–''मृषा न होहि देवऋषि वाणी'' किसी भी महत्वपूर्ण घटना स्थल पर खोजी पत्रकार की तरह पहुंच जाते हैं और निर्भीकतापूर्वक निष्पक्ष रूप से बिना कहे नहीं रहते। यदि वे विष्णु, शंकर, इंद्र और न्यायप्रिय राजाओं के दरबार में, सत्कर्म में लगे साधारण मनुष्यों के पास जाकर उनके उचित कार्यों की सराहना और दानवी प्रवृतियों के प्रति सचेत करते है तो हिरण्यकश्यप, कंस जैसे दुष्ट राजाओं के दरबार में जाकर उनके अत्याचारों, अमानवीय व्यवहारों की आलोचना भी करते हैं। ये सभी एक उच्च कोटि के पत्रकार के गुण है जो आज भी अनुकरणीय है। नारद की परम्परा पत्रकारिता की प्राचीन परम्परा थी।

प्राचीन काल में राजाओं के पास गुप्तचर होते थे जिनके द्वारा राजा अपने राज्य और अन्य राज्यों से सूचनाएं प्राप्त करते थे। राज्य की ओर से राजा की आज्ञाओं को सामान्य जनता तक पहुँचाने के लिये शिलाखंडो, स्तम्भों अथवा मंदिर की दीवारों पर लिखवा दिया जाता था। उन राजओं में अशोक का नाम आसानी से लिया जा सकता है।

मुगल काल में पहली बार पत्रकारिता के महत्त्व को समझा गया और पूरे साम्राज्य में जिला स्तर पर संवाद वाहकों की नियुक्ति की गई जिन्हें वाक्यानवीस कहा जाता था। ये लोग अपने क्षेत्र में घटने वाली घटनाओं और जनसमस्याओं को बादशाह तक पहुँचाते थे। शेरशाह सूरी ने अपने पूरे साम्राज्य में डाक व्यवस्था लागू की। उस काल में कार्य के आधार पर इन संवाददाताओं की अलग–अलग कोटि निर्धारित थी जैसेः–सामान्य समस्या के समाचार भेजने वाले को वाकयानवीस, गुप्त सूचना भेजने वाले को खुफियानवीस, जीवनी लेखक को सवानहनवीस और संदेशवाहक को कासिद या हरकारा कहा जाता था। निकोलाओ मनूची जो कि औरंगजेब के शासन काल में भारत आया था, उसने लिखा है–''मुगलों का पक्का नियम था कि वाकयानवीस और खुफियानवीस

दोनों को सप्ताह में एक बार सभी घटनाओं को दर्ज करना पड़ता था।

मुगल बादशाह बहादुरशाह के समय 'सिराज–उल–अखबार' काफी चर्चित हुआ। उनके दरबार के अमीर–उमरा हस्तलिखित अखबार निकलते थे। अवध के नवाब ने 660 अखबारनवीसों की नियुक्ति की थी जिन्हें 4 या 5 रु. मासिक वेतन के रूप में मिलता था किन्तु फिर भी ये अखबार आम जनता के लिये उपलब्ध नहीं थे।

सही अर्थों में आम जनता के लिये समाचार पत्र की उपलब्धता ईस्ट इण्डिया कम्पनी में कार्यरत उन कर्मचारियों ने की जो कम्पनी की नीतियों को जनविरोधी और शोषण करने वाली मानते थे। सितम्बर 1768 में कलकत्ता के कौंसिल हॉल और अन्य सार्वजनिक स्थानों पर ''जनसाधारण से'' शीर्षक देकर एक इश्तहार (विज्ञापन) चिपकाया हुआ पाया गया जिसमें लिखा गया था कि छापाखाना के अभाव में मिस्टर बोल्ट्स को आम आदमी तक समाचार प्रेषण का यही तरीका अच्छा लगता है। बोल्ट्स किसी भी व्यक्ति या समूह को छापाखाना लगाने में सहयोग देने को तैयार है। विज्ञापन में ये आग्रह किया गया था कि प्रातः 10 से 12 बजे के बीच कोई भी बोल्ट्स के घर आकर सूचना पत्रों को पढ़ सकता है और चाहे तो प्रतियां भी प्राप्त कर सकता है। परिणामस्वरूप बोल्ट्स को भय के कारण यूरोप भेज दिया गया।

इसके बाद लगभग 12 वर्ष बाद जेम्स आगस्ट हिकी ने 29 जनवरी, 1780 ई. को ''कैलकटा जनरल एडवरटाइजर'' के प्रकाशन के साथ ही भारत में पत्रकारिता की नींव डाली। हिन्दी के इस पत्र को 'बंगाल गजट' अथवा 'हिकी गजट' के नाम से जाना जाता है। दो पृष्ठों का ये समाचार–पत्र सशक्त पत्रकारिता–भवन की नींव माना जाता है।[1] इसके प्रथम अंक में ही हिकी ने स्पष्ट किया कि यह राजनैतिक एवं व्यापारिक साप्ताहिक सभी दलों के लिए है परन्तु किसी से प्रभावित नहीं होगा। वे जानते थे कि स्पष्टवादिता पत्रकारिता की अनिवार्य शर्त है। इस पत्र के माध्यम से गवर्नर जनरल वारेन हेस्टिंग्स तक को क्षमा नहीं किया अतः सरकार ने अवसर मिलते ही इस पत्र का गला घोंट दिया।

हिन्दी पत्रिका का आविर्भाव

30 मई, 1826 को पं. युगलकिशोर शुक्ल ने कलकत्ता के कोल्हूटोला मोहल्ला से 'उदन्त मार्तण्ड' नामक हिन्दी का पहला समाचार–पत्र निकाला। इसे ही हिन्दी का पहला पत्र होने का गौरव प्राप्त है।[2] राजस्थान के बूंदी से 1818 ई. में प्रकाशित 'दरबार रोजनामाचा' को हिन्दी का पहला समाचार पत्र सिद्ध करने की कोशिश कुछ विद्वानों ने की। वृजेन्द्र नाथ वंद्योपाध्याय ने 'हिन्दी का प्रथम समाचार पत्र' लेख में

सिद्ध किया कि उदंत मार्तण्ड ही हिन्दी का पहला पत्र है। उदंत मार्तण्ड आर्थिक कठिनाईयों से अधिक दिनों तक न लड सका और 4 दिसम्बर, 1827 को यह पत्र बंद करना पड़ा।[3] हिन्दी पत्रकारिता के उदय के साथ ही अर्थिक संकट का अशुभ ग्रह उसके साथ लग गया जिसकी कुदृष्टि हिन्दी पत्रकारिता पर सदैव लगी रही।[4]

10 मई, 1829 को राजा राममोहन राय द्वारा कलकत्ता से ही 'हिन्दू हेराल्ड' का प्रकाशन किया गया जिसे बंगदूत के नाम से जाना जाता है। इस पत्र में कई सामाजिक बुराईयों का पर्दाफाश किया गया किन्तु हिन्दी का यह पत्र भी शीघ्र बन्द हो गया।

साक्ष्यों के अभाव में 1845 ई. में गोविन्द रघुनाथ थत्ते के संपादकत्व में 'बनारस अखबार' को हिन्दी का पहला समाचार माना जाता था लेकिन यह हिन्दी–भाषी क्षेत्रों से निकलने वाला हिन्दी का पहला समाचार–पत्र था। इसमें उर्दू भाषा की बहुलता के कारण जनसाधारण के लिये यह सहज और बोधगम्य नहीं था। 6 मार्च, 1848 ई. को 'मालवा अखबार' और ताराशंकर मैत्रेय द्वारा 1850 ई. में 'सुधाकर' का प्रकाशन शुरू हुआ जिसका हिन्दी क्षेत्रों में काफी स्वागत किया गया। चर्चित साहित्यकार मुंशी सदासुखलाल ने 1852 में आगरा से 'बुद्धि प्रकाश' निकाला। मजहरूल सरूर–1852, ग्वालियर गजट–1853, समाचार सुधा दर्पण–1854, धर्म प्रकाश, सूरज प्रकाश, प्रजाहित, ज्ञान प्रकाश, ज्ञान प्रदायिनी, रत्न प्रकाश आदि समाचार–पत्र प्रकाशित हुए जिनमें समाजिक बुराईयों की निन्दा की गई। राष्ट्रीय चेतना का महामंत्रोच्चार भी किया गया।

भारतवासियों के अन्दर राष्ट्रप्रेम की भावना और अंग्रेजों के मन में भय पैदा करने की परिस्थिति का निर्माण साहित्यकारों और पत्रकारों ने 1857 की क्रांति के दौरान बखूबी किया। 1857 में स्वतंत्रतता संग्राम के महान नायक अजीमुल्ला खां ने 8 फरवरी से एक राष्ट्रधर्मी पत्र 'पयासे आजादी' का संपादन शुरू किया जो आग में घी के रूप में सिद्ध हुआ। 'ये पत्र एक ऐसा शोला था जो अपनी प्रखर और तेजस्वी वाणी से जनता में स्वंत्रतता का प्रदीप्त स्वर फूंककर नया जोश पैदा करता था।''[5] अंग्रेजी सरकार ने भयभीत होकर इसे बंद कर दिया।

हिन्दी पत्रकारिता का विकास

हिन्दी साहित्य को एक नई दिशा देने में भारतेन्दु का नाम अग्रणी है। साहित्यकारों ने अपने विचारोत्तेजक और राष्ट्रभक्ति परक लेखों से आम जनता के मनोबल को गिरने नहीं दिया। भारतेन्दु हरिश्चन्द्र ने पहली बार 'स्वत्व निज भरत गहे' को आदर्श बनाकर 15 अगस्त, 1867 को 'कवि वचन सुधा' पत्रिका का प्रकाशन कर पत्रकारिता के इतिहास में

नया मोड़ ला दिया। इसके माध्यम से स्वाधीनता और स्वदेशी का नारा दिया। प्राचीन और तत्युगीन मान्यताओं में समन्वय स्थापित कर सामाजिक सुधार की नींव रखी। डॉ. संपूर्णानन्द द्वारा संपादित ''हिन्दी साहित्य का वृहद् इतिहास' में स्पष्ट लिखा है कि हिन्दी पत्रकारिता के क्षेत्र में उनका वही स्थान है जो बंगला पत्रकारिता में राजा राम मोहन राय का।'' 23 मार्च, 1874 को प्रकाशित अंक में भारतेन्दु ने घोषणा की थी कि ''हम लोग आज के दिन से कोई विदेशी कपड़ा नहीं पहनेगें। हिन्दुस्तान का ही बना कपड़ा पहनेगें।'' इस पत्रिका में भारतेन्दु ने देव का अष्टायाम, दीनदयाल गिरि का अनुरागवाग, चन्दरबरदाई का पृथ्वीराज रासो, जायसी का पद्मावत आदि ग्रन्थों का प्रकाशन कर एक ओर साहित्य की श्री वृद्धि की तो दूसरी ओर वर्तमान अंग्रेजी सरकार की खामियों को उजागर कर भारतीयों में राष्ट्र चेतना का संचार किया।

भारतेन्दु ने 1873 ई. में हरिशचन्द्र मैग्जिन निकाली जिसका नाम 1874 ई. में 'हरिशचन्द्र चंद्रिका' हो गया। इसमें ऐतिहासिक, दार्शनिक, राजनीतिक, साहित्यिक लेख, उपन्यास, कविताएँ, कहानियाँ और व्यंग्य रचनाएँ मुख्य रूप से प्रकाशित होती थी। नारी जागरण के विचार से 1874 ई. में उन्होंने 'बालाबोधिनी' पत्रिका का प्रकाशन शुरू किया। इसमें नारियों को पुरूषों के समान सिद्ध किया।

1875 ई. में 'आनंद लहरी' (साप्ताहिक), 1876 ई. में 'काशी पत्रिका' का प्रकाशन वाराणासी से शुरू हुआ। सितम्बर 1877 ई. को साहित्यकार बालकृष्ण भट्ट ने भारतेन्दु के सहयोग से 'हिन्दी प्रदीप' नामक मासिक पत्र निकाला जो पत्रकारिता के इतिहास में एक क्रांतिकारी कदम सिद्ध हुआ। इसकी भाषा स्पष्ट और ओजस्वी होती थी।

17 मई, 1878 ई. में कलकत्ता से 'भारत मित्र' 'उचित वक्ता', इलाहाबाद से 'कायस्थ समाचार', बनारस से 'आर्यमित्र', 1879 ई. में कलकत्ता से ही 'सार सुधानिधि', 1880 ई. में बांकीपुर से 'क्षत्रिय पत्रिका', मिर्जापुर से 1881 ई. में 'आनंद कादम्बिनी', 1883 ई. में वृदांवन से 'भारतदेन्दु, 1883 ई. में कानपुर से 'ब्राह्मण, 1883 ई. में लाहौर से 'इंदु' इत्यादि पत्र–पत्रिकाओं का प्रकाशन आरम्भ हुआ।

1885 ई. में राष्ट्रीय कांग्रेस के स्थापना वर्ष से कालाकांकर से राजा रामपाल सिंह ने 'हिंदोस्तान' दैनिक का प्रकाशन शुरू किया जो 1887 ई. में मदन मोहन मालवीय के संपादकत्व में निकलने लगा। इनमें अंग्रेज पदाधिकारियों के भ्रष्ट आचरण की आलोचना और राष्ट्रीय गौरव के साथ ही स्वाधीनता के महत्त्व पर प्रकाश ड़ाला जाता था।

1890 ई. में कलकत्ता से 'हिन्दी बंगवासी' नामक पत्र का प्रकाशन शुरू हुआ जो पत्रकारिता की दृष्टि से काफी समृद्ध था। इसे हिन्दी के

वरिष्ठ पत्रकारों का प्राथमिक विद्यालय भी कहा जाता था। हिन्दी के श्रेष्ठ पत्रकारों में–पं. अमृतलाल चक्रवती, बालमुकुन्द गुप्त, अंबिका प्रसाद वाजपेयी, लक्ष्मी नारायण गर्दे, बाबूराव विष्णु पराड़कर मुख्य थे। 1 जनवरी, 1893 ई. को मुजफ्फरपुर से बाबू देवकीनन्दन खत्री ने 'साहित्य सुधानिधि का प्रकाशन शुरू किया। अब पत्रकारिता आम जनता में भी लोकप्रिय हो गई। यह कहा जा सकता है कि राष्ट्रीय आंदोलन से जुड़े लगभग सभी राष्ट्रचिंतक किसी ना किसी रूप में पत्रकारिता से जुड़ गए।

नागरी प्रचारिणी सभा के माध्यम से साहित्य, राष्ट्रचिन्तन, पत्रकारिता और स्वतंत्रता आंदोलन का काफी विकास हुआ। 1896 ई. में 'नागरी प्रचारिणी पत्रिका' का त्रैमासिक प्रकाशन प्रारम्भ हुआ और इसका संपादन किया–बाबू श्यामसुन्दरदास, महा. महोपाध्याय सुधाकर द्विवेदी, कालिदास और बाबू राधाकृष्णदास। इस पत्रिका ने हिन्दी साहित्य में कई मानक सिद्धान्त स्थापित किए।

हिन्दी पत्रकारिता के उत्थान की बात करें तो यह कहा जा सकता है कि 1900 ई. में 'नागरी प्रचारिणी सभा' के सहयोग से प्रकाशित 'सरस्वती' पत्रिका ने समग्र हिन्दी साहित्य के विकास के कई मानदण्ड स्थापित किए। हिन्दी साहित्य को परिष्कृत रूप में समृद्ध किया गया। सम्पादक थे–बाबू कार्तिका प्रसाद खत्री, बाबू राधाकृष्णदास, जगन्नाथ दास रत्नाकार, किशोरीदास गोस्वामी और बाबू श्यामसुन्दरदास। 1903 ई. में संपादन का दायित्व आचार्य महावीर प्रसाद द्विवेदी ने सम्भाला और इस पत्रिका को हिन्दी साहित्य का प्रतिनिधि बनाया। इस पत्रिका ने कई दुर्लभ कृतियों को प्रकाशित कर उन्हें नष्ट होने से बचाया और हिन्दी साहित्य के भंडार को समृद्ध किया। भाषा के क्षेत्र में इस पत्रिका को हिंदी साहित्य का गुरू कहा जा सकता है।

20 वीं सदी के आरम्भ के साथ ही राष्ट्रीय आन्दोलन और पत्रकारिता एक–दूसरे के पूरक हो गए। इस सदी में प्रकाशित पत्र–पत्रिकाएं इस प्रकार थीं–

1. 'अभ्युदय' (1907 ई.) सम्पादित पं. मदन मोहन मालवीय
2. 'स्वराज्य' सम्पादित इलाहाबाद से शांतिनारायण भटनागर
3. 'नृसिंह' सम्पादित कलकत्ता से पं. अंबिका प्रसाद बाजपेयी
4. 'प्रताप' (1910 ई.) कानपुर से गणेश शंकर विद्यार्थी द्वारा प्रकाशित
5. 'हिन्द केशरी' डॉ. बालकृष्ण मुंजे द्वारा प्रकाशित
6. 'विश्वमित्र' (1917 ई.) कलकत्ता से बाबू मूलचंद अग्रवाल द्वारा प्रकाशित
7. 'स्वदेश' गोरखपुर से दशरथ प्रसाद द्विवेदी द्वारा प्रकाशित

8. 'कर्मवीर' जबलपुर से माखनलाल चतुर्वेदी द्वारा प्रकाशित आदि का महत्वपूर्ण स्थान है। इन पत्रिकाओं के माध्यम से स्वतंत्रता आंदोलन के संदेश जनता तक पहुँचाए जाते थे फलस्वरूप इन्हें अंग्रेजी हुकूमत का कोपभाजन बनना पड़ता था।

राजनीति, साहित्य, चिन्तन और दर्शन के क्षेत्र में पत्रकारिता का प्रतिनिधित्व स्पष्ट रूप से देखा जा सकता है। महान राष्ट्रचिन्तक शिव प्रसाद गुप्त ने वाराणासी से 5 सितम्बर, 1920 ई. को 'आज' नामक दैनिक निकाला जो राजनीति, साहित्य और चिन्तन के क्षेत्र में मील का पत्थर सिद्ध हुआ। राष्ट्रीय चेतना संपन्न सामाजिक सुधारवादी पत्रिका के रूप में विख्यात नवम्बर, 1922 की 'चांद' नामक मासिक पत्रिका रही। कलकत्ता से 13 अगस्त, 1923 ई. को महाकवि निराला, आचार्य शिवपूजन सहाय, मुंशी नवजादिक लाल श्रीवास्तव और महादेव सेठ ने 'मतवाला' नामक व्यंग्य प्रधान पत्रिका का सम्पादन शुरू किया जो समाजिक कुरीतियों, राजनीतिक समस्याओं और सांस्कृतिक प्रदूषणों पर करारा व्यंग्य करता था। जनमानस में अपनी विशेष ख्याति अर्जित करने में–माधुरी, हिन्दू मंच, विशाल भारत, सेनापति आदि पत्रिकाओं के नाम लिए जा सकते हैं। सामाजिक जीवन का यथार्थ एवं राष्ट्रीय चेतना का स्वर सुनाई देने वाली पत्रिका थी– उपन्यास सम्राट मुंशी प्रेमचन्द की 'हंस' और 'जागरण'। इस युग में नव बौद्धिक वर्ग ने स्वंतत्रता प्राप्ति और समाज सुधार हेतु पत्रकारिता का आश्रय लिया और अनेक पत्र पत्रिकाएँ प्रकाशित कर देश को एक नई दिशा प्रदान की। समस्त भारत में राष्ट्रीय अंधविश्वास और बलिदान की अलख जगा दी।''[6]

राष्ट्रीय आंदोलन के नायक महात्मा गांधी ने 'सत्याग्रह', 'यंग इडिया', नवजीवन इत्यादि पत्रों के माध्यम से अपने विचारों, राष्ट्रीय आंदोलन के सिद्धान्तों और आम आदमी के कत्तर्व्यों का बोध कराया। गांधी जी ने लिखा–मेरा ख्याल है कि ऐसी कोई भी लड़ाई जिसका आधार आत्मबल हो, अखबार की सहायता के बिना नहीं चलाई जा सकती। यदि मैंने दक्षिण अफ्रीका में बसी हुई भारतीय जमात को उसकी स्थिति समझाई न होती और सारी दुनिया में फैले हुए भारतीयों को दक्षिण अफ्रीका में क्या कुछ हो रहा है, अवगत न कराया होता तो मैं अपने उद्देश्य में सफल नहीं हो सकता था।''

गांधी जी से प्रभावित होकर जिन पत्रकारों ने अपनी पत्रकारिता के माध्यम से जनता में आत्मविश्वास और जोश पैदा किया उनके आसानी से नाम गिने जा सकते है–1. माखनलाल चतुवेदी 2. रमाशंकर अवस्थी 3. स्वामी भवानीदयाल संन्यासी 4. अंबिका प्रसाद वाजपेयी 5. बाबूराव

विष्णु पराड़कर 6. कृष्ण दत्त पालीवाल 7. दुलारेलाल भार्गव आदि

डॉ. अर्जुन तिवारी के शब्दों में "जुझारू पत्रकारों ने इंकलाब जिंदाबाद, वंदेमातरम्, दिल्ली चलो की घोषणा को साकार रूप दिया। पत्रकारों ने अपनी कलम की ताकत और वाणी की गुरूता द्वारा देशभक्ति की ज्वाला को जलाये रखा और क्रांतिकारी स्वर को अनुगुंजित किया।"[7]

स्वातंत्रोत्तर हिन्दी पत्रकारिता

प्रसिद्ध आलोचक महेन्द्र चतुर्वेदी ने लिखा है–"सभी को लगा कि हिन्दी के उज्जवल भविष्य के साथ हिन्दी पत्रकारिता का भविष्य उभरेगा।"[8] स्वातंत्रोत्तर काल में निम्नलिखित पत्र–पत्रिकाए निकलीं–
1. हिन्दुस्तान 2. नवभारत टाइम्स 3. दैनिक जागरण 4. पंजाब केसरी 5. अमर उजाला 6. नई दुनिया 7. स्वदेश 8. सहमार्ग 9. राजस्थान पत्रिका 10. दैनिक नवज्योति 11. राष्ट्रदूत 12. जलते दीप 13. जननायक 14. वीर अर्जुन 15. स्वतंत्र भारत आदि दैनिक समाचार–पत्रों ने काफी ख्याति अर्जित की। पत्रकारिता का विविध क्षेत्रों में विस्तार भी हुआ। फिल्म जगत, खेल जगत, आर्थिक व्यापार जगत आदि विविध क्षेत्रों में इसका प्रसार हुआ। 20 वीं सदी के उत्तरार्द्ध के बाद 1. कल्पना 2. अंजता 3. नवनीत 4. माध्यम 5. ज्ञानोदय 6. आजकल 7. कादम्बिनी 8. जागृति 9. कहानी 10. साहित्य संदेश 11. समीक्षा 12. आलोचना 13. निहारिका 14. ज्योत्सना 15. साहित्य अमृत 16. हंस 17. सच्ची कहानियां 18. युग माया 19. अभिव्यक्ति आदि पत्रिकाओं ने पाठकों में अपना विशिष्ट स्थान बनाया।

इस काल में कई अनियतकालीन पत्र–पत्रिकाएँ भी निकलती है जो अर्थाभाव में असमय ही काल–कलवित हो जाती है। पत्रिकारिता के स्तर में गिरावट आई है। पहले पत्रकारिता एक मिशन के रूप में थी किन्तु अब ये पेशे में रूप में हो गई है। सभी को शोषण से मुक्ति दिलाने के लिये प्रयासरत पत्रकार स्वयं ही शोषण का शिकार है। सरकारी स्तर पर भी इनकी खास मदद नहीं की जाती है। युवा पीढ़ी जो पत्रकारिता की ओर भाग रही है वहाँ भी इन्हें पारिश्रमिक के नाम पर नाममात्र की राशि दी जाती है।

किन्तु फिर भी अपेक्षाकृत पत्रकारिता आज भी अन्य क्षेत्रों की अपेक्षा स्तरीय है। इस देश में पत्रकार निर्भीकता से घोटाला, भ्रष्टाचार, आतंकवाद और सामाजिक बुराईयों पर कलम चलाता है और लोकतंत्र के चौथे स्तम्भ के रूप में स्वयं को स्थापित करता है।

हिंदी : वैश्विक व्याप्ति एवं प्रभाव

सन्दर्भ सूची :
1. शर्मा, ठाकुरदत्त, हिन्दी पत्रकारिता एवं जनसंचार, पृ.15
2. कुमार, अमरेन्द्र, पत्रकारिता, विधाएँ और आयाम, पृ. 156
3. तिवारी, रामचन्द्र, महाराष्ट्र मानस' संपादकाचार्य, पंडित' बाबूराव विष्णुपराडकर विशेषांक लेख, पृ. 75
4. मिश्र, कृष्णबिहारी, हिन्दी पत्रकारिता, पृ. 31, 32
5. जोशी,. सुशीला, हिन्दी पत्रः विकास और विविध आयाम, पृ. 18
6. वही, पृ. 34
7. इतिहास निर्माता पत्रकार, पृ. 9
8. सम्पादक नग्रेन्द्र, हिन्दी साहित्य का विकास, पृ. 728

आचार्य
राजकीय डूंगर महाविद्यालय, बीकानेर,
राजस्थान
Email : dr.bindubhasin.bikaner@gmail.com

राजस्थान में स्वतंत्रता संग्राम में हिन्दी पत्र–पत्रिकाओं की भूमिका
(किसान आंदोलन का विशेष संदर्भ)

डॉ. शिव कुमार मिश्रा

ब्रिटिश शासन काल में राजस्थान में हिन्दी पत्र–पत्रिकाओं ने मिशनरी भूमिका निभाते हुए सामाजिक–राजनैतिक चेतना का विकास कर स्वाधीनता आंदोलन की लहर को जन–जन तक पहुँचाने के साथ ही किसानों की समस्याओं को प्रमुखता से प्रकाशित कर उसके समाधान में महत्वपूर्ण भूमिका निभाई। अभिव्यक्ति की स्वतंत्रता के लिए समर्पित हिन्दी पत्र–पत्रिकाओं ने अपने जन्म काल से ही प्रताड़ना झेली। ब्रिटिश सरकार द्वारा प्रेस की स्वतंत्रता पर सरकारी नियंत्रण लगाकर पत्र–पत्रिकाओं के विषय को सीमित किया गया किन्तु हिन्दी पत्रकारिता ने समाज सुधार की भावना के साथ ही राजनैतिक स्वतंत्रता की प्राप्ति के लिए निरंतर प्रयास किये। इस समय राजस्थान में हिन्दी पत्र–पत्रिकाओं ने साप्रदायिक सौहार्द एवं हिन्दी को राजभाषा के रूप में स्वीकार किये जाने से संबंधित समाचार प्रकाशित कर राष्ट्रीय एकीकरण में विभिन्न प्रकार से योगदान दिया।

'नवीन राजस्थान', 'तरूण राजस्थान', 'लोक सेवक', 'किसान संदेश' आदि समाचार पत्रों ने किसानों की समस्या को प्रमुखता से उठाया। 'सौरभ' जैसी साहित्यिक पत्रिका ने हिन्दू–मुस्लिम एकता पर लेख प्रकाशित किये। 'सौरभ' एवं 'जयपुर समाचार' जैसी पत्र–पत्रिकाओं ने हिन्दी भाषा से संबंधित लेख प्रकाशित कर राष्ट्रीय एकीकरण में महत्वपूर्ण भूमिका निभाई।

19वीं सदी में राजस्थान से प्रकाशित होने वाली पत्र–पत्रिकाओं में 'मजहरूल सरूर', 'रोजतुल–तालीम', 'जगलाभ चितंक', 'जगहितकारक', 'सज्जन कीर्ति सुधाकर', 'देशहितैषी', 'सद्धर्म स्मारक–सद्धर्म प्रचारक', 'समाचार मार्तण्य', 'राजस्थान समाचार', 'सर्वहित', 'परोपकारी', 'अनाथरक्षक' आदि प्रमुख थे।

राजस्थान में प्रारंभिक समाचार पत्र राज्याश्रित थे। इन समाचार पत्रों को शासक की आज्ञा से समाचार प्रकाशित करने होते थे। सर्वप्रथम 1849 ई. में भरतपुर के शासक की ओर से 'मजहरूल सरूर' उर्दू एवं हिन्दी में प्रकाशित हुआ।[1] इसके बाद 'रोजतुल–तालीम' जयपुर से 1856

ई. में प्रकाशित हुआ। इसके संपादक कन्हैयालाल थे। यह हिन्दी एवं उर्दू दोनों में था। रोजतुल–तालीम या 'राजपूताना अखबार' में राजपूताना के प्रमुख नगरों के वृतान्त एवं अन्य खबरें छपती थी।

'जगलाभ चिन्तक' पत्र का प्रकाशन 1861 ई. में अजमेर से प्रारंभ हुआ। इसके संपादक सोहनलाल थे। इसकी सामग्री मुख्य रूप से देश के विभिन्न भागों से प्रकाशित होने वाली सामग्री पर आधारित थी। यह हिन्दी में था किन्तु इसकी सामग्री में अंग्रेजी समाचार पत्रों का अनुवाद रूप होता था जिसने सामाजिक–राजनीतिक चेतना के विकास में महत्वपूर्ण योगदान दिया। 'जगहितकारक' नामक पत्र का प्रकाशन हिन्दी में अजमेर से 1863 ई. से प्रारंभ हुआ। 'जगलाभ चिन्तक' एवं 'जगहितकारक' की भाषा तत्कालीन हिन्दी के विकासमान स्वरूप को प्रतिबिंबित करती है।[2] 'मारवाड़ गजट' 1866 ई. में जोधपुर से प्रकाशित हुआ। इसका एक भाग हिन्दी में प्रकाशित होता था। इसने सामाजिक कुरीतियों के विरूद्ध लेख प्रकाशित कर सामाजिक सुधार आंदोलनों के विकास में योगदान दिया।

उदयपुर से 'सज्जन कीर्ति सुधाकर' समाचार पत्र 1879 ई. में प्रकाशित हुआ। यह बंशीधर वाजपेयी के संपादन में प्रकाशित हुआ। यह हिन्दी में प्रकाशित होने वाला प्रथम सरकारी समाचार पत्र था। इसमें ऐतिहासिक, राजनीतिक एवं सामाजिक विषयों से संबंधित समाचार प्रकाशित हुए। इस समाचार पत्र के मुख्यपृष्ठ पर ऊपर की ओर मेवाड का राज्यचिह्न होता था, जिस पर एक ओर एक क्षत्रिय सरदार की आकृति एवं दूसरी ओर भील सरकार की तीर–कमान लिए हुए आकृति बनी होती थी। इसमें सूर्य की आकृति भी बनी होती थी। राज्यचिह्न में 'जो दृढ़ राखे धर्म को तिंही रखे करतार' लिखा होता था। इसमें तत्कालीन प्रसिद्ध इतिहासकारों एवं साहित्यकारों के राजनैतिक–सामाजिक, साहित्यिक एवं सांस्कृतिक विषयों पर लेख प्रकाशित होते थे। इस समाचार पत्र में प्रसिद्ध इतिहासकार श्यामलदास की रचनाएँ प्रकाशित होती थी।

'देशहितैषी' का प्रकाशन अजमेर से 1882 ई. में प्रारंभ हुआ। यह मासिक पत्र था। इसके संपादक मुंशी मुन्नालाल थे। नाथद्वारा से मासिक 'सद्धर्म स्मारक–सद्धर्म प्रचारक' 1883 ई. में प्रकाशित हुआ। इसमें मुख्य रूप से वल्लभ संप्रदाय की गतिविधियों का प्रकाशन होता था। 'समाचार मार्तण्य' समाचार पत्र जयपुर से बालचंद्र शर्मा ने 1883 ई. में प्रकाशित किया।

अजमेर से 1889 ई. में मनीषी समर्थदान ने 'राजस्थान समाचार' प्रारंभ किया जो आर्य समाज से प्रभावित था। इस हिन्दी साप्ताहिक का राजस्थान की पत्रकारिता में महत्वपूर्ण स्थान है। इसमें सामाजिक एवं राजनैतिक विषयों के लेख प्रमुखता से प्रकाशित हुए। इसमें 1905 ई. के 'बंगाल विभाजन' से संबंधित लेख प्रकाशित हुए। इसने ब्रिटिश सरकार के विरूद्ध खुलकर लिखा।

1890 ई. में बूंदी से पं. रामप्रताप शर्मा के संपादन में 'सर्वहित' का प्रकाशन हुआ। यह बूंदी के शासक के संरक्षण में प्रकाशित हुआ। इसमें राजनैतिक–सामाजिक समस्याओं एवं भारतीय संस्कृति के विषय में लेख प्रकाशित हुए। 'सर्वहित' के संपादकीय में लिखा था कि देश की दरिद्रता एवं दयनीय स्थिति का मूल कारण विद्याध्ययन की कमी एवं परस्पर मेल न होना था।[3] 'सर्वहित' में भारत के प्राचीन गौरव के संबंध में प्रकाशित हुआ था[4]– "यहाँ के लोगों का यश रूपी झंड़ा आकाश में फहरता था। यहाँ के विद्वान न्याय, मीमांसा, गणित शास्त्र, भूगोल, खगोल, ज्योतिष आदि विद्याओं में पूर्ण थे और अन्य देशवासी यहाँ तालीम पाने को आते थे।"

सामाजिक सुधार आंदोलन में कई पत्र–पत्रिकाओं ने क्रांतिकारी कार्य किये। इनमें अजमेर से प्रकाशित पत्र–पत्रिकाओं का योगदान अधिक रहा। आर्य समाज की प्रेरणा से अजमेर से 'परोपकारी' एवं 'अनाथरक्षक' पत्र प्रकाशित हुये।

राजस्थान में 20वीं सदी में प्रकाशित होने वाली हिन्दीभाषी पत्र–पत्रिकाओं में 'विद्याभास्कर', सौरभ, राजस्थान केसरी, नवीन राजस्थान, तरूण राजस्थान, राजस्थान, त्याग भूमि, मीरां, प्रभात, नवजीवन, जयपुर समाचार, नवज्योति, प्रजासेवक, जयभूमि, लोकसेवक, जयध्वनि, लोकवाणी, दीनबंधु, किसान संदेश, अलवर पत्रिका, जयभूमि, जनवाणी, प्रचार आदि महत्वपूर्ण हैं। इन पत्र–पत्रिकाओं ने राजस्थान की रियासतों के शोषण के विरूद्ध लोगों को आंदोलन करने के लिए प्रेरित किया गया। प्रजामंडल आंदोलन में उठाई जाने वाली उत्तरदायी सरकार की मांग को प्रमुखता से प्रकाशित किया।

20वीं सदी के प्रारंभ में दक्षिणी राजस्थान के हाड़ौती अंचल से 'विद्याभास्कर' एवं 'सौरभ' पत्रिका का प्रकाशन हुआ। 1906 ई. में झालावाड़ से 'विद्याभास्कर' पत्रिका प्रकाशित हुई।[5] इसे पंडित गिरधर शर्मा नवरत्न ने प्रकाशित किया। झालरापाटन से 1920 ई. में 'सौरभ' का प्रकाशन हुआ। यह पं. रामनिवास शर्मा के संपादन में झालावाड के शासक भवानीसिंह के संरक्षण में प्रारंभ हुआ। यह मुख्य रूप से राष्ट्रीय विचारों का प्रचार–प्रसार करने वाला मासिक साहित्यिक पत्र था।

हिन्दी भाषा के प्रचार में इस पत्र का महत्वपूर्ण योगदान रहा। इसके प्रथम अंक में हिन्दी के विद्वान पं. लज्जाराम शर्मा का लेख 'भारतवर्ष की राष्ट्रीय भाषा' शीर्षक से प्रकाशित हुआ।[6] अंग्रेजों की साम्राज्यविस्तारवादी नीति एवं जातीय दंभ के संबंध में 'सौरभ' में लिखा था कि अंग्रेज जाति की महत्वाकांक्षा बहुत बढ़ी हुई है। यह रात–दिन इसी चिंता में रहती है कि कोई न कोई नया भूभाग उसके अधिकार में आ जावे, किसी न किसी नई जाति की यह भाग्यविधात्री बने। 'सौरभ' पत्रिका में दिसम्बर 1920 में 'आर्थिक स्वराज्य' शीर्षक से लिखा था– "इंग्लैंड, फ्रांस, अमेरिका आदि सभी देशों में जनता को आर्थिक स्वराज्य मिला हुआ है। भारतवर्ष ही इस आर्थिक स्वराज्य से क्यों वंचित रहे?"

'सौरभ' में दुर्गा विनायक प्रसाद का 'हिन्दुओं एवं मुसलमानों में परस्पर मेल' शीर्षक से लेख प्रकाशित हुआ।[7] हिन्दू–मुस्लिम एकता के पक्षधर इस पत्र ने राष्ट्रीय एकता एवं साम्प्रदायिक सौहर्द की भावना को बढ़ावा दिया। अपने राष्ट्रीय विचारों के कारण यह पत्र मार्च 1922 में बंद हो गया।

राजस्थान में जन चेतना का विकास करने के लिए विजयसिंह पथिक के संपादकत्व में वर्धा से 1920 ई. में 'राजस्थान केसरी' प्रकाशित किया गया। इस साप्ताहिक पत्र को निकालने के लिए जमनालाल बजाज ने ठाकुर केसरी सिंह एवं विजयसिंह पथिक की आर्थिक सहायता की। इसके संपादकीय में महात्मा गाँधी के सत्याग्रह से संबंधित खबरें प्रमुखता से प्रकाशित हुई। रियासतों के अधिकारियों एवं कर्मचारियों को अपना रवैया बदलने की सलाह दी गयी। इसने अंग्रेजी सरकार के दमन के विरूद्ध कड़े लेख लिखे।

'नवीन राजस्थान' 1922 ई. में साप्ताहिक समाचार पत्र के रूप में अजमेर से प्रारंभ हुआ। 'नवीन राजस्थान' का आदर्श वाक्य था– ''यश वैभव की चाह नहीं, परवाह नहीं जीवन न रहे। यदि इच्छा है, यह है जग में स्वेच्छाचार दमन न रहे।'' राजस्थान में सामाजिक–राजनैतिक चेतना जागृत करने के सबंध में इसके सम्पादकीय में लिखा था– ''सत्ताधारी इतने चौके क्यों है? इसलिए न कि राजस्थान रूपी परतंत्रता के महाशमशान में स्वतंत्रता की अग्नि प्रज्वलित हो गयी है। बिजौलिया से निकली हुई आह की चिनगारी ने सारे राजस्थान की सुप्त शक्तियों को जागृत कर दिया है।''

'नवीन राजस्थान' में बेगू एवं बिजौलिया किसान आंदोलन एवं मेवाड़ के भील आंदोलन की खबरों को प्रमुखता से प्रकाशित किया गया। 'नवीन राजस्थान' में 'बिजौलिया का फैसला' शीर्षक से समाचार प्रकाशित

हुआ जिसमें लिखा था कि चार वर्ष का संग्राम! किसानों की शानदार विजय।[8] 'नवीन राजस्थान' में 'बूंदी राज्य में पैशाचिक काण्ड' शीर्षक से किसानों पर हुए अत्याचार को प्रकाशित किया गया।[9]

इस पत्र में राजस्थान की रियासतों के स्वेच्छाचार एवं दमन के विरूद्ध समाचार प्रमुखता से छापे गए। इस कारण इस पर कई रियासतों में रोक लगा दी गयी। रोक लगने के बाद 1923 ई. में इसे 'तरूण राजस्थान' नाम से अजमेर से प्रकाशित किया जाने लगा।

ब्रिटिश सरकार द्वारा जनता पर किये जा रहे अत्याचारों के संबंध में 'तरूण राजस्थान' में लिखा था कि ब्रिटिश स्वेच्छाचार का अंत करने में उतना ही भाग लेना चाहिए जितना हम राजस्थान के देशी स्वेच्छाचार को दूर करने में ले रहे हैं।

'तरूण राजस्थान' में 1925 ई. के अलवर के नीमूचाणा नरसंहार के बारे में लिखा था[10]– "अलवर राज्य के अंतर्गत एक नीमूचाणा गाँव है। वहाँ के निवासियों के साथ भी अत्याचार व नर पिशाच कर्म हुआ है। उनको सुनकर किसे रोमांच नहीं होगा। किसका ऐसा पाषाण हृदय है जो इस कथा को सुनकर विदीर्ण न होगा।... देखते ही देखते सबको गोलियों से भून दिया गया और गाँव पानी के लिए चिल्लाता रहा।"

'तरूण राजस्थान' में अत्याचार के विरूद्ध खबरें प्रकाशित करने के कारण जोधपुर रियासत ने जयनारायण व्यास को दंडित किया। इन्हें डीडवाना के किले में कैद कर लिया गया। इनके साथी भंवरलाल सराफ एवं आनन्दराज सुराणा को 'तरूण राजस्थान' के वितरण एवं अत्याचार के विरूद्ध आवाज उठाने के लिए जेल में कैद कर लिया गया।

ऋषिदत्त मेहता ने 1923 ई. में 'राजस्थान' नामक साप्ताहिक पत्र प्रारंभ किया। यह अजमेर के राजस्थान प्रेस से प्रकाशित होता था। ऋषिदत्त मेहता स्वतंत्रता आंदोलन के अग्रणी नेता रहे। नमक सत्याग्रह में ऋषिदत्त मेहता एवं उनकी पत्नी सत्यभामा ने सक्रिय रूप से नेतृत्व किया था।

1927 ई. में अजमेर से 'त्याग भूमि' पत्रिका का प्रकाशन हुआ। इसके संपादक हरिभाऊ उपाध्याय थे। इसमें शासन के अत्याचारों के साथ–साथ गाँधीवादी विचारधारा के सृजनात्मक लेख भी प्रकाशित होते थे। त्याग भूमि के पहले पृष्ठ पर हिन्दी की राष्ट्रीय कविताएँ छपती थी। इसकी एक कविता है–

'वतन की गम गुसारी के कोई सामान पैदा कर।
जिगर में जोश, दिल में दर्द, तन में जान पैदा कर।

अजमेर से जगदीश माथुर ने 1930 ई. में 'मीरां' साप्ताहिक पत्र का प्रकाशन किया। इस पत्र में ब्रिटिश सरकार के शोषण के विरूद्ध कई महत्वपूर्ण लेख छपे। इस कारण इस पत्र के अजमेर स्थित प्रेस पर छापे मारकर मशीनें तोड़ डाली गयी। जगदीश माथुर ने 'मीरां' के माध्यम से राजस्थान के स्वतंत्रता संग्राम सेनानियों के जीवन चरित को जनता तक पहुँचाकर उनमें राष्ट्रीयता की भावना का विकास करने का महत्वपूर्ण कार्य किया। इस समाचार पत्र ने राजस्थान में नारी चेतना के लिए महत्वपूर्ण योगदान दिया। इसने शासकों के अनैतिक कार्यों की आलोचना तो की ही साथ ही इसने शासकों द्वारा किये गये सामाजिक एवं राष्ट्रीय महत्व के कार्यों की सराहना भी की।

1932 ई. में 'प्रभात' का प्रकाशन जयपुर से लाड़लीनारायण गोयल के संपादकत्व में शुरू हुआ। 'प्रभात' का उद्देश्य राजस्थान की शक्तियों को एक सूत्र में बांधना था। यहां की जनता में फैले अंधकार को दूर कर उनमें स्वाभिमान की भावना को विकसित करना था। 1947 ई. में विदेशी शासन समाप्त होने पर 'प्रभात' में प्रकाशित हुआ था11–

हुआ समाप्त विदेशी शासन, पाया सत्ता दान।
सदियों बाद क्षतिज पर छाई, आज अरूण मुस्कान।।

प्रियतम कामदार ने जयपुर से 1935 ई. में 'जयपुर समाचार' का प्रकाशन प्रारंभ किया। रामनारायण चौधरी ने 1936 ई. में अजमेर से साप्ताहिक पत्र के रूप में 'नवज्योति' का प्रकाशन शुरू किया जो बाद में दैनिक पत्र के रूप में प्रकाशित होने लगा। नवज्योति के संबंध में स्वयं रामनारायण चौधरी ने लिखा कि मेरे अखबार को यह फक्र हासिल रहा है कि इसने निडर होकर निरंकुश हुकूमत की बेजाबूतगियों, ज्यादतियों और कुचक्रों पर प्रकाश डाला, टीका की और जनता की आवाज व राष्ट्र की भावना और पीड़ितों की पुकार को प्रतिध्वनित किया।

'नवजीवन' साप्ताहिक समाचार पत्र 1939 ई. में अजमेर से प्रारंभ किया गया। इसके संपादक नारायण सिंह एवं सह संपादक कनक मधुकर थे। कनक मधुकर ने इसमें ब्रिटिश सरकार के दमन की खबरों को बहुत कड़े शब्दों में प्रकाशित किया, जिस कारण अंग्रेजी सरकार ने उन्हें बहुत परेशान किया। पत्रकारिता के साथ–साथ इन्होंने 1942 ई. के 'भारत छोड़ो आंदोलन' में सक्रियता से भाग लिया, जिस कारण इन्हें जेल जाना पड़ा। 'नवजीवन' के 1941 ई. के अंकों पर निम्न पंक्तियाँ लिखी होती थी–

सेवक राष्ट्र समाज का, नृप–जनता का सेतु।
'नवजीवन' प्रकटित हुआ, नवजीवन के हेतु।।

अचलेश्वर प्रसाद शर्मा ने जोधपुर से 1940 ई. में साप्ताहिक पत्र 'प्रजासेवक' प्रारम्भ किया। भारत सरकार की एक गोपनीय योजना का भण्डाफोड करने पर अचलेश्वर प्रसाद शर्मा को डेढ़ वर्ष की सजा दी गयी। 1940 ई. में गुलाबचंद्र काला ने 'जयभूमि' को पाक्षिक के रूप में प्रकाशित किया। इसके बाद यह साप्ताहिक पत्र, फिर दैनिक रूप से निकाला जाने लगा। इसका मुख्य उद्देश्य ही स्वतंत्रता संग्राम के लिए जनता को जागृत करना था। जयभूमि के मुख्य पृष्ठ पर निम्न पंक्तियाँ थीं[12]–

विजय का मंत्र तुमने दिया
दिलाने वीरों को सम्मान
जगाने को आई जयभूमि
जनो में जीवन ज्योति महान।

'लोकसेवक' साप्ताहिक समाचार पत्र अभिन्नहरि ने कोटा से 1942 में प्रारंभ किया। इस समाचार पत्र के शीर्ष पर निम्न पंक्तियाँ लिखी होती थी– पर–हित सरस धर्म नहीं भाई, पर पीड़ा सम नहिं अधमाई। ब्रिटिश सरकार के विरूद्ध स्वराज्य प्राप्त करने के संबंध में इसमें प्रकाशित हुआ[13]– "भारत की आत्म ज्योति प्रकट हो रही है। वातावरण स्वशासन के भावों से भरपूर है। ब्रिटिश सरकार युद्ध के तुरन्त बाद अपना विधान आप बनाने का सिद्धांत मान चुकी है। कहा जा सकता है कि स्वराज्य या राष्ट्रीय शासन के नजदीक हम पहुँच चुके है।" इसने महात्मा गाँधी के नेतृत्व में 1942 ई. के भारत छोड़ो आंदोलन के लिए लोगों को जुड़ने का आह्वान करते हुए– "गाँधी की आंधी राज्यों में चलेगी" शीर्षक से समाचार प्रकाशित किया। किसानों के शोषण एवं बेगार प्रथा के विरूद्ध 'लोक सेवक' में समाचार प्रकाशित हुए।

1942 ई. में दैनिक 'जयपुर समाचार' नामक पत्र का प्रकाशन श्यामलाल वर्मा ने किया। 'जयपुर समाचार' जयपुर रियासत में हिन्दी का प्रथम दैनिक समाचार पत्र माना जाता है। भारत की स्वतंत्रता के संबंध में 'जयपुर समाचार' में लिखा था कि आज भारतवर्ष के बच्चों की जिह्वा पर यही शब्द हैं कि भारत भारतवासियों के लिए है। परन्तु शोक का विषय है कि यों कहने–सुनने से न तो भारत स्वतंत्र हो सकता है और न ही अंग्रेज भारत छोड़ सकते हैं। सब भारतीय बंधु बता दो कि हम भारतीय एक हैं। उस समय हमको स्वराज लेने से दुनिया की कोई शक्ति नहीं रोक सकती।

जब यह समाचार पत्र प्रकाशित होना प्रारंभ हुआ उस समय उर्दू के स्थान पर हिन्दी को राजभाषा बनाने के लिए आंदोलन जोर पर था।

श्यामलाल वर्मा स्वयं हिन्दी के प्रबल समर्थक थे। हिन्दी को राजभाषा बनाने से संबंधित लेख 'जयपुर समाचार' में वर्मा ने इस प्रकार लिखा था[14]– "जयपुर राज्य में जहाँ 95 फीसदी हिन्दी भाषा–भाषी हैं, राजभाषा अब तक हिन्दी नहीं है। क्या यह हिन्दी सज्जनों के लिए कम लज्जा की बात है।"

1942 ई. में ही जयपुर से 'जयध्वनि' नामक पत्र का प्रकाशन लाडलीनारायण गोयल एवं सूर्यनारायण चतुर्वेदी ने साप्ताहिक पत्र के रूप में प्रारंभ किया। इसमें भी ब्रिटिश सरकार के अत्याचारों की खबरें प्रमुखता से प्रकाशित हुई।

'प्रचार' समाचार पत्र प्रियतम कामदार ने 1942 ई. में प्रारंभ किया। इस समाचार पत्र में समाजविरोधी तत्वों एवं कालाबाजारी करने वालों के विरूद्ध खुलकर लिखा गया। इसने राष्ट्रीय चेतना को जागृत करने के उद्देश्य से लिखा–

चोर, पापी और उल्लू
सदा अंधेरा चाहते हैं
'प्रचार' पब्लिक की सर्च लाइट है

1943 ई. में 'लोकवाणी' साप्ताहिक जयपुर से देवीशंकर तिवारी के सम्पादकत्व में निकला। इसके प्रकाशन के पीछे अनेक प्रसिद्ध बुद्धिजीवियों का संगठित प्रयास था। इसक मुख्य उद्देश्य जयपुर राज्य प्रजामंडल की गतिविधियों एवं उसके द्वारा उत्तरदायी शासन की प्राप्ति के लिए किये जा रहे प्रयास को प्रकाशित करना था।

कोटा से 1944 ई. में नाथूलाल जैन द्वारा 'दीनबन्धु' साप्ताहिक समाचार पत्र प्रकाशित किया गया। दीनबंधु में रियासतों के शोषण के विरूद्ध जनता के समर्थन में समाचार प्रकाशित हुए। 'दीनबन्धु' में 'बीकानेर में दमनचक्र का प्रारंभ' शीर्षक से समाचार छपा। इसमें बुद्धिजीवियों पर कटाक्ष करते हुए 'ये हैं मुल्क को गुलाम रखने वाले– बुद्धिजीवी जो पेट के दास बन गये हैं' शीर्षक से समाचार प्रकाशित हुआ जिसमें लिखा था कि मेरा इलजाम है कि आज देश की गुलामी के मुलजिम नं. 1 हैं देश के ये यथा कथित बुद्धिजीवी जो अपने मस्तिष्क को बेच कर, आत्मा का सौदा करके, हृदय का खून करके परिणाम स्वरूप पैदा होने वाले दर्जनों बच्चों के पेट का विचार करते हैं। वैश्या पैसा लेकर अपने शरीर को बेचती है। ये पैसा लेकर अपना मस्तिष्क, हृदय और आत्मा सब बेच रहे हैं। ये वैश्या से भी गये बीते हैं, पापी हैं।

'किसान संदेश' 1947 में शिवदयाल राजावत ने कोटा से साप्ताहिक के रूप में प्रारंभ किया। इस समाचार पत्र ने किसानों एवं मजदूरों की

आवाज को प्रमुखता से उठाया। शिवदयाल राजावत ने 'किसान संदेश' के माध्यम से राजनैतिक स्वतंत्रता के साथ ही सामाजिक स्वतंत्रता के लिए प्रमुखता से इस समाचार पत्र के माध्यम से अपने विचार व्यक्त किए। 'किसान संदेश' में अजमेर–मेरवाड़ा के समाचार के संबंध में 'जागीरदारों का किसानों पर आतंक एवं भयंकर दमन' शीर्षक से समाचार प्रकाशित हुआ।

इसमें राष्ट्रीय समाचार प्रमुखता से प्रकाशित हुए। इसमें भारत के विभाजन के दुष्परिणाम के बारे में प्रकाशित हुआ कि[15]– "धार्मिक आधार पर किये गये देश अथवा प्रांत के विभाजन से न तो शांति हो सकेगी और न एकता कायम रह सकेगी।"

इस प्रकार इन पत्र–पत्रिकाओं ने किसानों को अपने अधिकारों के लिए संघर्ष करने एवं भारत के स्वतंत्रता आंदोलन में सक्रिय रूप से जुड़ने के लिए प्रेरित किया। सामाजिक समानता एवं सांप्रदायिक सद्भाव से संबंधित लेख प्रकाशित कर राष्ट्रीय एकीरकरण में महत्वपूर्ण योगदान दिया। हिन्दी के प्रचार–प्रसार में इन हिन्दी पत्र–पत्रिकाओं ने महत्वपूर्ण भूमिका निभाई। दयानन्द सरस्वती के स्वदेश एवं स्वभाषा के उद्घोष को जनता में प्रचारित किया। इन्होंने रियासतों में उत्तरदायी सरकार की स्थापना से संबंधित लेख प्रकाशित कर जनता को जागृत किया। राजस्थान की रियासतों की जनता में राष्ट्रीयता की भावना का विकास कर रियासतों के भारत में विलय की प्रक्रिया को सहज बनाने में योगदान दिया।

संदर्भ :

1. फ्रांसीसी लेखक तासी ने इसका उल्लेख डिस्कोर्सेज में किया है
2. मनोहर प्रभाकर, राजस्थान में हिन्दी पत्रकारिता, पंचशील प्रकाशन, जयपुर, 1981, पृ. 20
3. सर्वहित, 1 मई, 1894
4. मनोहर प्रभाकर, पूर्वोक्त, पृ. 59–60
5. गदाधर भट्ट, सांस्कृतिक झालावाड़, झालावाड़, 2003, पृ. 54
6. मनोहर प्रभाकर, पूर्वोक्त, पृ. 112
7. सौरभ, दिसम्बर 1921
8. नवीन राजस्थान, 18 जून, 1922
9. नवीन राजस्थान, 25 जून, 1922

हिंदी : वैश्विक व्याप्ति एवं प्रभाव

10. तरूण राजस्थान, 31 मई, 1925
11. विष्णु पंकज, भाषायी—पत्रकारिता और जनसंचार, विवेक पब्लिशिंग हाऊस, जयपुर, 1991, पृ. 144
12. आदर्श शर्मा, जन जागरण और हिन्दी पत्रकारिता, श्याम प्रकाशन, जयपुर, 1993, पृ. 26
13. लोकसेवक, 2 अप्रैल 1942
14. जयपुर समाचार, 02 अक्टूबर 1942
15. किसान संदेश, 24 मार्च 1947, अंक 1, वर्ष 1

सह आचार्य (इतिहास)
राजकीय कला कन्या महाविद्यालय, कोटा,
राजस्थान

हिंदी भाषा के प्रचार-प्रसार में भारतीय सिनेमा का योगदान

मनीष कुमार गुप्ता

सारांश

किसी भी भाषा का सिनेमा उस भाषा के समाज एवं संस्कृति की महत्वपूर्ण प्रस्तुति होती है। साहित्य की भाँति उसे भी समाज का दर्पण कहा जाता है जिसमें यथार्थ, कल्पना, और कला का संगम होता है। साहित्य में यह कार्य शब्द करते हैं जबकि सिनेमा में बोलती हुई तस्वीरें करती हैं। इसीलिए साहित्य की अपेक्षा सिनेमा लोगों में अधिक लोकप्रिय है। जब दर्शक फिल्म देखता है तो उसके कुछेक संवाद वर्षों तक उसके जुबान पर होती है। सिनेमा संचार का एक सशक्त माध्यम है, परिवर्तन का सांस्कृतिक संवाहक है एवं इतिहास का एक अच्छा स्रोत है। जब बात हिंदी सिनेमा की होती है तो हमारे मन में एक ऐसी तस्वीर उभरती है जिसने सभी भाषा क्षेत्रों व सीमाओं को तोड़ते हुए हिंदी को जन सुलभ और लोकप्रिय भाषा के पद पर स्थापित करने में महत्वपूर्ण भूमिका निभाई है। भारतीय सिनेमा जगत की पहली सवाक फिल्म 'आलमआरा' की भाषा भी हिंदी ही थी। 'आलमआरा' से आरंभ हुई इस यात्रा ने 'हिंदी मीडियम' तक आते-आते अनेकों पड़ाव पार किये हैं। बॉलीवुड ने हिंदी को कभी विषय वस्तु के रूप में चुना तो कभी भाषिक माध्यम के रूप में अपनाया। सत्तर-अस्सी के दशक में 'चुपके-चुपके' फिल्म ने जनमानस के सम्मुख यह प्रश्न उपस्थित किया कि यदि हम हिंदी भाषा की शास्त्रीयता को ही महत्व देते रहे तो वह एक दिन "जनसामान्य की भाषा" की पदवी खो देगी। इस सदी की बनी हुई टेलीविजन सीरियल जैसे रामानंद सागर निर्मित 'रामायण', बी. आर. चोपड़ा निर्मित 'महाभारत' एवं चंद्रप्रकाश द्विवेदी द्वारा निर्मित 'चाणक्य' ने हिंदी भाषा के महत्व और समाज में आज भी उसके महत्वपूर्ण स्थान की विषय वस्तु को लेकर हिंदी के प्रचार-प्रसार में अपनी महत्वपूर्ण भूमिका निभाई है। वर्तमान परिदृश्य में हिंदी सिनेमा जितनी लोकप्रिय हैं शायद ही किसी अन्य भाषा की फ़िल्में होंगी। आज विश्व में बनने वाली हर चौथी फिल्म हिंदी होती है। भारत में निर्मित होने वाली 60 प्रतिशत फ़िल्में हिंदी भाषा में बनती हैं, एवं वे ही सबसे अधिक चलन में होती हैं। जिस उत्साह से वह उत्तर भारत में देखी

जाती है उतनी ही उत्साह से दक्षिण भारत में भी दिखाई जाती हैं। हिंदी फ़िल्में भारत के साथ-साथ विदेशों में भी देखी एवं पसंद की जाती हैं, इन फिल्मों ने देश ही नहीं अपितु विदेशों में भी हिंदी को प्रोत्साहित, प्रचारित किया है। प्रस्तुत शोध पत्र भारतीय सिनेमा के माध्यम से देश-विदेशों में हिंदी भाषा के प्रचार-प्रसार की भूमिका का विश्लेषण है।

मुख्य शब्द : भाषा, हिंदी, सिनेमा, हिंदी सिनेमा, प्रचार-प्रसार

परिचय

भारतीय हिन्दी सिनेमा की यात्रा लगभग 110 वर्ष की हो गई है । इस पूरे शतकीय दौर में न जाने कितने विषय आए और कितने विषय गए परन्तु माध्यम का भाषायी ताना-बाना हिन्दी भाषा के इर्द-गिर्द बना रहा है। आज हिन्दी भाषा विश्व की तीसरी सर्वाधिक बोली जाने वाली भाषा है, 'इथेनोलोग' दिसम्बर 2022 के 25वें संस्करण के अनुसार विश्व की दस प्रमुख भाषाओं में (दुनिया में सबसे ज्यादा जनसंख्या द्वारा बोली जाने वाली भाषा) अंग्रेजी प्रथम, चीन की मंदारिन द्वितीय, भारत की हिन्दी तृतीय स्थान पर है हालांकि क्रमश: सातवें एवं दसवें स्थान पर भी भारतीय भाषा बंगाली एवं उर्दू ही हैं जिन्होने हिन्दी भाषा के प्रसार में बखूबी भूमिका अदा की है। वर्तमान वैश्विक तकनीक युग मे संचार के नए माध्यम सोशल मीडिया, यूट्यूब, ओटीटी प्लेटफार्म, टेलीविज़न के धारावाहिकों के मोबाइल संस्करण अर्थात वेब धारावाहिकों आदि के तीव्र विकास नें इस प्रसार को और अत्यधिक गति दी है। हिंदी के प्रसिद्ध आलोचक पुरुषोत्तम अग्रवाल कहते हैं कि "भूमंडलीकरण ने भारतीय जीवन को गहराई में जाकर प्रभावित किया है लेकिन इसका मतलब ये नहीं है कि हिंदी खत्म हो जाएगी और अंग्रेज़ी उसका स्थान ग्रहण कर लेगी। बाज़ार की संस्कृति से अब भारत के छोटे-बड़े शहर और गांव भी अछूते नहीं रहे, लेकिन महानगरों के जीवन को देखकर हिंदी के भविष्य को लेकर सवाल नहीं उठाए जाने चाहिए"। वो कहते हैं, "भारत की 54 फीसदी आबादी 25 साल से कम उम्र के नौजवानों की है और भूमंडलीकरण ने उसकी आकांक्षाएं और चिंताएं बदली हैं। सूचना और आभासी दुनिया की नागरिकता के धरातल पर ग्रामीण एवं शहरी युवा में ज़्यादा फर्क नहीं है। दोनों एक वर्चुअल वर्ल्ड में जी रहे हैं और रियल टाइम में चैट कर रहे हैं"।

कोई भी संचार माध्यम ऐसी भाषा को अपनाता है जिसे अधिक से

अधिक लोग लिखते, बोलते तथा समझते हों। सिनेमा के दर्शक लगभग समाज के हर वर्ग से आते हैं। शिक्षित वर्ग के साथ ही अशिक्षित या कम पढ़ा-लिखा वर्ग भी सिनेमा के दर्शक दीर्घा में होता है। इसलिए फिल्मों के निर्माता-निर्देशक समाज के हर वर्ग के व्यक्तियों के भाषा का प्रयोग अपनी फिल्म में करते हैं। जिससे फिल्म देखने वाले सभी दर्शकों को फिल्म की भाषा अपनी ही भाषा लगे। फिल्म में हिन्दी भाषा को चुनना इस बात का प्रमाण है कि हिन्दी सभी भारतीय भाषाओं में अधिक उर्जावान, सरल, सुबोध, सुगम तथा आम जनमानस से सहजता से जुड़ने वाली भाषा है। मीडिया उस भाषा को अपनाता है जो भाषा अल्प समय तथा अल्प प्रयास में अधिकतम दर्शकों से जोड़ती है। अर्थात हिन्दी भाषा में वह गुण है जो इसको सर्वग्राह्य, जनसुलभ बनाती है। जब हम भारत और विदेशों में गैर-हिंदी भाषी देशों में हिंदी को बढ़ावा देने में हिंदी सिनेमा की भूमिका की बात करते हैं, तो भारत के बाहर बसे भारतीय मूल की दूसरी और तीसरी पीढ़ी के लोगों के बीच हिंदी को लोकप्रिय बनाने में हिंदी फिल्मों के अभूतपूर्व योगदान को नाकारा नहीं जा सकता। बॉम्बे फिल्म उद्योग केवल दक्षिण एशियाई देशों तक ही सीमित नहीं है। हिंदी फिल्में विशेष रूप से उनकी गीतें अफ्रीका, मध्य एशिया, मध्य-पूर्व एशिया, दक्षिण-पूर्व एशिया, यूरेशिया और कुछ हद तक पूर्वी यूरोप में भी बहुत लोकप्रिय हैं। संभवत: हिन्दी सिनेमा के प्रसार ने मनोरंजन के माध्यम से हिंदी भाषा को वैश्विक तौर पर पहचान दिलाई है। मशहूर शायर और गीतकार गुलज़ार ने 2007 में संयुक्त राज्य अमेरिका की आर्थिक राजधानी न्यूयॉर्क शहर में आयोजित हुए आठवें विश्व हिंदी सम्मेलन के तहत 'हिन्दी के प्रचार प्रसार में हिन्दी फिल्मों की भूमिका' सत्र की अध्यक्षता करते हुए यह टिप्पणी की थी कि "हिन्दी के प्रचार-प्रसार में फिल्मों ने साहित्य अकादमियों और नेशनल बुक ट्रस्ट से ज्यादा योगदान दिया है"।

भारत में हिंदी सिनेमा का प्रसार

भारत एक सांस्कृतिक बहुल एवं बहुभाषी राष्ट्र है। यहाँ लगभग साढ़े सोलह सौ भाषाएँ हैं, जिनमे बाईस को सांविधानिक मान्यता प्राप्त है एवं चौबीस भाषाएँ साहित्य अकादमी द्वारा अनुमन्य हैं। यह सही है की भारतीय इतिहास, भूगोल और संस्कृति में काफी विविधता है, किन्तु राष्ट्रवाणी में इस अनेकता में एकता का अन्तः सूत्र स्थापित करना असंभव नहीं है। भारतीय

फिल्म उद्योग भी भारतीय संस्कृति की तरह विविध है। भारतीय फिल्म के अन्तर्गत भारत के विभिन्न भागों और भाषाओं में बनने वाली फिल्में आती हैं जिनमें मुख्यतः हिंदी, कन्नड़, तमिल, तेलगु, मलयालम, असमी, बांग्ला, गुजराती, मराठी, उड़िया, पंजाबी, कोंकणी, भोजपुरी, तुलू, बदागा, कोसली, कश्मीरी, राजस्थानी और गढ़वाली इत्यादि शामिल हैं। हिंदी भाषा की फ़िल्में इन सब में सबसे ज्यादा लोकप्रिय हैं। भारत में सिनेमा का परिचय 7 जुलाई, 1896 को फ़्रांस से आए लुमिअर बंधुओं ने मुंबई के वाट्सन होटल में 06 लघु फ़िल्मों का पैकेज़ "मैजिक लैम्प" का प्रदर्शन कर भारत की जनता से कराया था। जबकि भारत की पहली फीचर फिल्म "राजा हरिश्चंद्र" 3 मई, 1913 को भारतीय दर्शकों के सामने आयी थी। इस फ़िल्म के निर्माता, निर्देशक थे मराठी भाषी धुंडीराज गोविंद फाल्के जिन्हें हम दादा साहेब फाल्के के नाम से जानते हैं और उन्हें भारतीय सिनेमा का पितामह कहते हैं। कुछ विद्वान भारत में फीचर फ़िल्म की शुरुआत "पुंडलिक" नामक फ़िल्म से मानते हैं, जिसका निर्माण 1912 में हुआ था।

सिनेमा भाषा के प्रचार-प्रसार का एक सशक्त माध्यम है इसमें हर तरह के भाषा के लिए जगह है एवं पात्रों की भूमिका व परिस्थितियों को देखकर ही भाषा का प्रयोग किया जाता है। भारतीय सिनेमा का इतिहास देखा जाये तो आरम्भ से ही भारतीय सिनेमा कहानियों के लिए हिंदी की ओर रुख किया है। जब भारत में फ़िल्में बनना शुरू हुईं चाहे वो मूक ही थीं पर जिन कहानियों को लोगों ने बोलचाल की भाषा में हिंदी में पढ़ा था उन्ही अधिकतर पौराणिक कथाओं (देवी-देवताओं, पुराणों एवं ग्रंथों के चरित्र) पर आधारित हुआ करती थीं। जैसे राजा हरिश्चंद्र, मोहिनी भस्मासुर, कालिया मर्दन और लंका दहन इत्यादि। ये फ़िल्में मूक थीं पर हिंदी भाषा को अपने में समाहित किये हुए उनका प्रचार कर रही थीं। भाषा दूर तक सफर करती है और लोगों को नजदीक लाती है।

आजादी के शुरूआती दिनों में हिंदी सिनेमा पर दिलीप कुमार, देव आनंद और राज कपूर का स्टारडम उभर रहा था। वी शांताराम, गुरुदत्त, राजकपूर, विमल रॉय एवं बी.आर. चोपड़ा जैसे फ़िल्मकार सामाजिक प्रतिबद्धता वाली फ़िल्में बना रहे थे। उस दौर में लोगों को जागरूक करने का

सिनेमा बेहतरीन माध्यम था। पचास, साठ और सत्तर के दशक को हम हिंदी का स्वर्णिम काल मान सकते हैं। जब भले ही तकनिकी रूप से फ़िल्में कमजोर थीं लेकिन संवाद, कथानक, अभिनय, और गीत-संगीत का स्तर उच्चतम था जिसकी भाषा हिंदी थी। फिल्मों के व्यवसायिक संभावनाओं को दृष्टिगत रखते हुए हिंदी के बहुतायत दर्शक वर्ग तक पंहुचने हेतु हिंदी भाषा से बेहतर कोई दूसरा विकल्प नहीं था। शायद इसीलिए आर्देशिर ईरानी ने भारत की पहली सवाक फिल्म 'आलमआरा' की भाषा उर्दू मिश्रित हिंदी आम बोलचाल की भाषा का प्रयोग किया। 1931 में जो सताईस फ़िल्में बनी थीं इनमें से बाईस तो हिंदी में ही थीं।

यदि भाषाई आधार पर देखा जाये तो भारतीय सिनेमा में हिंदी भाषा के अलावा अन्यत्र भाषाओं में भी सिनेमा बहुतायत मात्रा में बनीं पर हिंदी की लोकप्रियता इन सभी में सबसे ऊपर रहा। आज हिंदी में बहुत सी ऐसी फ़िल्में, टेलीविज़न सीरीज, वेब सीरीज बनती हैं जिनमें प्रचुर मात्रा में हिंदी के साथ-साथ क्षेत्रीय भाषाओँ का उपयोग होता है, जो हिंदी भाषा को रोचक एवं लोगों से जोड़ने वाली बनाती है। जैसे फिल्म गैंग ऑफ वासेपुर, पानसिंह तोमर, वेब सीरीज मिर्ज़ापुर, पंचायत, टेलीविज़न सीरीज निमकी मुखिया इत्यादि। आज हिंदी भारत में सबसे अधिक बोली जाने वाली भाषा ही नहीं लोगों के जीवन शैली, भावात्मक संचार एवं वैचारिक प्रतिबद्धता आदि को भी दर्शाती है।

वर्तमान परिदृश्य में भारत के अन्य क्षेत्रीय भाषाओँ के तुलना में हिंदी फ़िल्में ज्यादा लोकप्रिय हैं। ऐसा नही है की क्षेत्रीय भाषा की फ़िल्में चलती नहीं हैं, वे अपने भाषा में अपने राज्य तक ही सीमित होते हैं जैसे तेलगु फिल्म आंध्र प्रदेश एवं तेलंगाना में, तमिल तमिलनाडु में, मराठी महाराष्ट्र में, असमी असम में, बंगाली पश्चिम बंगाल में और मलयालम केरल में ही चलती हैं। परन्तु अब ट्रेंड बदल चूका है इन फिल्मों के हिंदी संस्करण का पूरे भारत में मांग है इन क्षेत्रीय भाषाओँ के फिल्मों का हिंदी रूपांतरण पुरे देश में प्रसारित की जा रहीं हैं। जैसे कुछ लोकप्रिय फ़िल्में बाहुबली, केजीएफ, मगधीरा, कांतारा, पुष्पा इत्यादि को हिंदी भाषा में पुरे देश में प्रसारित किया गया। इसका एक कारण यह भी है की हिंदी हमारी भाषा संपर्क है,

कश्मीर से कन्याकुमारी तक हिंदी लिखने, पढ़ने एवं बोलने वाले लोग बहुतायत मात्रा में मिल जायेंगे। इसी प्रकार पुरे देश में हिंदी फिल्मों के दर्शक और प्रशंसक भी मिल जायेंगे। कुछ हद तक दक्षिण में हिंदी का विरोध किया जाता रहा है, पर हिंदी फ़िल्में लोकप्रिय हैं। खासकर तमिलनाडु में समय-समय पर हिंदी का विरोध किया जाता रहा है परन्तु इसी तमिलनाडु के तीन शहर मदुरै, चेन्नई और कोयंबटूर में हिंदी फिल्म 'शोले' वर्षों तक दिखाई गयी थी। 'शोले' के अलावा 'हम आपके हैं कौन', 'दिलवाले दुल्हिनियां ले जायेंगे', 'बॉर्डर', 'दिल तो पागल है', 'ग़दर-एक प्रेम कथा' और 'लगान' इत्यादि कितनी ही फ़िल्में सम्पूर्ण भारत में पुरे जोश के साथ प्रसारित की जाती रही हैं।

हिंदी सिनेमा में अहिन्दी भाषा कलाकारों के योगदान के कारण भी हिंदी को अहिन्दी भाषी राज्यों में हमेशा से बढ़ावा मिला है। दक्षिण के रजनीकांत, कमल हासन, पद्मिनी, सुब्बालक्ष्मी, बाला सुब्रमण्यम, वैजयंती माला, रेखा, श्रीदेवी, हेमामालिनी, चिरंजीवी, और ए. आर. रहमान इत्यादि जैसे सितारे हिंदी फिल्मों में काफी लोकप्रिय हैं। बंगाल की कई हस्तियां जिनमें प्रमुख रूप से सत्यजीत रे, विमल रॉय, मन्ना डे, आर.सी. बोराल, शर्मीला टैगोर, पंकज मलिक, हेमंत कुमार आदि ने हिंदी को प्रसारित करने में महत्वपूर्ण भूमिका अदा की है एवं हिंदी भाषी क्षेत्रों में काफी लोकप्रिय हैं। वहीँ प्रसिद्ध अभिनेता डैनी डेंग्जोम्पा अहिन्दी राज्य सिक्किम से हैं तो हिंदी फिल्मों के प्रसिद्ध संगीतकार सचिन देवबर्मन, एवं राहुल देवबर्मन मणिपुर राजघराने से सम्बंधित हैं।

विदेशों में हिंदी सिनेमा का प्रसार

भाषा का प्रसार अपने प्रयोक्ता-समूह की संस्कृति और सामाजिक प्रश्नों को साथ लेकर चलता है। यह कहने में कोई गुरेज नहीं की भारतीय सिनेमा हिंदी भाषा के प्रचार-प्रसार में अपनी विश्वव्यापी भूमिका का निर्वहन कर रहा है। जब हम भारतीय सिनेमा पर दृष्टिपात करते हैं तो भाषा का प्रचार-प्रसार, साहित्यिक कृतियों का फिल्मी रुपांतरण, हिंदी गीतों की लोकप्रियता, हिन्दी की उपभाषाओं, बोलियों का सिनेमा और सांस्कृतिक, सामाजिक प्रश्नों को उभारने में भारतीय सिनेमा का योगदान जैसे मुद्दे उभरकर सामने आते

हैं। हिन्दी भाषा की संचारात्मकता, शैली, वैज्ञानिक अध्ययन, जन संप्रेषणीयता, पटकथा, संवाद, दृश्य भाषा कोड निर्माण, संक्षिप्त कथन, प्रतीकात्मकता, भाषा-दृश्य की अनुपातिकता आदि मानकों को भारतीय सिनेमा ने गढ़ा है। भारतीय सिनेमा हिन्दी भाषा, साहित्य और संस्कृति का लोकदूत बनकर दुनिया तक पहुँचने की दिशा में अग्रसर है। आज भारत दुनिया को हिंदी के उत्कृष्ट कार्यक्रमों के माध्यम से रातों-रात करोड़ों नए दर्शक दे रहा है। स्वतंत्र बाज़ार और प्रतिस्पर्धा के इस दौर में एक बात अवश्य है कि हिंदी भाषा बाज़ार और मुनाफ़े की कुंजी बन रही है वहीं दूसरी ओर मिलीजुली हिन्दी जिसे हिंगलिश कहना ज्यादा उचित होगा का भी प्रसार बहुतायत में हो रहा है जो की मूल भाषा के लिए घातक साबित हो सकता है। साहित्यकार डॉ राजू पांडेय लिखते हैं– "कई बार ऐसा भी लगता है की हिंदी भाषा का तद्भ्वीकरण एक सहज उद्दम प्रवाह है और सजग तत्समीकरण इस प्रवाह के प्रभाव को नियंत्रित नियमित व्यवस्थित करने की एक समानांतर चेष्टा आवश्यक है"। रूसी विद्वान डॉ पीटर बारानिकोव मानते हैं कि "हिंदी के प्रचार-प्रसार में हिंदी सिनेमा ने जितना योगदान दिया है उतना और किसी माध्यम ने नहीं दिया है"। अमरिका के राष्ट्रपति ओबामा ने अमेरिकी नागरिकों को संबोधित करते हुए कहा था कि "वे जितनी जल्दी हो सके हिन्दी सीखें, अन्यथा सारे कामकाज हिन्दुस्तानी हथिया लेंगे"। आज हॉलीवुड के फिल्म निर्माता भी बखूबी समझ चुके हैं की अगर उनकी फ़िल्में हिंदी में रूपांतरित की जाएँ तो ज्यादा लाभ अर्जित किया जा सकता है इसलिए उन्होंने अपनी विपणन नीति में ब्यापक बदलाव लाया है। हॉलीवुड की आज की वैश्विक बाज़ार की परिभाषा में हिंदी जानने वालों का महत्व सहसा बढ़ गया है। दुनिया भर में आर्थिक सुधारों व उदारीकरण के दौर में निजी पहल का चमत्कार अभूतपूर्व रहा है। इसने भारतीय सिनेमा के माध्यम से हिंदी को दुनिया के दूर-दराज के एक बड़े भू-भाग में समझी जाने वाली भाषा स्वतः बना दिया है। पूर्व सोवियत संघ और उसके सहयोगी देशों जैसे पोलैंड, हंगरी, बुल्गारिया, चेकोस्लोवाकिया आदि में हिंदी फिल्मों के लंबे समय से प्रशंसक रहे हैं। रूस के पूर्व राष्ट्रपति बोरिस येल्तसिन का तो पसंदीदा गाना ही था- आवारा हूं...! राजकपूर साहब द्वारा अभिनीत मेरा

जूता है जापानी...! गाने नें मानो हिन्दी गीत के वैश्विक आधार और ग्राह्यता की नींव रख दी थी। 'आवारा हूँ....! 1951 में रिलीज़ राजकपूर के मशहूर फिल्म 'आवारा' का गीत उस दौर में रूस, रोमानिया, तुर्की, अफगानिस्तान और चीन में काफी प्रसिद्ध हुआ था। 1953 में कान फिल्मोत्सव के ग्रैंड प्राइज के लिए भी यह फिल्म नामांकित हुई और विदेशी लोगों ने इसकी काफी सराहना की थी। तत्पश्चात हिंदी सिनेमा का सफर कभी रुका नहीं बल्कि विदेशों में नए रास्ते बनते गए। वर्ष 1957 में आयी महबूब खान द्वारा निर्देशित फिल्म 'मदर इंडिया' जिसको विदेशी भाषा की सर्वश्रेष्ठ फिल्म के तौर पर ऑस्कर हेतु नामांकित किया गया तब वैश्विक स्तर पर हिंदी सिनेमा को गंभीरता से देखा, समझा जाने लगा। राज्यसभा के पूर्व सदस्य आरके सिन्हा जी लिखते हैं – "यह बात सच है कि जापान में बौद्ध धर्म के प्रचार-प्रसार के चलते भारत को जानने-समझने की जिज्ञासा रही है। वहां पर गुरुदेव रविंद्रनाथ टैगौर भी कई बार गए। टोक्यो यूनिवर्सिटी में हिंदी का अध्यापन साल 1908 से चालू हो गया था। अब कुछेक सालों से वहां पर हिंदी फिल्मों की लोकप्रियता भी बढ़ती जा रही है। वहां तो हिंदी फिल्मों का प्रदर्शन करके भी हिंदी सिखायी जाती है। विश्व के करीब 192 देशों में हिन्दी न केवल पढाई जा रही है, बल्कि शान से बोली भी जा रही है। इस व्यापकता के पीछे अन्य कारकों के अलावा सिनेमा भी एक कारक है, जिसके माध्यम से हिन्दी विश्व में निरंतर प्रचारित हो रही है। एक था टाइगर, धूम टू, थ्री इडियट्स और इंग्लिश विंग्लिश जैसी हिंदी फिल्मों को जापानी जनता ने खूब सराहा है उन्हें अपार सफलता मिली"।

भारतीय फिल्मों का अनुकरण पूरे दक्षिणी एशिया, ग्रेटर मध्य पूर्व, दक्षिण पूर्व एशिया और पूर्व सोवियत संघ में भी होता है। अप्रवासी भारतीयों की विदेशों में बढ़ती जनसंख्या की वजह से अब संयुक्त राज्य अमरीका और यूनाइटेड किंगडम भी भारतीय फिल्मों के लिए एक महत्वपूर्ण बाजार बन गए हैं। यही कारण है की वर्तमान में रिलीज होने वाली फिल्मों के प्रदर्शन के अधिकार भारत व विदेशों में समान रूप से विक्रय किए जाते हैं। वर्तमान में शत प्रतिशत प्रत्यक्ष विदेशी निवेश के प्रावधान से 20वीं सेंचुरी,

फॉक्स, सोनी पिक्चर्स, वॉल्ट डिज्नी पिक्चर्स और वार्नर ब्रदर्स आदि विदेशी उद्यमों के लिए भारतीय फिल्म बाजार को आकर्षक बना दिया है। एवीएम प्रोडक्शंस, प्रसाद समूह, सन पिक्चर्स, पीवीआर सिनेमा, जी टीवी, यूटीवी, सुरेश प्रोडक्शंस, इरोज फिल्म्स, अयनगर्न इंटरनेशनल, पिरामिड साइमिरा, आस्कर फिल्म्स, यशराज फिल्म्स, धर्मा प्रोडक्शन्स और एडलैब्स आदि भारतीय उद्यमों ने भी फिल्म उत्पादन और वितरण में सफलता पाई है।

निष्कर्ष

इस प्रकार हम देखते हैं कि सिनेमा, मीडिया और हिन्दी का रिश्ता बहुत पुराना है। जैसे हिन्दी हिन्दुस्तान की जान है, वैसे ही हिन्दुस्तान में हिन्दी के बगैर सिनेमा और मीडिया की कल्पना ही नहीं की जा सकती। हिन्दी के प्रचार-प्रसार में सिनेमा और मीडिया का योगदान बहुत ही अतुल्य रहा है। हिन्दीतर भाषी क्षेत्रों में सिनेमा और मीडिया ने हिन्दी को जीवनदान दिया है। आज आप भारत के किसी भी कोनें में पहुँच जाएँ वे हिन्दी इसलिए समझ पाते हैं कि उन्होने उसे फिल्मों अथवा अन्य मनोरंजन के माध्यम से देखा व सुना है। आज विदेशियों को यदि अपना प्रचार करना होता है, चाहे वह सिनेमा का हो चाहे उनके उद्योग का हो, उन्हें हमारी राजभाषा हिन्दी का सहारा लेना ही पड़ता है, क्योंकि अधिकतर लोग सहज, सरल व सुबोध हिन्दी भाषा को जानते, समझते और बोलते हैं। सबसे महत्वपूर्ण बात यह है कि भारत से बाहर हिंदी फिल्मों को देखने के प्रति भारतवंशी ही लालायित नहीं रहते वरन अन्य भाषा-भाषी भी इनके गीतों को गुनगुनाते नजर आते हैं। इनको लेकर पूर्व सोवियत संघ (अब रूस) से लेकर खाड़ी के देशों, अफ्रीका से लेकर दक्षिण-पूर्व एशियाई समेत तमाम अन्य देशों में अभूतपूर्व दिलचस्पी है।

सन्दर्भ सूची

- Rajani, (2021). हिंदी के प्रचार-प्रसार में हिंदी सिनेमा का योगदान. *International Journal of Applied Research*, 7(6), 315-318
- Eberhard, David M., Gary F. Simons, and Charles D. Fennig (eds.). 2022. Ethnologue: Languages of the World.

Twenty-fifth edition. Dallas, Texas: SIL International. Online version: http://www.ethnologue.com.
- Sinha, R.K., (2015 Sep 21). *"Movies make Hindi popular"*. The Daily Star. https://www.thedailystar.net/showbiz/cinema-makes-hindi-popular-146557.
- बाजपेयी, डॉ. काजल, "भारतीय सिनेमा में हिंदी की स्थिति". साहित्य शिल्पी. https://www.sahityashilpi.com/2010/10/blog-post_29.html.
- अनूप, अनिल, (2018 Feb 23) "हिन्दी सिनेमा के बीते पल". पंजाब केसरी.https://www.punjabkesari.in/aapki-kalam-se/news/moments-of-hindi-cinema-758951.
- Anwar, Shakeel (2018 July 19), "भारत की विभिन्न भाषाओं की पहली फिल्म". Jagran Josh. https://www.jagranjosh.com/general-knowledge/first-film-of-different-languages-of-india-in-hindi1531995844-2.
- ताम्रकर, समय, (2022 Aug 23). "आजादी के बाद का 75 वर्षीय हिंदी सिनेमा: सिनेमा था सिनेमा है और सिनेमा रहेगा". Webdunia. https://hindi.webdunia.com/bollywood-focus/indian-cinema-after-independence-a-journey-of-75-years-122081300060_1.html
- कर्पे, दीपक भालचंद्र, " हिंदी की लोकप्रियता में सिनेमा का योगदान". Webdunia.https://hindi.webdunia.com/hindi-diwas-special/hindi-language-and-bollywood-116091100031_1.html
- शालिनी, शिखा, (2010 September 14), "भारतवंशियों को हिंदी से जोड़ता हिंदी सिनेमा". बिज़नेस स्टैंडर्ड. https://hindi.business-standard.com/storypage.php?autono=39019
- द्विवेदी, अमरेश, (2012 September 12), "ग्लोबल गांव में हिंदी". बीबीसी हिंदी. https://www.bbc.com/ hindi/india/ 2012/09/ 120912_globalisation_hindi_akd

- Siegel, Joshua A., (2015 September 2), "Visual Language: Using Language as Cinematic Structure". Videomaker. https://www.videomaker.com/article/c18/18140-visual-language-using-language-as-cinematic-structure/
- पांडेय, शैलेश, (2022 jan 09), "हिंदी सिनेमा में हिंदी भाषा का बदलता स्वरुप". साहित्य सिनेमा सेतु https://sahityacinemasetu.com/article-hindi-cinema-mein-hindi-bhasha-ka-badalta-swarup/

शोध छात्र,
मीडिया अध्ययन विभाग,
महात्मा गाँधी केंद्रीय विश्वविद्यालय, बिहार

हिंदी के प्रसार में सिनेमा का योगदान

महमुदा खानम

हिंदी हमारी संस्कृति की परिचायक एवं हमारी राजभाषा है। हिंदी हिंदुस्तान का हृदय है। हिंदी मिश्री के सामान मीठी भाषा और भारत का श्वास है। चीन की मंदारिन के बाद विश्व में सबसे अधिक बोली जाने वाली भाषा हिंदी है। हिंदी का प्रचार प्रसार संवैधानिक रूप से उतना अधिक नहीं हुआ जितना कि सिनेमा के माध्यम हुआ।

स्वतंत्रता प्राप्ति के पश्चात जब संविधान का प्रारूप बना तो सबसे बड़ी समस्या भाषा को लेकर उठी। अधिकतर राजनीतिज्ञ तथा महाविद् चाहते थे कि हिंदी राष्ट्रभाषा के रूप में ग्रहण की जाए परंतु दक्षिण के प्रांतों में हिंदी का प्रचार प्रसार उस रूप में न हो पाया था। अतः जब तक अपनी वतनी जुबान की तालीम न बढ़े तब तक अंग्रेजी को स्वीकारने का फैसला लिया गया। संविधान में किसी भी भाषा को राष्ट्रभाषा के रूप में मनोनीत नहीं किया गया।

मुंशी प्रेमचंद जिन्हें हिंदी और उर्दू वाले समान रूप से पढ़ते हैं। जिन्हें दोनों ही भाषा में समान रूप से सम्मान प्राप्त है। उन्होंने साहित्य का उद्देश्य में लिखा है-" हमारे मुल्की फैलाव के साथ हमें एक ऐसी भाषा की जरूरत पड़ गई है जो सारे हिंदुस्तान में समझी जा सके और जिसमें हिंदी के साथ गुजराती, मराठी, तमिल का समावेश हो और जिसे हम हिंदुस्तानी कह सकें।"[1]

समाज के परिवर्तन में सिनेमा का महत्वपूर्ण योगदान रहा है। सिनेमा केवल शिक्षित वर्ग तक ही नहीं बल्कि अशिक्षित वर्गों तक भी गहराई से पैठी हुई है। प्रत्येक फिल्म की कहानी समाज में कमोबेश अपना प्रभाव डालती है। ब्लादीमिर इल्यीच लेनिन सिनेमा के विषय में लिखते हैं - "हमारे लिए सिनेमा सभी कलाओं से अधिक महत्वपूर्ण है। सिनेमा न केवल लोगों के मन बहलाव का बल्कि सामाजिक शिक्षा, संवाद स्थापित करने का तथा हमारी विशाल जनसंख्या को एक सूत्र में बांध लेने का सशक्त साधन है।"[2]

सिनेमा कई प्रकार के होते हैं टेलीफिल्म, आर्ट फिल्म, चाइल्ड फिल्म,

हिंदी : वैश्विक व्याप्ति एवं प्रभाव

डॉक्यूमेंट्री फिल्म, कमर्शियल फिल्म, वितचित्र, विज्ञापन फिल्म, वार एंड पीस फिल्म आदि। विज्ञान कला वाणिज्य तीनों का संगम सिनेमा में दिखाई देता है। इसमें कोई दो राय नहीं कि सिनेमा सामाजिक, धार्मिक, आर्थिक तथा राजनैतिक स्थितियों को आत्मसात करते हुए रचनात्मक माध्यम बना है। कहानी, उपन्यास, संस्मरण, नाटक, कविता, रिपोतार्ज, रेखाचित्र सभी को सिनेमा ने एक सशक्त अभिव्यक्ति दी है। सिनेमा सृजनात्मक और यांत्रिक प्रतिभा का सुंदर संगम बन गया है।"[3]

साहित्य का सृजन समाज से होता है और समाज की महत्ता साहित्य द्वारा प्रतिपादित होती है। अतः साहित्य और समाज का गहरा संबंध है। साहित्य समाज के स्वरूप को कागज कलम द्वारा प्रतिबिंबित करने का एक सशक्त माध्यम है। सिनेमा भी दृश्य श्रव्य का एक प्रभावशाली माध्यम है। साहित्य और सिनेमा दोनों ही कला के दो भिन्न स्वरूप है यद्यपि सिनेमा का क्षेत्र साहित्य से ज्यादा व्यापक है। उसमें कलापक्ष के साथ तकनीकी पक्ष को भी देखना पड़ता है। बावजूद इसके -"साहित्य और सिनेमा कला और मनोरंजन जगत के दो महत्वपूर्ण माध्यम हैं। साहित्यकार और दिग्दर्शक समाज में ही जन्म लेते हैं समाज में ही पलते हैं और समाज की आसपास की परिस्थितियों से प्रभावित होकर, व्यथित होकर अपना सर्जन करते हैं। साहित्यकार और दिग्दर्शक दोनों का धर्म है सामाजिक हितों की रक्षा करना। साहित्य और सिनेमा में जीवन उपयोगी उपदेश देने की शक्ति होती है।"[4]

वर्तमान समय में हिंदी पूरे विश्व के एक बड़े भू-भाग में बोली और समझी जाने वाली भाषा बन गई है। विश्व के कोने-कोने में छात्रों तथा जन-जन को हिंदी सिनेमा तथा हिंदी संगीत द्वारा हिंदी सीखने में काफी सहायता मिली है। वैश्वीकरण के इस दौर में हिंदी सिनेमा और उनके संवादों ने काफी धूम मचाई है। सिनेमा के पहले का समय रंगमंच का समय था। हिंदी देश को कड़ी के रूप में एक सूत्र में जोड़ती है।

हिंदी सिनेमा का इतिहास काफी व्यापक रहा है। सभी फिल्मों का उल्लेख कर पाना संभव न होते हुए भी कुछ चुनिंदा फिल्मों की चर्चा करना आवश्यक है। हिंदी सिनेमा के इतिहास को चार भागों में बांट सकते हैं।

1. आरंभ से 1947 तक की फिल्में
2. 1947 से 1970 तक की फिल्में

3. 1970 से 1990 तक की फिल्में

4. 1990 से अब तक की फिल्में

आरंभ से लेकर 1947 तक के मध्य कई सारी मूक फिल्मों से लेकर बोलती फिल्में बनी। जैसे-राजा हरिश्चंद्र, अछूत कन्या, अनमोल घड़ी, देवदास। जिसमें न केवल समाज के ज्वलंत मुद्दों को उठाया गया बल्कि हिंदी सिनेमा के माध्यम से उन्हें देश के प्रत्येक क्षेत्र में पहुंचाकर सामान्य जन को उन समस्याओं से अवगत भी कराया गया।

1947 से 1970 के मध्य मदर इंडिया, दो आंखें बारह हाथ, तीसरी कसम, नया दौर आदि जैसी फिल्मों की कहानी को लोगों ने केवल पसंद ही नहीं किया बल्कि प्रेम का बीज दिलों में इन फिल्मों के माध्यम से बोया गया।

1970 से 1990 के मध्य गर्म हवा, बॉबी, शोले, आंधी जैसी फिल्में बनी जिनके संवाद लोगों की जुबान पर बस गए और गाने दिलों में।

1990 से अब तक के दौर में बनी कई फिल्में दिलवाले दुल्हनिया ले जायेंगे, थ्री इडियट्स, मुन्ना भाई एम.बी.बी.एस., पान सिंह तोमार, मेरी कॉम आदि फिल्मों के माध्यम से हिंदी सिनेमा ने कई पड़ाव को पार कर लिया।

ये फिल्में केवल समाज को आईना ही नहीं दिखातीं बल्कि उनके दकियानूसी विचारों को परिवर्तित करने में अपनी सक्रिय भूमिका भी निभातीं हैं। कई फिल्में समाज के लिए प्रेरणास्रोत बनकर सामने आती हैं जिससे प्रेरणा ग्रहण कर कई युवा अपने विचारों में अपने व्यवहारों में परिवर्तन करने के लिए तत्पर रहते हैं।

हिंदी सिनेमा ने न केवल हिंदी भाषा को देश-विदेश तक पहुंचाया बल्कि साहित्य को भी समाज से जोड़ने का कार्य किया। साहित्य की कई सारी कहानियों तथा उपन्यासों पर फिल्में बनी। जिसमें केवल हिंदी साहित्य ही नहीं बल्कि अन्य भाषाओं के साहित्य को भी हिंदी सिनेमा में प्रस्तुत किया गया। शतरंज के खिलाड़ी (प्रेमचंद), तीसरी कसम (रेणु), देवदास (शरतचंद चट्टोपाध्याय), पिंजर (अमृता प्रीतम), शौकीन (गुलशेर खान शानी), टू स्टेट्स, थ्री ईडियट्स (चेतन भगत) आदि की कथा को जब हिंदी सिनेमा में निर्देशित किया गया तो लोगों ने इसे काफी पसंद किया और सराहा।

हिंदी : वैश्विक व्याप्ति एवं प्रभाव

आरंभिक हिंदी सिनेमा पौराणिक कथाओं पर आधारित थी। दादा साहब फाल्के द्वारा निर्मित पहली फिल्म राजा हरिश्चंद्र 1913 इसका एक उत्कृष्ट उदाहरण है। जिनकी मूल कथा को लोगों ने हिंदी में पढ़ा था। हिंदी सिनेमा के माध्यम से हिंदी भाषा बड़े नगरों से जिलों, गांवों और कस्बों तक पहुंची। इन पौराणिक कथाओं का प्रभाव इस तरह लोगों पर पड़ा कि समय-समय पर इन कथाओं को आधुनिक रूप में नए-नए स्वरूप, छायांकन, साज सज्जा के साथ समाज के समक्ष सिनेमा के माध्यम से प्रस्तुत किया गया और लोगों ने इसे सराहा। जैसे-महाभारत, रामायण पर बनी धारावाहिक एवं फिल्में। इसकी अमिट छाप दर्शकों में ऐतिहासिक रूप से देखी जा सकती है। 1917 में लंका दहन दादा साहब फाल्के की निर्देशन में बनी थी जिसमें लंका दहन को दिखाया गया था। मूक फिल्मों के दौर से गुजरती हुई हिंदी सिनेमा में पहली बोलती फिल्म आलम आरा 14 मार्च 1931 हिंदी में बनी थी।

इसके पश्चात सन 1948 में चंद्रलेखा जैमिनी स्टूडियो और निर्देशक एस.एस.वासन के निर्देशन में बनी बड़े बजट की फिल्म थी। यह फिल्म तमिल में उतनी सफल नहीं हुई जितनी हिंदी में रही। इस फिल्म ने निवेश के नए द्वार खोल दिए और हिंदी भाषा का प्रभाव और प्रचार अहिंदी भाषा क्षेत्र दक्षिण भारत की ओर भी सागर की तरंगों की तरह बहने लगी।

1955 में आजाद एस.एम. श्रीरामूला नायडू के निर्देशन में बनी फिल्म में मीना कुमारी और दिलीप कुमार के तीन रूपों में अभिनय किया। यह फिल्म हिंदी भाषा की दृष्टि से काफी महत्वपूर्ण रही। हिंदी के बहुतेरे ऐसे शब्दों का इसमें प्रयोग किया गया जिससे पहली बार हिंदी समाज और वर्ग परिचित हुआ।

1958 में स्वर्ण सुंदरी फिल्म पहले तमिल फिर तेलुगु में बनी। बाद में इसे हिंदी में डब्ब करने के बजाय उन्हीं कलाकारों को लेकर फिर से शूट किया गया। जिसका परिणाम यह हुआ कि लोगों ने यह मान लिया कि यदि हिंदी को देश के कोने-कोने में पहुंचाना है तो उसका सबसे सशक्त माध्यम हिंदी सिनेमा ही है स्वर्ण सुंदरी में लगभग 14 लोकप्रिय गाने थे यह फिल्म इतिहास के स्वर्ण पृष्ठ पर अंकित हो गई।

हिंदी फिल्मों का प्रभाव इस प्रकार बढ़ने लगा कि दक्षिण भारतीय

हिंदी सीखने की ओर उन्मुख हुए। इसके बाद छोटी बहन, घराना जैसी फिल्मों ने तो हिंदी के झंडे ही गाड़ दिए। हिंदी फिल्म की कहानियों को ही केवल पसंद नहीं किया गया बल्कि हिंदी गानों ने तो लगभग सब के दिलों पर राज कर लिया।

नूरजहां से लेकर लता मंगेशकर, मोहम्मद रफ़ी और अरिजीत सिंह तक के गाने सुनकर हिंदी के साथ-साथ अहिंदी भाषा-भाषी भी झूम उठे। भैया मेरे राखी के बंधन को निभाना..., रघुपति राघव राजा राम..., आवारा हूं..., मेरा जूता है जापानी... आदि गाने लोगों की जुबान पर इस कदर सज गए की भाषा का भेद ही खत्म हो गया।

अभिनेता राजेंद्र कुमार को लेकर दक्षिण भारत में कई फिल्में बनी। इसी प्रकार कई दक्षिण भारतीय अभिनेता हिंदी में फिल्में करके काफी लोकप्रिय हुए। कमल हसन रजनीकांत आदि। हिंदी भाषा में फिल्में करना एक समस्या के रूप में सामने आई लेकिन इसी भाषा ने लोगों के दिलों को जोड़ने का काम किया। दो छोर को पुल के रूप में हिंदी सिनेमा ने ही जोड़ा। हिंदी भाषा को लोगों ने अभिनय के माध्यम से अपनाया। वे किसी पर जोर जबरदस्ती थोपी नहीं गई। सिनेमा के लोकप्रिय गीतों के माध्यम से लोग भाषा सीखने लगे और गुनगुनाने लगे।

कई फिल्मों के संवाद ने भी दर्शकों के दिलों को छू लिया। जो वर्तमान समय में भी उनके दिलों में राज करते हैं। जैसे कमाल अमरोही के निर्देशन में मीना कुमारी और राजकुमार के सुंदर अभिनय से निर्मित सन 1972 में बनी फिल्म पाकीज़ा का संवाद - "आपके पांव बहुत खूबसूरत है इसे जमीन पर मत रखिएगा मैले हो जाएंगे।" काफी लोकप्रिय रहा। वहीं चलो दिलदार चलो चांद के पार चलो गीत लोगों की जुबान में बस गए।

हिंदी सिनेमा ने न केबल साहित्य की हिंदी को बल्कि बोलचाल की हिंदी को काफी सरल और सहज रूप में सामान्य जन की जुबान में शामिल कर दिया। बंबईया हिंदी का स्वरूप भी हमें कई बेहतरीन सिनेमा में देखने को मिलता है। जिसे दर्शकों ने काफी पसंद किया। जैसे-मुन्ना भाई एम.बी.बी.एस. की भाषा।

वर्तमान समय में न केवल हिंदी में बल्कि दक्षिण भारत एवं विदेशों में

हिंदी : वैश्विक व्याप्ति एवं प्रभाव

बनी फिल्मों के भी रिमेक तैयार हो रहे हैं और कहने की आवश्यकता नहीं है कि अंग्रेजी, तमिल, तेलुगू से अधिक बाजार हिंदी में बनी रिमेक सिनेमा का है। जुरासिक पार्क, स्पाइडर-मैन, हैरी पॉटर जैसी फिल्मों के हिंदी संस्करण ने जितना धन लाभ किया है उतना अपनी मूल भाषा में बनी फिल्म में नहीं किया। हाल ही में बनी फिल्म हॉलीडे, दृश्यम 1, 2 आदि ने भी काफी अच्छा बाजार बना लिया। टॉलीवुड, हॉलीवुड आदि के इस वैश्विक बाजार के मध्य हिंदी जानने समझने और बोलने वालों की संख्या निरंतर बढ़ रही है। सिनेमा का क्षेत्र दिन प्रतिदिन बढ़ रहा है साथ ही साथ अभी काफी संभावनाएं इस क्षेत्र में बनी हुई है। हिंदी सिनेमा ने हिंदी के माध्यम से देशों में ही नहीं बल्कि विदेशों में भी व्यतिक्रम कर लिया है।

संदर्भ सूची :

1. साहित्य का उद्देश्य, मुंशी प्रेमचंद, विश्वविद्यालय प्रकाशन वाराणसी, 2017, पृष्ठ 7
2. पश्चिम और सिनेमा, दिनेश श्रीनेत, वाणी प्रकाशन, दिल्ली, 2012 , पृष्ठ -26
3. भारतीय हिंदी सिनेमा की विकास यात्रा, देवेंद्र नाथ सिंह, वीरेंद्र सिंह यादव, पैसिफिक पब्लिकेशन दिल्ली 2012, पृष्ठ X
4. साहित्य और समाज, सं. मुकेश कुमार कांजिया, हिंदी बुक सेंटर, 2013, पृष्ठ 32

असिस्टेंट प्रोफेसर,
हिंदी विभाग ,
खिदिरपुर कॉलेज, कोलकाता

हिंदी : वैश्विक व्याप्ति एवं प्रभाव

भारतीय जनसंचार माध्यमों में हिंदी की भूमिका

डॉ अंजू शर्मा

भारतवर्ष में हिंदी भाषा राष्ट्रभाषा के पद पर आसीन है जो हमारे सम्पूर्ण राष्ट्र को एकता के सूत्र में पिरोने का कार्य कर रही है। आज हिंदी ज्ञान-विज्ञान, विधि, तकनीकी व लगभग सभी राजकीय कार्यालयों की भाषा बन चुकी है। भारतीय जनसंचार माध्यम में हिंदी की भूमिका डॉ. अर्जुन तिवारी जी जनसंचार के माध्यमों पर अपने विचार रखते हुए कहते हैं कि, " समाज, संस्कृति, साहित्य, दर्शन, विज्ञान एवं प्रौद्योगिकी के व्यापक प्रसार तथा मानव संघर्ष, क्रांति, प्रगति, दुर्गतिमय जीवन, सागर में उठने वाले ज्वार-भाटा को दिग्दर्शित करने में जनसंचार माध्यम ही सक्षम है। जनता, समाज, राष्ट्र एवं विश्व के यह सजग प्रहरी जनसंचार के ही साधन है, जो हमें गरीबी का भूगोल, पूंजीपतियों का अनुसंधान और नेताओं का समाजशास्त्र पढ़ाते हैं"[1] आज हिंदी जनसंचार माध्यमों में अधिकाधिक प्रयोग के कारण जनसमुदाय में बोली व समझी जाने लगी है। "वर्तमान बहुसंचारी व्यवस्था (मल्टीमीडिया) के दौर में सामाजिक सरोकारों के निर्वाह का सारा दारोमदार हिंदी पर आ पड़ा है। अबतक अंग्रेजी मानसिकतावश इसकी गति मंद थी। अब संचार विज्ञान ने सिद्ध कर दिया है कि भारत में जनसंचार भारतीय संवेदना के सहारे मुख्यतः हिंदी की अपनी प्रकृति तथा जातीय संस्कृति द्वारा ही पूर्णरूपेण फलित हो पाएगा।"[2]

स्वतंत्रता प्राप्ति के पश्चात भारतवर्ष में हिंदी को राष्ट्रभाषा के पद पर तो आसीन कर दिया गया, किंतु अपने ही घर में वर्षों तक हिंदी को वह स्थान नहीं मिल पाया जो उसे वास्तव में मिलना चाहिए था। परंतु धीरे-धीरे आज भारतवर्ष में हिंदी के प्रयोजनों अपेक्षाओं में बदलाव आया है। आज हिंदी ने समाज को अपने रूप में ढालकर अपने कई माध्यमों के द्वारा समाज को मनोरंजन प्रदान करने के साथ-साथ उसमे सुधार का भी कार्य

किया है, साथ ही धारावाहिक, फिल्म जगत, पत्र-पत्रिकाओं, रेडियो, आकाशवाणी, अनुवादक, हिंदी अध्यापक आदि जैसे कई क्षेत्रों में रोजगार के मार्ग प्रशस्त कर रोजगार के क्षेत्र को विस्तृत करने का कार्य भी किया है।

समाचार पत्र-पत्रिकायें और हिंदी

राष्ट्रीय व अंतरराष्ट्रीय परिदृश्य के हिंदी समाचार पत्र व पत्रिकाओं की महत्वपूर्ण भूमिका को नकारा नहीं जा सकता क्योंकि हिंदी समाचार पत्र पत्रिकाओं ने हिंदी भाषा का विकल्प उपस्थित कर उसका सुदृढ़ीकरण, स्थायीकरण, मानकीकरण भी किया है। "साहित्य स्वान्तः सुखाय भले ही हो लेकिन पत्रकारिता स्वान्तः सुखाय नहीं है वह मुख्यतः जनहिताय होती है। स्वतंत्रता से पूर्व संपूर्ण राष्ट्र को एकजुट करने में हिंदी पत्र-पत्रिकाओं की विशिष्ट भूमिका रही है। प्रजातंत्र पद्धति की सुव्यवस्था के लिए पत्र पत्रिकाएं आधार स्तंभ मानी जाती हैं। आज स्वतंत्रता प्राप्ति के पश्चात सामाजिक चेतना जगाने में समाचार-पत्रों की विशेष भूमिका है। भारत में 1557 ई. में मुद्रण प्रणाली की शुरुआत हुई थी। उसमें 1774 ई. में 'बंगाल गजट' की शुरुआत हुई थी। इसका श्रेय जेम्स ऑगस्ट हिक्की को दिया जाता है। हिंदी का प्रथम पत्र 'उदंत मार्तंड' 30 मई, 1826 में प्रकाशित हुआ।"[3]

आज विदेशों में हिंदी पत्रकारिता का भविष्य बहुत ही भव्य दिखाई पड़ रहा है जहां अनेकों साप्ताहिक पत्र निकाले जा रहे हैं वहां के लोग दैनिक हिंदी पत्र प्रकाशित करने के लिए भी प्रयासरत हैं, और जहां अभी तक कुछ भी प्रकाशित नहीं हो पा रहा है वहां पर भी शीघ्र ही साप्ताहिक, मासिक व त्रैमासिक पत्र-पत्रिकाओं का श्रीगणेश होने ही वाला है। संसार के कोने-कोने में हिंदी के प्रति जो प्रेम का भाव आज उमड़ रहा है वह निश्चित तौर पर वैश्विक परिवेश में हिंदी पत्रकारिता के भविष्य को और अधिक सुदृढ़ व समृद्ध करेगा। विभिन्न सर्वेक्षणों के अनुसार हम पाते हैं कि राष्ट्रीय स्तर पर भी समाचार पत्र पत्रिकाओं की स्थिति काफी आशाप्रद है। आज दैनिक जागरण, हिंदुस्तान टाइम्स, अमर उजाला, पंजाब केसरी, दैनिक भास्कर, राष्ट्रीय सहारा, ट्रिब्यून आदि सर्वाधिक बिक्री वाले हिंदी समाचार पत्र है जो जनसामान्य द्वारा पढ़े जा रहे हैं।

दूरदर्शन और हिंदी

दूरदर्शन का पहला प्रसारण 15 सितंबर, 1959 को प्रयोगात्मक आधार पर आधे घंटे के लिए शैक्षिक और विकास कार्यक्रमों के प्रसारण के लिये शुरू किया गया था। उस समय यह प्रसारण सप्ताह में मात्र तीन दिन आधा-आधा घंटे के लिये ही प्रसारित हुआ करता था। उस समय इसे 'टेलीविजन इंडिया' नाम दिया गया था। तत्पश्चात सन 1975 में इसका हिन्दी नामकरण 'दूरदर्शन' नाम से किया गया। यह दूरदर्शन नाम इतना लोकप्रिय हुआ कि वर्तमान में टीवी का हिंदी पर्याय ही दूरदर्शन बन गया। "दूरदर्शन" ने भारतीय सभ्यता, संस्कृति धर्म और आदर्श पर आधारित ऐतिहासिक धारावाहिक रामायण, महाभारत, श्री कृष्ण और जय हनुमान को प्रसारित करके सदियों पुराने इतिहास को जीवंत रूप में हमारे सामने लाकर खड़ा कर दिया है। अनेक सामाजिक धारावाहिक जैसी विरासत, तमस, घुटन, दर्द, नीम का पेड़ इत्यादि वर्तमान समाज की त्रासद स्थितियों को उजागर करने में सफल रहे हैं।"[4]

इंटरनेट और हिंदी

हिंदी को इंटरनेट माध्यम ने वैश्विक स्तर पर पहचान प्रदान करने की बहुत बड़ी भूमिका निभाई है जिसके चलते आज विदेशी लोग भी हिंदी सीखना व उसने व्यवहार करना चाहते हैं और इंटरनेट अहिंदी भाषी लोगों को हिंदी भाषा का ज्ञान प्राप्त करने में सहायक सिद्ध हो रहा है। धीरे-धीरे सूचना प्रौद्योगिकी के क्षेत्र में भी हिंदी का प्रचलन बढ़ा है। आज भारतीय ही नही अपितु विदेशी कंपनियां भी अपनी वेबसाइट का विकास हिंदी में कर रही हैं। भारतवर्ष में रिश्वत उपभोक्ता बाजार में आमजन तक अपनी पहुंच बनाने के लिए हिंदी भाषा को अपनाना मजबूरी है। बढ़ते विश्व बाजार में "हिंदी भाषा के लिए 'खतरे के स्थान पर संभावना' के नए द्वार खोल दिए हैं। इसी के चलते भारतीय भाषाओं की कंप्यूटरिंग पर आज पहले से अधिक ध्यान दिया जा रहा है। यूनिकोड कंसोर्टियम के प्रयासों से वजूद में आए यूनिकोड के दुनिया भर की भाषाओं को अंको में लिखने की जो कवायद शुरू की थी उनका हिंदी को भरपूर लाभ मिला है। यूनिकोड इंटरनेट पर आज भाषा का मानक बन चुका है। इसके चलते इंटरनेट पर हिंदी वेबसाइटों की

संख्या लगातार बढ़ रही है ।"[5]

वास्तव में आज इंटरनेट सर्वव्यापी सत्ता का रूप धारण कर चुका है। जिसके द्वारा बिना किसी सैनिक के संपूर्ण विश्व पर विजय पाई जा सकती है। आज मुट्ठी में रखे एक छोटे से फोन में हमें अल्लादीन के चिराग की अनुभूति होती है, जिसे घिसने मात्र से ही पलक झपकते सभी जानकारी चाहे वह किसी भी क्षेत्र से होते ही उपलब्ध करा दी जाती है। "इंटरनेट द्वारा देश विदेश से जुड़ी घटनाओं, साहित्य, समाचारों आदि सभी के वेब पन्ने प्रकाशित किए जा सकते हैं। यह सभी सूचनाएं कंप्यूटरधारक व इंटरनेट से जुड़े व्यक्तियों के लिए उपलब्ध है। इन सूचनाओं पर किसी एक वर्ग का विशेषाधिकार नहीं है। इस प्रकार से सूचनाओं का विकेंद्रीकरण हुआ है । हिंदी में इंटरनेट के विस्तार में सबसे अधिक योगदान सभी समाचार पत्रों की साइट्स का है। आज टाइम्स ऑफ इंडिया, हिंदुस्तान टाइम्स, दैनिक जागरण, नई दुनिया, इंडिया टुडे, आउटलुक जैसी पत्र-पत्रिकाएं वेब पत्रिकाओं की साइट्स जैसे-अभिव्यक्ति, अनुभूति बोलोजी कलायन, वेबदुनिया आदि पाठकों तक पहुंच रहे हैं।"[6]

सिनेमा जगत और हिंदी

"भारतीय संस्कृति संदर्भ में सिनेमा शायद सबसे अधिक लोकप्रिय और सबसे अधिक शक्तिशाली संचार माध्यम है और हिंदी फिल्में सुनिश्चित रूप से दूसरी भाषाओं की फिल्मों की तुलना में अधिक लोकप्रिय हैं।"[7] यही नहीं वरन क्षेत्रीय भाषा मे बनी फिल्मों को भी हिंदी में अनुवाद किया जा रहा है और वह मूल फ़िल्म से अधिक ख्याति भी पा रही हैं। हिंदी सिनेमा अंतर्रराष्ट्रीय स्तर पर वैकल्पिक भाषा अधिगम का प्रमुख स्रोत सिद्ध हो रहा है। जिसके कारण हम विदेशी कलाकारों को हिंदी संवाद कहते हुए सुन सकते हैं। पिछले कुछ दशकों की हिंदी फिल्मों ने इस दिशा में क्रांति का संचार किया है जिससे अंतरराष्ट्रीय हिंदी भाषियों का हिंदी फिल्मों के प्रति रुझान में भावात्मक जुड़ा हुआ है और भावनात्मक जुड़ाव से ही हिंदी भाषियों के मध्य वैकल्पिक भाषा के रूप में आज हिंदी भाषा को स्थान मिला है।

विज्ञापन और हिंदी

हिंदी विज्ञापन का अभिन्न अंग है और विज्ञापन का अस्तित्व हिंदी के

कारण रक्षित है। भारत के संदर्भ मे विज्ञापन-क्षेत्र के लिए हिन्दी की आवश्यकता निर्विवाद है। हिन्दी भाषा विज्ञापन की अनिवार्यता है। मानो यह सूत्र-सा बना है कि "हिन्दी नहीं तो विज्ञापन नहीं।" लाखों-करोड़ों के हृदय, मन और मस्तिष्क पर हावी होनेवाले लक्स, लिरिल या संतूर जैसे साबुन हों अथवा कोलगेट, सिबाका या पेप्सोडेंट जैसे टूथपेस्ट- सबके सब अपने-अपने कारखानों और दुकानों में "हिंदी के बिना बंदी है।" यह कहना गलत नहीं होगा कि "हिन्दी विज्ञापन का अभिन्न अंग है और विज्ञापन का अस्तित्व हिन्दी के कारण रक्षित है।" अतः यह स्पष्ट है कि हिन्दी दूरदर्शन के विज्ञापन को 'थोक आश्रय' देती है और विज्ञापन से हर चीज 'लोक आश्रय' पाती है।"8 अतः यह स्पष्ट है कि हिंदी दूरदर्शन पर दिखाये जाने वाले विज्ञापन विज्ञापन से हर चीज जनसामान्य को अपनी ओर आकर्षित करती है। वर्तमान में समाज के प्रेरणा प्रद सूचना एवं मनोरंजन तथा शिक्षा प्रदान करने की उद्देश्य पूर्ति हेतु हिंदी भाषा की नितांत आवश्यकता है और यही कारण है कि हिंदी साहित्य जगत के वरिष्ठ लेखक व साहित्यकारों ने साहित्य के माध्यम से जन सामान्य को प्रेरणा, शिक्षा एवं मनोरंजन देकर एक प्रकार से समाज सेवा का कार्य किया है।

आकाशवाणी, रेडियो और हिंदी

"रेडियो सामाजिक, आर्थिक, राजनीतिक, नैतिक, सांस्कृतिक, स्वास्थ्य, मनोरंजन एवं पर्यावरण चेतना उत्पन्न करने का सबसे सशक्त माध्यम है। वीडियो के द्वारा हिंदी भाषा के माध्यम से कई कार्यक्रमों का प्रस्तुतीकरण किया जाता है। ज्ञान-विज्ञान और मनोरंजन के क्षेत्र में से युक्त सखी-सहेली लोकप्रियता के शीर्ष पर है। लोकप्रियता के दौर में देरी हो जैसे श्रव्य माध्यम से हिंदी भाषा का बहुत बड़ा काम हो रहा है हिंदी भाषा से देलियो कार्यक्रमों में समृद्धि आई है, वही रेडियो में भी हिंदी को जन-जन तक पहुंचाया है।"9 सामान्य तौर पर आकशवाणी में हिंदी वार्ताएं, परिसंवाद, नाटक, गीत, कहानी, लघुकथा, आदि का प्रसारण किया जाता है। "आज दूरदर्शन के युग मे आकशवाणी का महत्व कम हो गया है किंतु फिर भी जहाँ दूरदर्शन की पहुँच नहीं हुई है, वहाँ आज भी रेडियो का महत्व है।"10

हिंदी : वैश्विक व्याप्ति एवं प्रभाव

निष्कर्ष रूप में हम कह सकते हैं कि वर्तमान समय मे हिन्दी जनसंचार माध्यमों पर बहुत तीव्र गति से लोकप्रिय हुई है और भविष्य में इसकी लोकप्रियता और भी तेजी से बढ़ेगी। देश-विदेश के सर्वाधिक पढ़े जाने वाले समाचार- पत्र और सर्वाधिक देखे जाने वाले टीवी चैनल हिन्दी के ही हैं । यह कहना कदापि अतिश्योक्ति न होगा कि आने वाले समय में भारतीय जनसंचार माध्यमों में हिन्दी के रूप में इसे और अधिक अवसर अवश्य मिलेंगें ही।

संदर्भ ग्रंथ सूची:

1. जनसंचार और पत्रकारिता, अर्जुन तिवारी, साहित्य सरोवर पब्लिकेशन, संस्करण 2000, पृष्ठ संख्या-01, आमुख
2. जनपत्रकारिता जनसंचार एवं जनसंपर्क-सूर्य प्रकाश दीक्षित, संजय प्रकाशन, दिल्ली, द्वितीय संस्करण-2009, पृ0-160-161
3. हिंदी भाषा लिपि में साहित्य, सं0- बल भीमराज गोरे, विकास प्रकाशन, कानपुर, पृ0-63-64
4. संचार -सिद्धान्त की रूपरेखा- प्रेमचंद पातंजलि, के. एल. पचौरी प्रकाशन, गाजियाबाद, प्रथम संस्कार-2008, पृ0-85
5. मीडिया और हिंदी-मधु खराटे और हेमंतराव पाटिल प्रा. राजेंद्र सोनवणे विद्या प्रकाशन कानपुर, प्रथम संस्करण, 2008, पृ0- 193
6. हिंदी भाषा और कंप्यूटर, संतोष गोयल श्री नटराज प्रकाशन, नई दिल्ली, प्रथम संस्करण 2008, पृ0-105 -106
7. मीडिया समग्र,. सी. बी. पीटर, वाणी प्रकाशन नई दिल्ली; डॉ. अर्जुन तिवारी, पृष्ठ संख्या 130
8. मीडियाकालीन हिन्दी स्वरूप एवं संभावाएँ, अर्जुन चौहान, राधाकृष्ण प्रकाशन प्रा. लि., दिल्ली, पूर्वोक्त- पृष्ठ सं. - 63

9. मीडिया और बदलती हिंदी प्रवृतियां सं0 - रविन्द्र जाधव, केशव मोरे, वाणी प्रकाशन, नई दिल्ली, 2016, पृ0-176
10. हिंदी भाषा प्रयोजनमूलकता एवं आयाम, हरमोहन लाल सूद, देवेंद्र कुमार, वागीश प्रकाशन, जालन्धर-2010, पृ0-170

असिस्टेंट प्रोफेसर, हिंदी विभाग
हरिओम सरस्वती पी0 जी0 कॉलेज धनौरी,
उत्तराखंड

हिंदी : वैश्विक व्याप्ति एवं प्रभाव

संचार माध्यम और हिंदी

डॉ. भावना कुँअर

हिंदी के विकास में संचार माध्यमों की अगर हम बात करें तो पुराने समय से ही भाँति-भाँति प्रकार के माध्यमों का प्रयोग होता रहा है। प्रारंभिक काल में अशिक्षित लोगों तक पहुँचने के लिए फ़क़ीरों और साधुओं द्वारा गलियों में घूम-घूमकर और चौपालों में बैठकर वाचक रूप में और शिक्षित लोगों के लिए ग्रन्थों, समाचार पत्रों एवं पत्र-पत्रिकाओं द्वारा जन संचार किया गया। पुराने समय में वाचक परंपरा के द्योतक प्रसिद्ध व्यक्तियों में संत कबीर दास, सूरदास, तुलसीदास एवं मीराबाई आदि अनेकों नाम हैं जिन्होंने कहीं गलियों में घूम-घूमकर अपने भजन गाए तो किसी घाट पर अपने द्वारा लिखी रचनाओं का पाठ किया। कहा जाता है कि मीराबाई तो राज परिवार की होते हुए भी अपने हाथ में इक तारा लेकर कृष्ण के भजनों को गाती फिरतीं थीं। तुलसी दास जी ने अपनी कितनी ही काव्य रचनाएँ चाहें वो रामचरित मानस हो या विनय पत्रिका सभी चित्र कूट के घाट पर गाते-गाते लिखीं। संत कबीर ने अशिक्षित होते हुए भी अपने दोहे, सोरठे, उलटवासियाँ आदि सभी फ़क़ीरी अन्दाज़ में जगह-जगह गाए जो लोगों को कंठस्थ हुए और आगे चलकर प्रकाशित रूप में हम तक पहुँचे।

धीरे-धीरे तकनीकी विकास के साथ-साथ इसके रूप बदलते रहे और इस सूची में रेडियो, टेलिविज़न, इंटरनेट, फ़िल्में एवं संगीत के माध्यम भी इसमें जुड़ते चले गए। इन सभी आधुनिक माध्यमों ने हिंदी को दुनिया के कोने-कोने तक पहुँचाया।

इस क्षेत्र में रेडियो की भी अहम भूमिका रही। हम मनोरंजन से लेकर विचारों के आदान-प्रदान की बात करें या फिर शिक्षा, समाचार या सामाजिक मुद्दों पर कि गई चर्चाओं की बात करें, तो इन सभी में रेडियो का बहुत बड़ा हाथ है। अगर ऑस्ट्रेलिया की ही बात करें तो यहाँ सिडनी में "रेडियो दर्पण" नाम से एक रेडियो चैनल है जिस पर रविवार को एक घन्टे

हिंदी : वैश्विक व्याप्ति एवं प्रभाव

का हिन्दी में कार्यक्रम प्रसारित होता है, जिसमें पूरी कोशिश रहती है कि मनोरंजन के साथ-साथ सभी चीजों को शामिल किया जाए जैसे कि- हिन्दी दिवस, बाल-दिवस, पंद्रह अगस्त, छब्बीस जनवरी, गाँधी जयन्ती, शिक्षक दिवस, हमारे सभी तीज-त्यौहार और इसके अलावा भी बहुत कुछ। ऐसे ही विभिन्न देशों के कई शहरों में भी रेडियो के माध्यम से हिन्दी का प्रचार प्रसार किया जाता है और भारत में तो आकाशवाणी रेडियो द्वारा कई रोचक और ज्ञानवर्धक मुद्दों को दूर-दराज क्षेत्रों तक पहुँचाया जाता रहा है। शुरुआती दौर में जब सिर्फ रेडियो हुआ करते थे जो केवल एक स्थान पर ही रखे होने के कारण श्रोताओं की संख्या को नहीं बढ़ा पाते थे लेकिन ट्रांजिस्टर के आने के बाद ये एक चलता-फिरता माध्यम हो गया, जिसे यात्रा में, गली नुक्कड़ पर, खुली छत पर, चलती रिक्शा-मोटर गाडी आदि सभी जगह इसको सुना जाना संभव हो गया।

टेलीविजन के अविष्कार ने जन संचार के क्षेत्र में जैसे क्रांति ही ला दी। जहाँ पहले सिर्फ श्रोता ही हुआ करते थे वहाँ अब दर्शक भी जुड़ गए जिसने जन संचार को और भी रोचक बना दिया।

संगीत, समाचार, परिचर्चाएँ, खेलों का सीधा प्रसारण आदि कितने ही विभिन्न रूपों में हिंदी का जन संचार होने लगा। प्रारंभ में जिसका एक निश्चित समय में ही प्रसारण होता था वो "केबल टी. वी." आने के बाद 24 घंटे प्रसारित होने लगा। अब एक ही समय पर अपनी रुचि के अनुसार हज़ारों चैनल को बदलने की सुविधा भी हो गयी है। टेलीविजन ने सिनेमा के बड़े पर्दे को भी अपनी छोटी स्क्रीन पर प्रसारित करना शुरू कर दिया।

टेलिविज़न पर धारावाहिक युग का प्रारम्भ हिंदी धारावाहिक "हम लोग" से शुरू हुआ जिसमें एक मध्यम वर्गीय परिवार की हर छोटी बड़ी समस्याओं एवं अनुभवों को बहुत ही रोचक ढंग से कथानक रूप में प्रस्तुत किया गया जो घर-घर में बहुत ही लोकप्रिय हुआ। इसकेअतिरिक्त हमारे प्रचलित हिंदी ग्रंथ "रामायण" एवं "महाभारत" पर भी हिंदी धारावाहिक बने जो उम्र के हर वर्ग के लोगों में बहुत सराहे गए। इसके बाद कितने ही ऐतिहासिक पात्रों पर धारावाहिक बनने शुरू हो गए जैसे "टीपू सुल्तान,"

हिंदी : वैश्विक व्याप्ति एवं प्रभाव

"चंद्रगुप्त मौर्य," "पृथ्वीराज चौहान" आदि-आदि कितने ही धारावाहिकों की बाढ़ सी आ गयी जिसने हिंदी भाषा को बहुत अधिक लोकप्रियता दिलाई। आगे चलकर कितने ही ज्ञानवर्धक धारावाहिक टेलिविज़न पर आने लगे जिनमें "कौन बनेगा करोड़पति" ने तो लोकप्रियता के सारे रिकॉर्ड ही तोड़ दिए।

आधुनिक समय में डबिंग की सुविधा आने के बाद अन्य प्रांतीय एवं विदेशी भाषाओं का हिंदी अनुवाद दर्शकों तक पहुँचने के कारण सिनेमा जगत का भी विस्तार हुआ। हॉलीवुड के बाद बॉलीवुड के अभिनेता सबसे अधिक पारिश्रमिक लेने वाले अभिनेता हैं जिनकी लोकप्रियता हिंदी के लोकप्रिय होने का स्पष्ट प्रमाण हैं। टेलीविजन के होने से सबसे बड़ा लाभ ये हुआ कि समाचारों के अलग-अलग चैनल ही प्रारम्भ हो गए, जिसमें चौबीसों घंटे दुनिया के हर कोने की पल-पल की ख़बर मिलने लगी। धीरे-धीरे समाचार चैनलों ने अपने अलग-अलग भागों में प्रकाशित पत्रिकाओं की तरह राशिफल, फ़िल्मी गपशप, कार्टून कोना आदि भी समाचार के साथ प्रसारित करने प्रारंभ कर दिए।

इससे अगला चरण इंटरनेट लेकर आया जिसमें जन संचार को और भी सरल बना दिया। इंटरनेट की दुनिया ज्ञान का एक ऐसा अथाह महासागर है जिसमें किसी भी विषय पर किसी भी प्रकार की जानकारी पल भर में ही उपलब्ध हो जाती है। हिंदी और भारतीय अन्य राज भाषाओं के बारे में भी हर तरह की जानकरियाँ मिलना सरल हो गया है। हमारे पौराणिक ग्रन्थों, उपनिषदों आदि को भी इंटरनेट की दुनिया में स्थान मिल चुका है। कितने ही अनुपलब्ध साहित्य और सामग्री जो किसी संग्रहालय, पुस्तकालय या बुक-स्टाल पर भी उपलब्ध नहीं हैं वो इंटरनेट पर आसानी से उपलब्ध हो रहे हैं। हिंदी भाषा को सीखना भी इंटरनेट पर बहुत ही आसान हो गया है कितनी ही विभिन्न वेबसाईट हैं जिन पर हम हिंदी की वर्णमाला से लेकर हिंदी व्याकरण को क्रमबद्ध रूप से पढ़कर सीख सकते हैं। इसके अतिरिक्त हिंदी शब्दकोश, पर्यायवाची शब्द कोश, हिंदी तुकांत शब्द कोश आदि भी इंटरनेट पर अब उपलब्ध हैं। इंटरनेट पर गूगल वेबसाइट एक ऐसी कुंजी है जो ज्ञान के भंडार के द्वार पर लगे हर ताले को खोलने का सरल माध्यम है। इस पर किसी भी विषय से सम्बंधित शब्द टाइप करते ही ये हमें उससे जुड़ी हज़ारों साईट के लिंक उपलब्ध करा देता है।

प्रारंभ में हिंदी का फांट ना होने के कारण कुछ असुविधा रही जिसके चलते रोमन लिपि में हिंदी को लिखने की विवशता रही या स्केन किए हुए पन्नों के माध्यम से हिंदी का प्रचार हो सका लेकिन हिंदी के विभिन्न फांट आते ही ये समस्या भी सुलझ गयी। कुछ फांट हैं जैसे यूनिनागरी, सुशा, यूनिकोड, मंगल आदि जिन्होंने कंप्यूटर पर हिंदी लिखना आसान बनाया। इसके बाद माइक्रोसॉफ़्ट ने हिंदी फांट यूनिकोड को अपने पैकेज में शामिल कर लिया जिससे बिना कोई प्रयास किए हिंदी हर कंप्यूटर डिवाइस के साथ उपलब्ध हो गयी। हिंदी फांट के आने का सबसे बड़ा लाभ प्रकाशन जगत को हुआ। पहले किसी भी तरह की प्रकाशन सामग्री प्रकाशक तक हस्तलिखित पांडुलिपि के माध्यम से ही पहुँच पाती थी लेकिन जब से लेखक वर्ग हिंदी में ही टाइप करने लगे तब से वो सॉफ़्ट कापी मेंअपनी प्रकाश्य सामग्री प्रकाशक तक ई-मेल के जरिए पहुँचाने लगे हैं जिससे भेजने में लगने वाले समय की बचत के साथ-साथ प्रूफ़-रीडिंग में लगने वाले समय की भी बचत हुई। मोबाइल में भी इनबिल्ट हिंदी फांट उपलब्ध हैं जिसमें चलते-फिरते व्यक्ति भी हिंदी टाइप करने लगे हैं। सोशल मीडिया पर भी हिंदी में लिखी जाने वाली पोस्ट और उन पर की गयी हिंदी प्रतिक्रियाएँ बहुत प्रचलित हैं।

इंटरनेट पर ई-समाचार पत्र, ई-पत्रिकाएँ, ब्लॉग एवं वेबसाइट द्वारा हिंदी का पठन बहुत ही सुगम हो गया। इन माध्यमों से स्थापित एवं नए लेखक वर्ग को जन-जन तक पहुँचना बहुत आसान हो गया। इसके अतिरिक्त या उसके ही जैसे अन्य पटलों के माध्यम से वीडियो अपलोड की सुविधा भी इंटरनेट पर उपलब्ध होने लगी जिससे दर्शकों को टेलीविजन की समय बाध्यता से भी छुटकारा मिला और दर्शक अपनी सुविधा अनुसार जब चाहें वीडियो के माध्यम से अपने पसंदीदा विषय को देखने और सुनने लगे।

आज के युग में मोबाइल के आने के बाद हम सब इस पर पूरी तरह आश्रित हो गए किंतु साथ-साथ इसने हमें आत्मनिर्भर भी बनाया क्योंकि हाथ में मोबाइल होने पर कभी भी किसी भी समय दूर दराज तक बात चीत करना तो आसान हुआ ही साथ ही मोबाइल पर उपलब्ध तरह-तरह के एप्लीकेशन्स के द्वारा तरह-तरह के पटल उपलब्ध होने लगे जो जन संचार के लिए वरदान साबित हुए। इंटरनेट के माध्यम से मोबाइल ने हर वो सुविधा

हिंदी : वैश्विक व्याप्ति एवं प्रभाव

उपलब्ध कराई जो पहले अलग-अलग जगह से ही प्राप्त हो पाती थी जैसे टेलीविजन, रेडियो आदि सब एक क्लिक पर उपलब्ध होने लगे। सोशल मीडिया के आते ही दुनिया मुट्ठी में आ गई क्योंकि दुनिया के किसी भी कोने में बैठा कोई व्यक्ति दूर-दराज़ के दूसरे व्यक्ति से सम्पर्क स्थापित कर सका चाहे वो वीडियो हो या ऑडियो।

फ़ेसबुक, ट्विटर, इंस्टाग्राम, ज़ूम आदि जैसे पटल ने लाइव प्रसारण सुविधा के माध्यम से एक ही समय में कई व्यक्तियों को आपस में सम्पर्क साधने का अवसर दिया।

बड़े-बड़े समाचार पत्रों ने भी इन नई तकनीकों का प्रयोग किया और अपने भी सोशल मीडिया पेज बनाए जो एक प्रकाशित पत्रिका या समाचार से जल्दी जन मानस तक पहुँचने का माध्यम बना। इतना ही नहीं शिक्षा के क्षेत्र में भी अच्छी ख़ासी वृद्धि हुई अब छात्रों को शिक्षक ऑनलाइन उपलब्ध होने लगे जिसमें घर में बैठे-बैठे ही वो अपनी पसंद के शिक्षक से ऑनलाइन शिक्षा प्राप्त करने लगे।

ट्विटर जैसे माध्यम तो इतने सशक्त बने कि बड़ी-बड़ी विभूतियों और राजनेताओं आदि भी अपने संदेश ट्विटर एकाउंट के माध्यम से देने लगे और जन मानस ने भी अपने संदेश ट्विटर द्वारा उन तक पहुँचाने शुरू कर दिए हैं।

जन मानस के अभी तक चर्चित माध्यमों के अतिरिक्त सबसे महत्वपूर्ण माध्यम जो प्रारम्भ में भी था और आगे तक रहेगा वो है पत्रकारिता। विश्व स्तर पर कितने ही कर्मठ पत्रकारों को लोकप्रियता मिली है और साथ ही उन्हें कितने ही गौरवशाली पुरस्कारों से पुरस्कृत भी किया जाता रहा है। पत्रकारिता एक ऐसा क्षेत्र है जिसमें पत्रकार को पूरी ईमानदारी से और निष्पक्ष रूप से अपनी बात लोगों तक पहुँचानी होती है जो उनका धर्म भी होता है जो किसी दबाव आदि से अपनी कलम को मौन नहीं होने देता।

एक समय था जब हमारा देश गुलामी की जंजीरों में जकड़ा था वही हमारी हिंदी भाषा भी कोने में बैठी सिसक रही थी, जैसे उसकी तो कमर ही टूट गई थी। हर तरफ अंग्रेजों की हुकूमत उनका बोल-बाला, उनकी भाषा। उस समय बड़े-२ समाचारपत्र अंग्रेजी में ही छपा करते थे। फिर एक समय आया जब हिंदी के पत्रकारों ने समाज में अपना एक अलग स्थान बनाया।

उस समय के पत्रकारों ने ब्रिटिश साम्राज्य के सामने हार नहीं मानी ना ही खुद को कमजोर पड़ने दिया और ना ही खुद को झुकने दिया बल्कि उन्होंने पत्रकारिता को एक मिशन बनाया ताकि देश को स्वतन्त्र कराने में वो भी अपना योगदान दे सकें जिसके कारण समाज में पत्रकारों की एक अलग ही छवि बनी, उनको सम्मान दिया जाने लगा। उस समय में हिंदी साहित्य को बहुमुखी बनाने, अनेक भरतीय भाषाओं में रचे साहित्य को हिंदी में लाने, देवनागरी लिपि के महत्व को बताने में कई पत्रकार अग्रणी रहे।

जहाँ तक भारत में पत्रकारिता के इतिहास की बात करें तो अखबारी पत्रकारिता 400 साल पहले अस्तित्व में आई। भारत में इसकी शुरुआत 1780 में 'जेम्स ऑगस्ट हिकी' के 'बंगाल गजट' से हुई जो कि कोलकाता से निकला था। हिन्दी का पहला साप्ताहिक पत्र 'उदन्त मार्तंड' भी 30 मई, 1826 में कोलकाता से ही प्रकाशित हुआ जिसका संपादन पं जुगलकिशोर शुक्ल ने किया था। भारतेन्दु हरिश्चंद्र जी ने बहुत सी पत्र-पत्रिकाएँ निकालकर इस क्षेत्र में विशेष योगदान दिया।

बालकृष्ण भट्ट, जो "हिंदी प्रदीप' के संपादक थे, केवल एक पत्रकार ही नहीं बल्कि बड़े साहित्यकार भी थे, जिन्होंने विभिन्न विधाओं पर अपनी लेखनी चलाई। वे मुहावरेदार भाषा में लिखते थे और उनकी रचनाएँ ओजपूर्ण होती थीं। आने वाले पत्रकारों ने उनसे बहुत कुछ सीखा।

अब बात करते हैं भारतेंदु हरिश्चंद्र की जिन्हें आधुनिक हिंदी का जन्मदाता भी कहा जाता है। उनकी कही हुई निम्न पंक्तियाँ इस बात को पूर्णतः चरितार्थ करती हैं-

निज भाषा उन्नति अहै, सब उन्नति को मूल।

बिन निज भाषा-ज्ञान के, मिटत न हिय को सूल।।

विविध कला शिक्षा अमित, ज्ञान अनेक प्रकार।

सब देसन से लै करहू, भाषा माहि प्रचार।।

भारतेंदु ने स्वभाषा को ही सबसे अधिक महत्व दिया। महिलाओं को केन्द्र में रखकर जो पहली पत्रिका उन्होंने प्रकाशित की वो थी- 'बालाबोधिनी'। इसमें महिलाओं ने लिखा जिसके कारण काफी महिलाएँ भी पत्रकारिता से जुड़ीं।

हिंदी गद्य और पद्य दोनों को नया रूप देने में प्रताप नारायण मिश्र को हम नहीं भुला सकते। मिश्र जी ने पत्रकारिता की भाषा शैली में महत्वपूर्ण बदलाव करते हुए बोल-चाल की भाषा को इसमें समाहित किया। इससे पहले अरबी, फारसी, उर्दू या संस्कृत जैसी क्लिष्ट भाषा में ही पत्रकारिता हुआ करती थी।

नागरी प्रचारिणी सभा, काशी हिंदू विश्वविद्यालय और हिंदी प्रकाशन मंडल की स्थापना करने वाले महामना मदनमोहन मालवीय हिंदी के सच्चे संवाहक थे। वे समय-समय पर अनेक पत्रों से संबद्ध हुए। उनकी पत्रकारिता में हिंदी भाषा का ओज स्पष्ट रूप से देखा जा सकता था।

मुंशी प्रेमचंद ने अपने मशहूर उपन्यासों के लेखन के साथ-साथ "हंस" नामक पत्रिका भी प्रकाशित करनी शुरु की जो आर्थिक अभाव के चलते उन्हें बाद में बंद करनी पड़ी किन्तु उनके बाद तत्कालीन लेखक वर्ग ने उसका पुनः प्रकाशन प्रारम्भ किया।

इसके अतिरिक्त कितने ही साहित्यकारों ने जन संचार क्षेत्र में अपना महत्वपूर्ण योगदान दिया जिनमें तत्कालीन प्रमुख नाम हैं- हजारी प्रसाद द्विवेदी, महादेवी वर्मा, निराला एवं ऐसी कितनी ही विभूतियाँ हैं जिनकी एक लम्बी सूची बन सकती है।

पिछले कुछ दशकों से कितनी ही हिन्दी पत्रिकाएँ हैं जो हिन्दी का प्रचार कर रही हैं। पाठक वर्ग भी उनके आने वाले अंकों का बेसब्री से इन्तजार करते हैं। ये पत्रिकाएँ हिन्दी भाषा के साथ-साथ हिन्दी साहित्य का भी प्रचार करती हैं जिनमें कवि, कहानीकार एवं अन्य विधाओं के रचनाकारों की रचनाओं को प्रकाशित किया जाता है। इन पत्रिकाओं में कुछ प्रमुख नाम हैं- साप्ताहिक हिन्दुस्तान, धर्मयुग, सारिका, सारिता, कादम्बिनी आदि। बाल साहित्य में भी कई प्रचलित पत्रिकाएँ रही हैं जिनमें-नन्दन,

पराग, चंपक, चन्दा मामा आदि नाम प्रमुख हैं। ऑस्ट्रेलिया में भी कई हिन्दी पत्रिकाएँ प्रकाशित होती हैं और साथ ही कई ई-पत्रिकाएँ भी हैं जैसे- हिन्दी गौरव, ऑस्ट्रेलियांचल आदि। इसके अतिरिक्त विश्व के अन्य देशों में भी अनेक पत्रिकाएँ प्रकाशित हो रही हैं।

हिंदी सिनेमा भी जन संचार का एक सशक्त माध्यम रहा है। श्वेत-श्याम युग से रंगीन पर्दे तक सिनेमा ने हिंदी को हर ज़ुबान पर और हर आँखों में समाहित किया है। प्रवासी भारतीयों एवं उनकी नई पीढ़ियों तक हिंदी सिनेमा ने हिंदी को जीवित रखा है। हिंदी सिनेमा के विविध आयाम जिसमें संवाद, फ़िल्मी गीत और संगीत सभी इसको और भी ख़ूबसूरती प्रदान करते हैं। कितने ही पुरानी फ़िल्मों के गीत और संवाद हिंदी भाषी लोगों को ज़ुबानी याद हैं और वही नई पीढ़ी को भी अपनी ओर आकर्षित किए बिना नहीं रहते। यही कारण है कि कितने ही पुराने हिंदी गीतों के रीमिक्स बनाए जाते हैं जिन्हें नई पीढ़ी बहुत ही चाव के साथ गाती और सुनती है।

कितने ही भारतीय उत्सव प्रवासियों द्वारा विदेशों में मनाए जाते हैं जिनमें तरह-तरह के कार्यक्रमों के माध्यम से हिंदी का संचार होता है। छोटे-छोटे बच्चे देशभक्ति के गीत एवं अन्य लोक गीतों, फ़िल्मी गीतों को गाते हैं और थिरकते हैं। इनमें हिंदी नाटकों का भी मंचन होता है। कई लोकप्रिय अभिनेता, गायक, संगीतकार, कवि एवं शायर विदेशी धरती पर आमंत्रित किए जाते हैं जहाँ वो अपनी कला का प्रदर्शन करते हैं।

विदेशों के हिंदी दूतावास भी इसमें महत्वपूर्ण योगदान देते हैं जो समय-समय पर प्रवासी भारतीयों को हिंदी संस्कृति और भाषा से जोड़े रहते हैं। समय-समय वो ऐसे आयोजन करते रहते हैं जिससे कि हिन्दी का प्रचार हो सके। जिनमें हर आयु वर्ग के लिए निबन्ध प्रतियोगिता, कविता प्रतियोगिता आदि जैसे आयोजन हैं। विदेशी धरती पर कितने ही स्कूलों की स्थापना हो चुकी है जो हिंदी के प्रचार-प्रसार में अपना योगदान दे रहे हैं जिनमें मूल भारतीयों के अतिरिक्त कितने ही अहिंदी भाषी लोग भी हिंदी के प्रति आकर्षित होकर हिंदी सीख रहे हैं।

भारत सरकार द्वारा संचालित राजभाषा विभाग और कितनी ही ग़ैर सरकारी संस्थाएँ हिंदी के उत्थान और हिंदी को जन-जन तक पहुँचाने के लिए समय-समय पर कार्यशालाएँ, संगोष्ठी एवं तरह-तरह के कार्यक्रमों का आयोजन करते रहते हैं। विश्व हिंदी सम्मेलन जो भारत सरकार द्वारा विश्व के अलग-अलग देशों में आयोजित किया जाता है वो हिंदी को ऊँचे पायदान तक ले जाने की महत्व पूर्ण कड़ी है जिसमें सुप्रसिद्ध साहित्यकारों के साथ-साथ साहित्य में रुचि रखने वाले अनेकों विशिष्ट व्यक्तियों की उपस्तिथि होती है।

जन संचार के माध्यमों में विज्ञापनों का भी अपना एक अलग स्थान रहा। चाहे वो प्रकाशित रूप में हो या ऑडियो-वीडियो रूप में विज्ञापन ने हर तरह से जन मानस को आकर्षित किया है। समाचार पत्र एवं पत्र-पत्रिकाएँ रंग-बिरंगे विज्ञापनों के पन्नों से सजे रहते हैं जो पत्र-पत्रिकाओं की आर्थिक मदद का माध्यम भी बनते हैं। कुछ सामयिक विषयों पर सरकार द्वारा भी विज्ञापन जारी किए जाते हैं जिनमें प्रौढ़-शिक्षा, पोलियो टीकाकरण, बेटी पढ़ाओ, बेटी बचाओ, बाल विवाह पर रोक, परिवार नियोजन, धूम्रपान निषेध आदि प्रमुख हैं जो सड़कों चौराहों पर साइन बोर्ड, वाहनों, पत्र-पत्रिकाओं, टेलिविज़न एवं रेडियो पर प्रसारित होते हैं। इसके अतिरिक्त घर-घर जाकर जन सम्पर्क द्वारा भी इनको प्रचारित एवं प्रसारित किया जाता है। विज्ञापन का क्षेत्र अब इतना विस्तृत हो गया है की हर क्षेत्र का व्यक्ति इसका उपयोग करना चाहता है। मतदान के लिए राजनैतिक पार्टियाँ इसका भरपूर प्रयोग करती हैं। कोई नई आने वाली फ़िल्म का प्रचार या किसी नए आने वाले धारावाहिक का प्रचार भी अब विज्ञापन द्वारा होता है। शहर में नया खुला कोई वस्त्र भंडार या आभूषण भंडार हो उसकी सूचना भी हमें विज्ञापन ही देते हैं। अस्पताल, स्कूल, कॉलेज आदि भी अपना विज्ञापन करने लगे हैं। कुछ वैधानिक प्रक्रियाओं में भी विज्ञापन अनिवार्य कर दिए गए हैं जैसे नाम परिवर्तन, अनुच्छेद, जन्म एवं मृत्यु, गुमशुदा व्यक्ति की सूचना आदि। टेलिविज़न और रेडियो पर तो कुछ विज्ञापन इतने लोकप्रिय हुए कि व्यवसायिक रूप में उन्होंने कंपनी की बिक्री को कई गुना बढ़ा दिया हैं, साथ ही लोग उन विज्ञापनों के जिंगल को गुनगुनाने लगे हैं।

हिंदी : वैश्विक व्याप्ति एवं प्रभाव

अंत में यदि कहा जाए कि हिंदी भाषा को जन संचार के हर माध्यम में स्थान मिला है तो अतिशयोक्ति नहीं होगी। शायद इसी कारण हिंदी विश्व की सबसे अधिक बोली जाने वाली भाषाओं में से एक है। हिंदी भाषा पढ़ने और बोलने वाला एक बहुत बड़ा बुद्धिजीवी वर्ग है जो हिन्दी की पताका को लगातार फहरा रहा है और अगली पीढ़ी के मजबूत कन्धों पर इसको सौंपने के लिए भी वचनबद्ध है। मेरे अपने दृष्टिकोण में भी हिंदी एवं जन संचार माध्यमों का भविष्य बहुत उज्जवल है।

संपादक,
ऑस्ट्रेलियांचल ई-पत्रिका
सिडनी, ऑस्ट्रेलिया

हिंदी : वैश्विक व्याप्ति एवं प्रभाव

संचार माध्यम के रूप में हिन्दी

डॉ. सीना कुरियन

संचार मानव के स्वभाव का अभिन्न अंग है। मनुष्य द्वारा शब्द संगीत हाव-भाव इत्यादि रूप से होनेवाली प्रक्रियाएं संचार का अंग है। ये मानव जीवन की वह धूरी है। जिसके द्वारा मानव के सामाजिक संबंधों का निर्णय एवं विकास होता है। मनुष्य एक सामाजिक प्राणी होने के नाते संचार के बिना मनुष्य के सामाजिक जीवन ही नहीं कर सकते है। संचार सामूहिकता का आधार है। सरल शब्दों में संचार संदेश देने और प्राप्त करने की प्रणाली है। वैज्ञानिक शोधों ने सिद्ध किया है कि वनस्पतियों सहित सभी प्राणवान जैविक ईकाईयों की कोशिकाएं आपने आप में परस्पर संदेश देने तथा ग्रहण करने की क्षमता रखती है।

जीव विज्ञान की दृष्टि से मनुष्य प्राणी जगत का सर्वाधिक विकसित प्राणी है। इसलिए मानवेतर प्राणियों की तुलना में मानव जगत का सर्वाधिक विकसित प्राणी है। इसलिए मानवेतर प्राणियों की तुलना में मानव जगत केलिए संचार का विशिष्ट जैवकीय रचना विचार प्रक्रिया तथा सांस्कृतिक गुणों के सम्मिश्रण में उसकी संचार शक्ति को अभूतपूर्व विकास के साथ वर्तमान प्रारूप प्रदान किया है। मनुष्य ने इन्हीं जनताओं के कारण संचार की सैद्धांतिक प्रक्रियाओं को न केवल स्थापित किया बल्कि उन्हें प्रायोगिक रूप देकर उन जनसंचार माध्यमों को खोज किया। जिनके कारण आज की दुनिया एक विश्वग्राम में बदल गई। संचार की विकास प्रक्रिया में एक सर्वाधिक महत्वपूर्ण एवं आवश्यक तत्व है मनुष्य की नैसर्गिक तार्किक शक्ति। इस तार्किक शक्ति के कारण ही मनुष्य ने बहुत जल्दी ध्वनि संकेतों को भाषा का रूप दिया। "सबसे पहले संकेतों के अर्थों को सहज अभिव्यक्ति देने के लिए मौखिक भाषा की अभिव्यक्ति देने के लिए मौखिक भाषा की अभिव्यक्ति हुई। इस मौखिक भाषा ने जल्दी ही लिखित रूप धारण कर स्थायित्व प्राप्त कर लिया"[1]। इसप्रकार विचारों की भाषा के रूप में अभिव्यक्ति होने के कारण संदेश लेने देने की संचार प्रक्रिया ने मानव के सामाजिक जीवन को विकास की नयी दिशायें प्रदान की।

मानव समाज में संचार की विकास यात्रा को हम कई चरणों में बांट सकते है। वर्तमान मानव के प्रारंभिक रूप का विकास यात्रा को हम कई

चरणों में बांट सकते है। वर्तमान मानव के प्रारम्भिक रूप का विकास मानव संवानरों की शाखाओं की रूपों में लगभग बीस लाख वर्ष पूर्व हुआ था। आग के आविष्कार के साथ मानव जीवन के शैली में बदलाव या गया। गुफाओं में निवास करनेवाले आदिमानव के जीवन विकास की सकारात्मक दिशा लगभग पांच लाख वर्ष पूर्व प्राप्त हुई।

संचार से संबंधित सभी आविष्कारों के मूल में मनुष्य की अपने विचारों अभिव्यक्त करने की मूल प्रवृत्ति रही। अर्थात संचार की पहली तीन अवस्थाओं में भाषा, लिपी, तथा अक्षरों का आविष्कार हुआ। संचार की विकास यात्रा का सबसे महत्वपूर्ण चरण कागज तथा मुद्रण कला के आविष्कार के साथ आरंभ हुआ। इसके साथ ही वर्तमान संचार माध्यमों ने जन्म लिया इन माध्यमों ने ज्ञान का व्यापक प्रसार किया। इसके अपूतपूर्व सामाजिक परिणाम हुए।

हिन्दी का प्रचार निरंतर हो रहा है। आज विश्व भर में संचार माध्यमों का प्रयोग बड़े पैमाने पर हो रहा है। आधुनिक संचार माध्यमों के उपयोग से हिन्दी को वैश्विक रूप प्रदान हुआ है। हिन्दी बोलनेवालों एवं वाणिज्य कार्यों में प्रयोग के आधार पर हिन्दी विश्व भाषा बन रही है। संचार के दो प्रकार के माध्यम है।

1. प्रिंट मीडिया

समाचार पत्र और पत्र पत्रिकाएं

समाचार पत्र

सूचना उपलब्ध कराने में समाचार पत्र की महत्वपूर्ण भूमिका होती है। स्थानीय, क्षेत्रीय, राष्ट्रीय और अंतराष्ट्रीय स्तर के समाचार दिन प्रतिदिन की घटनाएं सामाजिक, राजनैतिक, आर्थिक, औद्योगिक, विज्ञान- प्रौद्योगिकी, बाजार,शिक्षा, स्वास्थ आदि से संबंधित समाचार प्रतिदिन प्रकाशित होते हैं।

पत्रिकाएं

पत्रिकाओं का प्रकाशन अखबारों की तरह प्रतिदिन न होकर साप्ताहिक, पाक्षिक, मासिक,द्विमासिक, त्रैमासिक छमाही या वार्षिक आधार पर होता है।

2. इलेक्ट्रॉनिक मीडिया

रेडियो, दूरदर्शन , फिल्म, ईमेम, इंटरनेट, फैकस, कंप्यूटर, टेलीप्रिंटर, टेलीकॉन्फ्रेंस, ब्रॉडबैंड, वीडियो कॉन्फ्रेंसिंग, साइबर कैफ़े इत्यादि इसके अंग हैं।

रेडियो

रेडियो संचार का श्रव्य या सुननेवाला माध्यम है। इसमें ध्वनि या आवाज का महत्वपूर्ण स्थान है। विश्व के प्रमुख देशों के आकाशवाणी कंपनियां जैसे बी. बी. सी. लंदन, वायस ऑफ अमेरिका रेडियो, जर्मन रेडियो व अन्य केंद्रों से हिन्दी में समाचार व हिन्दी फिल्मों के गाने, वार्ताऐं प्रसारित होती रहती हैं। "रेडियो के द्वारा कोई भी संदेश व्यापक समुदाय तक एक साथ पहूंचाया जा सकता है"।[2] आज भी रेडियो लोगों की ज़िंदगी का अहम हिस्सा बना हुआ है क्योंकि यह ब्राडबैंड, टेबलेट और मोबाइल में आसानी से उपलब्ध है।

दूरदर्शन

दूरदर्शन संचार का सम्पूर्ण माध्यम है। रेडियो का प्रभाव केवल कानों तक होता है लेकिन दूरदर्शन में समाचार पत्र तथा रेडियो की खूबीयां सम्मिलित हैं। यह चित्र और भाषा दोनों माध्यमों को सतत जोड़ता है।

फिल्म

फिल्म आज के जमाने में संवहन का प्रभावशाली माध्यम है। जैसा कि यह शिक्षा और अन्तराष्ट्रीय सद्भावनाओं की वृद्दि का सबलतम साधन है।" भारत में फिल्म की शुरुआत 1896 से हुई जब फ्रांस के ल्युमियर बंधुओं ने बंबई के वाटसन होटल में पहली बार फिल्म का प्रदर्शन किया।"[3] जनसंचार माध्यमों में फिल्म एक दृश्य श्रव्य माध्यम है।

फैक्स

फैक्स के माध्यम से लिखित अथवा मुद्रित सामग्री को टेलीफोन नेटवर्क के माध्यम से एक स्थान से दूसरे स्थान तक भेजा जा सकता है। प्राप्त करनेवाले व्यक्ति को मूल संदेश फोटोप्रति के रूप में मिल जाता है।

कंप्यूटर

कंप्यूटर के विकास से समाज के विभिन्न क्षेत्रों में काम करने की काफी सुविधाएं प्राप्त हो गयी है। कंप्यूटर पर आज अंग्रेजी के साथ हिन्दी की भी भूमिका महत्वपूर्ण है। आज कंप्यूटर पर हिन्दी का प्रयोग किया जा सकता है। कंप्यूटर के माध्यम से हिन्दी भाषा से काफी लोगों को लाभान्वित होने का मौका मिलता है।

इंटरनेट

इंटरनेट के आ जाने से सूचनाएं पल भर में दुनिया के एक कोने से दूसरे कोने में भेजी जा सकती है। संसार की किसी भी कोने से कोई भी सूचना देनी

या लेनी हो तो वह कुछ ही पलों में भेजी या प्राप्त की जा सकती है। इससके द्वारा व्यवसाय, स्टॉक मार्केट, शिक्षा, चिकित्सा, मौसम, खेलकूद आदि के अतिरिक्त अन्य किसी भी क्षेत्र में जानकारी प्राप्त की जा सकती है।

मोबाइलफोन

एक दूसरे से बातचीत करने के अलावा इसका उपयोग संदेश भेजने पाने (एस. एम. एस.) फ़ोटो खींचने और तुरंत उसे दूसरे व्यक्ति के पास भेजने, बातचीत रिकार्ड करने, फिल्में देखने, गाने सुनने, समाचार सुनने के लिए भी किया जाता है। संचार क्रांति के इस युग में मोबाइल फोन सूचनाएं पहूंचाने का एक सशक्त माध्यम बन गया है।

इंटरनेट की उपयोगिता को देखते हुए अब "इस हिन्दी में भी कई वेब-साइट्स खुल गई हैं। वेब दुनिया डॉट काम ऐसी ही एक साइट है जिस पर हिन्दी भाषा में सूचनाएं प्राप्त कर सकते हैं। इसमें समाचारों के अलावा समाज के हर क्षेत्र से संबंधित सूचनाएं प्राप्त कर सकते हैं। इसमें समाचारों के अलावा समाज के हर क्षेत्र से संबंधित सूचनाएं हिन्दी में उपलब्ध है। इसी तरह रेडिफ़ डाट काम तथा इंडिया डाट काम पर भी हिन्दी की साइट्स तथा पोर्टल मौजूद हैं हिन्दी में छपने वाले प्रमुख समाचार पत्र तथा पत्रिकाएं भी इंटरनेट पर उपलब्ध है।"[4]

वर्तमान समय में हिन्दी संचार माध्यमों में प्रमुख है- वॉट्सअप, फ़ेसबुक इंस्टाग्राम, यूट्यूब, टेलीग्राम आदि। मोबाईल आज के युग की एक अनिवार्य आवश्यकता बन गई है और इसी के जरिए कोरोना के समय में वेबिनार और गोष्टियों का आयोजन किया जा रहा है। केवल गूगल ही नहीं बल्कि अन्य सभी सर्च इंजिन हिन्दी को अपना चुके हैं । वैश्विक स्तर पर हिन्दी की अपनी पहचान बन गयी है।

संचार माध्यमों में हिन्दी का प्रयोग आज इतना विपुल हो चुका है कि संचार माध्यम ने हिन्दी के वैश्विक रूप को गढ़ने में पर्याप्त योगदान दिया है। आज हर किसी के हाथ में एक तकनीकी दिवाएस मौजूद है और उसमें हिन्दी के ऑपरेटिंग सिस्टम भी मौजूद हैं। अन्य भाषाओं की तरह हिन्दी में संदेश भेजना, हिन्दी की सामग्री को पढ़ना, सुनना या देखना सब कुछ आसान है। कंप्यूटर पर भी हिन्दी का व्यापक प्रयोग हो रहा है। इससे ज्यादा मोबाइल फोन ने हिन्दी के विकास में महत्वपूर्ण भूमिका निभायी है। संचार माध्यमों की उपयोगिता बहुआयामी और जीवन स्पर्शी है।

संदर्भ सूची :

1. संस्कृति भाषा और राष्ट्र, रामधारी सिंह दिनकर, लोकभारती प्रकाशन, इलाहाबाद, 2008,पृ. 210
2. निबंध- निधान, बढ्रमदत्त चतुर्वेदी, संजय बुक सेंटर,वाराणसी, 2001, पृ. 70
3. सिनेमा और फिलमांतरित हिन्दी साहित्य, गोकुल क्षीरसागर, विकास प्रकाशन, कानपुर, 2017, पृ. 18
4. सृजनात्मक लेखन और संचार-क्षमता, जयमोहन एम एस, सुमा एस, वाणी प्रकाशन, नयी दिल्ली, 2010, पृ 102

सहायक आचार्य, हिन्दी विभाग
सेंट मैकल्स कॉलेज, चेरत्तला, आलप्पुज़ा,
केरल

संचार माध्यम और हिंदी का प्रसार

दीपक दीक्षित

संचार माध्यम

मनुष्य सदा से ही अपने मन में उठ रहे विचार तथा भाव को दूसरों के साथ साझा करना या फिर उन्हें सार्वजनिक करना चाहता है और साथ ही दूसरों के भाव और विचारों को ग्रहण भी करना चाहता है। इस संचार के लिए उसे किसी माध्यम की आवश्यकता होती है जो उसके मन में चल रहे शब्द, सूचना और आशय को एक व्यक्ति या व्यक्ति समूह से दूसरे को पहुँचाने का कार्य कर सके।

प्राचीन काल में लोग अपनी बात एक दूसरे तक पहुँचाने के लिए प्रत्यक्ष रूप से कहते और सुनते थे। फिर शब्दों को लिख कर भी व्यक्त किया जाने लगा और भाषाओं का विकास हुआ। प्रिंटिंग-प्रेस के आविष्कार के बाद से इसमें एक नया आयाम जुड़ा और पुस्तक तथा पत्र और पत्रिकाएं चलन में आईं जो शब्द और चित्रों का सहारा लेकर प्रभावी रूप से अपनी बात दूसरों तक पहुँचने का माध्यम बनी।

परंतु पिछले कुछ दशकों में हुए इलेक्ट्रॉनिक की दुनिया में हुए क्रन्तिकारी आविष्कारों ने तो हमारे जीने का अंदाज ही बदल डाला है। अन्य सब प्राचीन और परंपरागत संचार माध्यमों को पृष्ठभूमि में धकेलकर आज इलेक्ट्रॉनिक के दम पर चलने वाले मोबाईल फोन, टेलीविज़न, सोशल-मीडिया, सिनेमा आदि संचार माध्यम हमारी दैनिक ज़िंदगी में एक सुविधाजनक स्थान आसानी से बना चुके है।

हिंदी भाषा

हिंदी भाषा लगभग एक हजार साल की समृद्ध भाषा है जिसके रूप को इसके अनेक प्रेमियों ने समय-समय पर सजाया और संवारा है। इसे हमारे देश की राजभाषा के रूप में 14 सितम्बर, 1949 को स्वीकार किया गया जिसकी स्मृति में देश भर में इस दिन को 'हिन्दी दिवस' के रूप में मनाया जाता है[1]।

कोई भी भाषा अपनी संस्कृति की वाहक भी होती है और इसी तरह से हमारी राजभाषा हिंदी हमारे देश की संस्कृति की वाहक भी है। हिंदी भाषा

का जन्म संस्कृत से हुआ है और इसे संस्कृत के एक अपभ्रंश के रूप में माना और जाना जाता है। संस्कृत विश्व की प्राचीनतम भाषा होने के साथ-साथ एक वैज्ञानिक ढंग से निर्मित की गई भाषा है।

सदियों से एक साहित्यिक भाषा के रूप में हिन्दी ने अपनी श्रेष्ठता का परिचय दिया है और सामान्य बोलचाल में भी इसका प्रसार व्यापक है। वर्ष 2011 में की गई भारत की जनगणना के अनुसार 57.1% भारतीय जनसंख्या हिन्दी जानती है जिसमें से 43.63% भारतीय लोगों ने हिन्दी को अपनी मूल भाषा या मातृभाषा घोषित किया था[2]। इसके अलावा दुनिया के अनेक देशों में हिंदी बोली और सुनी जाती है। डॉ. जयंती प्रसाद के शोधानुसार हिंदी भाषा अब चीन की मंदारिन भाषा को पछाड़कर विश्व में सबसे अधिक बोलने वाली भाषा बन चुकी है[3]।

हिंदी एक समृद्ध और प्राचीन भाषा है और इसे हमारे देश की राष्ट्रभाषा का स्थान दिलाने के लिए अनेक प्रयास भी हो रहे हैं पर कामकाजी या प्रयोजनमूलक हिंदी अपने शैशवकाल में ही है। कार्यालयों, शिक्षा, विज्ञान , उच्च अदालत आदि में आज भी हिन्दी अपनी पकड़ नहीं बना सकी है।

इलेक्ट्रॉनिक क्रांति और आधुनिक संचार माध्यम

प्रथम (1914-1918) और द्वितीय (1940-1945) विश्व-युद्धों के समय से इंजीयरिंग की एक शाखा 'इलेक्ट्रॉनिक इंजीयरिंग' में वैज्ञानिकों द्वारा अनूठे प्रयोग किये गए। इसमें पहले सेमीकंडक्टर फिर आई. सी. अथवा इंटीग्रेटेड सर्किट्स और 1969 में माइक्रो प्रोसेसर का अविष्कार हुआ[2]। इलेक्ट्रॉनिक की दुनियां में ये अविष्कार बड़े क्रन्तिकारी थे। माइक्रो प्रोसेसर आधारित कम्प्यूटर बनाये गए जिनके द्वारा के द्वारा हर तरह की मशीनों को नियंत्रित किया जाने लगा। फिर तो हमारी रोजमर्रा की जिन्दगी ही बदल गयी और मशीनों द्वारा हमारा हर काम चुटकियों में होना आरम्भ हो गया। जो काम पहले असंभव लगते थे वे आसानी से होना संभव हो गए।

इसी समय अमेरिकी सेना द्वारा एक अद्‌भुत संचार माध्यम का उपयोग किया जा रहा था जो बेहद आसानी से और अविश्वसनीय गति से एक कम्प्यूटर से दूसरे कम्प्यूटर तक सूचनाओं का आदान प्रदान कर सकता था। किसी भूल वश सेना की यह गुप्त व्यवस्था आम जनता तक पहुँच गयी। इससे अनको वैज्ञानिक, शोधकर्ता, अध्यापक और छात्र इसका उपयोग करने लगे

और साथ ही इसे सँवारने भी लगे। यह माध्यम इंटरनेट के नाम से विख्यात होकर कुछ ही समय जन-जन तक पहुँच गया और इसने हमारे सोचने, समझने और काम करने का अंदाज ही बदल डाला।

इलेक्ट्रॉनिक उपकरणों के नए-नए आविष्कारों और इंटरनेट की अपार क्षमता ने अभिव्यक्ति और पठन-पाठन पर भी घना प्रभाव डाला। इससे प्रिंट मीडिया जैसे कागज़ी पत्र-पत्रिकाएं, पुस्तक आदि पृष्ठभूमि में खिसक गए और नए-नए इलेक्ट्रानिक माध्यम उभर कर सामने आने लगे जो धीरे-धीरे हम सब की जिंदगी का हिस्सा बनते गए। इस तरह रेडियो, टेलीविजन, सिनेमा, इंटरनेट व मल्टीमीडिया आदि जनसंचार, अभिव्यक्ति और सूचनाओं के आदान-प्रदान और मनोरंजन के लिए नये माध्यम चलन में आये और इलेक्ट्रॉनिक यंत्रों पर आधारित होने के कारण इन सब को 'इलेक्ट्रानिक मीडिया' का नाम दिया गया।

'इलेक्ट्रानिक मीडिया' के माध्यम त्वरित तथा दूरगामी संचार को सब के लिए किफायती दामों में उपलब्ध करा कर हमारी दिनचर्या को बेहद आसान बनाते हैं। इनके बिना तो आज जीवन जीने की कल्पना भी डरावनी सी लगती है। यह चमत्कारी आविष्कार एक 'गेम-चेंजर' घटना साबित हुआ है।

इस नये प्रकार के मीडिया का जन्म हुए हालाँकि कुछ दशक ही हुए हैं, पर इसने बड़ी तेजी से अपनी उपयोगिता साबित कर दी है। साथ ही यह भी सत्य है की आज भी बहुत से ऐसे व्यक्ति देखने को मिल जाते हैं जो 'इलेक्ट्रॉनिक मीडिया' के उपयोग में असहज अनुभव करते है। इसके विपरीत आज के युवा इसके आकर्षण में इतने डूबे हुए हैं कि वे अपने स्वास्थ्य को हानि पहुंचा रहे हैं। आज हम में से अधिकतर लोग एक अप्रत्यक्ष और आभासी दुनिया में जी रहे हैं जिससे हमारी वास्तविक और प्रत्यक्ष दुनिया पृष्भूमि में खिसकती जा रही है। यह आभासी दुनिया एक नशे की तरह हमारे ऊपर हावी होते जा रही है और हम इसकी गिरफ्त में फंसते जा रहे है। विश्व के अनेक भाग में अनुसंधानों द्वारा संस्थायें व समाज सेवक इसके दुष्परिणाम की और हमारा ध्यान आकर्षित करने का प्रयास कर रहे हैं और समय-समय

पर हम सब को चेतावनी भी दे रहे है।

इलेक्ट्रॉनिक उपकरणों के प्रभाव से जन्में सोशल मीडिया के मकड़जाल में आज हम सभी उलझ चुके हैं। इतना कुछ प्रकाशित, प्रचारित और प्रसारित हो रहा है कि अपने काम की बात तक पहुँचना ही एक समस्या बन गया है। दिन रात हम शब्द, चित्र, वीडिओ और आवाज के अम्बार को मीडिया में फेंकते हैं और ग्रहण करते हैं पर फिर भी संतुष्ट नहीं हो पाते। सब कुछ हमारे आस पास उपलब्ध है पर वह नहीं मिल पता जो हम दिल से चाहते है। इस स्थिति पर कबीर का यह दोहा एकदम सही लगता है -

'पानी बिच मीन प्यासी ,
मुझे सुन सुन आवत हाँसी।'

संचार की आधुनिक दुनिया में त्वरित और आसानी से उपयोग किये जाने वाले इलेक्ट्रॉनिक उपकरणों के व्यापक उपयोग के नकारात्मक पक्ष भी हैं। इसके कारण पत्रकारिता के स्तर का पतन हो जाना और धन के लिए अवांछनीय तथा प्रायोजित पक्ष को समाचार बना कर प्रस्तुत करना चिंता का विषय है। दर्शक अथवा पाठक वर्ग के लिए सत्य और असत्य के अंतर समझ पाना इस मायाजाल में दुरूह हो चला है। इसी के साथ दूरगामी सोच लुप्त होती जा रही है, क्योंकि हर कोई पैसा फेंक कर तुरंत वांछित परिणाम और अपने अल्पावधि हित साधना चाहता/चाहती है। इसके अतिरिक्त इलेक्ट्रॉनिक माध्यमों के उपयोग तथा निर्माण में पर्यावरण तथा स्वास्थ्य को हानि की अनेक सम्भावनाये हैं जिन्हें अकसर उपेक्षित किया जाता है। अनेक अनुसंधानों द्वारा 'इलेक्ट्रो-मैग्नेटिकल किरणों' तथा इलेक्ट्रॉनिक उपकरणों के उपयोग द्वारा उत्पन्न स्वास्थ्य समस्याओं से आगाह किया जाता रहा है।

भाषा की उपयोगिता

आधुनिक संचार माध्यमों ने भाषा की उपयोगिता को ही क्षीण किया है। अभिव्यक्ति के इस स्वरूप में दृश्यात्मकता को अधिक महत्व दिया जाने लगा है। 'जो दिखता है वह बिकता' है के मन्त्र को अपनाकर शब्दों से इतर विशेष प्रभाव से युक्त चित्र तथा चलचित्र, ध्वनि तथा कम्पयूटरजनित विश्लेषण और आंकड़ों के माध्यम से भी लोग संवाद कर रहे हैं। वैसे कंप्यूटर के इस दौर में भाषा का अपना महत्व भी कम होता जा रहा है। जहाँ तक संभव है फोटो या वीडियो का उपयोग अपनी बात कहने के लिए पसंद कर रहे हैं।

यह अंग्रेजी की उस कहावत को चरित्रार्थ करता है जिसमें कहा गया है-
'one picture is worth one thousand words'

अर्थात एक तस्वीर एक हज़ार शब्दों के बराबर होती है। पर संवाद और अभिव्यक्ति में भाषा का अपना एक विशेष स्थान है जो छीना नहीं जा सकता।

आज की तेज रफ़्तार दुनिया की जरूरतों ने भाषा का सरलीकरण कर डाला है और व्याकरण को पृष्ठभूमि में ला दिया है। एक से दूसरी भाषा में अनुवाद जहाँ मशीनों द्वारा त्वरित गति से हो जाता है वहीं इससे 'अर्थ का अनर्थ' हो जाने का खतरा भी बढ़ गया है।

हिंदी के प्रसार में संचार माध्यमों की भूमिका

आज की दुनिया में किसी के भी पास बिलकुल समय नहीं है। हम सब एक अंधी दौड़ का हिस्सा बन चुके हैं। सब लोग कम से कम शब्दों में कही गई, बिन्दु-बार, प्रासंगिक बात ही पढ़ना या सुनना चाहते हैं। शब्दों के मायने बड़ी तेजी से बदल रहे है और हर पल नए-नए शब्द घड़े जा रहे हैं।

इस दौर के लोग आभासी दुनिया में जी रहे हैं और वास्तविकता से मुंह मोड़ रहे हैं। इंटरनेट बस एक गटर बन कर रह गया है जिसमें हर कोई अपनी गन्दगी को उड़ेलना चाहता है। यहाँ हर कोई लेखक हैं। बस एक (सस्ता भी चलेगा) मोबाईल हाथ में होना चाहिए और इंटरनेट का कनेक्शन जो मुफ्त भी हासिल किया जा सकता है।

आधुनिक संचार माध्यमों ने विज्ञान और तकनीक के प्रभाव से समय और स्थान की दूरियों को मिटा डाला है। हिंदी-भाषी लोग देश या विदेश के किसी भी कोने में बैठे हों, वे ऑनलाइन मंचों के माध्यम से किसी भी समय वे अपने विचार और भावनाएं व्यक्त कर सकते हैं और दूसरों से संवाद कर सकते हैं ।

इन नवीन संचार माध्यमों के कारण और प्रवासी भारतीयों के उत्साह और सहयोग से हिंदी अब अंतरराष्ट्रीय स्तर पर पहचानी जाने लगी है। स्व. श्रीमती सुषमा स्वराज्य और प्रधानमंत्री नरेंद्र मोदी ने अंतर्राष्ट्रीय मंचों पर हिंदी भाषा में सहज और प्रभावी प्रस्तुतीकरण करके सबकी वाहवाही लूटी है। अपने देश में हिंदी दिवस (14 सितम्बर) मनाने के साथ ही अब

'अंतर्राष्ट्रीय हिंदी दिवस' (10 जनवरी) भी विश्व भर में मनाया जाने लगा है[4]। हिंदी में और हिंदी पर अनेक शोधकर्ता अब राष्ट्रीय और अंतर्राष्ट्रीय स्तर पर शोध कर रहे हैं और अनेक स्तरीय पत्र-पत्रिकायें हिंदी में लिखी जाने लगी हैं। हिंदी विश्व के कोने-कोने में पहुंचकर अब जन संचार का एक सशक्त भाषा के रूप में उभर रही है।

पत्रकारिता में भी हिंदी का उपयोग उत्तरोत्तर बढ़ता ही जा रहा है। अनेक सम्मानित एवं प्रतिष्ठित मीडिया हाउस तथा हिंदी के समाचार पत्र-पत्रिकाएं अपना ऑन-लाइन संस्करण प्रकाशित कर रहे हैं जिसे लाखों-करोड़ों की संख्या में लोग पढ़ रहे हैं। पुरानी पुस्तकें भी अब ई-बुक के रूप में उपलब्ध हो चुकी हैं जो आज के युवाओं में अत्यंत प्रचलित हैं। टीवी चैनल मनोरंजन और ज्ञानवर्धन का एक सशक्त साधन बन कर उभरी हैं और अपार लोकप्रियता को प्राप्त कर रही है। क्षेत्रीय भाषाओं तथा अन्य विदेशी भाषाओं से हिंदी में डब करके (या हिंदी शीर्षक उपलब्ध करा के) अनेक प्रसिद्ध फिल्मों का लुत्फ भी अब हिंदी वर्ग के दर्शक उठा रहे हैं।

यही नहीं, ई-मेल हो या सोशल-मीडिया, हिंदी सब जगह अपने पाँव पसारती दिख रही यही और लोग सहजता से इसे अपनाते जा रहे हैं। विश्व प्रसिद्ध पुस्तकों का अनुवाद या हिंदी संस्करण भी अब पाठकों को उपलब्ध होने लगा है जिसे वे बड़ी आसानी से अपने मोबाइल या लैपटॉप आदि पर जब चाहे पढ़ सकते हैं। हिंदी ब्लॉग हों या रेडियो स्टेशन दिनों दिन इनकी संख्या बढ़ती ही जा रही है।

प्रयोजनमूलक हिंदी

यह एक चिंता का विषय है कि हिन्दी बोलने और समझने वाले लोगों की इतनी बड़ी संख्या होने पर भी, न तो अपने देश के भीतर और न ही विदेशों में, हिंदी भाषा को आधार बनाकर रोजगार-सृजन करना और हिंदी को काम-काजी भाषा का दर्जा दिलाने का उसकी पूरी क्षमता का दोहन किया जा सका है। देश के बाहर और देश के भीतर के तथाकथित अभिजात्य वर्ग द्वारा अंग्रेजी को अधिक महत्व दिए जाने और देश के अ-हिन्दी भाषी क्षेत्रों में कहीं-कहीं हिंदी से सौतेला व्यवहार होने से ऐसी स्थिति का निर्माण हुआ है। हिंदी के प्रचार-प्रसार के लिए अनेक टीवी चैनल पत्र पत्रिकाएं और मंच तो बन गए हैं पर हिंदी को अधिकांश लोग फिल्मों, अख़बारों और 'टीवी

शो' पर ही देखना चाहते हैं, पर इस भाषा को घर या कार्यालय में उपयोग से बचने की मानसिकता पाल लेते हैं।

आधुनिक संचार मध्ययमों की मदद से हिंदी जन-संचार की भाषा बन कर तो उभरी है पर कार्यालयों, विशेषकर अदालतों में तथा शैक्षणिक संस्थानों में इसके उपयोग पर अभी प्रश्न-चिन्ह ही लगे हैं। कई व्यक्तियों और संस्थाओं द्वारा इसके लिए बहुत से प्रयास किये जाते रहे हैं जिनमें अभी तक आशा के अनुरूप सफलता नहीं मिल पायी है। सभी स्तर के न्यायालयों और हर तरह के कार्यालयों में हिंदी के प्रयोग आरम्भ कराने के लिए भी भीषण प्रयास करने होंगे। हिंदी भाषी क्षेत्रों में प्राथमिक पाठशाला और विद्यालय स्तर पर तो इसे अपनाया गया है पर उच्च शिक्षा में अभी भी हिंदी दोयम दर्जे पर विराजमान है। हमें भिन्न-भिन्न क्षेत्रों में हिंदी की ऐसी शब्दावली निर्मित करनी और प्रयोग में लानी होगी जो व्यवहार में सरल और तकनीकी दृष्टि से तर्कसंगत हो। हिंदी भाषा संस्कृत-जनित होने के कारण कम्प्यूटर में प्रयोग के लिए अन्य कई भाषाओं से अधिक उपयुक्त है पर उसकी इस क्षमता का दोहन अभी पूरी तरह से नहीं किया गया है। अहिन्दी भाषी क्षेत्रों में भी हिंदी भाषा के प्रचार के लिए अधिक कार्य करने की भी आवश्यकता है।

चुनौती

संचार माध्यमों की दुनियाँ में हर रोज नए-नये और हैरतंगेज साधन सामने आते जा रहे हैं। देश और विदेशों में बसे करोड़ों हिंदी प्रेमियों को इस अवसर का भरपूर लाभ उठाना चाहिए और हिंदी में विश्व स्तरीय साहित्य का सृजन कर सम्पूर्ण विश्व के सामने लाना होगा। अब समय आ गया है जब हिंदी को भी आधुनिक तकनीक के साथ कदमताल करते हुए और सम्पन्नता की और अग्रसर होना चाहिए। इस यात्रा में हमें बिना अपने स्वास्थ्य एवं पर्यावरण पर विपरीत प्रभाव डाले आगे बढ़ना होगा। हिंदी प्रेमियों के लिए ये एक चुनौती का विषय है।

संचार माध्यमों में तेजी से हो रहे परिवर्तनों को लाभ उढ़ा कर हिंदी के प्रचार और प्रसार को एक नये आयाम देने का उत्तरदायित्व बुद्धिजीवियों, अध्यापकों, लेखकों तथा रचनाकारों का ही है जिसका निर्वहन उन्हें करना ही होगा।

सन्दर्भ सूची :

1. https://www.livehindustan.com/career/story-hindi-diwas-2022-why-we-celebrate-hindi-day-hindi-diwas-history-theme-importance-7074812.html
2. https://hi.wikipedia.org/wiki/हिन्दी
3. https://www.amarujala.com/kavya/halchal/hindi-vishva-mein-sabse-adhik-boli-jane-wali-bhasha-hai-dr-jyanti-prasad-nautiyal
4. https://www.jagran.com/lifestyle/miscellaneous-when-is-hindi-diwas-2022-celebrated-know-its-importance-23063546.html

लेफ्टिनेंट कर्नल (सेवानिवृत)
फ्लैट नंबर 410, ब्लॉक 2,
जी के प्राइड, बालाजीनगर रोड
यप्राल, सिकंदराबाद (तेलंगाना)

प्रवासी साहित्य और साहित्यकार

प्रो. बलराम गुप्ता

आवश्यकता आविष्कार की जननी होती है। आवश्यकता के अनुरूप मनोवृत्ति पनपती है। एक स्थान से दूसरे स्थान पर जाकर वास करना अनायास जैसी मानसिकता के साथ नहीं होता है। आवश्यकता सायास स्थिति के कारण मनुष्य एक स्थान से दूसरे स्थान पर जाता है निवास करता है। प्रारम्भिक समय में मनुष्य अपनी भूख मिटाने के लिए दूसरे स्थानों पर जाकर वास करता था। थोड़ी सी मानसिक क्षमता के उत्पन्न होने पर मनुष्य समूह आवश्यकताओं की पूर्ति हेतु सामंजस्य पर भी ध्यान देने लगा था। समय के बदलने के साथ मानव प्रजाति के इतिहास में हम देखते हैं कि एक स्थान से दूसरे स्थान पर मनुष्य के आवागमन के रूप में व्यापारिक गतिविधियाँ, आक्रमणकारी पद्धतियाँ, बहला–फुसलाकर लालच देकर पलायन करवाना, आज के समय में नौकरी के कारण एक स्थान से दूसरे स्थान की ओर पलायन करना जैसे प्रमुख तत्व हैं।

भारत के अतीत में झाँके तो सैन्धव सभ्यता के इतिहास के पूर्व की मानवीय सभ्यता की गतिविधियों की पुष्टिपरक जानकारी प्राप्त नहीं होती है। ऐसी स्थिति में इसे ही प्रस्थान बिन्दू मानने में कोई अतिश्योक्ति नहीं है। प्रवास के इतिहास के क्रम में बाहरी देशों के मनुष्यों का और भारत के मनुष्यों का बाहरी देशों में प्रवास की जानकारी इतिहास द्वारा प्राप्त होती है। व्यापारिक गतिविधियों से समृद्ध था सैन्धव सभ्यता और प्रवास पक्ष का इतिहास। यह सभ्यता अपने शहरी अविर्भाव काल से समाप्ति काल का लगभग एक हजार से बारह सौ वर्षों का लम्बा काल खण्ड रहा है। व्यापारिक गतिविधियों और प्रवास से समृद्ध विकसित मूल निवासियों की सभ्यता पर भयानक आक्रमण छल–बल में माहिर आर्यों का आक्रमण होता है। इतिहास की पुष्टि जानकारी के हिसाब से आर्यों के आक्रमण के बाद आर्यों ने भारत को हथियाते हुए निवास बना लिया। दो संस्कृतियों के टकराव व मिलन एवं मिली–जुली संस्कृति का उदय हुआ। एक ऐसा समय आया जब भारत में आर्यों ने मनुस्मृति संविधान के बल पर प्रगति के पहिए रोक दिये। अन्धविश्वासों, पाखण्डों, और कुतर्कों को प्रथम स्थान दिया। मूल निवासियों की चेतना शक्ति को समाप्त कर देश को चरागाह बना डाला था। देश कमजोर हो चुका था। अनेक आक्रमण भारत पर हुए। अनेक देशों के आक्रमणकारी इसी देश में बसते गए। यह सिलसिला अंग्रेजों के व्यापारिक गतिविधि के आगमन तक चलता है।

भारत के इतिहास में महामानव व कल्याणमूर्ति मानव को महत्व देने वाले भगवान बुद्ध का कालखण्ड विशेष है। भगवान बुद्ध के समय में व भगवान बुद्ध के महापरिनिर्वाण के पश्चात उनके शिष्यों–प्रशिष्यों द्वारा देश व विदेश में बौद्ध धमम् अर्थात बुद्ध के विचारों का प्रचार–प्रसार प्रवासी बनकर किया। नवीन विचारों के तेज से प्रभावित विश्व के अनेक देशों में लगभग तीन देशों में बौद्ध विचारधारणा के प्रचार–प्रसार व नींव को मजबूती प्रदान करने में भारतीय धार्मिक बौद्ध प्रवासियों का विशेष हाथ रहा है। आज भी बहुत बौद्ध प्रवासी विदेशों में रहकर बौद्धधम्म के विचार को बढ़ा रहे हैं। बुद्धकाल खण्ड से लेकर सम्राट अशोक के कालखण्ड तक भारतीय बौद्ध धर्म के प्रचारक प्रवासी विदेशों में रहते हुए बुद्ध विचारधारा धर्म को फैलाने का कार्य स्वेच्छा से सर्वाधिक मात्रा में करते रहे। आश्चर्य की बात है बौद्ध प्रवासी भारतीय विदेशों में सफलता पा रहे थे वहीं भारत में एक स्थान से दूसरे स्थान तक बौद्ध प्रवास पक्ष का पता नहीं चलता है। भारत में तत्कालीन स्थिति को देखते हुए ऐसा प्रतीत होता है मानों मानवीय गतिविधियाँ ठप्प पड़ गई हो। निष्क्रियता और मनहूसियत का वातावरण देशभर में छाया हुआ था।

अंग्रेजों के आगमन के बाद भारत में हलचल देश भर में शनै–शनै गतिविधियां उत्पन्न होने लगती है। विश्व के अनेक देशों में अंग्रेजों के अपने उपनिवेश स्थापित कर चुके थे। भारत भी अंग्रेजों का उपनिवेश था। यह सच है कि भारत को आधुनिकता की ओर बढ़ाने में अंग्रेजों का विशेष हाथ रहा है। अंग्रेज अपनी आवश्यकता के अनुसार भारतीयों का उपयोग किसी न किसी रूप में देश हो चाहे देश के बाहर इस्तेमाल करते थे। अंग्रेज तब तक इस देश के मालिक बन चुके थे। मालिक जैसा कहते थे वैसा भारतवासियों को करना पड़ता था।

अंग्रेजों द्वारा भारत में शासन स्थापित करने के पूर्व भारत के इतिहास में लगभग आठ सौ से एक हजार वर्ष के आस–पास के समय को खंगालने पर भारतीयों द्वारा विदेश प्रवास का कोई विशेष बोध की जानकारी नहीं होती है। अंग्रजों ने अपनी आवश्यकताओं को पूरा करने के लिए भारतीयों के समूहों को नये–पुराने उपनिवेशों में कृषि कार्य हेतु एवं श्रम कार्य हेतु विशेरूप से ले जाये गये थे। भारतीयों को सर्वप्रथम अंग्रेजों द्वारा कृषि एवं श्रमकार्य हेतु सन् 1834 ई0 इतिहास दस्तावेज के रूप में उल्लिखित है। मॉरीशस टापू सर्वप्रथम है। आज के समय में सर्वाधिक भारतीय आबादी वाला हिन्दू राष्ट्र के रूप में उल्लिखित है। प्रवासी अप्रवासी, वास–निवास किसे कहते है ? प्रवासियों को कितने रूप में रखा जा सकता है? इस तरह के प्रश्नों को भी समझना है। सन् 1834

ई0 से पहले भी भारतीय प्रवासियों का प्रवसन किसी न किसी रूप में प्रसिद्ध श्रम इतिहासकार इयान जे केर के अनुसार पिछले पाँच सौ वर्षों से यानी पन्द्रहवीं सदी के आस–पास से होता रहा है। किन्तु यह अज्ञात रूप में है। 'इतिहास का चक्र–सिद्धान्त केवल भारतीय दिमाग की विशेषता नहीं है। बल्कि बीसवीं सदी में पश्चिमी यूरोप और अमेरिका में भी प्रकट हुआ है। लेकिन यहाँ और विस्तार में जाना प्रासंगिक नहीं है। यहाँ प्रवसन के चक्र–सिद्धान्त को समझना प्रासंगिक है। अन्य बड़ी परिघटनाओं की तरह प्रवसन भी इतिहास की एक बड़ी परिघटना रही है। इसका चक्र–सिद्धान्त बेहद जटिल थी। इसे उत्थान–पतन के सिद्धान भी तरह नहीं समझा जा सकता बल्कि इसके लिए अजीब विडम्बना के रूप में देखते हुए यह कहा जा सकता है कि प्रवासियों के लिए जो मुल्क देश था, वहीं मुल्क अगली पीढ़ी के लिए परदेश हो जाता है और इसके साथ वह परदेश भी उसके लिए परदेश रहता है। अपने खून–पसीने से उसे अपना बनाता है तब तक उसकी अगली पीढ़ी के लिए कहीं और किसी अन्य देश की ओर प्रस्थान करने की नियति तैयार हो जाती है। ऐतिहासिक परिस्थितियों का दबाव किसी अन्य परदेश की ओर जाने को विवश कर देता है। प्रवसन का यह चक्र वृत्ताकार या होरिजेन्टल नहीं, उत्थान–पतन की तरह नहीं बल्कि इसकी दिशा बहुआयामी होती है। जिधर–दाना–पानी दिखा या दिखाया गया या फिर भगा दिया गया। इस तरह प्रवसन चक्र एक जटिल पद मगर बहुआयामी व सतत् गतिशील प्रक्रिया है। इसमें विभिन्न समय एवं स्थानों पर होने वाली अविरल गतिशीलता की प्रभाव प्रक्रिया अर्न्तगुथित है इसकी अवधारणात्मक समझ में जो वैचारिक पहलू उभरते हैं वो हैं देश–परदेश की ओर और परदेश से देश की ओर, 'लेबर' से 'वर्क' की ओर एवं 'माइग्रेशन' से 'सर्कुलेशन' की ओर बढ़कर देखना। कुछ इस तरह भी कहा जा सकता है कि प्रवसन चक्र के केन्द्र में बेशक परदेशी और उसके लोग है लेकिन उसके साथ–साथ हैं वो सारी चीजें जिन्हें वह अपनी व्यक्तिगत सोच, सामाजिकता आचार–विचार, घर–परिवार, भाषा–संस्कृति इत्यादि के जरिये समुदाय जाति, जाति, धर्म, देश–परदेश की संस्कृति इत्यादि को प्रभावित करता चलता है और उनसे प्रभावित भी होते चलता है। प्रभावन की गतिशीलता भूमंडलीकरण के दरम्यान जितनी तेजी से फैली है, उतनी तीव्रता से उसके पहले कभी नहीं फैली। प्रवसन का यह विस्तारण स्थान से लेकर पेशे तक में हुआ, जिससे लोक संस्कृति भी जन संस्कृति और लोकप्रिय संस्कृति में घुसने लगी और इस तरह से घुस गई कि इनके बीच फाँक खत्म–सा हो गया।'[1] प्रवसन चक्र सिद्धान्त के अन्तर्गत उक्त

पंक्तियों से मूल अभिधार्थ के रूप में अपनी जड़ से उखड़ने, आत्मीय लोगों से बिछुडने अत्यधिक श्रम करने की दशा, होने बाद भी श्रम का ठीक मूल्यांकन न होने की वजह से मनोवृत्ति पर पड़ने वाले दुष्प्रभाव उत्पन्न होने लगते हैं। स्वाभाविक है कि मूल स्थान से निकलकर दूसरे स्थान पर प्रवास करने के दौरान वहाँ के भूगोल व समाज संस्कृति से अनभिज्ञता की स्थति और अजनबीपन की परिस्थितियाँ सामने आती है।

मध्यकाल और अंग्रेजी विचारधारा एवं औपनिवेशिक काल अर्थात् आधुनिक काल के दौरान विश्व के अधिकांश देशों में भारत सहित मजदूरों के प्रवसन की परिस्थितियाँ विद्यमान थीं। जैसा कि मैं पहले भी कह चुका हूँ कि सभ्यता के प्रारम्भ काल से ही कामगारों–व्यापारियों की एक स्थान से दूसरे स्थान की ओर आवा जाही होती रही है। हाँ आज बीसवीं सदी के अन्तिम तीन दशक व इक्कीसवीं सदी के दौर में भूमंडलीकरण के युग में भारतीय मजदूरों को प्रवासी बनाने वाली स्थितियों में अन्तर आ चुका है। इसमें पूर्व अंग्रेजों द्वारा भारतीयों को प्रवासी बनाने की स्थितियाँ कुछ और थीं। औपनिवेाशिक दौर में भारतीय मजदूरों को प्रवासी अन्यत्र देशों में बनाने के सम्बन्ध में ऐतिहासिक, दस्तावेजों के आधार पर भारतीय मजदूरों ने खेत घर या जेवर गिरवी रखकर कर्ज लेकर, जमीन बेचकर निकलने का कोई साक्ष्य नहीं मिलता है। अंग्रेजी काल में अंग्रेजी सरकार द्वारा दास प्रथा को कानूनी अपराध बना दिये जाने के बाद अंग्रेजों ने विशेषकर भारतीयों को मजदूरों के रूप में सन् 1833 ई0 के बाद से अन्यत्र देशों में भेजने लगे। 'कहना न होगा, अंग्रेजी साम्राज्य से सन् 1833 ई0 में जब दास प्रथा खत्म हुई, तब मॉरीशस, फीजी, गुयाना, वेस्टइंडीज, सूरीनाम, त्रिनिदाद, दक्षिण अफ्रीका, इत्यादि उपनिवेशों में जन्मे के खेतों में काम करने वाले मजूदरों की कमी पड़ी तो उसके एक साल बाद ह्यूज टिंकर के शब्दों में, गुलामी का दूसरा रूप कुली प्रथा की शुरूआत हुई, जो पाँच साल के लिए थी। इस प्रथा के अन्तर्गत काम करने वाले को कुली कहा गया, जिन्हें गिरमिटिया भी कहा गया। गिरमिटिया 'एग्रीमेन्ट का ही भोजपुरीकरण है। उपनिवेशों में भेजे गए ये लोग न केवल कलकत्ता, बम्बई, चेन्नई जैसे महानगर के भर्ती डिपों में नामांकित हुए थे बल्कि उनमें से अधिकांश ने अपने प्रान्तों में ही पंजीकरण कराया था और उनमें से कई लोगों ने जाने से मना कर दिया था। यह सत्य है कि जाने से पहले उन लोगों को अपने गन्तव्य के बारे में कुछ भी मालूम नहीं था' यहाँ तक कि उन देशों का नाम भी नहीं।

इन गिरमिटिया मजदूरो की प्रवास प्रक्रिया यानी जहाज यात्रा के

दौरान उनमें भारतीय रीति–रिवाज की जो भी स्वायी जीवन शैलियाँ थी, उनका भी अन्त हो गया। गिरमिटिया इतिहासकार ब्रजलाल की टिप्पणी काबिले गौर है–'जहाज की यात्रा कई स्थायी जीवन शैलियों और पुरानी आदतों को तोड़ने में सफल हुई। प्राचीन भारतीय ग्रामीण प्रथाओं और रीतियो का अन्त हुआ।............समुद्री यात्राओं ने सामाजिक अनुक्रम को समतल करने में मदद की और सांस्कृतिक नवाचार का विध्वंस किया। परन्तु विध्वंसता की प्रक्रिया में सृजनशीलता के बीज भी छुपे थे। समान अतीत और सामान्य दशा के अंशों से तथा समान भाग्य ओर समान लक्ष्मी, नए रिश्ते कायम हुए। इन सबमें 'जहाजी भाई' का रिश्ता भावनात्मक रूप से सर्वाधिक शक्तिशाली था। यह रिश्ता खून के रिश्ते की तरह प्रगाढ़ और सुख प्रदान करने वाला था। इस रिश्ते को लोग अपने जीवन के सांध्यकाल में भी संजोये रहे। यह आपसी सम्बन्ध, अजनबी बाहरी दुनिया की अस्तव्यस्तता और जटिलता के बावजूद एकता का सूचक बना रहा। ऐसी एकता आन्तरिक प्रवसन का आलम्बन कलकत्तिया और अन्यों में नहीं थी।

हिन्दुस्तान से अपना सब कुछ छोड़कर स्वर्णिम सुखदायी भविष्य की कामना के लिए विदेशी भूमि यानी फीजी, गुयाना, मॉरीशस, त्रिनिडाड, इत्यादि पर उतरे तो उन्हें वहाँ की परिस्थितियाँ एकदम विपरीत दिखाई पड़ी। उन विपरीत परिस्थितियों की तुलना उन लोगों ने रामचरितमानस में 'राम वनवास' सीता–वियोग' जैसे संस्कृति में मौजूद संकटों से की। दिनभर गन्ने के खेतों में हाड़तोड़ मेहनत करने के बाद अपने साथ ले गए रामायण, गीता, सूर, कबीर, मीरा, तुलसी के भजन गाकर अपने दुःखों और चिन्ताओं को कम किया और मनोरंजन भी किया। इस सन्दर्भ में 1893 ई0 में गिरमिटिया बनकर गए तोताराम सनाढ्य ने अपनी संस्मरणात्मक पुस्तक 'भूतलेन की कथा' में विस्तार से उन तथ्यों की सूचना दी है कि फीजी के भारतवासी धार्मिक साहित्य से जब मानसिक खुराक की पूर्ति नहीं होती तो वे श्रृंगारिक साहित्य सदाबृज–सारंगा, तोता–मैना, इन्दर सभा, लोरिकायन, सोरठी बृजभार इत्यादि से मनोरंजन करते और मानसिक सम्बल प्राप्त करते।'[2] स्पष्ट है कि गिरिमिटिया मजदूर निर्धन ग्रामीण पृष्ठभूमि से आए भोले–भाले लोग थे। अंग्रेजों तक भारतीय मजदूरों को पहुँचाने का काम धोखेबाज 'अरकाटियों' द्वारा दूसरे देशों में भेजने हेतु फँसाया जाता था। कुली के रूप में रखे जाने के कारण निरन्तर उनकी इज्जत की धज्जियाँ उड़ा दी जाती थी। कृषि व्यवस्था के लिए अंग्रेजों ने गिरमिटिया मजदूरों का 'मिमिआई का तेल' (हाड़तोड़ मेहनत) करवाते थे। कोलम्बरों द्वारा कोड़ों की मार से गुलामी

का अहसास करवाया जाता था।

प्रवासी भारतीय कमोवेश अनेकानेक देशों में ले जाए गए। भारतीय मजदूरों की तीसरी पीढ़ी और चौथी पीढ़ी फ्रंट पर है। चौथी पीढ़ी कुली व गिरिमिटिया प्रथा जैसे शब्दों से बहुत दूर जा चुकी है। तीसरी पीढ़ी इतिहास और संस्कृति को सुरक्षित करने का प्रयास कर रही है। सन् 1834 ई0 से लेकर इक्कीसवीं सदी के दूसरे दशक की समाप्ति तक के समय में गिरमिटिया मजदूरों की तीसरी पीढ़ी हिन्दी भाषा के माध्यम से संस्कृति को जो भारतीय संस्कृति कहलाती है आने वाली पीढ़ी तक पहुँचाने का कार्य किया है। संस्कृति से जुड़े तत्व के संरक्षण का कार्य संस्कार, भाषा, वेषभूषा, परिधान, आस्था के प्रतिमान देवी–देवता, रीति–रिवाज, भारतीय त्यौहार, लोकगीत, लोककथाएँ आदि के रूप में संजोए रखा है। आपसी बोलचाल में क्षेत्रीय हिन्दी भाषाओं के साथ आने वाले समय हिन्दी भाषा द्वारा भारतीय समुदाय ने अपने लोगों को जोड़े रखा। विदेशी क्षेत्रीय भाषाओं को अपनाते हुए हिन्दी भाषा को विदेशी क्षेत्रीय भाषाओं के शब्दों के संयोग से हिन्दी भाषा समृद्ध कर रहे हैं। जैसा कि सभी लोग जानते हैं कि भाषा का प्रभाव परिवेश और वातावरण पर पड़ता ही है। इस तरह से हम देखते हैं कि भारतीय प्रवासी मजदूरों की आज की पीढ़ी हिन्दी भाषी हो गई है। यही हिन्दी भाषाई तत्व गिरमिटिया देशों में हिन्दी भाषा के अस्तित्व को सींच रही है। गिरमिटिया देशों में हिन्दी का अस्तित्व इसलिए है कि आपस में बोलकर हिन्दी की जड़ों को जमाया गया है। इसका श्रेय पहली पीढ़ी गये गिरमिटिया प्रवासी मजदूरों से लेकर चौकी थी पीढ़ी तक की मनोवृत्ति भारत से स्वयं को संस्कृति और हिन्दी भाषा से जोड़े हुए है। देह से विवधि देशो में रहते रहे किन्तु मन से भारत से जुड़े रहे। हिन्दी भाषा से जुड़े रहने के कारण अनेक हिन्दी भाषी प्रवासी रचनाकारों का अस्तित्व संसार समक्ष आया। हिन्दी भाषा की समृद्धि में योगदान दे रहे हैं। प्रवासी रचनाओं ने साहित्य के विभिन्न विधाओं में अपने पूर्वजों व स्वयं की पीड़ा सहित मनोवृत्ति को शब्द प्रदान किया है।

प्रवासी साहित्य वस्तुत क्या है? साधारण शब्दों में कहें तो भारत से बाहर लिखा गया साहित्य प्रवासी साहित्य के रूप में आता है। भारतीय प्रवासियों द्वारा एवं विदेशी लेखकों द्वारा भारतीय संस्कृति एवं भारतीय मनोवृत्ति के साथ लिखा जाये वह प्रवासी साहित्य कहलायेगा। विदेशी लेखकों द्वारा भारतीय स्तर का मनोवृत्ति के अनुरूप लिखा जाना प्रवासी साहित्य को शायद न स्वीकारा जाये। वस्तुतः भारतीय मूल के लोगों द्वारा शौक या दूसरे देशों में निवास कर हिन्दी भाषा को समृद्ध करने के साथ

प्रवासी साहित्य को समृद्ध कर रहे प्रवासी भारतीय मूल के रचनाकारों द्वारा रचा गया प्रवासी साहित्य ही प्रवासी साहित्य ही कहा जायेगा। एक शब्द में कहें तो प्रवासी साहित्य भी हिन्दी भाषा की समृद्धि के साथ समृद्ध हो रही है। प्रवासी साहित्यकारों की संवेदना का फलक विस्तृत है। जो भी प्रवासी साहित्यकार जिस भी देश में रह रहा है वह अपनाएँ हुए देश के अनुभवों को साहित्य के माध्यम से पाठकों के समक्ष बड़ी ईमानदारी से रखा है। प्रवासी साहित्य और प्रवासी साहित्यकार किसे कहा जाये ? जैसा की हम जानते है कि सन् 1834 ई0 में भारतीय मजदूरों की जो पीढ़ी गई वह पहली श्रेणी के प्रवासी भारतीय कहे जायेंगे। दूसरी श्रेणी के प्रवासी भारतीय उन्हें कहा जायेगा जो सन् 1960 से लेकर 1980 ई0 के आस–पास अर्द्ध शिक्षित–अशिक्षित कुशल–अर्द्धकुशल मजदूर के रूप में अरब देशों की ओर काम की तलाश में गये थे। तीसरी श्रेणी के वे प्रवासी भारतीय जो सन् 1980 से लेकर 2010 ई0 के आस–पास तक विभिन्न देशों में गये चाहे विकसित हो चाहे विकाशील। यह वर्ग सुरक्षित वर्ग है। दूसरी और तीसरी श्रेणी के प्रवासी भारतीय अपनी कामगार कुशलता और शिक्षा के बल पर विभिन्न देशों में प्रवास करते हुए प्रवासी साहित्य की रचना की। तीसरी और चौथी पीढ़ी प्रवासियों में स्वयं की पहचान को स्थापित करने की हो रही दिखाई देती है। मारीशस, सूरीनाम त्रिनिडाड, दक्षिण अफ्रीका फीजी जैसे देशों में भारतीयों को ले जाया गया। दूसरी और तीसरी श्रेणी के देशों में प्रवासी भारतीय गये और बस गये। ऐसे देश बड़ी संख्या में है। जैसे अमेरिका, इंग्लैण्ड, अर्जेंटीना, कनाडा, न्यूजीलैण्ड, डेनमार्क, नार्वे, जापान, आबूधाबी, अरब आदि। इस इक्कीसवीं सदी में विश्व के अनेक देशों में प्रवासी भारतीय प्रवासी साहित्य लेखन कर रहे हैं। अनेक देशों में प्रसिद्धी के स्तर पर प्रवासी साहित्यकार समकालीन स्थितियों को ध्यान में रखकर साहित्य सर्जना कर रहे है। समकालीन प्रवासी साहित्य कई मामलों में भारतीय मूल लेखन से भिन्न है। प्रवासी साहित्यकारों की शैली, मुहावरे सभी से भिन्न है। पुराने प्रवासी साहित्यकार के लेखन से भिन्न है। समकालीन समस्याओं में अजनबीपन, सांस्कृतिक आघात, वैवाहिक सम्बन्धों में आये हुए बदलाव, युवा पीढ़ी का बदलता परिवेश, शोषण के विविध स्वरूप परिवारिक समस्याएँ और बालकों पर पड़ते प्रभावों को देखा जा सकता है।

वर्तमान वैश्विक परिदृश्य में वैश्विक पटल पर हिन्दी भाषा समृद्धता के साथ वैश्वीकरण के दौर में अस्तित्त्वमान हो रही है। हिन्दी भाषा के बगैर प्रवासी साहित्य लेखन की कल्पना नहीं की जा सकती हैं। हिन्दी

हिंदी : वैश्विक व्याप्ति एवं प्रभाव

भाषा ग्लोबल भाषा होने के बावजूद भी अन्तर्राष्ट्रीय राजनीति की शिकार होने से ग्लोबल भाषा के रूप में हिन्दी भाषा को अस्वीकरण किया जा रहा है। जबकि प्रवासी साहित्यकारों द्वारा हिन्दी भाषा में प्रवासी साहित्य का लेखन अबाध गति से हो रहा है। प्रवासी साहित्यकार अधुनातन समय में ज्वलन्त मुद्दों पर भी लेखन कर रहे हैं। प्रवासी साहित्यकारों द्वारा सृजित प्रवासी साहित्य लेखन को देखते हुए आलोचकों को विशेष दृष्टिकोण अपनाना चाहिए। भारत से उत्तर प्रवासी हिन्दी लेखन को भारतेतर हिन्दी लेखन कहने में संकोच नहीं करते हैं। अनेक साहित्यकारों व आलोचकों ने माना है कि प्रवासी साहित्य ने हिन्दी भाषा की समृद्धता को नई जमीन दी है। परम्परागत विचारधारा एवं युगानुकूल विचारधारा के मध्य समकालीन प्रवासी साहित्य में टकराव को देखा जा सकता है। प्रवासी साहित्य भारतेतर देशों को भारत से जोड़ने का माध्यम बनता है। विदेश से प्रवासी साहित्यकार विभिन्न अनुभवों और विसंगतियों को देखते हैं। इन प्रवासी साहित्य में साहित्यकारों ने नई मान्यताओं और बदलते जीवन मूल्यों को जोड़ा है। वर्तमान सन्दर्भ में समय में स्तर प्रवासी साहित्य में बदला हुआ दिखाई देता है। आज के समय में प्रवासी साहित्य हिन्दी साहित्य में समावेश हो चुका है। हिन्दी भाषा और प्रवासी साहित्य एक सिक्के के दो पहलू दिखाई देते है। 'पिछले वर्ष 2018 में बकिंघम पैलेस में प्रिंस चार्ल्स द्वारा एमबीई आवार्ड से सम्मानित तेजेन्द्र शर्मा ब्रिटेन में रहकर हिन्दी साहित्य में विविध विधाओं के द्वारा योगदान दे रहे हैं। एम.बी.ई. आवार्ड से सम्मानित तेजेन्द्र शर्मा ने आज तक न्यूज चैनल को दिए साक्षात्कार में कहा कि 'हिन्दी साहित्य में योगदान के लिए हम हिन्दी को ब्रिटेन में सही तरह से स्थापित कर सकें। हिन्दी का वैश्वीकरण बहुत जरूरी है। हम चाहते है कि जिन तरह हिन्दी पूरी दुनिया की जुबान है। और जिस तरह भारतीय मूल के लोग दुनिया में देश में है जहाँ-जहाँ हम गए हैं वहाँ हिन्दी अपना इस तरह से प्रभुत्व जमाए कि लोग इसमें गर्व महसूस करें कि हम हिन्दी में बात कर रहे है और यह न हो कि हमें तो हिन्दी आती ही नहीं बल्कि हिन्दी को बोलने में गर्व महसूस होना चाहिए। यह सम्मान हर उस हिन्दी लेखक का, हिन्दी के पाठक का, हिन्दी में सोचने वाले का सम्मान है कि ब्रिटेन की महारानी बकिंघम पैलेस में हिन्दी को सम्मानित करें।

वर्तमान में प्रवासी हिन्दी साहित्य में तेजी से बदलाव आए हैं। प्रवासी हिन्दी साहित्य का स्वागत हो रहा है और उनके योगदान को विभिन्न तरीके से सराहा भी जा रहा है। उनकी रचनाओं को भारत में लोग पढ़ना चाहते हैं। विश्वविद्यालयों में अनुसंधान और पाठ्यक्रम में भी

प्रवासी साहित्य में अपनी जगह बनाई है। यहीं कारण है कि विभिन्न स्थापित–प्रतिष्ठित पत्रिकाओं द्वारा प्रवासी हिन्दी साहित्य पर विशेषांक एक महाविशेषांक प्रकाशित हो रहे हैं। 'प्रवासी हिन्दी साहित्य' का यह प्रारम्भिक रूप है जो अपनी जड़े जमा रहा है और शीघ्र ही तथाकथित हिन्दी की मुख्यधारा में अनेकानेक प्रवासी रचनाओं का समावेश होगा। 1950 के बाद विदेशों में जाकर बसने वाले भारतीय भिन्न श्रेणी में आते हैं। वे सुरक्षित, पढ़े–लिखे, जागरूक होते हुए धनोपार्जन सहित अन्य कई उद्देश्यों से प्रवासी बने थे। ये अपने साथ अपनी अस्मिता की रक्षा के लिए रामायण, हनुमान चालीसा या गीता नहीं वरन अपने मौलिक अधिकरों का ज्ञान लेकर गए थे। इसके बावजूद मनोवैज्ञानिक स्तर पर इनकी हालत भी एक सी ही थी और आज भी है।'**3** समकालीन प्रवासी साहित्यकार शनैः–शनैः स्थिति परिस्थिति का आंकलन करके भारतीय हिन्दी साहित्य के अंश रूप में ही कार्य कर रहे है। प्रवासी साहित्यकारों की रचनाओं व साहित्यकारों पर शोध प्रबन्ध पी0एच0डी0 स्तर पर विषय बनाये जाने लगे हैं। प्रवासी साहित्याकारों व उनकी रचनाएं हिन्दी साहित्य के अन्तर्गत अनेक विमर्शों के समानान्तर प्रवासी विमर्श हिन्दी साहित्यकारों पर भी डिग्रियाँ पी0एच0डी0 स्तर पर दी जाने लगी है। यह स्पष्ट संकेत है हिन्दी साहित्य के रूप में या हिन्दी साहित्य के अन्तर्गत अंश रूप में स्वीकृत होने लगा है। प्रवासी साहित्यकारों में विभिन्न देशों में लेखन करने वालों में कनाडा में नरेन्द्र भागी, हरदेव सोढ़ी मधु वार्ष्णेय, अमर सिंह जैन, भुवनेश्वरी पाण्डेय। ब्रिटेन में उषा राजे सक्सेना, तोशी अमृता, जाकिया जुबैरी, डॉ0 सत्येन्द्र श्रीवास्तव, प्राणशर्मा, तेजेन्द्र शर्मा, कुष्ण कुमार, मोहन राणा, उर्मिल भारद्वाज, राजमोदगिल। मॉरीशस में मधुकर, रामदेव धुरन्धर, अभिमन्यु अनन्त, महेश राम। गुयाना में रामदेव, रघुवीर, तेज प्रसाद। अमेरिका में धनंजय कुमार, उषा प्रियवंदा, सुषम बेदी, डॉ0 विजय कुमार मेहता, इन्दूकान्त शुक्ला, डॉ0 अनिता कपूर, डॉ0 सुधा ओम ढींगरा। नीदरलैण्ड में पुष्पिता अवस्थी। ऐसे अनेक देशो में प्रवासी साहित्यकार अपने लेखन से हिन्दी साहित्य को समृद्ध कर रहे हैं।

अनेक देशों में भारतीय प्रवासियों के अनेक प्रयास से हिन्दी भाषा और देश विशेष की भाषा के संयोग से हिन्दी भाषा के नाम भी वैश्विक फलक पर अलग–अलग है। वैश्विक फलक पर हिन्दी का प्रयोग विविध रूप से होता है। मॉरीशस में 'क्रियोली हिन्दी, सूरीनाम और गुयाना में सरनामी हिन्दी', त्रिनिडाड में 'त्रिनिहिन्दी : दक्षिण अफ्रीका में' नेटाल हिन्दी' नेपाल में 'नेपाली हिन्दी, उज्बेकिस्तान में 'ताजिकी हिन्दी' फीजी में 'फीजी हिन्दी' का चलन प्रवर्तमान है। वस्तुतः प्रवासी साहित्यकारों की

फौज विभिन्न देशों में बढ़ती जा रही है। अधिक लेखकों के आने से अत्यधिक मात्रा में हिन्दी भाषा के संवर्धन के साथ प्रवासी साहित्य भी समृद्ध हो रहा है। यह सच है कि आज भारत की राष्ट्रभाषा व राजभाषा हिन्दी को अन्तर्राष्ट्रीय स्तर पर महत्व मिला है तो प्रवासी भारतीयों को है प्रवासी साहित्यकारों को है। आने वाले समय में प्रवासी भारतीय साहित्यकार बदलती परिस्थितियों के अनुसार अपनी रचनाओं में विविधता ला रहे हैं।

निष्कर्ष

प्रवासियों का इतिहास भारतीयों के संदर्भ में महत्वपूर्ण है। वर्तमान समय में प्रवासी भारतीय साहित्यकारों की संख्या में तेजी से वृद्धि हुई है। प्रवासी भारतीय रचनाकारों ने साहित्य की सभी विधाओं कविता, कहानी, उपन्यास, नाटक, एकांकी, यात्रावृत्तांत पत्र–साहित्य आत्मकथा एवं जीवनी इत्यादि विधाओं में निरन्तर सृजन कर रहे हैं। प्रवासी साहित्य में विदेशी धरती के वातावरण में बेगानेपन का अहसास होना। भाषाओं के केन्द्र में अजनबीपन महसूस करना। पीढ़ीगत अन्तराल और टकराव, अतीत के प्रति मोह आदि समस्याओं की यथार्थ अभिव्यक्ति प्रवासी साहित्य ने प्रकट की है। आज के दौर में प्रवासी साहित्य आज की तकनीकी में वेब पोर्टल, नई पत्रिकाओं आदि को भी अपनाकर हिन्दी भाषा व साहित्य को समृद्ध कर रहे हैं।

प्रवासी और प्रवासी साहित्य एवं साहित्यकार की परिधि में समृद्ध चिन्तन चेतना का दृष्टिकोण अपनायें हैं। अनेक विमर्शों के समान्तर प्रवासी साहित्य लेखन को भी विमर्श की परिधि में लिया गया है। प्रवासी साहित्य में स्वर प्रतिरोध का नहीं अपितु दर्द का स्वर और समन्वयात्मक भावना भारत से जुड़े होने का है। प्रवासी लेखन ने वैश्विक स्तर पर चेतना उत्पन्न की है। प्रवासी साहित्यकारों ने युवा पीढ़ी के मुद्दे को प्रमुखता से उठा रहे हैं। प्रवासी साहित्यकार प्रवासी साहित्य में अपने लिखे जाने की सार्थकता को लेकर आज विमर्श के रूप में हमारे सामने हैं। प्रवासी साहित्यकारों ने अपनी जमीन से कटने के बाद भी अपनी सभ्यता, संस्कृति, रीजि–रिवाज, नैतिकता के साथ जीवन–मूल्यों को सामने रखा। प्रवासी साहित्य में दो संस्कृतियों और सभ्यताओं से प्रभावित है। प्रवासियों का इतिहास जितना भारत देश के लोगों के लिए महत्वपूर्ण है उतना ही प्रवासियों के लिए वर्तमान में रह रहे देश में सहभाव के साथ हिन्दी भाषा की समृद्धि के साथ अतीत के इतिहास को प्रेरणात्मक तत्वरूप में ग्रहण करते हुए लेखन आने वाले समय में करते रहेंगे तो महत्वपूर्ण साहित्य अस्तित्व के रूप में बने रहेंगें। हिन्दी भाषा की

समृद्धि का दायित्व व हिन्दी भाषा में रचे गये साहित्य को अन्तर्राष्ट्रीय स्तर पर पहचान हेतु प्रयत्न करते रहेगें। ऐसा प्रवासी साहित्यकारों के प्रवासी साहित्य के अनुशीलन में स्पष्ट होता है।

संदर्भ सूची :

1. पुरबियों को लोकवृत्त वाया देश–परदेश, धनंजय सिंह, राजकमल पेपर बैंक, नई दिल्ली, 2020, पृष्ठ 18–19
2. व्ही, पृष्ठ 181–182
3. हिन्दी साहित्य और प्रवासी विमर्श सं. वसुन्धरा उपाध्याय, साहित्य संचय प्रकाशक, दिल्ली, 2019, पृष्ठ 09

आचार्य, हिन्दी विभाग,
शिवहर्ष किसान पी0जी0 कालेज बस्ती।
E-mail : balramgupta284@gmail.com

<u>सम्पर्क सूत्र</u> :–
एच–316, इन्द्रलोक कालोनी,
थाना–कृष्णानगर, पोस्ट–मानसनगर,
कानपुर रोड, लखनऊ–226023,
मो0 नं0–9455163128

प्रवासी हिन्दी पत्रकारिता : एक अस्मिता

डॉ. भुवनेश्वर दूबे

आज हिन्दी राष्ट्र संघ में मूल रूप में केंदित हो चुकी है। सम्पूर्ण राष्ट्र में इसका वर्चस्व धीरे-धीरे बढ़ता जा रहा है। विदेशियों के हिन्दी सीखने की रोचकता से भी यह पता चलता है कि हिन्दी का प्रभुत्त्व बढ़ रहा है। हिन्दी की अभिवृद्धि सिर्फ देश में ही नहीं बल्कि विदेशों में भी जो भारतीय मूल के साहित्यकार वहाँ निवास करते हैं, वे हिन्दी की अलख जगाए हुए हैं। प्रवासी साहित्यकार अपने लेखन-सृजन इत्यादि माध्यमों से हिन्दी की अस्मिता को बढ़ा रहे हैं।यदि हिन्दी की वैश्विक पत्रकारिता के योगदान को ले लिया जाए, तो उसके समर्थन में उपयोगी तत्व स्वतः ही मिल सकते हैं। सदियों से हिन्दी विश्व के अनेक देशों में अपने अस्तित्व एवं महत्त्व का पताका फहरा रही है। कई राष्ट्रों से हिन्दी की प्रकाशित पत्रिकाएँ, इसके ज्वलंत दस्तावेज हैं।

प्रवासी हिन्दी की शुरुआत आज से नहीं बल्कि सदियों पहले से हो चुकी है। विश्व पटल पर हिन्दी पत्रकारिता दैनिक, साप्ताहिक, पाक्षिक, मासिक, त्रैमासिक, अर्द्धवार्षिक, वार्षिक, मुखपत्र, वार्षिक बुलेटिन, अवसरानुकूल विशेषांक, अभिनन्दन ग्रन्थ, समारोह पत्रिका, धार्मिक विशेषांक इत्यादि रूप में विकसित हुई है। प्रवासी हिन्दी साहित्यकारों का योगदान हिन्दी साहित्य को वर्द्धित करने में महत्त्वपूर्ण भूमिका का निर्वहन कर रही है। विदेशों में हिन्दी पत्रकारिता को जीवन्त रखना बहुत बड़ी बात है। हमारे प्रवासी साहित्यकारों ने हिन्दी की दशा-दिशा को अग्रगामी बनाया है और हमेशा हिन्दी को एक नया आयाम देने के लिए तत्परता से युक्त दिखाई दे रहे हैं। प्रवासी हिन्दी पत्रकारिता की स्थिति को कुछ प्रमुख देशों के माध्यम से प्रस्तुत किया जा सकता है .....।

अमेरिका में प्रवासी हिन्दी पत्रकारिता : अमेरिका के 33 विश्वविद्यालयों में हिन्दी पाठ्यचर्या संचालित हो रही है। यह हिन्दी और भारतीय अस्मिता की सबसे बड़ी ऊँचाई कही जा सकती है कि जो राष्ट्र विकसित है, वहाँ पर हिन्दी को मान्यता प्रदान की गयी है और वहाँ के विद्यार्थियों में हिन्दी सीखने की ललक बनी हुई है। "अमेरिका में अन्तर्राष्ट्रीय हिन्दी समिति के संस्थापक डॉ. कुँअर चन्द्रप्रकाश सिंह ने 18 अक्टूबर, 1980 को रोजलिन वर्जिनिया में इसकी स्थापना की थी। इसी समिति के तत्त्वावधान में **'विश्वा'**

त्रैमासिक पत्रिका का प्रकाशन हुआ। इसके प्रथम संपादक श्री रंजन कुमार सिंह थे।"[1] इसके कई उच्च स्तरीय विशेषांक प्रकाशित हो चुके हैं। हिन्दी साहित्य, भाषा और संस्कृति पर केन्द्रित इस प्रकाशन ने हिन्दी को विश्व स्तरीय बनाने में प्रमुख भूमिका निभाई है। जनवरी, 1994 में अन्तर्राष्ट्रीय हिन्दी समिति की त्रैमासिक मुख पत्रिका **'विश्वा'** का प्रकाशन हुआ था। यह पत्रिका नवगीत विशेषांक के रूप में प्रकाशित हुआ। तत्कालीन समय में हिन्दी नवगीत अपने चरमोत्कर्ष पर विराजमान थी। डॉ. शम्भुनाथ सिंह के सम्पादन में नवगीत दशक भाग 1,2,3 तथा नवगीत सप्तक प्रकाशित हो चुके थे। विश्व स्तर पर नवगीत से सभी भली-भाँति परिचित हो चुके थे। इस पत्रिका के माध्यम से नवगीत की नवता को तथा उसके अंतर्वस्तुता को विश्वस्तरीय बनाने का प्रयास किया गया, साथ ही नवगीतकार डॉ. शम्भुनाथ सिंह को महादेवी वर्मा द्वारा प्रदत्त सम्मान एवं पुरस्कार को भी इस पत्रिका में अंकित किता गया था। "न्यूयार्क से **'संवाद -सूत्र'** त्रैमासिक पत्र भी निकल रहा है। जनवरी,1984 में हिन्दी साहित्य सभा के तत्वावधान में **'भारतीय'** पत्रिका प्रकाश में आयी। इसी वर्ष इलिनाय से **'भारती'** द्वैमासिक पत्र भी प्रकाशित हो रहा है। अमेरिका से ही 'ग़दर की गूंज' पत्रिका का प्रकाशन हो चुका है। सन् 1909 ई. में **'संजीवनी'** मासिक पत्र का प्रकाशन हुआ। मेक्सिको में सन् 1947 में स्थापित ***'यूनेस्को कूरियर'*** का हिन्दी संस्करण भी प्रकाशित होता है।"[2]

इंग्लैण्ड में प्रवासी हिन्दी पत्रकारिता : प्रवासी हिन्दी पत्रकारिता के परिप्रेक्ष्य में इंग्लैण्ड विश्व का पहला राष्ट्र है, जहाँ से सर्व प्रथम सन् 1883 ई. में कालाकांकर (प्रतापगढ़) उत्तर प्रदेश के नरेश राजा रामपाल सिंह ने 'हिन्दोस्थान' त्रैमासिक पत्र का सम्पादन और प्रकाशन किया। यह हिन्दी, उर्दू और अंग्रेजी में निकला था। इसके बाद लन्दन से ही 'वैदिक पब्लिकेशन्स' आर्य समाज के मुख्य पत्र प्रकाशित हुआ। सन् 1964 ई. में हिन्दी प्रचार परिषद्, लन्दन के तत्वावधान में 'प्रवासिनी' त्रैमासिक पत्र का प्रकाशन हुआ। इसके संस्थापक-सम्पादक स्व. धर्मेन्द्र गौतम थे। इसके कई महत्त्वपूर्ण विशेषांक स्तरीय सामग्री से परिपूर्ण थे। सन् 1975 में 'नवीन वीकली' नाम से एक पत्र निकला। 23 मार्च, 1971 को श्री जे.एस. कौशल के सम्पादन में 'अमरदीप' साप्ताहिक पत्र प्रकाशित हुआ।

यू. के. के हिन्दी समिति की ओर से हिन्दी त्रैमासिक पत्रिका का प्रकाशन जुलाई, 1990 में हुआ, इसके संस्थापक-सम्पादक प्रेमचंद सूद थे।

1917 में हिन्दी-गुजराती में 'सर्जन' पत्रिका इसके बाद हिन्दी-अंग्रजी में 'आर्य सन्देश' नामक मासिक पत्रिका का प्रकाशन हुआ । "विगत कुछ वर्षों से 'पुरवाई' हिन्दी मासिक पत्र का प्रकाशन हो रहा है, जिसके सम्पादक श्री पद्मेश गुप्ता सह संपादिका श्रीमती ऊषा राजे सक्सेना हैं । आर्य समाज लन्दन द्वारा आर्य पत्रिका का प्रकाशन होता है ।"[3]

रूस में प्रवासी हिन्दी पत्रकारिता : वर्तमान समय में रूस का विभाजन हो चुका है और यह कई देशों में विभाजित है । फिर भी प्रवासी हिन्दी पत्रकारिता के प्रस्तुतीकरण में रूस को ही केन्द्रित रखकर पत्रिकाओं का विवरण प्रस्तुत किया जा रहा है । सन् 1902 में पिट्सवर्ग में गेरासिम लेवदेव ने के प्रेस स्थापित किया, जिसमें संस्कृत-हिन्दुस्तानी और बंगाली भाषा में छपाई होती थी । रूस में नीक, सोवियत संघ, सोवियत नारी, दीवार, वोस्तोव (पूरब) बुलेटिन, सोवियत दर्पण, यूनोस्त, युवक दर्पण, सोवियत भूमि, दस्तावेज आदि पत्रिकाओं का प्रकशन होता आया है । "सन् 1995 ई. में मास्कों से 'भारतभूमि' मासिक पत्र का प्रकाशन हो रहा है , जिसके प्रकाशन में प्रसन्न वर्मा, दिनेश त्रिपाठी, तथा सुजीत बनर्जी का सहयोग है ।"[4] इन्होंने प्रवासी हिन्दी पत्र के प्रकाशन के माध्यम से भारतीय हिन्दी की अस्मिता को उजागर करने का सराहनीय प्रयास किया है । इनका योगदान भारतीय मूल्यवत्ता को एक नयी दिशा की ओर अग्रसित करता है ।

कनाडा में प्रवासी पत्रकारिता : हिन्दी लिटरेरी ऑफ़ कनाडा के तत्वावधान में 'हिन्दी संवाद' त्रैमासिक पात्र निकलता है। इसके सम्पादक श्रीनाथ द्विवेदी हैं । सन् 1982 से 'हिन्दी चेतना' का प्रकाशन श्याम त्रिपाठी कर रहे हैं । सन् 1967 में 'वसुधा' का प्रकाशन स्नेह ठाकुर कर रही हैं । नवंबर, 1982 से 'जीवन ज्योति' का सम्पादन श्री हरिशंकर आदेश कर रहे हैं । टोरंटो से सन् 1975 से 'भारती' मासिक हिन्दी–अंग्रेजी पत्र का सम्पादन श्री त्रिलोचन सिंह गिल कर रहे हैं । इसके अतिरिक्त 'विश्व भारती' पाक्षिक पत्र का सम्पादन श्री रघुवीर सिंह कर रहे हैं । यहीं से 'संगम' पाक्षिक पत्र तथा 'कर्तव्य' नाम की एक आर्य समाजी पत्रिका भी निकलती है । हिन्दी साहित्य परिषद् सूरी, कनाडा से आर्य समाज द्वारा एक आर्य पत्रिका का प्रकाशन होता है, जिसकी सम्पादिका श्रीमती मधु वार्ष्णेय हैं ।"[5] इस सभी प्रवासी हिन्दी साहित्यकारों ने अपने लेखन सृजन के माध्यम से भारतीय हिन्दी की अस्मिता को अनूठी ऊँचाई प्रदान किया है । वैश्विक धरातल पर हिन्दी की

पहचान बनाने का श्रेय इन्हीं प्रवासी साहित्यकारों को जाता है।

दक्षिण अफ्रीका में प्रवासी हिन्दी पत्रकारिता : दक्षिणी अफ्रीका में सर्वप्रथम सन् 1903 में 'इंडियन ओपेनियन' साप्ताहिक पत्र का हिन्दी संस्करण प्रकशित हुआ। इसके सम्पादक श्री मनसुख नाजर थे। यह पत्र डरबन से 12 मिल दूर फिनिक्स आश्रम से प्रकाशित और श्री मदनजीत के प्रेस में मुद्रित होता था। गाँधी जी की इस पर असीम कृपा थी। 6 मई, 1922 को वहीं से 'हिन्दी ' नाम का साप्ताहिक पत्र निकला जिसके प्रथम सम्पादक श्री भवानी दयाल संन्यासी थे। इसके पहले सन् 1912 में 'धर्मवीर' नाम का एक साप्ताहिक पत्र भी श्री भवानी दयाल संन्यासी के सम्पादन में निकल चुका था। नेताल ने 'अमृत सिन्धु' नाम का एक पत्र सन् 1910 में प्रकाशित हुआ था।

सन् 1948 में पंडित नरदेव वेदालंकार ने 'हिन्दी शिक्षासंघ' स्थापित किया जिसके तत्वावधान में 'संघ समाचार' का प्रकाशन हुआ। इसका सम्पादन डॉ. रामप्रसाद हेमराज ने किया था। इसमें बच्चों को हिन्दी की ओर प्रेरित करने के लिए बाल-कोना स्तम्भ भी रखा गया था।

मॉरिशस में प्रवासी हिन्दी पत्रकारिता : इस राष्ट्र ने अब तक लगभग 54 हिन्दी पत्र प्रकाशित करने का कीर्तिमान स्थापित कर विश्व में प्रथम स्थान का गौरव प्राप्त कर लिया है। मॉरिशस ही पहला ऐसा राष्ट्र है जहाँ भारत से बाहर दो बार 'विश्व हिन्दी सम्मलेन' का आयोजन हो चुका है साथ ही मॉरिशस में 'विश्व हिन्दी सचिवालय' का प्रधान कार्यालय भी स्थापित है। इस दृष्टि से यह देश 'विश्व हिन्दी का महातीर्थ' बन चुका है, जहाँ विश्व के हिन्दी प्रेमी सदा प्रेरणा, शक्ति और उत्साह लेने के लिए आते रहते हैं। इसे 'लघु भारत' भी कहा जाता है। सर्वप्रथम इस देश में 15 मार्च, 1909 को 'हिन्दुस्तानी' पत्र निकला। इसके संस्थापक सम्पादक डॉ. मणिलाल थे। इसके बाद 'मॉरिशस इंडियन टाइम्स' हिन्दी , अंग्रेजी , फ्रेंच तीन भाषाओं में दैनिक पत्र निकला। इसके संस्थापक श्री आर. के. बुधन तथा सम्पादक पंडित राम अवध शर्मा थे। 'आर्यवीर' साप्ताहिक हिन्दी पत्र पंडित शर्मा काशीनाथ किष्टो के सम्पादन में प्रकाशित हुआ। 'जागृत' पत्र सन् 1939 में प्रकाशित हुआ और 1950 तक निरंतर छपता रहा। मॉरिशस के प्रथम प्रधानमंत्री डॉ. शिवसागर रामगुलाम, जो कि मॉरिशस की जनता में 'चाचा रामगुलाम' के नाम से लोकप्रिय थे, जनता साप्ताहिक के सम्पादक बने। पत्र के प्रथम सम्पादक जय

नारायण राय ने सन् 1948 में इस पत्र को प्रारंभ किया । यह बहुत ही सामाजिक, सांस्कृतिक, राजनैतिक पत्र होने से जनप्रिय था किन्तु 1982 में इसका प्रकाशन बंद हो गया । इस पत्र के अंतिम सम्पादक श्री राजेन्द्र अरुण रहे । 9 नवम्बर, 1950 से 'आर्योदय' पाक्षिक और फिर मासिक पत्र का जन्म हुआ । यह पहले 'आर्यवीर जागृत' के नाम से छपता था । इसके प्रथम सम्पादक पंडित आत्माराम विश्वनाथ थे । इसके बाद पंडित मोहनलाल मोहित हुए । यह पत्र अब तक प्रकाशित हो रहा है और इसके सम्पादक श्री सत्यदेव प्रीतम हैं । "सन् 1935 में 'दुर्गा' साप्ताहिक पत्र हस्तलिखित रूप में निकाला गया । तब तक इसके सम्पादक श्री सूर्य मंगर भक्त थे । यह पत्र 1938 तक अस्तित्त्व में रहा । जुलाई, 1960 ई. में सर्वप्रथम पूर्ण साहित्यिक पत्र के रूप में 'अनुराग' का प्रकाशन हुआ । यह हिन्दी परिषद् का मुख्य पत्र माना जाता है । इसके प्रथम सम्पादक श्री सोमदत्त बखौरी थे । बखौरी जी को भारत सरकार ने 'विश्व हिन्दी सेवी' पुरस्कार से भी सम्मानित किया था। हिन्दी लेखक संघ के तत्वावधान में सर्वप्रथम एक बाल पत्रिका 'बाल सखा' के नाम से सन् 1965 में प्रकाशित हुई । कुछ वर्षों के बाद यह बंद हो गयी । पर यह पुनः इसी नाम से सन् 2006 में चौमाही बाल पत्रिका के रूप में पाठकों के समक्ष आयी और इसके प्रधान सम्पादक बने श्री इन्द्रदेव भोला इंद्रनाथ । हिन्दी लेखक संघ की 50 वीं वर्षगाँठ सन् 2011 पर इसका एक चित्ताकर्षक विशेषांक प्रकाशित हुआ । हिन्दी प्रचारिणी सभा के बैनर तले सन् 1960 में 'नवजीवन' पाक्षिक पत्र का जन्म हुआ । जिसके सम्पादक सूर्य प्रकाश मंगर भगत और विक्रम सिंह रामलाला रहे ।

सन् 1930 में प्रकाशित 'बसंत' पत्रिका बहुत ही शीघ्र बंद हो गयी थी । उस समय इसके सम्पादक पंडित गिरिजानंद जी थे । प्रसन्नता की बात यह है कि हिन्दी प्रेमियों के आग्रह पर सन् 1977 में महात्मा गाँधी संस्थान, मोका द्वारा 'बसंत' का पुनर्जन्म हुआ और इसके प्रधान सम्पादक बने श्री अभिमन्यु अनत । आजकल इसके सम्पादक मंडल में डॉ. जोगा सिंह, पूजानन्द नेमा, राज हीरामन हैं । बसंत पत्र मॉरिशस में पहले मासिक छपता था पर अब त्रैमासिक के रूप में छप रहा है । यह पत्र विशुद्ध साहित्यिक है तथा भारत में भी इसके अंकों की उत्साह के साथ प्रतीक्षा रहती है । भारतीय दूतावास के

द्वारा 'भारतीय समाचार' नाम से एक मासिक पत्र सन् 1972 से प्रकाशित हो रहा है जो कि भारत सम्बन्धी समाचारों से ओत-प्रोत होता है। राजकीय हिन्दी अध्यापकों के संघ द्वारा 'आक्रोश' नाम का एक मासिक पत्र सन् 1990 में श्री सत्यदेव टेंगर के सम्पादन में निकलना प्रारंभ हुआ । 'इन्द्रधनुष सांस्कृतिक परिषद्' के द्वारा 'इन्द्र धनुष' नाम से एक त्रैमासिक पत्र सन् 1988 से श्री प्रह्लाद रामशरण के सम्पादन में प्रकाशित हो रहा है। अब यह पत्र त्रैमासिक हो गया है । हिन्दी प्रचारिणी सभा के तत्वावधान में सन् 1995 से 'पंकज' त्रैमासिक पत्र का प्रकाशन हो रहा है । इस पत्र के प्रथम अंक का विमोचन सभा हीरक जयन्ती के अवसर पर डॉ. कामता कमलेश ने किया था। यह छात्रोपयोगी हिन्दी पत्रिका है। इसके सम्पादक श्री अजामिल माताबादल हैं । इन्हें और डॉ. कमलेश को सन् 2001 में उत्तर प्रदेश के तत्कालीन राज्यपाल डॉ. विष्णुकान्त शास्त्री के कर कमलों से 'हिन्दी रत्न' से अलंकृत किया गया था । इस अवसर पर भारत में मॉरिशस के तत्कालीन उच्चायुक्त महामहिम दानीलाल शिवाजी उपस्थित थे । सितम्बर 1999 से हिन्दी संगठन द्वारा बच्चों की पत्रिका 'सुमन' का सम्पादन श्री अजामिल माताबादल और राजनारायण गति द्वारा हो रहा है । मॉरिशस में 'विश्व हिन्दी सचिवालय' स्थापित है। इसके द्वारा 'विश्व हिन्दी समाचार' त्रैमासिक का प्रकाशन होता है। यही से 'विश्व हिन्दी पत्रिका' नाम से एक वार्षिक एक पत्र का प्रकाशन हो रहा है । इसकी प्रधान सम्पादक श्रीमती पूनम जुनेजा तथा सम्पादक श्री गंगाधर सिंह सुखलाल हैं । संसार में विश्व हिन्दी की आत्मा समझने के लिए ये पत्रिकाएँ ऐतिहासिक कार्य कर रही हैं।"[6]

मॉरिशस एक ऐसा देश है जहाँ पर भारतीय मूल के साहित्यकार प्रवासी के रूप में रह रहे हैं । उन्होंने इस देश में अपने लेखन-सृजन के माध्यम से हिन्दी को गौरवान्वित किया है । प्रवासी हिन्दी पत्रकारिता में मॉरिशस को उसका गढ़ कहा जा सकता है। मॉरिशस में लगभग सैकड़ों पत्र-पत्रिकाएँ हिन्दी साहित्यकारों के द्वारा संपादित-प्रकाशित हो रहे हैं। विदेशों में हिन्दी की गरिमा बढ़ना कहीं न कहीं हमारी अस्मिता की पहचान बन गयी है । प्रवासी साहित्यकारों का योगदान हिन्दी को वर्द्धित करने में महत्त्वपूर्ण भूमिका का निर्वहन कर रहा है । विशेषकर पत्रकारिता विश्वस्तरीय संचार माध्यम होता है, जिसके जरिये हमारी भाषा- संस्कृति

और देश की अस्मिता की पहचान होती है । निश्चित रूप से प्रवासी साहित्यकारों ने अपने पत्र-पत्रिकाओं के सम्पादन के माध्यम से हिन्दी और हिन्दी पत्रकारिता को महिमा मंडित किया है ।

नार्वे में प्रवासी हिन्दी पत्रकारिता : "सर्वप्रथम 1979 में 'परिचय' द्वैमासिक पत्र का प्रकाशन हुआ था जिसके सम्पादक थे श्री सुरेश चन्द्र शुक्ल 'शरद आलोक' । कालांतर से यही पत्र 'स्पाइल दर्पण' के नाम से प्रकाशित हो रहा है । सन् 1990 में 'शान्तिदूत' त्रैमासिक पत्र भी श्री अमित जोशी के सम्पादन में निकलता है । इसके अतिरिक्त 'त्रिवेणी' त्रैमासिक पत्र भी कैलाशराय के सम्पादन में द्वैमासिक रूप में प्रकाशित होता है । 'अप्रवासी टाइम्स' हिन्दी पत्र भी यदा-कदा निकलता है ।"[7]

चेकोस्लोवाकिया में प्रवासी हिन्दी पत्रकारिता : "हिन्दी और चेक भाषा में काफी समानता है । चेक के प्रथम हिन्दी अध्यापक विसेंस पोर्रीज्का हिन्दी को 'साड़ी पहने चेक भाषा' कहते है । आज यह चेक और स्लोवाक नाम से दो राष्ट्र में बंट गया है । यहाँ सन् 1945 में 'नव प्राच्य' (नोवी आरिएन्त) नाम से मासिक पत्रिका निकाली गयी जिसके सम्पादक थे आचार्य लेसनी । इसमें हिन्दी साहित्यकारों एवं उनके साहित्य पर लेख छपते थे ।"[8]

हालैण्ड में प्रवासी हिन्दी पत्रकारिता : अब इसे नीदरलैण्ड कहा जाता है । यहाँ पर सूरीनाम से आये लाखों प्रवासी भारतीय रहते हैं । 'लालारुख' प्रवासी भारतवंशियों की एक सजग संस्था है । इसी 'लालारूख' नाम से हिन्दी और डच में एक मासिक पात्र निकलता है । डॉ. जे.पी. कोलेश्वर सुकुल इसके प्रथम सम्पादक थे । आर्य समाज की ओर से 'आसन सन्देश' 1986 से और 'वर्तमान' पत्र निकलते है । 'ओम वाणी' हिन्दी और डच भाषा में प्रकाशित होती है । 'संगठन' नामक हिन्दी मासिक पत्र पिछले 25 वर्षों से बराबर निकल रहा है । इसके प्रकाशक श्री ओमप्रकाश सामवेदी हैं । 'हिन्दू' नाम से एक मासिक पत्र हिन्दी और डच भाषा में एक साथ निकलता है । इस पत्र का आदर्श वाक्य है– 'चाहे पंथ अनेक हैं फिर भी हिन्दू एक हैं ।' इसके अलावा 'दिव्य सन्देश' मासिक हिन्दी पत्रिका प्रकाशित होती है, जिसमें आर्य समाज के प्रचार-प्रसार की भरपूर सामग्री छपती है । देहनाग से 'ऐसा समाचार' मासिक पत्र 1980 से प्रकाशित हो रहा है ।

सूरीनाम में प्रवासी हिन्दी पत्रकारिता : इस प्रवासी बहुल राष्ट्र से सर्वप्रथम 1964 में 'आर्य दिवाकर' पत्र प्रकाशित हुआ । सरस्वती प्रेस से 'सरस्वती' मासिक पत्र का प्रकाशन पंडित शिवरतन शास्त्री के सम्पादन में हुआ । भारतोदय प्रेस, नेकरी नगर से 'भारतोदय' पत्र निकला । सन् 1975 में 'धर्म प्रकाश' (सं. डॉ. ज्ञानहंस अधीन) का प्रकाशन हुआ । इस के बाद 'वैश्विक सन्देश' 1979 से पंडित शिवरतन शास्त्री के सम्पादन में प्रकाशित हुआ है । सूरीनाम के हिन्दी लेखक प्रेमानंद के सम्पादन में 'शांति दूत' मासिक पत्र का प्रकाशन हुआ है । सन् 1985 से डॉ. कामता कमलेश के निर्देशन एवं प्रेरणा से हिन्दी परिषद् सूरीनाम से 'सूरीनाम दर्पण' का प्रकाशन हुआ । इस पत्र के सम्पादक हरिदेव सहतू और जानकी प्रसाद सिंह है । यह पत्र अब भी निकल रहा है । डॉ. कमलेश ने इसका आदर्श वाक्य दिया है – हिन्दी पढ़ो ही नहीं वरन् लिखो भी । सन् 1985 में सूरीनाम के कवि अमर सिंह रमन के सम्पादन में 'वसंत' का प्रकाशन हुआ । इसके भी निर्देशक, सलाहकार और प्रेरक डॉ. कामता कमलेश रहे । यह साइक्लोस्टाइल प्रक्रिया में छपता था । भारत में राजदूतावास सूरीनाम से 'भारत समाचार' मासिक पत्र का प्रकाशन भी होता है ।

त्रिनिदाद एंड टोबैगो (वेस्ट इंडीज) में प्रवासी हिन्दी पत्रकारिता : सन् 1968 में श्री बच्चू लाल के सहयोग से दैनिक 'कोहिनूर अख़बार' प्रकाशित हुआ । भारतीय विद्या संस्थान के तत्वावधान में 'ज्योति पत्रिका' का प्रकाशन होता है । इसके सम्पादक हैं – प्रो. हरिशंकर आदेश । इससे भारतीय संगीत के सुरों और लयों का परिचय दिया जाता है । हिन्दी निधि संस्था द्वारा 'हिन्दी परिचय' और 'हिन्दी निधि' पत्रिकाएँ प्रकाशित हो चुकी है । आर्य समाज से 'आर्य सन्देश' मासिक श्री एल. मिश्र के सम्पादन में होता है ।

गुयाना में प्रवासी हिन्दी पत्रकारिता : आर्य समाज के द्वारा 'आर्य ज्योति' और सनातन धर्म द्वारा 'अमर ज्योति' पत्र प्रकाशित होते हैं । पंडित योगिराज शर्मा के सम्पादन में 'ज्ञानदा' मासिक पत्र का सम्पादन कई वर्षों तक हुआ । पंडित रामलाल यहाँ के प्रमुख पत्रकार हैं ।

फ़िजी में प्रवासी हिन्दी पत्रकारिता : विश्व में सर्वाधिक हिन्दी पत्र मॉरिशस से प्रकाशित होते हैं । उसके बाद फ़िजी का स्थान है जहाँ से लगभग 35 पत्र

निकल चुके हैं। जबकि फ़िजी की आबादी मॉरिशस से आधी से भी कम है। सन् 1923 में 'फ़िजी समाचार' साप्ताहिक पत्र प्रधान श्री सूर्य मुनिदयाल विदेशी तथा बाबूराम सिंह के सम्पादन में निकला। यह सन् 1975 तक श्री चंद्रदेव सिंह के सम्पादन तक जीवित रहा। 'सनातन धर्म' 1927 मासिक, 1930 में 'वैदिक सन्देश' मासिक श्री कृष्ण शर्मा के सम्पादन में निकला। इसके पूर्व 'भारत पुत्र' 'वृद्धि वाणी' का प्रकाशन हुआ। फ़िजी का सर्वाधिक लोकप्रिय पत्र 'शान्तिदूत' है जो 11 मई, 1935 से यथावत निकल रहा है। इसके प्रथम सम्पादक पंडित गुरु दयाल शर्मा थे। श्री वी.डी. लक्ष्मण के सम्पादन में 'किसान' किसान महासंघ की ओर से 'दीनबन्धु' पत्र भी निकले। कबीर पंथी ज्ञानीदास के सम्पादन में 'ज्ञान' और 'तारा' निकले। कवि काशीराम कुमुद के सम्पादन में 'प्रवासिनी' निकला। 'जंजाल', सनातन प्रकाश, मजदूर, विजय,पुस्तकालय,प्रकाश, पत्र भी इन्हीं दिनों प्रकाशित हुए। ''जय फ़िजी' 1958 में साप्ताहिक पत्र पंडित कमला प्रसाद मिश्र के सम्पादनमें शुरू हुआ जो कि अब तक प्रकाशित हो रहा है। श्री मिश्र को भारत सरकार 'विश्व हिन्दी सेवी साहित्यकार' से सम्मानित कर चुकी है। डॉ. कामता कमलेश सन् 1988 में उनके अतिथि रहे और उनकी हिन्दी सेवा और सम्पादन को देखा-परखा और सराहा था। सन् 1926 में 'राजदूत', 'फ़िजी वृत्तान्त' और 'शंख' का प्रकाशन हुआ। 'फ़िजी समाचार' नटवर लाल गाँधी के सम्पादन में प्रकाशित होता है।

नेपाल में प्रवासी हिन्दी पत्रकारिता : काठमांडू से 'नेपाली' (सन् 1956) हिन्दी दैनिक का प्रकाशन भी श्री उमाकान्त दास के सम्पादन में हो रहा है। त्रिभुवन विश्वविद्यालय के हिन्दी विभाग से स्व. डॉ. कृष्णचन्द्र मिश्र के सम्पादन में 'साहित्य लोक' (1979) का प्रकाशन हुआ। अब वहाँ से 'हिमालनी' त्रैमासिक (सं. डॉ. उषा ठाकुर) का प्रकाशन हो रहा है। इसके अतिरिक्त 'चर्चा', 'आरोहन', 'नेपाल सन्देश', 'शारदा', 'जन चेतना', आदि पत्रों का प्रकाशन भी होता है।

इन देशों के अतिरिक्त अबू-धाबी से श्रीकृष्ण बिहारी के सम्पादन में 'निकट' त्रैमासिक साहित्य पत्र का प्रकाशन होता है। शारजाह में 'अभिव्यक्ति' एवं 'अनुभूति' नाम से पत्रिकाएँ श्रीमती पूर्णिमा वर्मन के निर्देशन में प्रकाशित होती है। हंगरी से 'दिन पत्रिका' सं. लायोश मज्ञरी एवं श्रीमती

हिंदी : वैश्विक व्याप्ति एवं प्रभाव

इवा अरादी तथा श्रीलंका से 'सुगृहिणी' मासिक पत्रिका वंकटलाल ओझा एवं श्रीमती हेमंत कुमारी के सम्पादन में प्रकाशित हो चुकी है । तिब्बत से 'तिब्बत बुलेटिन' और 'तिब्बत समाचार' मासिक न्यूजीलैंड से 'सागरिका' पत्र निकलते हैं । प्रवासी हिन्दी साहित्यकारों में प्रो. बटुक, डॉ. अंजना संधीर, डॉ. सुधा ओम ढींगरा जैसे कर्मठ साहित्यकारों ने अपने सृजनशीलता के माध्यम से हमारी अस्मिता में अभिवृद्धि की है । उनका योगदान हमारे देश एवं हिन्दी भाषा के लिए उच्च एवं सराहनीय है ।

निष्कर्षतः यह कहा जा सकता है कि प्रवासी हिन्दी पत्रकारिता के माध्यम से भारतीयता एवं हिन्दी भाषा की अस्मिता में अभिवृद्धि हुई है । प्रवासी हिन्दी साहित्यकारों की सृजन साधना हमारी अस्मिता को जीवंत बनाए रखी है । प्रवासी हिन्दी पत्रकारिता हमारे लिए तथा हमारे देश के लिए एक बहुत बड़ी उपलब्धि है । जो लोग हिन्दी तथा हिन्दी भाषियों को घृणा की दृष्टि से देखते हैं , उनके लिए हिन्दी की बढ़ती अभिवृद्धि में प्रवासी साहित्यकारों का योगदान पत्रकारिता के माध्यम से विश्वपटल पर एक नयी छवि की द्युतिमान कर रही है। हमारी अस्मिता को प्रवासी हिन्दी पत्रकारिता ने नयी चेतना एवं नया आयाम प्रदान किया है । सम्पूर्ण विश्व में हमारी भाषा संचार भाषा के रूप में प्रगतिशील आयाम को स्वीकार किए हुए है । आने वाले समय में हिन्दी भाषा संचार की सबसे बड़ी माध्यम हो सकती है । हिन्दी के विकास के लिए प्रवासी साहित्यकारों का उत्साहवर्द्धन करना तथा उनके द्वारा किए गए कार्यों का विवरण प्रस्तुत करना ,हमारा कर्तव्य होना चाहिए । हमारे देश में अनेक उद्योगों का संचार बनी हिन्दी ,विदेशियों के लिए भी अब अछूत नहीं है । विदेशी हमारी भाषा और संस्कृति से प्रभावित है । हमारे प्रवासी हिन्दी साहित्यकार भिन्न-भिन्न देशों में रहते हुए भी अपनी भाषा की अस्मिता को बनाए रखे हैं , यह हमारे लिए बहुत ही गौरव की बात है ।

सन्दर्भ

1. स्रोत- इन्टरनेट – अमेरिका में हिन्दी पत्रकारिता ।
2. स्रोत- इन्टरनेट – इंग्लैण्ड में हिन्दी पत्रकारिता ।
3. स्रोत- इन्टरनेट – रूस में हिन्दी पत्रकारिता ।

4. स्रोत- इन्टरनेट- कनाडा में हिन्दी पत्रकारिता।
5. स्रोत- इन्टरनेट –दक्षिण अफ्रीका में हिन्दी पत्रकारिता।
6. स्रोत- इन्टरनेट- मॉरिशस में हिन्दी पत्रकारिता।
7. स्रोत- इन्टरनेट – नार्वे में हिन्दी पत्रकारिता।
8. स्रोत- इन्टरनेट – चेकोस्लावाकिया में हिन्दी पत्रकारिता।
9. स्रोत- इन्टरनेट- हालैण्ड में हिन्दी पत्रकारिता।
10. स्रोत- इन्टरनेट –सूरीनाम में हिन्दी पत्रकारिता।
11. स्रोत- इन्टरनेट- वेस्ट इंडीज में हिन्दी पत्रकारिता।
12. स्रोत- इन्टरनेट- गुयाना में हिन्दी पत्रकारिता।
13. स्रोत- इन्टरनेट- फिजी में हिन्दी पत्रकारिता।
14. स्रोत- इन्टरनेट- नेपाल में हिन्दी पत्रकारिता।

प्राध्यापक, हिन्दी विभाग
एस.एस.पी.पी.डी.पी.जी. कॉलेज तिसुही, मड़िहान,
मीरजापुर, उत्तर प्रदेश

मॉरीशस में हिंदी भाषा और साहित्य : गिरमिटिया समाज के कुछ ऐतिहासिक सन्दर्भ

डॉ. देविना अक्षयवर

किसी भी देश या प्रदेश के सामाजिक-सांस्कृतिक एवं ऐतिहासिक पहलुओं को समझने के लिए उसका साहित्य सर्वोत्तम माध्यम होता है। साहित्य-सृजन के माध्यम से समसामयिक सामाजिक संरचनाओं से ऐतिहासिक संबंध जुड़ते हैं। इस लिहाज़ से समसामयिक अध्ययन क्षेत्रों में प्रवासी साहित्य के कथ्य और शिल्प से प्रवासी समाज को समझने का प्रयास काफ़ी हद तक सार्थक हो सकता है। लेकिन साहित्य के अध्ययन से न सिर्फ़ देश-प्रदेश विशेष की सामाजिक-सांस्कृतिक आदि परिस्थितियों के बारे में जानकारी मिलती है, बल्कि साहित्य-लेखन के क्रम में भाषा की विकास-यात्रा कैसी रही, इसके बारे में भी पर्याप्त तथ्य सामने आते हैं। एक भाषा-भाषी और सांस्कृतिक परिवेश से जुड़ा हुआ समाज यदि दूसरे समाज में विस्मित होता है तो उसका संक्रमण होना अनिवार्य है। उसके साहित्य पर प्रभाव तो पड़ता ही है, साथ ही भाषा पर भी उसका प्रभाव पड़ता है। प्रवासी लेखक अक्सर इस द्वंद्व में रहते हैं कि वे अपना स्वदेश किस को मानें, वह जहाँ के उनके पूर्वज मूल निवासी रहे, अथवा वहाँ, जहाँ उनका जन्म हुआ है। इसी के चलते वे अपनी मूल संस्कृति तथा वर्तमान संस्कृति के द्वंद्व में खुद को स्थापित नहीं कर पाते। इस विषय में लेखक जसवीर जैन का कथन है- "भाषा तथा संस्कृतियाँ जब दूसरी भाषाओं एवं संस्कृतियों के संपर्क में आती हैं तो उनका रूपांतरण होता रहता है। अतः प्रवासी लेखन भी 'स्वदेश' तथा राष्ट्र के द्वन्द्व को लेकर प्रश्न करता है।"[1] गिरमिटिया देशों में मॉरीशस का हिंदी साहित्य इस दृष्टि से प्रवासी समाज के विस्थापन, पुनर्स्थापना से सम्बन्धित चुनौतियों, गृहातुरता (नास्टैल्जिया), सांस्कृतिक तथा आर्थिक अलगाव (एलिएनेशन) आदि मनोभावों को भी समझने का मौका देता है। जब प्रवासी लेखक लिखते हैं तो वे न केवल अपनी निजी अनुभवों को अभिव्यक्त करते हैं, बल्कि उनका साहित्य समूचे प्रवासी समाज द्वारा भोगे गए अलगावबोध, विस्थापन के

कारण दूसरी जगह पर व्यवस्थित होने की कठिनाइयाँ, विसंस्कृतीकरण और अपनी खोई हुई पहचान की तलाश के अनुभवों को भी व्यक्त करते हैं। अतः प्रवासन की प्रक्रिया मूलतः विस्थापन तथा पुनर्स्थापन का अनुभव है। प्रवासन से जुड़े इन्हीं विचारों पर आधारित मॉरीशस का प्रवासी साहित्य, आज के समय में 'ग्लोबल गाँव' बने वैश्विक संरचना में तेज़ी से पनप रहे प्रवासी समाज का आइना है।

19वीं शताब्दी में भारत से बाहर, हिंदी भाषा में साहित्य रचने वालों के प्रति कुछ जिज्ञासा उत्पन्न हुई। इस के पीछे कुछ मुख्य कारण इस प्रकार हैं-

1. विश्व हिन्दी सम्मेलनों के कारण भारत के प्रवासी लेखकों से संपर्क स्थापित हुई।
2. भूमण्डलीकरण, डायस्पोरा तथा प्रवासी साहित्य सम्मेलनों ने हिन्दी के प्रवासी साहित्य के प्रति सजगता दिखाई।
3. साहित्य अकादमी, नई दिल्ली तथा 'प्रवासी संसार' एवं 'अक्षरम' जैसी प्रवासी साहित्यकारों को सम्मानित तथा पुरस्कृत करने वाली संस्थाएँ और पत्रिकाएँ संलग्न हुईं।
4. सुरीनाम में हुए सातवें विश्व हिन्दी सम्मेलन के अवसर पर भारतीय सांस्कृतिक संबंध परिषद (ICCR), नई दिल्ली की ओर से भारतवंशी प्रवासी हिन्दी लेखकों का एक प्रतिनिधि संकलन 'विश्व हिन्दी रचना' शीर्षक से प्रकाशित किया गया।
5. भारत में अन्य पत्रिकाओं ने (वर्तमान साहित्य, मई अंक 2006, तथा भोपाल में 'साक्षात्कार', मई-जुलाई 2007) ने प्रवासी साहित्य पर महत्वपूर्ण विशेषांक भी प्रस्तुत किए।
6. मॉरीशस में विश्व हिंदी सचिवालय की स्थापना तथा 2008 में उसका आधिकारिक कार्यारम्भ। संस्था का उद्देश्य है - हिंदी को वैश्विक भाषा के रूप में स्थापित करते हुए उसे संयुक्त राष्ट्र संघ की आधिकारिक भाषा का दर्ज़ा दिलाना। इसके लिए यह संस्था विश्व भर की अनेकानेक संस्थाओं और व्यक्तियों से से जुड़ी है जो हिंदी साहित्य -रचना के माध्यम से हिंदी के संवर्धन के लिए कटिबद्ध हैं।

डॉ. कमलकिशोर गोयनका ने अपने एक लेख 'हिन्दी का प्रवासी साहित्य' में भारत के प्रवासी समाज तथा उसके हिन्दी साहित्य को दो खेमों में बाँटा:

1. गिरमिटिया मज़दूरों के देश का हिन्दी साहित्य
2. विश्व के विकसित देशों में रचा हिन्दी साहित्य

प्रस्तुत शोध-पत्र में मेरे विचार के केंद्र में वह प्रवासी हिन्दी साहित्य है जो उन गिरमिटिया मज़दूरों के वंशजों की देन है, जिन्होंने शर्तबंद प्रथा के तहत, व्यापार और पनपते बाज़ारवाद के परिदृश्य में भायवह परिस्थितियों से गुज़रते हुए अपनी भारतीय अस्मिता को बचाए रखने और अपनी संस्कृति को जीवित रखने के लिए लेखनी का सहारा लिया। मॉरिशस ऐसा देश था जो भारत के सबसे निकट था। एक लम्बे समय तक वहाँ भारतीय मज़दूरों का आना-जाना रहा। दमन, शोषण और अपमान का दंश सहते हुए भी उन्होंने जिजीविषा के रूप में अपने धर्म ग्रंथों का सहारा लेकर अपनी संस्कृति, भाषा एवं अस्तित्व बोध को जीवित रखा। यही वह प्रस्थान बिंदु थी, जहाँ से मॉरीशस में हिंदी भाषा के विकास के साथ-साथ हिन्दी साहित्य के उद्भव व विकास की भी यात्रा शुरू हुई।

सन् 1913 से 2005 तक मॉरिशस के हिन्दी साहित्य की एक लम्बी विकास-यात्रा तय हुई। हिन्दी पत्र-पत्रिकाओं के साथ आरंभ, यह यात्रा करीब एक शताब्दी तक अनवरत रूप से जारी रही जहाँ समय के साथ-साथ साहित्य की कई विधाओं का अनवरत विकास होता रहा। कविता-संग्रह, कहानी-संकलन, उपन्यासों, नाटकों, निबंधों आदि साहित्य-विधाओं से मॉरीशस का हिन्दी साहित्य समृद्ध होता गया।

बीसवीं शताब्दी के आरंभिक दशकों में मॉरीशस में हिन्दी भाषा के प्रचार-प्रसार के साथ ही, शिक्षण व्यवस्था का भी विस्तार हुआ। इसमें भारत के मणिलाल डॉक्टर और मॉरीशस में स्थापित, आर्य समाज, सनातन धर्म सभा, हिन्दी प्रचारिणी सभा जैसी संस्थाओं का महत्वपूर्ण योगदान रहा।

मॉरीशस की स्वतंत्रता-प्राप्ति से पहले, हिन्दी साहित्य का उद्भव,

मणिलाल डॉक्टर की सहायता से छपने वाली 'हिन्दुस्तानी' पत्रिका और ' मॉरीशस इंडियन टाइम्स', 'मॉरीशस मित्र', 'मॉरीशस आर्य पत्रिका', 'आर्यवीर', 'सनातन धर्मांक', 'दुर्गा', 'जनता', 'आर्योदय', 'जागृति', 'वर्तमान', 'मज़दूर' आदि अन्य हिन्दी पत्रिकाओं के माध्यम से हुआ। 12 मार्च, 1968 को मॉरीशस की स्वतंत्रता-प्राप्ति के साथ ही हिन्दी भाषा के प्रचार-प्रसार को गति मिली। नई-नई पत्रिकाओं के प्रकाशन होने लगे। 'अनुराग' (1969-74), 'दर्पण' (1973-75), 'आभा' (1972-76), 'हमारा देश' (1971-74),'वसन्त' (1978-आजतक), 'इन्द्रधनुष' (1988-आजतक), 'पंकज', 'रिमझिम', 'जनवाणी', 'आक्रोश' आदि पत्रिकाओं की मॉरीशस में हिन्दी भाषा और साहित्य के संवर्धन में गण्य भूमिका रही है।

मॉरीशस की स्वतंत्रता से पूर्व, साहित्य-सृजन मूलतः पद्य विधा में होता था। लेकिन स्वतंत्रता के बाद, मॉरीशस के हिन्दी साहित्यकारों ने गद्य लेखन के क्षेत्र में भी अपनी प्रतिभा का परिचय दिया। यह समय तथा विभिन्न परिस्थितियों की मांग भी थी । जबकि मॉरीशस के हिन्दी साहित्य का पूर्व-स्वतंत्रता काल हिन्दी साहित्य और खड़ी बोली हिन्दी के उद्भव की दृष्टि से उषा काल था, वहीं स्वतंत्रता के बाद के हिन्दी साहित्य का एक ख़ास राजनीतिक, सामाजिक, सांस्कृतिक तथा आर्थिक सरोकार है। वस्तुतः मॉरीशस के हिन्दी साहित्य, हिन्दी भाषा और सृजन के विकास का ही ऐतिहासिक दस्तावेज़ है। विश्व भर में समाजवादी विचारधारा, रूसी क्रांति, भारत की स्वतंत्रता तथा मानवतावाद जैसी विचारधाराओं पर आधारित साहित्य -लेखन के उभरने से मानव सभ्यता - संस्कृतियों पर पुनर्विचार, साम्राजयवाद और उपनिवेशवादी विचारों का पुरज़ोर विरोध, प्रौद्योगिकी विकास के एवज़ में मानवीय मूल्यों के हनन, आधुनिकीकरण की प्रक्रिया में मशीन बनते मनुष्य, राजनीतिक और सामाजिक व्यवस्था में पिसता सबल्टर्न समाज, पूंजीवाद के फैलाव से समाज पर पड़ने वाले आर्थिक दबाव, स्त्री-पुरूष के आपसी संबंध के यर्थाथ की चुनौतियाँ और समयाभाव के कारण, दौड़-भाग की जिंदगी ने मॉरीशस के जन-जीवन की पद्धति एवं चिंतनधारा

को भी सम्यक रूप से प्रभावित किया है। इन परिस्थितियों की अभिव्यक्ति के लिए गद्य-विधा एक सार्थक माध्यम सिद्ध हुई। चूंकि का समाज विभिन्न समुदायों के समागम से स्थापित है, इसलिए ऐसे समाज में विभिन्न समुदायों के धार्मिक एवं सांस्कृतिक मूल्यों का एक दूसरे को प्रभावित करना अनिवार्य था। मॉरिशस के समाज पर पश्चिमी देश अपनी व्यक्तिवादी संस्कृति तथा अपनी पूंजीवादी व्यवस्था की छाप छोड़ने में भली-भांति सफल हुए है। अंग्रेजी तथा फ्रेंच भाषाएँ तो पहले से ही वहाँ विद्यमान रहीं लेकिन नयी पीढ़ी का पश्चिमी जीवन-शैली के प्रति अधिकाधिक रूझान को देखकर वहाँ के हिन्दी साहित्यकार को इस बात का संदेह है कि हिन्दी भाषा एवं साहित्य के प्रति नवयुवकों की यह उदासीनता कहीं भारतीय संस्कृति के अस्तित्व को छिन्न-भिन्न न कर दे।

इसी के आलोक में मॉरीशस के स्वातंत्र्योत्तर हिंदी रचनाकारों अपनी लेखन-कला को आगे बढ़ाया। विषय एवं कथ्य की व्यापकता को ध्यान में रखते हुए अब पद्य की जगह गद्य ने ले ली। कहानी, उपन्यास, नाटक, निबंध आदि गद्य विधाओं का विकास वहाँ निरंतर होता रहा है। जहाँ एक ओर मॉरीशस का हिन्दी साहित्य वहाँ के आप्रवासी भारतीय समाज की संस्कृति की गौरव-गाथा रही, वहीं दूसरी ओर वह मॉरिशस के वर्तमान समाज और उसके युगबोध को समझने का सशक्त माध्यम भी है। मॉरीशस के हिन्दी साहित्य की भाषायी संरचना और साहित्यकारों की रचना-दृष्टि को समझने के लिए वहाँ के साहित्य का सम्यक अध्ययन करना आवश्यक है। यहाँ केवल मुख्य तथ्यों को ही उजागर किया जा रहा है –

1. मॉरीशस के पूर्व-स्वतंत्रता एवं स्वातंत्र्योत्तर हिन्दी कविताओं एवं कवियों का संक्षिप्त परिचय

डॉ. मुनीश्वरलाल चिंतामणि ने मॉरिशस के हिन्दी साहित्य का परिचय देते हुए उसे दो मुख्य काल-खण्डों में विभक्त किया है-

क) पूर्व-स्वतंत्रता काल (1923-1967)

ख) स्वातंत्र्योत्तर काल (1968 से अब तक)[2]

भारतीय आप्रवासियों ने सबसे पहले अपने धर्मग्रंथों के पठन-पाठन से ही हिन्दी साहित्य का प्रवर्तन किया था, इसीलिए प्रारम्भिक कालीन हिंदी साहित्य कविता रूप में ही उभरा। आल्हा, बिरहा, सोहर, चौताल आदि

लोक-गीतों तथा दंत कथाओं के काव्यात्मक वाचन की शुरूआत से ही मॉरिशस की हिन्दी कविता की नीवं रखी गई।

मॉरीशस की पूर्व-स्वतंत्रता हिंदी कविता : कथ्य एवं स्वरूप

स्वतंत्रता से पहले कविता- सृजन का उद्देश्य था- भारतीय आप्रवासी जनता को पूंजीवादी व्यवस्था में राजनीतिक दाँव-पेंचों के प्रति सजग कराना तथा अपने अधिकारों के लिए एकजुट होकर आवाज़ बुलंद करना। यह प्रवृत्ति इस काल के समस्त कवियों की रचनाओं में मिलती है।

मॉरीशस की हिन्दी कविता की नींव डालने वाले श्री लक्ष्मीनारायण चतुर्वेदी 'रसपुंज', अपने 'रसपुंज कुण्डलियाँ' नामक कविता-संग्रह के लिए विख्यात हुए। उन्हीं के समकालीन, कवि ब्रजेन्द्र भगत 'मधुकर' थे। मॉरीशस के स्वतंत्रता-आंदोलन से जुड़े रहने के कारण उनकी कविताओं में आज़ादी की उत्कट इच्छा का स्वर सुनाई पड़ता है। यथा-

"रे साथी कदम बढ़ाता चल
देश-देश में गूंज उठा है स्वतंतत्रा का नारा।
बहती है मानव के अविरल अमृत धारा,
आज गुलामी के बंधन को तोड़-फोड़ के चल।।"[3]

यह काल हिन्दी भाषा के प्रचार-प्रसार का आरंभिक दौर था और साथ ही पद्य विधा का भी। यद्यपि इस काल के कवि अपने भावों को उच्च कोटि की कलात्मक अभिव्यक्ति नहीं दे पाए थे, तथापि मॉरीशस में हिन्दी-काव्य को स्थापित करने में उनकी भूमिका अविस्मरणीय है।

इस काल के मुख्य कवियों में पं. हरिप्रसाद रिसाल मिश्र, मुनीश्वरलाल चिंतामणि, विष्णुदत्त मधु 'चंद्र', जयरूद दोसिया, सोमदत्त बखोरी, हरिनारायण सीता आदि नाम उल्लेखनीय हैं, जिन्होंने छंदबद्ध कविताओं की रचना के साथ ही कई गीत लिखे। दूसरी ओर इस काल के कवियों की एक दूसरी श्रेणी रही, जिन्होंने परंपरागत काव्य-शैलियों से हटकर मुक्त छंद में भी कविताएँ रचीं। इस काल की कवितओं के कथ्य के बारे में मुनीश्वरलाल चिंतामणि ने लिखा है-

"इन रचनाओं के कथ्य के अंतर्गत मुख्यतः निम्नलिखित विशेषताएँ

पायी जाती हैं - मानव-मूल्यों एवं नैतिक विचारों पर जोर देना, आप्रवासियों की व्यथा-कथा का चित्रण करना, समाज-सुधार की ओर लोगों का ध्यान आकृष्ट करना, भाषा, धर्म एवं संस्कृति प्रेम की भावना अभिव्यक्त करना, पराधीनता के दुख का चित्रण तथा देश की स्वाधीनता की मांग आदि।"[4]

मॉरीशस की स्वातंत्र्योत्तर हिंदी कविता : कथ्य एवं स्वरूप

सन् 1968 में मॉरीशस ब्रिटिश उपनिवेश की परतंत्रता से मुक्त हुआ। देश की जनता की आँखों ने एक नवीन राष्ट्र का सपना देखा। कवि हरिनारायण सीता की 'प्रभात' नामक कविता तथा जनार्धन कालिचरण कृत 'प्रथम रश्मि' इसी उल्लास पर आधारित हैं। अब तक कविता-साहित्य की विषयवस्तु दासत्व से छुटकारा पाना तथा अपनी संस्कृति को जिलाए रखने जैसे तत्वों से निर्मित होती थी लेकिन स्वतंत्रता के बाद कविता की मूल संवेदना में बदलाव आया। ब्रिटिश शासन से मॉरीशस को आज़ादी तो मिली, लेकिन जो देश डेर सौ सालों तक विदेशी शासकों के अधीन रहा, उस देश की जनता के लिए देश की बाग़डोर संभालना आसान नहीं था। वहाँ की आर्थिक और सामाजिक परिस्थितियों में स्थिरता आने में पर्याप्त समय लगना था। इसके पीछे मूल कारण प्रवासी समाज द्वारा भोगे गए औपनिवेशिक कालीन विस्थापन, अलगावबोध तथा विसंस्कृतिकरण की जटिलताएँ होती हैं। इस सन्दर्भ में डॉ. देवेंद्र चौबे का मत है - "एक ही साथ दो विश्व में रहने के कारण उसका सामना दोहरी संस्कृति से होता है तथा धीरे- धीरे उसके अंदर 'दोहरी चेतना' का विकास होने लगता है। इस दोहरी चेतना के कारण ही वह स्थिर नहीं रह पाता है तथा एक ही साथ बेचैनी, तनाव, अजनबीयत, अस्थायीपन, शारीरिक क्लेश, मानसिक यंत्रणाओं जैसी स्थितियों से गुजरता है।"[5] स्वतंत्रता के बाद की कविताओं में आप्रवासी समाज के जीवन की आर्थिक विषमता, बेरोज़गारी, सामाजिक विसंगतियाँ आदि समस्याओं का चित्रण होने लगा।

समाज की यथार्थ स्थिति को उजागर करने के लिए, छन्दोबद्ध कविताओं के प्रति कवियों का आग्रह कम हुआ और उनका सामाजिक-दायित्व

बोध के प्रति आकर्षण बढ़ा। इस दौर की कविताओं में सामाजिक-आर्थिक विसंगतियों के प्रति कवियों का आक्रोश, रूढ़ियों से मुक्त होने की प्रवृत्ति तथा प्रकृति-चित्रण में रूचि की प्रधानता रही। इस काल में नवोदित कवियों की रचनाओं का संपादन-कार्य आरंभ हुआ। हिन्दी प्रचारिणी सभा के अतिरिक्त, कवि-सम्मेलन, 'आकाश गंगा' (1970), प्रवासी स्वर' (1971), मॉरीशस के हिन्दी लेखक संघ की ओर से प्रकाशित, 'सुरभित उद्यान' (1973), महात्मा गाँधी संस्थान, मॉरीशस द्वारा प्रकाशित, 'वसंत' (1975), तथा ' मॉरीशस के नौ हिन्दी कवि' (1988) आदि सामुहिक-संग्रह सामने आए। इनमें प्रमुख कवि, अभिमन्यु अनत, हेमराज़ सुन्दर, पूजानन्द नेमा, सोमदत्त बखोरी, सूर्यदेव सिबरत, महेश रामजियावन, मुकेश जिबोध, कवयित्री सुमती बुधन आदि उल्लेखनीय हैं।

सन् 1983 में 'आशा-दीप' नामक काव्य-संग्रह प्रकाशित हुआ जिसमें पहली बार मॉरीशस की छः हिन्दी कवयित्रियों की कविताएँ छपीं। आनन्द देवी, अनिता ओजायेब, चंपावली बम्मा, मंजुला अचामी सिंह, सुमित्रा बम्मा, प्रतिमा घूरा तथा कविता बन्धन ने अपनी कविताओं के योगदान से स्त्री साहित्य-लेखन को प्रोत्साहन दिया। सन् 1900 से अब तक हिंदी में सौ से भी अधिक कविता-संग्रह प्रकाशित हो चुके हैं। प्रकाशन की असुविधा और अल्प पाठक वर्ग के के बावजूद, हिन्दी रचनाकार काव्य-सृजन में संलग्न रहे। अभिमन्यु अनत, द्वारा संपादित त्रैमासिक पत्रिका 'वसंत' में कविता-साहित्य को एक नया आयाम मिला। विश्वव्यापी समस्याओं के चित्रण के साथ ही इन कवियों ने अपनी माटी की महक से जुड़े रहकर अपने समसामयिक जटिलताओं की अभिव्यक्ति की है।

मॉरीशस का कथा-साहित्य : लोक जीवन का मार्मिक साक्ष्य

आप्रवासी भारतीय मज़दूरों की जिजीवीषा उनके धार्मिक ग्रंथों- 'रामचरितमानस', 'हनुमान चालीसा', 'गीता' आदि में समाहित थी। इन्हीं धर्म-ग्रंथों तथा दंत कथाओं के वाचन से उन्होंने मॉरीशस में हिंदी कथा साहित्य की मौखिक परंपरा शुरू की। लेकिन मॉरीशस में हिन्दी कहानी-लेखन मूलतः वहाँ की हिन्दी पत्रिकारिता के माध्यम से अस्तित्व में आया।

हिंदी : वैश्विक व्याप्ति एवं प्रभाव

डॉ. मुनीश्वरलाल चिंतामणि के अनुसार, 'हिन्दुस्तानी' की दो प्रतियाँ मॉरीशस के राष्ट्रीय अभिलेखागार में प्राप्त हैं, उनमें हिन्दी कहानी-विधा नहीं मिलती। वस्तुतः मॉरीशस की हिन्दी कहानी ने सबसे पहले 19वीं शताब्दी के तीसरे दशक में 'सनातन धर्मांक', 'मॉरीशस आर्य पत्रिका', 'जागृति', और 'दुर्गा' जैसी पत्रिकाओं में स्थान पाया। सर्वप्रथम हिन्दी कहानी 'सनातन धर्मांक' में प्रकाशित हुई। स्वतंत्रता से पूर्व के कहानीकारों ने भारत के हिन्दी साहित्यकार-प्रेमचंद, जयशंकर प्रसाद, विश्वम्भरनाथ कौशिक, सुदर्शन आदि की कहानियों के कथ्य और शिल्प से प्रेरणा ली।

कुछ हिन्दी आलोचकों ने पं. तारकेश्वरनाथ चतुर्वेदी की 'द्वन्द्व' नामक कहानी को मॉरीशस की पहली हिन्दी कहानी माना। हालांकि सन् 1933 में 'सनातन धर्मांक' में छपी इस कहानी की मौलिकता पर प्रश्नचिन्ह लगाया गया था। उन दिनों के प्रारंभिक कहानीकारों में जयनारायण राय का नाम विशेष उल्लेखनीय है। इनकी तीन कहानियाँ, 'मॉरीशस आर्य पत्रिका' में छपी थीं- 'आनन्द की ओर', 'आशीर्वाद', तथा 'और एक ही आशा'। 'दुर्गा' में सूर्यप्रसाद मंगर भगत, सोमदत्त बखोरी, जयरूद दोसिया आदि ने भी छद्म नामों से कहानियाँ रचीं।

मॉरीशस में हिन्दी कहानी का उद्भव काल गद्य का भी निर्माण काल था, इसलिए इन कहानियों की भाषा में त्रुटियाँ पाई जा सकती हैं। लेकिन कथ्य की दृष्टि से वे सशक्त कही जा सकती हैं। सामाजिक कुरीतियों का पर्दाफाश, धार्मिक सिद्धांतों का अंध-प्रचार, समाज-सुधार, मालिकों की दमनकारी नीतियों तले दबे-कुचले श्रमिक वर्ग की वेदना आदि समस्याएँ इन कहानियों की मूल संवेदना रहीं।

सन् 1960 के बाद, मॉरीशस के हिन्दी कहानी-लेखन का उत्तरोत्तर विकास होता गया। कहानी के प्लॉट, भाषा तथा शैली आदि पर विशेष बल दिया गया। कहानी-विधा के विकास को उच्च शिखर तक पहुँचाने में सर्वाधिक श्रेय मॉरीशस के बहुप्रतिभाशाली साहित्यकार, अभिमन्यु अनत को है। उनकी पहली कहानी, 'टूटी प्रतिमा', अनुराग', पत्रिका में छपी थी। इसके बाद

उनकी कहानियाँ भारत की कई पत्रिकाओं में छपीं। उनके बाद, रामदेव धुरेन्धर, राज हिरामन, बीरसेन जगासिंह आदि आदि रचनाकारों ने अपने देश और समाज के प्रति अपनी संवेदना प्रकट करते हुए उल्लेखनीय कथा-साहित्य की रचना कर हिंदी भाषा और साहित्य की श्रीवृद्धि की।

सन् 1967 में 'हिन्दी लेखक संघ' की तरफ़ से 'नये अंकुर' नामक हिन्दी-कहानियों के पहले संग्रह का प्रकाशन हुआ। सातवें दशक तक आते-आते, 'वसन्त', 'अनुराग', 'दर्पण', तथा 'आत्मा' जैसी पत्रिकाओं में रामदेव धुरन्धर, पूजानन्द नेमा, दीपचन्द बिहारी, लोचन विदेशी जैसे लेखक तथा पुस्पा बम्मा, भानुमती नागदान जैसी लेखिकाओं की रचनाएँ प्रकाशित हुईं। बेरोज़गारी, गरीबी, राजनीतिक पक्षपात, रिश्वतखोरी आदि समस्याएँ इन कहानियों का कथ्य रहीं। 'नए' अंकुर', नन्हे द्वीप', 'सुरभित उद्यान' जैसे संकलनों में मॉरीशस के कहानीकारों को यथोचित स्थान प्राप्त हुआ। साथ ही महात्मा गाँधी संस्थान की ओर से प्रकाशित 'वसन्त' पत्रिका के संपादक, अभिमन्यु अनत ने सन् 1976 में ' मॉरीशस की हिन्दी कहानी' नाम से एक कहानी-संग्रह तैयार किया जिसमें उपरोक्त लेखकों के अतिरिक्त, कृष्ण लालबिहारी, नारायणदेव दसोई, आस्तानन्द सदासिंह, महेश रामजियावन, सोनालाल नेमधारी जैसे लेखकों की भी कहानियाँ प्रकाश में आईं। मॉरीशस की श्रेष्ठ कहानियों को एकत्रित तथा संपादित करने का श्रेय डॉ. कमलकिशोर गोयनका को भी जाता है, जिन्होंने सन् 2000 में 'मॉरीशस की हिन्दी कहानियाँ' नामक पुस्तक का संपादन किया।

अतः मॉरीशस की हिन्दी कहानियाँ एवं कहानीकारों की चेतना, दोनों वहाँ के प्रवासी समाज के लोक-जीवन को प्रतिपादित करती हैं। अपने पूर्वजों के समय की युगीन यथार्थ की जीवन्त अभिव्यक्ति ही इन कहानीकारों की कलात्मक उपलब्धि है।

'इतिहास बड़े लोगों का उपन्यास है तथा उपन्यास छोटे लोगों का इतिहास।' मॉरीशस के मूर्धन्य साहित्यकार, श्री अभिमन्यु अनत द्वारा इस कथन के आधार पर ही हम समझ सकते हैं कि वस्तुतः गिरमिटिया समाज

और उसके वंशज के जीवन-साक्ष्य को प्रस्तुत करने में हिंदी उपन्यास की क्या भूमिका रही होगी। मॉरीशस का हिन्दी उपन्यास वहाँ के साहित्य की नवीनतम विधाओं में से एक है। सन् 1960 के बाद ही ऐसे उपन्यास प्रकाश में आए जिन्हें कथ्य एवं शिल्प की दृष्टि से उपन्यास की कोटि में रखा जा सकता था। मॉरीशस के हिन्दी लेखकों ने प्रेमचन्द के ही उपन्यासों से प्रेरणा ली, इसके अतिरिक्त फ्रेंच के कई लेखकों, यथा बेरनोंदे-द-सेंप्येर, वोलतेर, बालज़ाक तथा अंग्रेजी लेखकों, डिकेन्स, वाल्टर स्कॉट आदि से भी प्रभावित रहे। एक तरफ़ यदि मॉरीशस के हिन्दी उपन्यासों पर गाँधीवादी चेतना तथा रूसी क्रांति की छाप नज़र आती है, तो दूसरी तरफ़ उन पर रवीन्द्रनाथ ठाकुर और शरतचन्द्र जैसे महान रचनाकारों का भी प्रभाव रहा। मॉरीशस के हिन्दी उपन्यास-साहित्य के लगभग पचास वर्षों के अन्तराल (1960-2010) में उपन्यास-लेखन के विकास, उसके शिल्प तथा भाषा की वृद्धि और उसकी रचनात्मकता में प्रायः अभिमन्यु अनत ही सर्वाधिक संलग्न रहे हैं। सन् 1970 में उनका प्रथम उपन्यास 'और नदी बहती रही' छपा था। तब से लेकर अभी तक मॉरीशस के उपन्यास-लेखन की लगभग तीस उपन्यासों के अवदान से श्रीवृद्धि की है। सन् 1977 में छपे, उनका 'लाल पसीना' नामक उपन्यास उनके यश का कारण रहा। वस्तुतः यह उपन्यास मॉरीशस के उपन्यास-लेखन में मील का पत्थर साबित हुआ जिसके कारण अभिमन्यु अनत मॉरीशस के दायरे से बाहर, तीसरी दुनिया के देशों के हिन्दी लेखकों के बीच अपना स्थान बना चुके हैं। अभिमन्यु अनत के आरम्भिक उपन्यासों के केंद्र में मुख्य रूप से भारतीय गिरमिटिया मज़दूरों का वेदनापूर्ण इतिहास रहा है। 'लाल पसीना' उपन्यास की अन्य दो कड़ियाँ, गाँधी जी बोले थे' (1984) तथा 'और पसीना बहता रहा' सन् 1993 में प्रकाशित हुईं। उन्होंने ऐतिहासिक, मनोवैज्ञानिक, आत्मकथात्मक आदि उपन्यासों की रचना की है जिसका जीवंत उदाहरण उनका 'हम प्रवासी' (2004) नामक उपन्यास है।

अभिमन्यु अनत के अलावा, रामदेव धुरन्धर का उपन्यास 'पथरीला सोना' (2008) तथा बेनीमाधव रामखेलावन रचित 'दीवार ढह गयी' (2008) भी भारतीय आप्रवासी मज़दूरों के वदनापूर्ण जीवन की ही मार्मिक

अभिव्यक्ति है। अन्य उपन्यासकारों में दीपचन्द बिहारी, आनन्द देवी, आस्तानन्द सदासिंह, हीरालाल लीलाधर जैसे हस्ताक्षर भी उल्लेखनीय हैं। कथ्य की दृष्टि से व्यापकता से लैस, मॉरीशस का हिन्दी उपन्यास न केवल आप्रवासन काल में गोरे मालिकों के अत्याचारों के बोझ तले दबे भारतीय आप्रवासी समाज का ऐतिहासिक विवरण है, बल्कि उन में औपनिवेशिक कालीन शोषण तथा दमन-चक्र में फँसे श्रमशील वर्ग की मनोवैज्ञानिक स्थिति का क्लोज़ अप भी दृष्टिगत है।

मॉरिशस में हिन्दी साहित्य की अन्य विधाओं में नाटक, एकांकी, लघु-कथाएँ, निबंध, लोक-साहित्य आदि की रचना हुई। नाटक विधा को विकसित करने में अभिमन्यु अनत तथा आस्तानन्द सदासिंह का महत्व अद्वितीय है। लघु-कथाओं के क्षेत्र में रामदेव धुरन्धर ने अपनी लेखनी चलाते हुए एक हज़ार लघु कथाओं के तीन संग्रह प्रकाशित किए-'चेहरे मेरे तुम्हारे' (1998), 'यात्रा साथ-साथ' (2000) तथा 'एक धरती एक आकाश' (2004)। इस क्षेत्र में बीरसेन जगासिंह के लघु-कथा-संग्रह, 'मॉरिशस से 101 लघुकथाएँ' तथा राज हिरामन की 'स्वघोषित आचार्य (2006) नामक कृति उल्लेखनीय हैं।

लोक-साहित्य के विकास में प्रहलाद रामशरण का अप्रतिम योगदान रहा। उन्होंने सन् 1947 में ' मॉरीशस की लोक-कथाएँ' नामक पुस्तक में मॉरीशस में बसे आप्रवासी समाज की लोक-मान्यताओं, सांस्कृतिक पक्ष तथा रोचक जीवन-शैली पर आधारित अपनी लघु-कहानियाँ प्रस्तुत कीं। सन् 1981 में 'मॉरीशस का लोक साहित्य और संस्कृति' नामक उनकी रचना उनके शोध-प्रबंध का पुस्तकाकार रूप में प्रकाशन हुआ।

इस प्रकार मॉरीशस के साहित्यकारों ने हिंदी भाषा को एक सशक्त माध्यम के रूप में अपनाकर अपने देश और समाज के इतिहास को दर्ज़ किया, अपने वतर्मान की विसंगतियों को उजागर कर भावी पीढ़ी के सुनहरे भविष्य को साकार करने में अपना अप्रतिम योगदान दिया।

सन्दर्भ ग्रन्थ :

1. Jain Jasbeer, 1998 (ed.), Writers Of The Indian Diaspora, Rawat Prakashan, Jaipur, pg.52
2. मॉरीशस के हिंदी साहित्य के उद्भव और विकास के अध्ययन के लिए देखें- चिंतामणि मुनीश्वरलाल, 2001, मॉरीशस का हिंदी साहित्य (एक परिचय) पृ सं 9
3. विक्रमसिंह सुनील - 'मॉरीशस में हिंदी की सौ साल पुरानी परंपरा '।
4. चिंतामणि मुनीश्वरलाल, 2001, मॉरीशस का हिंदी साहित्य (एक परिचय) पृ सं 2
5. चौबे देवेंद्र, कुमार दीपक, 2011, हाशिये का वृत्तांत, आधार प्रकाशन, पंचकुला, हरियाणा

सहायक ग्रन्थ :

1. N. Jayaram, 2011, Diversities In The Indian Diaspora, Oxford University Press, New Delhi
2. The Encyclopedia of the Indian Diaspora, 2006, General Editor- Brij V. Lal, Executive Editor – Peter Reeves, Assistant Editor – Rajesh Rai, Paris in association with National University of Singapore
3. रामशरण प्रह्लाद, 2011, मॉरीशस का इतिहास, वाणी प्रकाशन, नयी दिल्ली
4. रामयाद, 2002, मॉरीशस में खड़ी बोली हिंदी की व्यवस्था और प्रसार, अनु. अजामिल माताबदल, महात्मा गांधी संस्थान, मॉरीशस

सहायक प्रोफ़ेसर,
सेंट बीड्स कॉलेज, शिमला, भारत
Email : drdevina85@gmail.com

उज्बेकिस्तान में हिंदी भाषा और संस्कृति के प्रसार में ताशकंद राजकीय प्राच्य विद्या विश्वविद्यालय का योगदान

डॉ. कमोला रहमतजोनोवा

यह लेख उज्बेकिस्तान में हिंदी भाषा और संस्कृति के प्रसार में ताशकंद राजकिय प्राच्य विद्या विश्वविदद्यालय का योगदान को समर्पित है।

अत्यंत प्रचीन काल से उज़्बेकिस्तान और भारत के मधुर संबंध चले आ रहे हैं जो हिंदी सीखने से और मज़बूत होंगे । भारतीय संस्कृति दुनिया में सब से पुरानी मानी जाती है । दोनों देशों के वैज्ञानिकों की भागीदारी के साथ वैज्ञानिक संगोष्ठी, सेमिनार या सम्मेलन एक परम्परा बन गई है। प्राचीन रेशम मार्ग तथा मुग़ल सम्राज्य के समय से ही भारत और उज़्बेकिस्तान द्विपक्षीय संबंधों का आनंद उठाते आए है। उज़्बेकिस्तान भारत का मित्र रहा है इसलिए इस क्षेत्र के साथ भारत के सम्पर्क और भारत की मध्य एशिया सम्पर्क नीति में इस देश को प्रथमिकता दी जाती है। दोनों देश आपसी सहयोग से राजनीतिक, वाणिज्यिक और सांस्कृतिक संबंधों को मजबूत कर रहे हैं। भारत को उज़्बेकिस्तान के साथ उच्च स्तरीय राजनीतिक दौरे नियमित अन्तराल पर किए जाने चाहिए। भारत की मध्य एशिया सम्पर्क नीति को कारगर बनाने के लिए आधिकारिक चर्चा और द्विपक्षीय समझौतों के अंतर्गत व्यापार के नए विकल्पों, लोगों से लोगों के संबंधों का विस्तार पर पारस्परिक सहयोग किया जाना चाहिए।

उज़्बेकिस्तान में 1947 से हिन्दी भाषा पढ़ाई जाती है । पहले मास्को और लेनिनग्राद से विद्वान उज़्बेकिस्तान में हिंदी सिखाने और पढ़ाने के लिए आते थे। सन् 1950-1970 में उज़बेकिस्तान के अपने विद्वान भी भारत विद्याविद् (Indologists) के रूप में मंच पर आने लगे । उन विद्वानों ने भारत तथा हिंदी भाषा के अनेक क्षेत्रों का अध्ययन किया था, जैसे नागरिक शास्त्र, शब्दकोश-निर्नाण कला, व्याकरण और संरचनात्मक टाइपोलॅजी आदि।

हिंदी : वैश्विक व्याप्ति एवं प्रभाव

प्रसन्नता की बात है कि आजकल उज्बेकिस्तान के विभिन्न क्षेत्रों और शहरों में भारतीय भाषा और संस्कृति को पढ़ाया जा रहा है। विशेष रूप से उज्बेकिस्तान की राजधानी ताशकंद में ताशकंद राजकीय प्राच्य विद्या विश्वविद्यालय, Uzbekistan State World Languages University तथा Lyceium under Tashkent State University of Oriental Studies, School No. 24 में हिंदी की शिक्षा दी जाती है । इसके अलावा ताशकंद में स्थित लाल बहादुर शास्त्री भारतीय संस्कृति केंद्र में भी हिंदी का अध्यापन चल रहा है । इसके अलावा, उज्बेकिस्तान के खोरेज़म, बुखारा, अंदिजान और फरगाना क्षेत्रों में भारतीय सांस्कृतिक केंद्रों में काम करना शुरू कर दिया है।

उज़्बेकिस्तान में भारतीय भाषा और संस्कृति को दो तरीके से पढ़ाया जाता है। पहली दिशा में उच्च शिक्षा संस्थान और राज्य के उच्च विद्यालय और स्कूल में हिंदी भाषा, साहित्य और इतिहास पढ़ाया जाता है। साथ ही, उन छत्रों को विशेष डिप्लोमा प्रदान किए जाते हैं जिन्होंने अपनी पढ़ाई पूरी कर ली है।

दूसरी दिशा में सांस्कृतिक केंद्रों द्वारा हिंदी भाषा, साहित्य और कला की शिक्षा दी जाती है। हालांकि, इस पाठ्यक्रम को पूरा करने वाले छात्रों को विशेष डिप्लोमा प्रदान नहीं किए जाते हैं। प्रमाण पत्र जारी किया जाएगा।

सामान्य रूप में उज्बेकिस्तान में हिंदी भाषा सीखने और सिखाने में 70 वर्ष से अधिक हो चुके हैं। प्रारंभ में, भारतीय भाषाओं और साहित्य को पढ़ाने वाले विभाग को भारतीय भाषाशास्त्र विभाग कहा जाता था। पिछले वर्षों में, विभाग ने 100 से अधिक विशेषज्ञों को प्रशिक्षित किया है । यहाँ न केवल उज्बेकिस्तानी, बल्कि विदेशी भी अध्ययन करते हैं । उदाहरण के लिए पोलैंड, जर्मनी, बुल्गारिया, मंगोलिया, क्यूबा और वियतनाम जैसे देशों के प्रतिनिधियों ने भी यहाँ हिन्दी का अध्ययन किया था ।

ताशकंद राजकीय प्राच्य विद्या विश्वविद्यालय में केवल हिंदी ही नहीं, बल्कि भाषा के संबंध में इतिहास, साहित्य, राजनीति, अर्थशास्त्र, पर्यटन और दर्शन भी पढ़ाया जाता है। आज काल इस विश्वविद्यालय में लगभग 200 छात्र हिंदी का अध्ययन करते हैं। विश्वविद्यालय में बी.ए. और एम.ए.

स्तर पर हिंदी और हिंदी से संबंधित विषय पढ़ाए जाते हैं। इस दौरान कुछ छात्रों को प्रशिक्षण के लिए भारत भी भेजा जाता है । एम.ए. के बाद जो हिंदी भाषा और भारतीय अध्ययन के संबंधित विषयों में रुचि रखते हैं, वे शोधकार्य लिख सकते हैं और उनको पीएच.डी. की उपाधि प्रदान की जाती है।

उज़्बेकिस्तान में इक्कीसवीं शताब्दी में हिंदी के अध्ययन–अध्यापन बढ़ने के साथ ही हिंदी भाषा से संबंधित शोधकार्य में नयी दिशाएँ खुलने लगीं । उदाहरण के लिए 2001 में स्वार्गिय प्रोफ़ेसर अन्सरुद्दीन इब्राहिमोव ने "बाबुरनामा" में हिन्दी शब्दों का अध्ययन" विषय पर पीएच.डी. की उपाधि प्राप्त की थी । यह शोधकार्य लेक्सिकोलाजी के क्षेत्र में किया गया था । आजकल इस क्षेत्र में और शोधकर्ता भी कार्य कर रहे हैं जिनमें से एक उल्लेखनीय नाम है नादिरबेक सलिम्बेकोव का जो "हिंदी भाषा में तुर्की शब्द" विषय पर काम कर रहे हैं । उस ने इस विषय से संबंधित कई निबंध भी लिखे हैं ।

इक्कीसवीं शताब्दी के आगमन के साथ उज़्बेकिस्तान में हिंदी रचनाओं के अनुवाद एवं उनके अध्ययन का दौर शुरू हुआ । सन् 2019 में डॉ. नीलोफर खोदजाएवा ने "प्रेमचंद के रचनाओं के उज्बेकी उनुवाद की शाब्दिक विशेषताएँ" विषय पर अपना पीएच.डी. का काम किया है । उन्होंने अपने शोधकार्य में प्रेमचंद की रचनाओं एवं उनके उज्बेकी अनुवाद की शाब्दिक तथा अर्थगत विशेषताओं की तुलना की है ।

भाषा सीखने-सिखाने में टाइपोलाजी का बड़ा महात्व है । इस लिए इधर के सालों में उज़्बेकिस्तान में हिन्दी तथा दूसरी भाषाओं के बीच तुलनात्मक अध्ययन होने की शुरुआत हुई है ।

सन् 2005 में डॉ. सिरोजिद्दीन नुर्मातोव ने "हिन्दी और सिन्हाली भाषाओं में संख्याओं के रूपात्मक विशेषताओं का तुलनात्मक अध्ययन" विषय पर अपना पीएच.डी. का काम किया । इस शोधकार्य में हिन्दी और सिन्हाली भाषाओं में संख्याओं का रूपातमक विशेषताओं की दृष्टि से विश्लेषण किया गया है । हिन्दी और सिन्हाली एक ही भाषा वैज्ञानिक परिवार की भाषाएँ हैं फिर भी उन में समानताओं के साथ साथ अनेक विषमताएँ भी हैं । इतना ही नहीं डॉ. सिरोजिद्दीन नुर्मातोव आजकल

"भारतीय आर्य भाषाओं में संख्यावाचक शब्दों की व्युपत्ति एवं विकास" विषय पर डी.एससी.की थीसिस लिख रहे हैं।

सन् 2020 में टाइपोलाजी क्षेत्र में एक और नया अध्याय खुलने से दो अलग-अलग भाषा वैज्ञानिक परिवार की भाषाओं का तुलनात्मक अध्ययन शुरू हुआ है। उज़्बेकिस्तान में भाषाओं के अलग-अलग अंगों के तुलनात्मक अध्ययन करने वालों में पिछले दिनों डॉ. कमोला रख्मतजानोवा का नाम भी जुड़ गया है। डॉ. कमोला ने अपने शोधकार्य में हिंदी और उज़्बेकी भाषाओं का शब्द विचार (Morphology) की दृष्टि से तुलनात्मक अध्ययन किया है।

इसके अलावा, इस विश्वविद्यालय में नए-नए वैज्ञानिक कार्य लिखे जा रहे हैं। हर साल विश्व हिंदी दिवस के अवसर पर एक सम्मेलन आयोजित किया जाता है। यह पूरे विश्व में हिंदी भाषा और साहित्य, भारतीय संस्कृति और दर्शन के सीखनेवालों के लिए आवश्यक है।

अंत में मैं कहना चाहती हूँ कि अन्तर्राष्ट्रीय भारतीय सम्मेलन और अधिक सफल हों। भारतीय भाषाओं, संस्कृति, इतिहास, अर्थव्यवस्था और राजनीति का अध्ययन करने वालों की संख्या बढ़ाएँ। हमारे विश्वविद्यालय और भारतीय विश्वविद्यालयों के बीच वैज्ञानिक सहयोग बढ़ाएँ।

संदर्भ सूची :
1. https://rajbhasha.gov.in/sites/default/files/lekh2nd_hin.pdf
2. https://hi.wikipedia.org/wiki
3. https://donate.wikimedia.org/w/index

Senior Teacher
Tashkent State University of Oriental Studies,
Tashkent, Uzbekistan
E-mail : *rakhmatjanova@mail.ru*

हिंदी : वैश्विक व्याप्ति एवं प्रभाव

विदेशों में भारतीय संस्कृति की वाहक हिंदी

रमेश कुमार पाण्डेय

स्वतंत्रता के पश्चात राष्ट्र ने एक राष्ट्रध्वज, एक राष्ट्रगान और एक राष्ट्रीय प्रतीक को अपनाया तो दूसरी तरफ हिंदी को राजभाषा के रूप में 14 सितंबर, 1949 को देवनागरी लिपि में लिखित हिंदी को देश की राज-काज चलाने के साथ-साथ केन्द्र व राज्यों के बीच संपर्क बनाए रखने की भूमिका निभाने का दायित्व सौंपकर संविधान के अनुच्छेद 343 (1) में उसे संघ की राजभाषा के रूप में प्रतिष्ठापित की गई। परिणामस्वरूप आज हिंदी का विस्तार कश्मीर से कन्याकुमारी या राजस्थान से त्रिपुरा, मेघालय और अरूणाचल प्रदेश तक ही सीमित न रहकर वैश्विक शिखर को स्पर्श कर रहा है। यह हिंदी की सामर्थ्य और शक्ति का प्रभाव है। आज बाजार की सर्वाधिक लोकगृहीत भाषा के रूप में हिंदी अपना मौलिक स्थान बनाये हुए हैं। इसलिए यदि हम हिंदी को मात्र राष्ट्रीय भाषा ही नहीं अपितु उसे वैश्विक भाषा का सम्मान प्रदान करें तो अनुचित नहीं होगा। यह कहने में कोई संशय नहीं होना चाहिए कि अब यूरोपीय महाद्वीप से लेकर अमेरिका तक एवं सम्पूर्ण दक्षिण-पूर्व एशिया के सभी देशों में हिंदी की प्रायोगिक लोकप्रियता निरन्तर विस्तारित होती जा रही है। मौजूदा समय में हिंदी ने जिस श्रम और सौष्ठव के साथ राजभाषा, सम्पर्क भाषा और विश्वभाषा के रूप में अपनी अस्मिता का विस्तार करने के साथ-साथ हमारी संस्कृति प्रसारित कर रही है, वह निश्चित ही स्तुत्य है।

भारत की आजादी के 75 वर्षों के स्वर्णिम कालखंड में भारत को एक तरफ विश्व पटल पर विभिन्न क्षेत्रों में विशिष्ट पहचान मिली है तो दूसरी तरफ हिंदी विश्व की सबसे लोकप्रिय भाषा बनती हुई नजर आ रही है। इतना ही नहीं हिंदी भारतीय संस्कृति की वाहक के रूप में भी हमारी संस्कृति को विश्व में प्रसारित करने में अहम भूमिका अदा कर रही है। अब हिंदी भाषा की लोकप्रियता केवल भारत या भारत के पड़ोसी देशों तक ही सिमित नहीं रह गई है बल्कि सुदूर कैरेबियाई राष्ट्रों तक फैल चुका है जहां

हमारी संस्कृति भी अनायास देखने को मिल रही है। मारीशस, फीजी, गुयाना, ट्रिनिडाड और टोबेगो जैसे देशों के साथ-साथ इंडोनेशिया, अमेरिका, ब्रिटेन, आस्ट्रेलिया, अफ्रीका और खाड़ी के देशों में भी हिंदी बहुत लोकप्रिय हो गई है तथा विश्व पटल पर अपनी अलग पहचान बना रही है। यह जानकर भले ही आश्चर्य लगे, परन्तु यह सत्य है कि अमेरीकी राष्ट्रपति जार्ज बुश ने अपने शासन काल के दौरान राष्ट्रीय सुरक्षा भाषा कार्यक्रम के तहत अपने देशवासियों से हिंदी भाषा सीखने के लिए कहा था। अमेरिका, जो कि अपनी भाषा और पहचान के अलावा किसी को श्रेष्ठ नहीं मानता, पर हिंदी सीखने में उसकी रूचि का प्रदर्शन निश्चित ही हिंदी की लोकप्रियता को दर्शाता है। इतना ही नहीं अमेरिकी राष्ट्रपति ने स्पष्ट रूप से घोषणा की कि हिंदी एक ऐसी विदेशी भाषा है, जिसे 21वीं सदी में राष्ट्रीय सुरक्षा और समृद्धि के लिए अमेरिका के नागरिकों को सीखना चाहिए।

आज की हिंदी पहले जैसी नहीं रही है। सूचना क्रांति के कारण हिंदी को अत्यधिक विस्तार मिला है। 'फेसबुक' जैसे सामाजिक नेटवर्किंग साइटों के माध्यम से हिंदी भाषा-भाषी वैश्विक स्तर पर अन्तरंगता स्थापित करने में सक्षम हो सका है। हिंदी का साम्राज्य आजकल अनेक सूचना पोर्टलों एवं साइटों के माध्यम से अन्तरताना (इन्टरनेट) पर विस्तार पा रहा है। यूनीकोड की व्यवस्था ने सूचना तंत्र पर हिंदी भाषा की भौगोलिक सीमाओं को ध्वस्त कर दिया है। इस प्रकार हिंदी वैश्विक स्तर पर तकनीकी चुनौतियों का सामना करने में सक्षम हो गई है। मीडिया के रथ पर आरूढ़ होकर वैश्वीकरण के विश्व विजय का उद्घोष हो चुका है। हॉलीवुड और बॉलीवुड के प्रतिस्पर्धी वातावरण में 'हिंदी' को फिल्मों के माध्यम से पूरी दुनिया में विस्तार और सम्मान मिला है। जब दुनिया भर में अंग्रेजी का डंका बज रहा हो, तब अंग्रेजी के गढ़ लंदन में बर्मिंघम स्थित मिडलैंड्स वर्ल्ड ट्रेड हाउस के अध्यक्ष पीटर मैथ्यूज ने ब्रिटिश उद्यमियों, कर्मचारियों और छात्रों को हिंदी भाषा सीखने की नसीहत देते हैं। यही नहीं, अंतरराष्ट्रीय इंदु शर्मा कथा सम्मान हिंदी का अकेला ऐसा सम्मान है जो किसी देश की संसद, अर्थात ब्रिटेन के हाउस ऑफ लॉर्ड्स में प्रदान किया जाता है। भूमंडलीकरण के दौर में निश्चित ही दुनिया के सबसे बड़े लोकतंत्र, सर्वाधिक जनसंख्या वाले राष्ट्र और सबसे बड़े

उपभोक्ता बाजार की भाषा हिंदी को नजरअंदाज करना अब संभव नहीं रहा।

यही कारण है कि वर्तमान में भारत के प्रति विश्व जनमानस की रुचि बढ़ी है। विश्व के अधिकांश देशों में जो प्रायः विकसित हैं, ज्ञान-विज्ञान की एक नयी शाखा 'भारतीय विद्या' (Indology) प्रचलन में आयी है। विश्व के बहुत-से गैर हिंदी-भाषी लोग भारतीय संस्कृति और भारतीय भाषाओं के अध्ययन और भारतीय संस्कृति की ओर आकर्षित हो रहे हैं। इस क्रम में हिंदी पठन-पाठन का अन्य देशों में तेजी से विस्तार हो रहा है। आज हिंदी की स्थिति यह है कि संयुक्त राज्य अमेरिका के दो दर्जन से अधिक विश्वविद्यालयों यथा- शिकागो, कैलिफोर्निया, विस्कान्सिन, पेन्सिलेवानिया, कोलंबिया, वाशिंगटन, वखजनिया और टेक्सास आदि विश्वविद्यालयों के 'दक्षिण एशिया अध्ययन विभाग' के अन्तर्गत हिंदी के अध्ययन-अध्यापन की सुविधा उपलब्ध है। ब्रिटेन के लंदन एवं कैम्ब्रिज विश्वविद्यालयों में उच्चस्तर पर हिंदी का पठन-पाठन सम्पन्न होता है। जर्मनी, कनाडा, रूस, फ्रांस हॉलैण्ड, स्विटजरलैण्ड, डेनमार्क, नार्वे, स्वीडन, इटली, पोलैण्ड, हंगरी, दक्षिण अफ्रीका तथा जापान आदि देशों के अनेक विश्वविद्यालयों में हिंदी के अध्ययन-अध्यापन की सुविधा है। वैश्वीकरण की तीव्र प्रक्रिया ने न केवल भारतीय नागरिकों को दुनिया के अन्य देशों में विचरण को संभव बनाया बल्कि दुनिया के अन्य देशों एवं भारत के साथ राजनैतिक एवं राजनयिक संधियों एवं सांस्कृतिक आदान-प्रदान को भी संभव बनाया है।

यदि हम वास्तविकता के ऊपर गौर से विचार करें तो यह परिलक्षित होता है कि विश्व-भाषा का ताज अगर हिंदी के सिर पर रखा जाए तो कोई आश्चर्य की बात नहीं होगी। हिंदी की पगड़ी में ऐसे रत्न जड़े हुए हैं, जो दुनिया की किसी अन्य भाषा के पास नहीं हैं। सबसे पहले संख्या की बात ही लें। यों तो माना जाता है कि चीनी और अंग्रेजी के बाद हिंदी दुनिया की तीसरी बड़ी भाषा है लेकिन यह मान्यता अब पुरानी पड़ गई है। इस मान्यता का आधार यह था कि चीनी बोलने वालों की संख्या एक अरब से भी ज्यादा है और अंग्रेजी अमेरिका, ब्रिटेन, आस्ट्रेलिया, न्यूजीलैंड और आधे कनाडा के अलावा लगभग 50 राष्ट्रकुल देशों में बोली जाती है। इन्हीं तथ्यों के आधार पर हिंदी को तीसरे स्थान पर बिठा दिया जाता है। यदि इन तर्कों की ठीक से परीक्षण करें तो हम इस नतीजे पर पहुंचेंगे कि विश्व में हिंदी बोलने और

समझने वालों की संख्या विश्व की कुल जनसंख्या की 18 प्रतिशत से ज्यादा है और उसका स्थान सर्वप्रथम होना चाहिए। डॉ. जयन्ती प्रसाद नौटियाल द्वारा समय-समय पर की गई शोध रिपोर्टों के अध्ययन करने पर यह सिद्ध होता है कि विश्व स्तर पर दो-तीन साल के कालखण्ड में भाषागत परिदृश्य में विश्व में हिंदी जानने वालों की संख्या में किस तरह से उत्तरोत्तर परिवर्तन आए हैं-

(आंकड़े मिलियन में)

शोध रिपोर्ट का वर्ष	विश्व में हिंदी जानने वाले	विश्व में चीनी जानने वाले	अंतर
शोध रिपोर्ट 1997	800	730	+70
शोध रिपोर्ट 2005	1022	900	+122
शोध रिपोर्ट 2007	1023	920	+103
शोध रिपोर्ट 2009	1100	967	+133
शोध रिपोर्ट 2012	1200	1050	+150
शोध रिपोर्ट 2015	1300	1100	+200

अब यह भी परिलक्षित होने लगा है कि दुनिया के विकसित देश अपने अस्तित्त्व को बचाने के लिए अब बड़े बाजार की खोज में हैं। स्वाभाविक ही उन्हें भारत एक बड़े बाजार के रूप में दिख रहा है और यहाँ पर कब्जा जमाने में उनमें परस्पर होड़ लगी हुयी है। इन परिस्थितियों में उन्हें हिंदी का आश्रय लेना उनकी विवशता बन रही है। चीनी भाषा को एक अरब लोगों की भाषा औपचारिक तौर पर ही कहा जा सकता है, जबकि हिंदी न केवल भारत,पाकिस्तान, नेपाल, बांग्लादेश, भूटान, बर्मा, फीजी, सूरीनाम, मॉरीशस, गयाना, त्रिनिडाड, जमैका आदि देशों में बोली और समझी जाती है बल्कि विश्व के कई देशों में इसे बोली व समझी जाती है। यदि दो करोड़ प्रवासी भारतीयों को भी जोड़ लिया जाए तो हिंदी लगभग सवा अरब लोगों की भाषा बनती है। चीनी केवल चीन और ताइवान में बोली जाती है जबकि हिंदी दुनिया के दर्जन भर देशों में बोली जाती है। फीजी से सूरिनाम तक फैले

35 हजार किलोमीटर के आकाश में हिंदी का सूर्य कभी अस्त नहीं होता। अगर ऐसी परिवेश में हिंदी विश्व-भाषा कहलाने योग्य नहीं होगी तो फिर कौन सी भाषा विश्व-भाषा कहलाएगी?

हिंदी के वैश्विक दायरे के संदर्भ में डॉ. सुरेश माहेश्वरी लिखते हैं- "आज विश्व में भारत ने अपनी विशेष पहचान बना ली है।" भारत एक स्वतंत्र जनतांत्रिक राष्ट्र है और गुटनिरपेक्ष राष्ट्रों का मुखिया है। सार्क परिषद का प्रणेता और संस्कृति की दृष्टि से भी वह विश्व का पथ प्रदर्शक और अगुआ है। आज विश्व के करीब एक सौ बीस देशों में हिंदी का पठन-पाठन होता है। प्रभुत मात्रा में विदेशों में हिंदी साहित्य का सृजन हो रहा है। भारत सरकार भी प्रवासी साहित्यकारों की हिंदी सेवा के लिए उत्कृष्ट सम्मान एवं पुरस्कार प्रदान करती है। साहित्यिक पत्र-पत्रिकाओं का भी प्रचुर प्रकाशन विदेशों में हिंदी की अपार लोकप्रियता का प्रमाण है। यह भी सत्य है कि बाजारवाद के कारण हिंदी का एक रूप 'हिंग्लिश' बन कर उभरा है। इंटरनेट एवं मोबाइल कल्चर की अतिशयता ने हिंदी के पारस्परिक रूप को किंचित विकृत भी किया है तो दूसरी ओर उसकी व्यापकता भी बढ़ाई है, इसमें कोई संदेह नहीं किया जा सकता। आज भारत ही नहीं विश्व के किसी भी कोने में जाएं तो हिंदी और भारतीय संस्कृति की लोकप्रियता स्वतः परिलक्षित हो जायेगी। डॉ. सुकुमार भंडारे लिखते हैं- "हिंदी विश्व में तीनों सर्वाधिक बोली जाने वाली भाषाओं में परिगणित है।" सारांश रूप में डॉ. अर्जुन चव्हाण के इन शब्दों का उल्लेख समीचीन होगा कि- "संगीत, फिल्म, रेडियो और टेलीविजन के विविध चैनलों के जरिए हिंदी ने अपनी भौगोलिक सारी सीमाओं को तोड़ दिया है। उदारीकरण, निजीकरण एवं वैश्वीकरण के माहौल ने दुनिया के विभिन्न देशों को हिंदी को अपनाने के लिए विवश कर दिया। भूमंडलीकरण के नाम पर भूमंडलीकरण में बदलती जा रही दुनिया के सारे सौदागरों को भारत जैसे विशाल देश में पहुँच कर व्यावसायिक सफलता अर्जित करने हेतु हिंदी को अपनाने के लिए मजबूर बना दिया है। परिणामस्वरूप वैश्विक संदर्भ में हिंदी अपनी शक्ति का परिचय दे रही है। सम्मानीय पूर्व प्रधानमंत्री जी श्री अटल बिहारी वाजपेयी जी ने साधारण सभा में पहली बार हिंदी में सम्बोधित कर अपने भाषा के प्रति गौरवान्वित महसूस किया। यह बात किसी से छिपी नहीं है कि नासा और सिलिकन वैली

हिंदी : वैश्विक व्याप्ति एवं प्रभाव

में हिंदी भाषा-भाषियों की बड़ी संख्या मौजूद है। निश्चित ही दुनिया के विशालतम भू-भाग में बिखरी यह बड़ी संख्या हिंदी को विश्व भाषा के रूप में प्रतिष्ठित करने की पूर्वापेक्षा को भलीभांति पूर्ण करती है।

हिंदी को विश्वभाषाई मानदण्डों के संदर्भ में विश्लेषित किया जाए तो वह विश्वभाषा के उन सभी अन्तरराष्ट्रीय पहलुओं पर खरी उतरती है, जो उसे विश्वभाषा बनाते हैं। यह अलग बात है कि हिंदी संयुक्त राष्ट्रसंघ की आधिकारिक भाषा के रूप में शामिल नहीं है। लेकिन सिर्फ संयुक्त राष्ट्र संघ में स्थान नहीं बना पा सकने के कारण यह नहीं कहा जा सकता कि हिंदी में विश्वभाषा बनने की सामर्थ्य नहीं है। यूं भी भाषाविज्ञान के आधारभूत सिद्धांत के अनुसार जब कोई भाषा विश्व के दो या दो से अधिक राष्ट्रों द्वारा बोली जाती है तो वह अन्तरराष्ट्रीय भाषा बन जाती है। इस दृष्टिकोण से देखा जाए तो हिंदी को विश्वभाषा बने सदियों बीत चुकी हैं, जब मुगलों और अंग्रेजों ने पहली बार हिंदी को बोला था और जब ब्रिटिशकाल में गिरमिटियाओं के माध्यम से हिंदी भारत की सीमाएं लांघकर फिजी, ब्रिटिश गुयाना, डच गुयाना, कीनिया, मॉरीशस, ट्रिनीडाड, टोबेगा, नेटाल (दक्षिण अफ्रीका) आदि देशों में पहुंचकर स्वतः ही अन्तरराष्ट्रीय भाषा बन गई। वर्तमान वैश्विक परिवेश में भारत की बढ़ती उपस्थिति हिंदी के वर्चस्व को भी उन्नयन कर रही है। अब भारत से बाहर विश्व परिदृश्य में नज़र दौड़ाएं तो आज हिंदी की एक अंतरराष्ट्रीय बिरादरी विकसित हो रही है। विश्व स्तर पर भाषा के शैक्षणिक स्वरूप से सम्बद्ध एक विदेशी भाषा के रूप में पाठ्यक्रम में शामिल होने के साथ-साथ विश्व के विश्वविद्यालयों, संगठनों व अन्य शैक्षणिक समुदायों में हिंदी का उपयोग निरंतर बढ़ रहा है।

हालांकि हिंदी को संयुक्त राष्ट्र संघ की आधिकारिक भाषा बनाने के लिए सघन प्रयास जिए जा रहे हैं। जिन देशों में हिंदी बोली और पढ़ी-लिखी जाती है, उन देशों का एक संगठन बनाने का प्रयास भी भारत सरकार कर रही है। हिंदी के प्रचार-प्रसार को गति देने के लिए विदेश मंत्रालय में "हिंदी एवं संस्कृत प्रभाग" का गठन किया गया है। यह विदेशों में हिंदी के प्रचार-प्रसार के लिए विभिन्न गतिविधियों को संयोजित करता है। यह अपने विदेश स्थित दूतावासों के माध्यम से हिंदी के प्रचार-प्रसार में जुटी संस्थाओं को हिंदी कक्षाएं आयोजित करने एवं अन्य गतिविधियों के लिए अनुदान देता है।

साथ ही यह विदेशों में अंतरराष्ट्रीय क्षेत्रीय हिंदी संम्मेलनों का आयोजन भी करता है। अंतरराष्ट्रीय स्तर पर हिंदी को प्रतिष्ठित करने के लिए भारतीय संस्कृति संबंध परिषद (आईसीसीआर) महत्वपूर्ण भूमिका निभा रही है। इसने दुनिया भर में अनेक विश्वविद्यालयों में हिंदी भाषा पीठ की स्थापना की है। इन विश्वविद्यालयों में यह भारत से ही शिक्षक प्रतिनियुक्ति पर भेजती है, जो उस देश में हिंदी के प्रचार-प्रसार, अध्यापन, शोधकार्य इत्यादि से सहयोग करते हैं। यह प्रतिवर्ष योग्य हिंदी प्राध्यापकों का पैनल भी तैयार करती है। आज हिंदी बारह से अधिक देशों में बहुसंख्यक समाज की मुख्य भाषा है। आज सात समुद्र पार तक एक चैथाई दुनिया में उसका परचम लहरा रहा है। अमेरिका, इंग्लैंड, जर्मनी, दक्षिण अफ्रीका, नेपाल, मॉरिशस, न्यूजीलैंड़, सिंगापुर, यमन, युगांडा इन दस देशों में हिंदी भाषी-भारतीयों की जनसंख्या दो करोड़ है। फिजी, गुआना, सूरीनाम, टोबोगो, ट्रिनिडाड तथा अरब अमीरात- इन छह देशों में हिंदी को अल्पसंख्यक भाषा के रूप में संवैधानिक दर्जा प्राप्त है।

यह भी सत्य है कि विश्व के तमाम देशों में वर्तमान समय में प्रवासी भारतीयों ने हिंदी को अभिसिंचित कर हिंदी को राजभाषा से विश्वा भाषा के रूप में अग्रसर करने में अहम योगदान दे रहे हैं। हिंदी प्रवासी भारतीयों की पहचान है। हिंदी प्रवासी भारतीयों के बीच आपसी संपर्क, भाईचारा और रीति-रिवाज की भाषा है। यह भाषा उन्हें सुदूर देश में अपनों के करीब रखती है और भारतीय संस्कृति को प्रसारित करती है। आपसी मेलजोल बढ़ाती और उनके लिए एक तरह से जीवन रेखा का कार्य करती है। प्रवासी भारतीयों के मन में हिंदी और हिंदुस्तान से समान प्रेम है। भारत के विदेश मंत्रालय अधीन प्रवासी भारतीय मंत्रालय कार्यरत है। यह मंत्रालय वर्ष में एक बार 9 जनवरी को प्रवासी भारतीय दिवस के रूप में मनाता है। मंत्रालय ने प्रवासी भारतीयों को एक बड़ा प्लेटफार्म उपलब्ध कराया है। हर वर्ष सैकड़ों की तादात में प्रवासी भारतीय इस अवसर पर एकत्रित होते हैं और हिंदी, हिंदुस्तान और भारतीय संस्कृति के प्रति अपना प्रेम व्यक्त करते हैं। अनेक प्रवासी भारतीय आश्चर्यजनक रूप में निजी श्रम से हिंदी की पत्रिकाएं प्रकाशित एवं वितरित कराते हैं। लंदन में 'पुरवाई' और नार्वे में 'शांतिदूत' इसके उल्लेखनीय उदाहरण है। सामाजिक दशाओं में परिवर्तन के कारण

हिंदी का प्रयोग प्रबलता के साथ विश्व समाज के विभिन्न क्षेत्रों में बढ़ रहा है। विश्व हिंदी सम्मेलनों में यह बात उभर कर आई है कि हिंदी ऐसे देश की भाषा है, जिसकी संस्कृति विश्व शांति और विश्व बन्धुत्व के प्रति अगाध प्रेम रखता है। यह विश्व के मानचित्र पर हिंदी की प्रभावी लोकप्रियता को दर्शाता है। हिंदी की विश्वभर में स्थिति का आकलन कर यह सहज ही अनुमान लगाया जा सकता है कि विश्व भाषाओं के बीच हिंदी का स्थान विश्व जनसंख्या के अनुपात में अग्रणी है। संचार क्रांति के इस युग में लेखन, तकनीकी तथा सूचना प्रौद्योगिकी आदि क्षेत्रों में भारतीय संस्कृति और उसकी संवाहिका हिंदी का प्रवाह भी विस्तारित हो रहा है। हिंदी भाषा अंतरराष्ट्रीय स्तर पर बेहद मजबूती के साथ खड़ी है, जिसमें भारत के बाहर रह रहे हिंदी भाषियों का योगदान सराहनीय है। हिंदी भाषा का समुदाय अत्यंत विशाल होने के कारण अन्य भाषा-भाषी समुदाय हिंदी विश्व के नजदीक आने को आतुर है। यह भी कहा जा सकता है कि विश्व के पटल पर भारतीय संस्कृति की छाप छोड़ने में हिंदी भाषा का योगदान अद्वितीय है या यूं कहें कि भारत से पूरे विश्व को जोड़ने में हिंदी भाषा एक महत्वपूर्ण कड़ी के रूप में कार्य कर रही है तथा हिंदी विश्व दिन-प्रतिदिन और सशक्त होती जा रही है।

आज विश्व के लगभग 150 विश्वविद्यालयों तथा सैंकड़ों छोटे-बड़े हिंदी शोध केन्द्रों में हिंदी अध्ययन-अध्यापन के कार्य सुचारु ढंग से चल रहे हैं। इस समय कुल 40 से अधिक देशों के विश्वविद्यालयों में हिंदी के पाठ्यक्रम के तहत भाषा के अलावा हिंदी में भारतीय संस्कृति, इतिहास, समाज विज्ञान आदि के विषय में भी पढ़ाया जा रहा है। पिछले कुछ वर्षों में हिंदी भाषा का जो नव संचार हुआ है, उससे हिंदी अपना उदारवादी तथा स्वत्ववादी दृष्टि से विश्व समाज के विचारों की समर्थ वाहिका बन गयी है। आज हिंदी भाषा शाश्वत अभिव्यक्ति तक ही सीमित नहीं है अपितु ज्ञान-विज्ञान के नये-नये क्षेत्रों को उद्घारित करने में भी हिंदी किसी से पीछे नहीं है। आज हिंदी भारत तक ही सीमित नहीं है अपितु परिवर्तन की दीपशिखा से लेकर हिंदी सम्पूर्ण विश्व में भावात्मक एकता स्थापित करने में लगी हुई है। विश्व में प्रयोक्ताओं की संख्या में जो आश्चर्यजनक वृद्धि हुई है उसी का परिणाम है कि विश्व स्तर पर हिंदी अपना अग्रणी स्थान बनाने में सफल हुई है। विश्व में हिंदी के तेजी

से फलने-फूलने का एक मुख्य कारण इसका लचीलापन भी है। इसी कारण जितनी शब्द संख्या हिंदी की बढ़ी, उतनी किसी अन्य भाषा की नहीं बढ़ी। भाषा का संबंध व्यक्ति की आस्था, उसके विश्वास, उसके समग्र परिवेश से होता है। भाषा अपने साथ एक विशेष संस्कृति को लेकर चलती है। लहराती नदी की भांति भाषा संस्कृति के माध्यम से अपना मार्ग स्वयं बनाती जाती है, कभी ठहरती, कभी प्रखर वेगवती और कभी सामाजिक भावनात्मकता को अभिव्यक्ति देती हुई विश्व में हिंदी का प्रवाह निःसंदेह बढ़ी है। हिंदी प्रकृति, परिस्थिति, परिवेश के अनुरूप ढल जाने में सक्षम है, इसलिए वैश्वीकरण के फलस्वरूप हिंदी के समक्ष आने वाली चुनौतियों का सफलतापूर्वक सामना करने में हिंदी पूर्णतया सशक्त है।

हिंदी केवल भाषा नहीं है, अपितु हिंदी हमारे इतिहास, समाज और संस्कृति से जुड़ी धरोहर है जो हमारी संस्कृति को विश्व पटल पर प्रसारित करने में वाहक के रूप में कार्य कर रही है। अब हमें विकास के पथ पर हिंदी के साथ आगे बढ़ना होगा, क्योंकि हिंदी विश्वव्यापी रूप ग्रहण कर रही है। आज दुनिया के लोग हिंदी की स्वाभाविकता, सरलता, सद्भावना और हृदयस्पर्शी मानवता की भावनात्मक संस्कृति से प्रभावित हो रहे हैं। हिंदी विश्व को विभेद, आतंक, पूंजीवाद, शोषण, अन्याय, अत्याचार से मुक्ति दिलाने में सक्षम है क्योंकि यह विश्व में अपनी संस्कृति के लिए मशहूर भारत की राजभाषा है। हम आशा करते हैं कि भविष्य में विश्व की ऐसी सर्वजन स्वीकृत भाषा हिंदी बनेगी जिससे विश्व का जन-मानस सौहार्द, सद्भाव और संतोष की प्राप्ति कर सकेगा तथा मानवता सिर्फ शक्तिशाली देशों के अधिकार क्षेत्र में न रहकर व्यापक स्वरूप धारण करते हुए भारतीय संस्कृति की वाहक हिंदी विश्व पटल पर **'सर्वेभवन्तु सुखिनः'** की धारा प्रवाहित करेगी।

जय हिंद ! जय हिंदी

संदर्भ सूची :

1. डॉ. जयंती प्रसाद नौटियाल, शोध रिपोर्ट-2015
2. राजभाषा भारती (त्रैमासिकी पत्रिका), राजभाषा विभाग, गृह मंत्रालय, नई दिल्ली द्वारा प्रकाशित।
3. राजभाषा विशेषांक (त्रैमासिकी), महानिदेशालय, सीआरपीएफ, नई दिल्ली द्वारा प्रकाशित।

निरीक्षक (हिंदी अनुवादक)
सी.आर.पी.एफ. महानिदेशालय, नई दिल्ली
email : rameshpandeycrpf@gmail.com

रामायण : भारतीय संस्कृति और इतिहास

डॉ. के. पद्मिनी

प्रस्तावना :

मुझे राम की कहानी मालूम है कि राम दशरथ के पुत्र थे, श्रेष्ठ भाई थे, सीता के पति थे, वनवास गये थे, लेकिन महर्षि वाल्मीकि द्वारा लिखी गई रामायण नहीं पढ़ ली, क्योंकि मुझे संस्कृति नहीं मालूम है। कवि गोस्वामी तुलसीदास के रामचरितमानस भी मैं ने नहीं पढ़ ली, क्योंकि मुझे अवधी भी नहीं मालूम। राष्ट्रकवि मैथिलीशरण गुप्त जी द्वारा लिखी गई 'साकेत' के नवम सर्ग हमारे पाठ्यक्रम में होने के कारण उसे पढ़ ली और मेरी मातृभाषा तमिल इसलिए तमिल में प्रसिद्ध कवि कंबर से लिखी गई कंबरामायण के कितनी पंक्तियां हमारे पाठ्यक्रम में होती थी, उतनी ही मैं ने पढ़ ली। इस प्रकार मुझे 4 प्रसिद्ध कवियों के रामायण काव्यों के बारे में ही थोड़ा-थोड़ा मालूम है। विभिन्न भाषाओं में लिखी गई होने पर भी रामायण घरों में, मंदिरों में, शैक्षिक क्षेत्रों में पाठ्यक्रम के रूप में, उत्सव में, त्योहारों में पाठ पढ़ाया जाता है। कबीर दास जी आदि राम की परिभाषा इस प्रकार बताते हैं-

" एक राम दशरथ का बेटा ,एक राम घट घट में लेटा।
एक राम है जगत पसारा , एक राम है जगत से न्यारा।। "

इसलिए मैं यहां इन रामायण काव्यों में व्यक्त भारतीय संस्कृति और इतिहास के बारे में संक्षिप्त रूप में लिखना चाहती हूं।

बाल्मीकि रामायण :

यह संस्कृत भाषा में लिखी गई है। इसका काल लगभग 4000 सालों के पूर्व है । यही आदि काव्य माना जाता है। इसमें 24000 श्लोक हैं। अगर हर दिन एक क्ष्लोक पढ़कर अध्ययन करने का प्रयास करें, तो हमारा पूरा जीवन संपूर्ण रामायण के साथ समाप्त होगा। इसलिए मेरी एक आशा है कि मैं बाल्मीकि रामायण पढ़ने के लिए एक और जन्म अवश्य ले लूंगी। मुझे संस्कृत

नहीं मालूम, इसलिए मैं सिर्फ यही जान सकती थी कि विश्व भर के लोग, जो संस्कृत जानते हैं, वो वाल्मीकि रामायण से ही राम की पूरी कहानी की जानकारी ले लेते थे या ले लेते हैं और आज भी लेते रहते हैं। इस रामायण की एक और विशेषता यह है कि यह गीतमय होने के कारण इसे संगीत से गा सकते हैं।

मातृभाषा तमिल में कंबरामायण :

मेरी मातृभाषा तमिल है। अगर आप मुझसे यह पूछे, "क्या तुम तमिल में रामायण पढ़ ली ?" " माफ कीजिए, मैं तमिल कंबरामायण भी पूरा नहीं पढ़ लिया है, पाठ्यक्रम में कितना होगा उतना ही मैंने पढ़ी और पूरा कंबरामायण भी नहीं पढ़ पाया है। कंबर का काल तुलसीदास के पहले लगभग 1000 साल पूर्व है। कंबरामायण सन् 885 में श्रीरंगम में पहले प्रस्तुत किया गया था। कवि कंबर संस्कृत भाषा के भी विद्वान थे। बाल्मीकि रामायण पढ़कर उसे तमिल में अनुवाद करने का प्रयास किया है। लेकिन तमिलनाडु में रहते लोगों की जीवन के अनुसार परिवर्तित करते अपनी सुंदर भाषा शैली से स्पष्ट तमिल शब्दों को प्रयोग करते रामावतार नामक ग्रंथ लिखी है। कंबर के विचार में राम विष्णु अवतार माने जाते थे, इसलिए अपनी ग्रंथ का नाम रामावतार रखा था। बाद में लोगों द्वारा उनके नाम के साथ कंबरामायण रखा गया है। चार हजार सालों पुरानी वाल्मीकि रामायण का नायक राम ही सभी रामकथाओं का मूल चरित्र है। हजारों सालों के बाद लिखी गई कंबरामायण और रामचरितमानस दोनों में राम विष्णु अवतार के रूप में चित्रित किए गया हैं ।

रामचरितमानस :

कवि गोस्वामी तुलसीदास ने इसे 7 काण्डों में अवधी भाषा में लिखी। इसका काल 16वीं सदी है। कवि ने खुद बालकाण्ड में लिखा है कि इस काव्य की रचना उन्होंने संवत् १६३१ को रामनवमी के दिन मंगलवार को आरंभ किया था। वाल्मीकि ने अपने रामायण में राम को एक संसारिक व्यक्ति के रूप में दर्शाया है, लेकिन तुलसीदास जी ने रामचरितमानस में राम को भगवान विष्णु का अवतार माना है ।यह भारतीय संस्कृति में एक विशेष स्थान रखता है। हिंदी की बोली अवधी है । इसलिए अवधी साहित्य के अलावा हिंदी साहित्य में भी यह प्रथम महाकाव्य माना जाता है । गोस्वामी

ने स्वयं कहा है-

"नाना पुराण निगमागम सम्मत यद्रामायणे निगदितं"

अर्थात यह ग्रंथ नाना पुराण, निगमागम, रामायण तथा कुछ अन्य ग्रन्थों से लेकर रचा गया है। वाल्मीकि काल के हजारों सालों के बाद लिखने के कारण यह संभव है।

आधुनिक युगीन रामायण :

19वीं सदी के हिंदी महाकाव्य साकेत के रचनाकार राष्ट्रकवि मैथिलीशरण गुप्त जी हैं। यह भारतीय जीवन का प्रतिनिधि ग्रंथ कहा गया है। इस साहित्य में कवि के आधुनिक युगीन राष्ट्रीय विचारधारा का परिचय मिलता है। साकेत में रामायण कथा का प्रमुख केंद्र राम और सीता थीं, लेकिन गुप्तजी ने आधुनिक युग में उपेक्षित नारियों की ओर लोगों की दृष्टि खींचने हेतु साहित्य में उर्मिला के चरित्र को उभारने का प्रयास किया है। गुप्त जी से रचयित पंचवटी खंडकाव्य रामकथा का एक अंग है। कवि ने स्वयं कहा है :

"राम तुम्हारा वृत्त स्वयं ही काव्य है।
कोई कवि बन जाय सहज संभाव्य है।"

मैंने एम. ए. हिंदी पढ़ते समय साकेत के नवम सर्ग पाठ्यक्रम में होने के कारण हिंदी में उस राम कथा को पढ़ ली।19वीं सदी में लिखी गई इस साहित्य में रामकथा पारंपरिक गाथा की तुलना में पर्याप्त नवीन और भिन्न है। कवि मैथिलीशरण गुप्त जी भारतीय संस्कृति के उपासक थे, लेकिन उन्होंने विदेशी संस्कृतियों का प्रभाव भारतीय संस्कृति पर देखकर दुःखी होते थे। उनके काव्य राष्ट्रभक्त के ज्वलंत उदाहरण हैं। गुप्त जी ने समस्त भारत में राष्ट्रीयता की भावना को जागृत किया। उनके राम कथा साकेत के बाद 20वीं सदी में रामायण आधुनिकता और नवीनता के रूप में मीडिया के द्वारा विकसित हुई है।

फिल्म संपूर्ण रामायण और लव-कुश :

सन् 1960 में तेलुगु में संपूर्ण रामायण शीर्षक से एक फिल्म एनटीआर नामक नायक द्वारा बनाया गया। उस फिल्म को तमिल में भी अनुवाद करके

सभी चलचित्रगृहों में प्रसारण किया गया था । उस समय दक्षिण भारत के कोने कोने में संपूर्ण रामायण फिल्म बहुत प्रचलित हुआ था। लोग एनटीआर जी को असल राम मानकर पूजा करते रहते थे। उस समय दक्षिण भारतीय लोगों के मन में 4 घंटों में दिखा दी गयी उस फिल्म की राम कथा भावानुभूति के साथ अटूट अटल हो गई। फिर सन् 1960 में निकला फिल्म लव-कुश। तेलुगु और तमिल लोगों के मन में उस फिल्म में लव कुश दोनों से गाया गया राम कथा गीत सभी मन में सीधे जाकर बैठा था। सभी लोग उस राम कथा गीत को हर समय गाते करते रहते थे। इस प्रकार आधुनिक युग में रामायण पर फिल्मों का प्रभाव बहुत ऊंचा था।

दूरदर्शन रामायण :

फिर आ गया दूरदर्शन! हर रोज टीवी के सामने बैठकर राष्ट्रीय दूरदर्शन के द्वारा प्रसारण किया सीरियल रामायण को सभी लोगों बहुत चाव से देखने लगे। उन लोगों को बाल्मीकि रामायण, गोस्वामी तुलसीदास की रामचरितमानस, कंबरामायण की जानकारी मालूम है या नहीं, कोई नहीं जानते, लेकिन टीवी रामायण अच्छी तरह जानते हैं। बिना रामायण पढ़कर टीवी चैनल में रामायण को बार-बार देखने में उनके रुचि है।

कार्टून में रामायण :

'बच्चों के लिए कार्टून चित्र के द्वारा राम कथा प्रकाशित हुई। बच्चे राम को स्पाइडर मैन, आयर्न मैन, सूपरमैन जैसे एक सूपर शक्ति चरित्र मानकर देखते रहते हैं। इस प्रकार रामायण हजारों साल उम्र से पुराना अपना इतिहास आज का आधुनिक युग तक भारतीय संस्कृति के साथ जुड़ कर रखता रहा है।

राम नवमी और रामलीला :

जन्मदिन मनाना क्या हमारे सभ्यता है या नहीं मुझे नहीं मालूम, परंतु भारत में गणेश जयंती, कृष्ण जयंती, महावीर जयंती, गांधी जयंती आदि जन्मदिन का उत्सव बहुत श्रद्धा और कोलाहल से मनाया जाता है। इसी प्रकार राम का जन्मदिन भी रामनवमी के रूप में मनाया जाता है। रामनवमी के दिन पूजा-अर्चना की जाती है। इस दिन लोग व्रत रखते हैं।

हिंदी : वैश्विक व्याप्ति एवं प्रभाव

राम लीला :

राम लीला उत्तर भारत में परंपरागत रूप से खेला जाने वाला राम के चरित्र पर आधारित नाटक है। विजयादशमी के अवसर पर खेला जाता है। रंगमंच दृष्टि से रामलीला तीन प्रकार की हैं- सचल लीला, अचल लीला तथा स्टेज लीला। काशी में गोस्वामी तुलसीदास द्वारा स्थापित रंगमंच की कई विशेषताओं में से एक यह कि स्वाभीकता, प्रभावोत्पादकता और मनोहरता की दृष्टि के लिए अयोध्या, जनकपुर, चित्रकूट, लंका आदि अलग-अलग बना दिया गए थे और एक स्थान पर उसी से संबंधित सभी लीलाएं दिखाई जाती थीं। हिंदी रंगमंच की प्रतिष्ठा का श्रेय गोस्वामी तुलसीदास को और इनके कार्य क्षेत्र काशी को प्राप्त है। रामलीला की समाप्ति रावण के पुतले के दहन के साथ होती है।

उपसंहार :

" रामायण - भारतीय संस्कृति और इतिहास " इस विषय पर सोचते समय मेरे दिमाग में दो विचारधाराएं सामने आईं-

1. रामायण कालीन भारतीय संस्कृति और इतिहास
2. रामायण से प्रभावित आज की भारतीय संस्कृति और इतिहास

संस्कृति 'कृश्' धातु से बना गया शब्दय इस का मतलब है मनुष्य अपने मन और आत्मा को तृप्त और संतुष्ट बनाने हेतु क्या करता है वही संस्कृति है। यह प्रकृति से संबंधित है। इसलिए भारतीय संस्कृति प्रकृति से जुड़कर रखने का विधि का परंपरागत दिखा देता है। जल, वायु, आग, भूमि और वह इन पंचभूतों से जुड़ कर रखते मानव ही महात्मा बन जाता है। मनुष्य मात्र बंधु है। इस सिद्धांत को पूरे संपूर्ण रामायण में व्याप्त होकर नायक राम को अवतार के रूप में दिखा देता है। इसे आधार लेकर भारतीय संस्कृति रामायण से जुड़ जाता है यहां हम देखें-

इतिहासकारों के मतानुसार रामायण का काल 4000 साल पूर्व हो। इसलिए सभी कहते हैं भारतीय संस्कृति बहुत पुरानी है और महान है। उदाहरण के लिए रामायण से एक बिंदु लेकर यहां बताना चाहती हूं। राम और रावण के बीच युद्ध चल रहा है। राम अपने पाणों से रावण के रथ,

धनुष-बाण, मुकुट आदि को फेंका दिया। अब राम सीधे रावण को मार सकता है, लेकिन उसने कहा "तू अब निरायुधपाणी है आज चलोय कल युद्ध करने के लिए अपने अश्त्र-शस्त्र लेकर आ।" यहां युद्ध धर्म का पालन कितना सदाचार से करते थे,वहीं भारतीय संस्कृति है। हजारों सालों के बाद भी यह बात प्रशंसा करते रहते हैं।

दूसरे विचार के अनुसार रामायण से प्रभावित होकर आज की भारतीय संस्कृति और इतिहास कैसे है। यह आधुनिक तकनीक युग है। अधिकतर लोग धन दौलत के पीछे दौड़ रहे हैं। अपने बच्चों से समय बिताना उनके लिए बहुत मुश्किल है, इसलिए अगले पीढ़ी को पुराणों, इतिहासों के बारे में जानकारी नहीं है। विद्यालयों में बच्चों से रामायण के बारे में पूछने पर उन्होंने कहा कि हम रामायण नहीं जानते। यह दुखित बात है। लेकिन भारत में परंपरागत तरीके से पारिवारिक, समाजिक, शैक्षिक, शासनिक, नीति रिवाज आदि सभी क्षेत्रों में रामायण में वर्णित किया सिद्धांत को ही लोग पालन करते हैं। बिना रामायण पढ़कर फिर भी रामायण से प्रभावित होती भारतीय संस्कृति और इतिहास इसका महत्व है।

अंत में तमिल विष्णु भक्त कवयित्री आंडाल की चार पंक्तियों को हिंदी में बताकर समाप्त करती हूं।

"वामन अवतार में जिस पाव से पूरे भूमि को नापा कर दिया उस चरणों के गुणगान करें हम। रामावतार में दक्षिण लंका जाकर जिस वीरता से युद्ध कर दिया उस वीरता के गुणगान हम करें ।कृष्णा अवतार में गोवर्धन पर्वत को छतरी जैसे उठाकर सभी जीव जंतुओं को बचाया उस गुण को हम सब गुणगान करें। यहां आज हम सब मिलजुल कर अपने गुणगान करते हैं। आप हमारी रक्षा करें!

श्री राम ! जय-जय राम !!

स्रोत
1. 'वाल्मीकीय रामायण' प्रकाशक: देहाती पुस्तक भंडार, दिल्ली।
2. रामचरितमानस   संपादक: महावीर प्रसाद मालवीय वैद्य 'वीर' वर्ष:1925 प्रकाशक:बेलवेडियर प्रेस

इन्टरनेट:
1. रामायण - विकिपीडिया
   hi.m.wikipedia.org
2. रामचरितमानस - विकिपीडिया
   hi.m.wikipedia.org

के. पी. हिंदी अकादमी, चेन्नई

वैश्विक परिदृश्य में राष्ट्रभाषा हिंदी : मातृभाषा के ममत्व, राजभाषा के एकत्व और राष्ट्रभाषा के समत्व द्वारा भारतीय सभ्यता, संस्कृति एवं राष्ट्रीयता की पुनर्स्थापना

डॉ. अजय शुक्ला (व्यवहार वैज्ञानिक)

'राष्ट्र धर्म के निर्वहन में -'जय हिंद ... जय हिंदी ... जय भारत ... ' की व्यावहारिक अनुमोदना का शंखनाद - उत्तिष्ठ भारत: मां भारती पुकारती, के आह्वान में - ' सात्विक चेतना के दायित्वबोध द्वारा जिम्मेदारी और जवाबदेही के क्रियान्वयन...' से सुनिश्चित किया जाना अनिवार्य है जिसमें राष्ट्रभाषा हिंदी के माध्यम से राष्ट्रीयता की पुनर्स्थापना को सुनिश्चित करते हुए - 'स्वतंत्र मानसिकता में आजादी का मर्यादित जश्न...' अवश्य ही मनाया जा सकता है।

भारत माता के प्रति जीवंत नैतिक चैतन्यता का व्यापक परिदृश्य सदा ही - 'राष्ट्र गौरव हिंदी भाषा की प्राण प्रतिष्ठा...' हेतु तत्पर रहता है जिसमें परंपरागत गुणात्मक विकास में नवीनतम व्यावहारिक प्रयोग विशिष्ट भूमिका निभाते हुए - 'भारतीय जनमानस में रची - बसी , राष्ट्रभाषा हिंदी को संपूर्ण त्याग, तपस्या एवं बलिदान...' की दीर्घकालीन प्रक्रिया के पश्चात अंततः आदर एवं सम्मान के 'पवित्रतम प्रतिष्ठित स्वरूप में अधिकार एवं कर्तव्य के श्रेष्ठतम सामंजस्य...' द्वारा प्राप्त करने की उच्चतम अभिलाषा रखते हैं।

जागृत राजनीतिक इच्छाशक्ति का अदम्य साहस ही - 'राजपथ पर विराजित राष्ट्रभाषा हिंदी को कर्तव्यपथ के स्वतंत्र स्वरूप...' में स्थापित कर सकता है जिसमें राष्ट्रभाषा हिंदी की उद्घोषणा के मौलिक आयाम 'विकसित भारत के निर्माण में राष्ट्रभाषा के जयघोष को भारतीय आत्मा की विहंगम संकल्पना...' के स्वरूप में स्वीकार करते हैं।

विश्व में राष्ट्रभाषा हिंदी द्वारा गौरवान्वित भारतीयता....'सर्वे भवंतु सुखिनः ...' की विशालता को आत्मिक जगत में सुसज्जित करके जब राष्ट्रभाषा हिंदी से निर्मित सृजनात्मक दृष्टिगत-नवदृष्टि द्वारा जगत गुरु के रूप में-'वसुधैव कुटुंबकम...' का मंगलकारी स्वरूप अभिव्यक्त करता है तब भारतीय आत्मगत

संचेतना की सहभागिता - 'वैश्विक परिदृश्य में राष्ट्रभाषा हिंदी : मातृभाषा के ममत्व, राजभाषा के एकत्व और राष्ट्रभाषा के समत्व द्वारा भारतीय सभ्यता, संस्कृति एवं राष्ट्रीयता की पुनर्स्थापना ' का प्रतिपादन महत्वपूर्ण हो जाता है।

राष्ट्रभाषा हिंदी द्वारा राष्ट्रीयता की स्थाई पुनर्स्थापना :

वैश्विक जगत के मध्य भारत राष्ट्र की समृद्धशाली-अतीत, आगत एवं अनंत के संदर्भ एवं प्रसंग में जीवित जिजीविषा की जीवंत कर्तव्योन्मुखी मानवीय प्रवृत्ति जिसमें - मनुष्य, मनुष्यता और संवेदनशीलता की प्रासंगिकता को स्वीकार करते हुए राष्ट्रीय प्रतिबद्धता का विराट शंखनाद-भारत की स्वतंत्रता के 75 वीं वर्षगांठ अर्थात भारत की आजादी का अमृत महोत्सव के श्रेष्ठतम एवं महानतम अवसर पर - राष्ट्रभाषा हिंदी की उद्घोषणा के शुभ, पवित्र और न्याय संगत स्वरूप के द्वारा ही सुनिश्चित किया जा सकता है जिसमें 'मातृभाषा, राजभाषा एवं राष्ट्रभाषा के ममत्व, एकत्व और समत्व द्वारा भारतीय सभ्यता, संस्कृति तथा राष्ट्रीयता की स्थाई रूप में पुनर्स्थापना' से भारत को - "विश्व गुरु" बनाने की संकल्पना का वास्तविक यथार्थ पूर्णतया समाहित रहता है।

स्वतंत्र मानसिकता में आजादी का मर्यादित जश्न :

'सारे जहां से अच्छा हिंदुस्तान हमारा...' का सैद्धांतिक एवं व्यावहारिक पक्ष संपूर्ण भारतीय जनमानस के भावनात्मक परिदृश्य और विचारगत परिवेश से संबद्ध हो जाने के कारण - 'भारतीय आत्मा द्वारा स्वतंत्र मानसिकता में आजादी का मर्यादित जश्न...' मनाने की दीर्घकालीन आशा से भरपूर विश्वसनीय आवश्यकता की अपेक्षित अभिलाषा से युक्त-'राष्ट्रवाद की मूलभूत संकल्पना...' के सानिध्य में पुष्पित और पल्लवित - सृजनात्मक, संवेदनशील अभिव्यक्ति के माध्यम से विकसित भारत के निर्माण का रहस्यवादी, सकारात्मक तथा सार्थकता की दृष्टि से संपूर्ण रुप से समृद्ध दृष्टिकोण के व्यावहारिक क्रियान्वयन का उज्जवल स्वरूप- 'राष्ट्रभाषा हिंदी की प्राण प्रतिष्ठा...' को व्यवस्थागत निर्णयात्मक गतिविधि के माध्यम से स्थापित करने की आत्मगत चेतना, आज भी प्रतीक्षारत है।

भारत माता के प्रति जीवंत नैतिक चैतन्यता :

विश्व मानवता के समग्र उत्थान एवं निरंतर उन्नयन में भारतीयता की

हिंदी : वैश्विक व्याप्ति एवं प्रभाव

अवधारणा सदा ही -'आत्मगत चेतना द्वारा आंतरिक अभिप्रेरणा...' से सर्व मानव आत्माओं के अंतरसंबंधों में नैसर्गिक जुड़ाव को भाषाई सुचिता की महत्वपूर्ण भूमिका से संबंध करके - 'भारत माता के प्रति जीवंत नैतिक चैतन्यता...' को शुद्ध एवं सुदृढ़ स्वरूप में निर्मित करते हुए संपूर्ण जगत को धर्म एवं कर्म का पाठ पढ़ाकर जीवात्मा को अध्यात्म और पुरुषार्थ का संबल प्रदान करके, राजयोग तथा मौन की निःशब्दता को भी अंततः आत्मिक पवित्रता के स्वरूप में 'अध्यात्म- विश्व के मनुष्यों का धर्म...' बन जाने के लिए समदृष्टि से परिपूर्ण आत्मीय संबोधन की चेतना युक्त सृष्टि, जिसके अंतर्गत सम्मिलित- 'विश्व शांति एवं सामाजिक समरसता...' को स्थाई रूप से स्थापित करने के अग्रदूत बनकर, भारतीय आत्मा ने मानवता के मानस को संस्कारित चेतना से संपन्न तथा दिव्य गुणों एवं शक्तियों द्वारा सुरुचिपूर्ण ढंग से सुसज्जित कर दिया है।

राष्ट्र गौरव हिंदी भाषा की प्राण प्रतिष्ठा :

भारत राष्ट्र में हिंदी भाषा को राष्ट्रभाषा के स्वरूप में लोकतांत्रिक व्यवस्था के अंतर्गत कानूनी रूप से लागू करने के लिए– 'समस्त भगीरथ प्रयास की श्रम साध्य गौरवमई स्वर्णिम इबारत एक शताब्दी से भी अधिक ऐतिहासिक एवं पौराणिक धर्म ग्रंथों से सृजित विकास...' यात्रा के संदर्भ और प्रसंग के जीवंत रूप से उपलब्धि की पूर्णता के साथ स्वयं सिद्धा की प्रतिमूर्ति बनकर – 'राष्ट्र गौरव के रूप में हिंदी भाषा की प्राण प्रतिष्ठा...' की बाट जोहने में संलग्न है और राष्ट्रीय परिप्रेक्ष्य में राष्ट्रभाषा की बोधगम्यता के साथ– 'राजभाषा अर्थात राजपथ से कर्तव्यपथ का अनुकरण तथा अनुसरण...' करके यथाशीघ्र राष्ट्रभाषा हिंदी के आरंभ से अंततः तक की – 'विकास से विकसित स्वरूप की यात्रा...' में भाषाई गुलामी की अंतरकथा में उलझी हिंदी भाषा की व्यथा, स्वयं की ही स्वतंत्रता हेतु नित–नूतन, अनेकानेक विधि–विधान के अनुप्रयोग से मुक्ति की मन्नत में अस्तित्व की स्थापना का वास्तविक यथार्थ अनवरत रूप से यदा - कदा विभिन्न स्थितियों एवं परिस्थितियों के अंतर्गत ढूंढ रही है।

परंपरागत गुणात्मक विकास में नवीनतम व्यावहारिक प्रयोग :

राष्ट्रभाषा हिंदी के संपूर्ण विकास के अनुक्रम में सभी विधाओं के अंतर्गत – 'अंतःकरण की शक्ति का पूर्ण विनियोजन, संपूर्ण मनोयोग...' द्वारा पुरातन

काल से वर्तमान आधुनिक काल की व्यवस्थागत प्रणाली में परंपरागत गुणात्मक सहभागिता के द्वारा – 'शासकीय, अशासकीय संस्थाओं के साथ - साथ गैर सरकारी एवं स्वैच्छिक संगठनों...' के माध्यम से भारत के विभिन्न प्रांतों में राष्ट्र भाषा की उन्नति हेतु नवीनतम व्यावहारिक प्रयोग के प्रमाणिक दस्तावेज का निर्माण एवं प्रचार–प्रसार किया गया और बहुआयामी स्थितियों में सुदृढ़ और सशक्त तरीके से प्रभावशाली तथा प्रेरणादाई हिंदी के प्रकाशन को – दैनिक, साप्ताहिक, पाक्षिक, मासिक, द्विमासिक, त्रैमासिक, चौमासा, छमाही, वार्षिकी, विशिष्ट सामाजिक पृष्ठभूमि से संबंधित विभिन्न लोक कल्याणकारी अवसर एवं राष्ट्रीय–अंतरराष्ट्रीय महत्वपूर्ण उपयोगी मुद्दों पर विभिन्न – विशेषांक, संस्थागत गतिविधियों के ब्योरे हेतु प्रस्तुत की जाने वाली–स्मारिका, साहित्यिक गतिविधियों के सामूहिक प्रस्तुतीकरण हेतु –साझा संकलन, के गद्य एवं पद्य विशेषांक तथा पुस्तकाकार स्वरूप में संदर्भ ग्रंथों को विश्व स्तरीय विराट एवं विशाल स्वरूप तक आदर और सम्मानपूर्ण विधि – विधान से पहुंचाया गया है जिसमें–'मर्यादित संप्रेषण और व्यापक सामाजिक स्वीकारोक्ति की उच्चतम अवस्था से संबंधित व्यवस्था...' भी गतिशीलता की प्रासंगिकता में निरंतर प्राप्त होती रही है जिससे राष्ट्रभाषा हिंदी में सृजनात्मक गतिविधियों का कुशलता से संपादन एवं दैनिक जीवन में उपयोग करने के अतिरिक्त नित्य – नूतन विधियों के व्यावहारिक क्रियाकलापों का क्रियान्वयन भी अति महत्वपूर्ण सिद्ध होता रहा है जिन्हें आत्मसात करने से राष्ट्रभाषा हिंदी को स्थापित होने में प्रत्यक्ष एवं अप्रत्यक्ष अर्थात सतत रूप से नवाचारी प्रासंगिकता में मदद प्राप्त होती रही है।

भारतीय जनमानस में रची बसी राष्ट्रभाषा हिंदी :

भारतीयता की मौलिक चिंतनशीलता सदैव चेतना के द्वारा राष्ट्रभाषा की आरंभिक स्थितियों में हिंदी की आवश्यकता से लेकर उपयोगिता को चुनौतीपूर्ण रूप से स्वीकार करते हुए – 'जहां सुमति तहां संपत्ति नाना..' के माध्यम से सात्विक गुणात्मकता के अनुक्रम में अभिव्यक्ति की – 'स्वतंत्रता को मानस पटल द्वारा अंगीकार करके...' संपूर्ण व्यक्तित्व विकास की अवधारणा को व्यवहारिकता की कसौटी पर जीने के लिए सहज ही तत्पर हो जाना , इस बात का प्रमाण है कि – 'राष्ट्रभाषा हिंदी को रोजगार से जोड़ने...' की प्रक्रिया

हिंदी : वैश्विक व्याप्ति एवं प्रभाव

का अनुगमन करके – 'हिंदी बोलें एक होलें...' की प्रासंगिकता से आपसी संवाद द्वारा एक दूसरे से जुड़

जाने की विभिन्न स्थितियां भारत राष्ट्र में – 'अनेकता में एकता अर्थात एक भारत श्रेष्ठ भारत...' के उच्चतम स्वरूप के अंतर्गत निर्मित हुई है जो भारतीय जनमानस द्वारा शासकीय, अशासकीय, व्यावसायिक, स्वैच्छिक एवं गैर सरकारी संगठनों में भी राष्ट्रभाषा से संबंधित कार्यों की विधिवत रूप से की जाने वाली पूर्ण संपन्नता, उपलब्धिपूर्ण सफलता के रूप में प्राप्त हो सकी है।

जागृत राजनीतिक इच्छा शक्ति का अदम्य साहस :

भारत राष्ट्र की – 'राष्ट्रवाद से संबंध एवं प्रतिबद्ध राष्ट्रीयता का अभिमुखित प्रखरता से युक्त स्वरूप ही राष्ट्रभाषा हिंदी...' के द्वारा समस्त भारतीय भाषाओं के मध्य– 'समन्वय, एकता और विकास की उपयुक्त एवं सही दशा एवं दिशा में सर्वश्रेष्ठ क्रिया–कलाप से संबंधित विभिन्न गतिविधियों...' का कुशलता पूर्ण संचालन कर सकता है जिसमें भाषाई संबंधों की प्रगाढ़ता से अपनत्व स्थापित करके, सामाजिक समरसता की व्यापक संभावनाओं को सुनिश्चित करना अनिवार्य होता है जिससे– 'एक ही अध्यादेश के माध्यम से राष्ट्रभाषा हिंदी को राष्ट्रीयता की पक्षधरता का गहन...' रूप से संज्ञान प्राप्त करके – 'जागृत राजनीतिक इच्छाशक्ति के अदम्य साहस...' से अमृत काल के स्वर्णिम अवसर में ही – ' कानूनी रूप से भारत राष्ट्र में राष्ट्रभाषा को विधिवत तरीके से लागू...' किया जा सकता है।

राष्ट्रभाषा हिंदी की उद्घोषणा के मौलिक आयाम :

भारत की आजादी के अमृत महोत्सव अर्थात भारत की स्वतंत्रता के 75 वीं वर्षगांठ पर राष्ट्रभाषा हिंदी को स्थापित करने के महत्वपूर्ण कार्यों में – 'केंद्र सरकार, राज्य सरकार, गैर सरकारी संगठन के साथ – साथ शैक्षिक संस्थानों के विभिन्न सामूहिक एवं व्यक्तिगत प्रयास...' के संपूर्ण योगदान के पश्चात भी – 'राष्ट्रभाषा हिंदी भारत वर्ष में लागू क्यों नहीं हो पाई है...? अभी तक राष्ट्रभाषा के विकास हेतु समग्रता के सानिध्य में जो कुछ भी किया गया है...' उसका संपूर्ण विवरण से युक्त लेखा-जोखा अर्थात आलोचनात्मक मूल्यांकन किया जाना आवश्यक है जिससे समस्त प्रकार के– 'अवदान की समालोचनात्मक व्याख्या विधिवत रूप करना सहज हो जाएगा और वास्तविक निष्कर्ष...' पर

हिंदी : वैश्विक व्याप्ति एवं प्रभाव

पहुंचा जा सकेगा है इस प्रकार राष्ट्रभाषा हिंदी के विकास में दीर्घकालीन समय से विशेष भूमिका निभाने के अंतर्गत– 'देशभर के प्रतिष्ठित, विभिन्न केंद्रीय हिंदी संस्थान, राष्ट्रीय वैज्ञानिक एवं तकनीकी शब्दावली आयोग, केंद्रीय व्यवस्था द्वारा संचालित राष्ट्रीय एवं अंतर्राष्ट्रीय स्तर पर हिंदी विश्वविद्यालय, राष्ट्रभाषा हिंदी कार्यान्वयन समिति, राष्ट्रभाषा प्रचार समिति, संस्कृति भवन, हिंदी भवन, जनसंपर्क विभाग, रोजगार और निर्माण से संबंधित विभिन्न– माध्यम केंद्र, विद्यमान हैं।

संपूर्णता एवं सक्रियता के सानिध्य में गतिशीलता :

देश के सभी प्रांतों में संचालित हिंदी ग्रंथ अकादमी, केंद्रीय सूचना एवं पत्र कार्यालय, भारत सरकार का प्रकाशन विभाग, संपूर्ण राष्ट्र की समस्त शासकीय, अशासकीय एवं स्वैच्छिक संगठन के द्वारा प्रकाशित हिंदी की राष्ट्रीय एवं प्रादेशिक स्तर की महत्वपूर्ण पत्र एवं पत्रिकाएं, प्रेस ट्रस्ट ऑफ इंडिया, बुक ट्रस्ट ऑफ इंडिया, देश और प्रदेश स्तर पर संचालित –राष्ट्रीय कला केंद्र, भारत भवन, मानव संग्रहालय, संगीत अकादमी, भारतीय आदिवासी सभ्यता को सुरक्षित रखने हेतु–प्रमुख कला केंद्र, नाट्य अकादमी, हथकरघा एवं हस्तशिल्प विभाग, गांधी भवन, मानस भवन, रामायण केंद्र, कालिदास अकादमी, लोक कला अकादमी, इत्यादि के अतिरिक्त साहित्यिक गतिविधियों के अंतर्गत संचालित राष्ट्रीय एवं अंतर्राष्ट्रीय स्तर के विभिन्न स्वैच्छिक संगठन, निश्चित रूप से अत्यधिक महत्वपूर्ण भूमिकाओं के साथ, आज भी संपूर्णता एवं सक्रियता के सानिध्य में गतिशील हैं तथा शेष 25 वर्ष के अमृतकाल में – 'भारत की हिंदी पोषित, पुष्पित एवं पल्लवित संस्थाओं द्वारा आखिर और अंततः की भूमिका में राष्ट्रभाषा हिंदी के विकास हेतु परंपरागत गतिविधियों के अतिरिक्त नवीनतम स्वरूप से किन महत्वपूर्ण कार्यों को संपादित किया जाए ? जिससे कि राष्ट्रभाषा हिंदी...' को भारत की आजादी के शताब्दी वर्ष अर्थात स्वतंत्रता के 100 वीं वर्षगांठ पूर्ण होने पर विधिवत, कानूनी रूप से लागू किया जा सकेगा।

विकसित भारत के निर्माण में राष्ट्रभाषा का जयघोष :

संपूर्ण जगत के अंतर्गत विश्व में शांति, अहिंसा एवं पवित्रता की स्थापना हेतु धर्म, अध्यात्म और राजयोग के अवदान को वैश्विक स्तर पर स्वीकारोक्ति

हिंदी : वैश्विक व्याप्ति एवं प्रभाव

प्राप्त होने के कारण ही भारत से धार्मिक कीर्तन और संकीर्तन का स्वरूप अपनी विशिष्टता के साथ आध्यात्मिक क्रांति के माध्यम से संक्रांति की उपयोगिता के बहुआयामी सिद्ध स्वरूप में परिणित होकर– 'परिष्कृत चेतना की चेतनता द्वारा ऊर्ध्वगामी आत्मिक परिवर्तन से जीवात्मा को चेतना के परिष्कार...' की महायात्रा में भारतीय आत्मा के जयघोष द्वारा सर्व आत्माओं के कल्याण का निहितार्थ बनकर - 'शुभभावना एवं शुभकामना के स्वरूप...' में सम्मिलित हो जाता है जिसमें– 'जय जवान–जय किसान, के साथ ही जय–विज्ञान, जय–अनुसंधान की अनुगूंज को अब, जय–मातृभाषा, जय–राजभाषा तथा जय–राष्ट्रभाषा, की वास्तविक स्थितियों के धरातल पर भारतीय आत्मा की अवधारणा में पोषित–जय राष्ट्रवाद, के शंखनाद से गतिशीलता को प्राप्त होते हुए भारतीयता की ज्ञान – विज्ञान एवं मनोविज्ञान की परंपरा के निष्ठापूर्ण निर्वहन में –' भारत की आजादी के अमृत महोत्सव से... स्वर्णिम भारत की ओर...' वैश्विक शांति, अहिंसा एवं पवित्रता का अग्रदूत बनकर– भारत राष्ट्र ही अनवरत रूप से अग्रसर हो सकेगा।

भारतीय आत्मा की विहंगम संकल्पना का स्वरूप :

राष्ट्र की एकता एवं अखंडता को अक्षुण्ण बनाए रखते हुए कल्याणकारी मनोभाव के व्यावहारिक क्रियान्वयन द्वारा मंगलकारी पवित्र उद्घोष से भारतीय आत्मा की पहचान वैश्विक जगत में स्थापित हुई है तथा संपूर्ण जगत भारतीयता की अवधारणा में– 'सर्व धर्म समभाव...' के अंतर्गत आध्यात्मिक परिदृश्य के आत्मिक संबंधों में सर्वोत्कृष्ट आत्मीयता की–'स्वान्तः सुखाय रघुनाथ गाथा...' के दुर्लभ दार्शनिक स्वरूप के माध्यम से सृजित पृष्ठभूमि को निहारने का प्रयास करता है जिससे उन्हें– 'सर्वजन हिताय, सर्वजन सुखाय...' की व्यावहारिकता परिलक्षित हो जाती है जो आत्मिक जगत के व्यावहारिक परिदृश्य को – 'सर्वे भवंतु सुखिन ...' के सन्मार्ग पर सदा गतिशील रहकर आध्यात्मिक पुरुषार्थ के माध्यम से – वसुधैव कुटुंबकम...' अर्थात संपूर्ण विश्व एक परिवार है इस उच्चतम अवधारणा के समदृश्य विराट स्वरूप के माध्यम से स्वीकार करके– 'आत्मिक दायित्वबोध से स्वयं को पूर्णरूपेण सुसज्जित रखने की क्रियाशीलता...' को आत्मसात करके भारतीय आत्मा की- 'विहंगम संकल्पना को राष्ट्रभाषा हिंदी के नैसर्गिक...' स्वरूप में स्वयं को व्यक्तिगत रुप से, शिक्षित–प्रशिक्षित करके सकारात्मक–सार्थक दृष्टिकोण को धारणात्मक चरित्र

हिंदी : वैश्विक व्याप्ति एवं प्रभाव

का आधार बनाकर 'पठन–पाठ, मनन-चिंतन, वर्णन–विश्लेषण, लेखन–संप्रेषण, अवलोकन– मूल्यांकन के पश्चात उससे प्राप्त होने वाली, संतुष्टि -उपयोगिता, आलोचना – समालोचना, प्रतिक्रिया–प्रतिपुष्टि, संवाद– समाधान, निर्वचन एवं अंतिम निष्कर्ष ...' तक पहुंच कर ही व्यावहारिक स्तर पर परिष्कृत चिंतन के आयाम को– 'गागर में सागर भर देने के महानतम स्वरूप में साकार...' किया जा सकता है।

विश्व में राष्ट्रभाषा हिंदी द्वारा गौरवान्वित भारतीयता :

'सत्यमेव जयते...' की समग्रता के विराट स्वरूप में भारत की स्वतंत्रता के 75 वीं वर्षगांठ अर्थात भारत की आजादी का अमृत महोत्सव के महान अवसर पर संपूर्ण विश्व में– 'भारतीयता का परचम लहराने हेतु सर्वश्रेष्ठ उपाय – राष्ट्र के साहित्य सर्जको द्वारा स्वयं को भारतीय ज्ञान परंपरा...' की समृद्धशाली धरोहर से शिक्षित–दीक्षित करते हुए चिंतनशील प्रक्रिया द्वारा अनुभवी बनकर भावनात्मक एवं वैचारिक प्रज्ञा में दक्षता रुपी सक्षमता से–'सूक्ष्म कल्पनाशीलता का प्रयोग करके सृजनात्मक साहित्य का सृजन जो हिंदी का प्राण जगत...' है उसमें नवाचारी के प्रयोग से आधुनिक काल की विरासत को ईमानदारी से सुसज्जित करके – 'अतीत, आगत एवं अनंत की सृजनशील साहित्यिक विरासत के प्रति समादर भाव की पृष्ठभूमि में कल्याणकारी और मंगलकारी...' साहित्य सृजन अनवरत स्वरूप से गतिशील है इसलिए – 'उत्तिष्ठ भारत : मां भारती पुकारती : सात्विक चेतना के दायित्वबोध द्वारा जिम्मेदारी और जवाबदेही से क्रियान्वयन...' के आह्वान को – 'भारत राष्ट्र के नायकों द्वारा राजपथ के राजसिक स्वरूप से कर्तव्यपथ के सात्विक प्रांगण...' में पधारकर – 'राष्ट्रीय हिंदी दिवस, के महान अवसर पर–'राष्ट्रभाषा हिंदी को संपूर्ण भारतवर्ष में भारतीय संविधान के अनुसार कानूनी रूप से लागू करने की उद्घोषणा...' किया जाना परम आवश्यक है जिसमें–'भारत राष्ट्र को विकसित भारत बनाने का महान लक्ष्य समस्त भारत के जनमानस की दृढ़ संकल्पबद्धता...' की परिणिति है जो भारत की विराट दिव्य दृष्टि के रूप में भारत को विश्व गुरु बनाने में महत्वपूर्ण भूमिका निभाती है इसलिए– 'भारतीय आत्मा द्वारा, सबका– साथ, सबका–विकास, सबका–विश्वास, की संपूर्णता के साथ-साथ, राजनीतिक इच्छाशक्ति से भरपूर साहस द्वारा–केवल एक अंतिम अधिसूचना के माध्यम से भारत माता के, सच्चे सपूत का सबूत– राष्ट्रभाषा हिंदी को लागू...' करके ही

दिया जा सकता है।

राष्ट्रभाषा हिंदी से निर्मित सृजनात्मक सृष्टिगत नवदृष्टि :

हिंदी को राष्ट्रभाषा बनाने हेतु– 'संपूर्ण भारतवर्ष की हिंदी संस्थाओं और उनसे संबंधित विभिन्न–सामाजिक, मनोवैज्ञानिक, दार्शनिक, धार्मिक, आध्यात्मिक क्षेत्र के साथ-साथ भारत की ज्ञान परंपरा से संबंधित–विज्ञान, तकनीकी, कला एवं वाणिज्य, अभियांत्रिकी, शारीरिक एवं मानसिक स्वास्थ्य, के स्वरूप में भी राष्ट्रभाषा हिंदी के द्वारा विभिन्न क्षेत्र के साथ, लगभग सभी विधाओं के अंतर्गत साहित्य निर्माण की निरंतरता के 75 वर्षों के संघर्ष और विकास के माध्यम से विकसित हो जाने की प्रक्रिया में – 'योगदान की गौरव गाथा को संदर्भ एवं प्रसंग के विशाल स्वरूप में संज्ञान लेकर हिंदी दिवस के महान अवसर पर सूरज की प्रातः किरण के साथ भारतवर्ष में राष्ट्रभाषा हिंदी कानूनी रूप से लागू हो गई है...' की सुखद अनुभूति का समाचार संप्रेषित होने से जब– 'भारतीयता की महत्वपूर्ण पहचान– निज भाषा उन्नति...' के संदर्भ और प्रसंग में स्थापित हो जाती है तब– 'संपूर्ण विश्व में व्याप्त भारतीय जन समूह –राष्ट्र गौरव गान से आनंदित हो उठेगा क्योंकि भारत की राष्ट्रभाषा हिंदी...' आज राष्ट्रीय हिंदी दिवस, से भारतीय संसदीय व्यवस्था से उद्घोषित एवं कानूनी रुप से निर्धारित होकर राष्ट्रभाषा हिंदी भारत में पूर्णतः निर्मित, स्थापित एवं विकसित होने के मार्ग पर गतिमान हो गई है जो– **'मातृभाषा, राजभाषा एवं राष्ट्रभाषा के ममत्व, एकत्व और समत्व द्वारा भारतीय सभ्यता, संस्कृति तथा राष्ट्रीयता की पुनर्स्थापना'** का संवाहक बनकर संपूर्ण शताब्दी की महायात्रा में अनवरत रूप से गतिशील – थी भी, है भी, और भविष्य में भी, विकास का यह गुणात्मक अनुक्रम बना रहेगा।

भारतीय परिप्रेक्ष्य में राष्ट्रभाषा हिंदी की सहभागिता :

भारतीय परिप्रेक्ष्य में राष्ट्रभाषा हिंदी को–राष्ट्रभाषा के रूप में लागू कराने के लिए अर्थात राष्ट्र ऋण के प्रति व्यक्तिगत एवं सामूहिक आहुति प्रदान करने हेतु स्वयं को संपूर्ण समर्पण करने की, प्राण–प्रण से न्योछावर होने की संकल्पना का यथार्थ बनकर भारतीय आत्मा के आम जनमानस से संबद्ध राष्ट्रीय चरित्र के प्रति महानतम दृष्टि और विराट दृष्टिकोण के साथ– 'अखिल भारतीय स्तर का सानिध्य और विश्व स्वरूप के अंतर्गत विगत 75 वर्षों से राष्ट्रभाषा की

समृद्धिशाली अवधारणा के मूलभूत उद्देश–राष्ट्रभाषा हिंदी के साथ-साथ सभी भारतीय भाषाओं के मध्य–आपसी सामंजस्य, समन्वय, समरसता, एकता, एवं गुणात्मक विकास...' के मूल मंत्र द्वारा राष्ट्रभाषा हिंदी के विकास हेतु समर्पित मनोभाव से आत्मगत संलग्नता के साथ गतिशील है ... ।

संपूर्ण भारत वर्ष के अंतर्गत लगभग सभी प्रांतों में शासकीय एवं गैर शासकीय व्यवस्थाओं की संपूर्णता के माध्यम से समस्त महत्वपूर्ण विषय और उनसे जुड़े विविध आयाम की –'सबल, सक्रिय एवं समर्थ सहभागिता द्वारा राष्ट्रभाषा हिंदी को अपने ही राष्ट्र में कानूनी रुप से लागू कराने हेतु– 'संपूर्ण संपूर्ण भारतीय जनमानस की विशाल परिदृश्य से संबंधित–श्रेष्ठतम कल्पना, प्रयास और अनुभूति से संबंधित अकादमिक, व्यवसायिक, तकनीकी एवं अनुसंधानपरक सहभागिता और उसका विशिष्ट आयाम–राष्ट्रीय और अंतरराष्ट्रीय जगत की महत्वपूर्ण भूमिका का संपूर्ण योगदान राष्ट्रीय परिप्रेक्ष्य में दृढ़ संकल्पित मनोभाव से प्रतिबद्धता के साथ समर्पित एवं प्रेरणादाई स्वरूप में सदा ही विद्यमान रहते हुए गतिशील बना हुआ है ... ।

अतः राष्ट्र भाषा हिंदी की सम्मानित स्थिति और गौरवान्वित स्वरूप– "विश्व समुदाय के मध्य, वसुधैव कुटुंबकम से मुखरित–ममत्व, एवं भारत की आजादी के अमृत महोत्सव द्वारा उत्पन्न– एकत्व और विश्व हिंदी दिवस में सन्निहित–समत्व, के माध्यम से भारतीय सभ्यता, संस्कृति एवं राष्ट्रीयता की पुनर्स्थापना..." में प्रत्यक्ष एवं अप्रत्यक्ष रूप से संलग्न–संपूर्ण भारतीय मानव आत्माओं के साथ-साथ समस्त देशवासियों और वैश्विक परिदृश्य में विराजमान राष्ट्रभाषा हिंदी की सेवा में समर्पित आत्मीयता से युक्त मनोभाव को– विश्व हिंदी दिवस के महान गौरवमई अवसर पर अनेकानेक शुभकामनाएं ... एवं... हार्दिक... आत्मिक... बधाई... , जय हिंद ... जय हिंदी ... जय भारत ...।

राष्ट्रीय उपाध्यक्ष - अखिल भारतीय हिंदी महासभा, नई दिल्ली,
प्रबंध निदेशक - आध्यात्मिक अनुसंधान अध्ययन एवं शैक्षणिक प्रशिक्षण केंद्र, देवास, मध्य प्रदेश .

वैश्वीकरण के परिदृष्य में हिन्दी

प्रो. अमर ज्योति

"हिन्दी एक जीवन्त भाषा है। इसमें बडी उदारता है। हिन्दी के यही तो वे गुण हैं जो इसे दूसरी भाषाओं के शब्दों और रूपों को आत्मसात करने की असीम क्षमता प्रदान करते हैं। हिन्दी को हमें दक्षिण एशिया के देशों में ही नहीं बल्कि पूरे एशिया और अनेक विदेशों में व्याप्त होना देखा जा सकता है"। हिन्दी भाषा के संदर्भ में महात्मा गांधीजी का यह कथन उसके भूत वर्तमान और भविष्य को स्पष्ट करता है।

हिन्दी आज विश्व भाषा के सोपान तय कर रही है। संस्कृत का वाङ्मय उसकी ऐतिहासिक धरोहर है। बोलियों का साहित्य उसकी जनवाणी है। भारतीय भाषाओं से जीवन्त सहकार उसका समन्वयात्मक पक्ष है। विश्व की प्रमुख भाषाओं के साहित्य का अनुवाद क्षितिज का विस्तार करता है। यदि हिन्दी की ऐतिहासिक विकास यात्रा को ग्यारह सौ वर्षों से छिटका कर भी देखें, तो शौरसेनी अपभ्रंश से विकसित हुई खड़ीबोली हिन्दी का डेढ़ सौ वर्ष का इतिहास उसके गौरव और सरलता ग्राहयता को दर्शाता है। महात्मा गाँधी ने 1918 में हिन्दी को राष्ट्रभाषा बनाने की क्रियात्मक वकालत की। आज़ादी के सेनानियों की सामूहिक स्वीकृति के बाद भी उसे आज राष्ट्रभाषा की संवैधानिक मान्यता नहीं है पर आज हिन्दी राजभाषा के साथ विश्वभाषा के रूप में अपनी शक्ति और जनाधार का परिचय दे रही है। निश्चय ही इस खड़ीबोली हिन्दी को इस स्थिति में लाने के लिए साहित्यकारों, वैय्याकरणों, अनुवादकों, शब्दकोश निर्माताओं, पारिभाषिक शब्दावली के योजनाकारों का योगदान अविस्मरणीय है। इसीलिए हिन्दी की श्रेष्ठ कृतियों ने राष्ट्रीय भूगोल का अतिक्रमण किया है और नई भाषाओं में अनुवादित हुई है। तकनीक आज हिन्दी की लोकप्रियता को अपनी तकनीकी स्थिति में लाने को

बाध्य है ।

भारतीय अर्थव्यवस्था 'उदारीकरण' और 'नीजीकरण' के कारण काफी विकसित हुई है । नई आर्थिक नीतियों ने भारतीय उपभोक्ता की रूचि को भी प्रभावित किया है । इस प्रकार 'भूमंडलीकरण' या 'वैश्वीकरण' की प्रक्रिया आरंभ हुई। वैश्वीकरण के कारण भारत पूरे संसार से जुड गया है । भूमंडलीकरण उत्तर आधुनिक धारणा है, जिसमें संपूर्ण विश्व की कल्पना 'विश्वग्राम' या 'ग्लोबल विलेज' के रूप में ही जा रही है । 'मुक्त ज्ञानकोष', 'विकिपीडिया' के अनुसार वैश्वीकरण का शाब्दिक अर्थ "स्थानीय या क्षेत्रीय वस्तुओं या घटनाओं के विश्व-स्तर पर रूपान्तरण की प्रक्रिया है । इसे एक ऐसी प्रक्रिया का वर्णन करने के लिए भी प्रयुक्त किया जा सकता है, जिसके द्वारा पूरे विश्व के लोग मिलकर, एक समाज बनाते हैं तथा एक साथ कार्य करते हैं । यह प्रक्रिया आर्थिक, तकनीकी, सामाजिक और राजनीतिक ताकतों का एक संयोजन है" ।

हिन्दी भाषा के बारे में फ्रेंच विद्वान गार्सा-द-तासी ने 18 वीं शताब्दी में यह अभिप्राय व्यक्त किया था कि "मैंने तहरीर के लिए यह ज़बान अख़तियार की है जो हिन्दुस्तान के कई सुबों की जबान है क्योंकि इसे आम लोग बखूबी समझते है और बडे तबके के लोग भी पसंद लरते हैं" ।

प्रो. हिन्सी के अभिप्राय "भारत की आत्मा को पहचानने के लिए हिन्दी भाषा का ज्ञान अत्यन्त आवश्यक है" ।

हिन्दी की संप्रेषण क्षमता अतुलनीय है । संप्रेषण हमारे वातावरण के साथ शारीरिक, मानसिक और सामाजिक स्तर पर एक प्रकार की अंत: क्रिया है । आजकल हिन्दी का प्रसार वैश्विक व्यवसायीकरण के कारण निरंतर हर तरफ हो रहा है एवं संख्या बल के आधार पर हिन्दी आर्थिक तथा वाणिज्य कार्यों की भाषा बनती जा रही है, विश्व भाषा बन रही है ।

संचार माध्यमों में प्रयुक्त इसी हिन्दी के कारण यह विश्व की सर्वाधिक

बोली जानेवाली दूसरी भाषा बन गई है । संचार माध्यमों ने हिन्दी के जिस विविधतापूर्ण सर्वसमर्थ नये रूप का विकास किया है उसने भाषा समृद्ध समाज के साथ-साथ भाषा वंचित समाज के सदस्यों को भी वैश्विक संदर्भों से जोडने का काम किया है। यह नई हिन्दी अनेकानेक बोलियों में व्यक्त होनेवाले भारत की नई संपर्क भाषा है और इस तक पहुँचने के लिए बड़ी से बड़ी बहुराष्ट्रीय कम्पनियों को भी हिन्दी के इसी मिश्रित रूप का सहारा लेना पड़ रहा है । हिन्दी के इस रूप से यह स्पष्ट होता है कि हिन्दी की प्रकृति अत्याधिक लचीली है जो आवश्यकतानुरूप अपने को परिवर्तित कर पाती है और ऐसे समय हिन्दी व्याकरण और संरचना के प्रति सचेत नहीं रहती बल्कि उदारता को दर्शाती है । बाजारीकरण, उदारीकरण, सूचनाक्रांति तथा जीवन शैली के वैश्वीकरण के साथ विकसित हिन्दी की अभिव्यक्ति क्षमता भारतीयता के साथ जुडी हुई है । अर्थात् हिन्दी का यह नया रूप बाजार सापेक्ष होते हुए भी संस्कृति निरपेक्ष नहीं है ।

विश्व में बोलचाल के लिए लगभग 3500 भाषाओं और अनेक बोलियों का प्रयोग किया जाता है । इन भाषाओं में से लगभग 500 भाषाओं का ही इस्तेमाल किया जाता है । मौखिक और लिखित दोनों प्रकार के संचार के लिए प्रयोग की जानेवाली भाषाओं में से लगभग 16 भाषाएँ ऐसी है जिनका व्यवहार 5 करोड़ से अधिक लोग प्रयोग करते है । विश्व की ये प्रमुख भाषाएँ है– चीनी परिवार की भाषाएँ, अरबी, अंग्रेजी, हिन्दी इतावली उर्दू, जापानी, जर्मनी, पुर्तगाली, फ्रांसीसी, बांगला, मलय, रूसी, स्पेनी, तेलुगु, तमिल आदि। यह गौरव की बात है कि भारत ही ऐसा एकमात्र देश है, जिसकी पाँच भाषाएँ विश्व की 16 प्रमुख भाषाओं की सूची में शामिल हैं । भारतीय भाषाएँ बोलनेवाले व्यक्ति भारत सहित लगभग 137 देशों में फैले हुए है । वाशिंगटन विश्वविद्यालय के प्रोफेसर 'सिडनी कुलबर्ट' द्वारा सन् 1970 में जमा किये गये आंकडों के अनुसार बोलनेवालों की संख्या की दृष्टि से विश्व की

प्रमुख भाषाओं में हिन्दी, चीनी और अंग्रेजी के बाद तीसरे स्थान में है। मगर आजकल हिन्दी अंग्रेजी को पार कर दूसरे स्थान पर पहुँच गयी है। चीनी के बाद हिन्दी अधिक देशों में बोली जाने वाली भाषा है।

15 जुलाई सन् 1980 के आंकड़ों के अनुसार एक करोड़ दस लाख भारतीय 136 देशों में बिखरे हुए हैं। इनमें कई देश शामिल हैं जैसे– अमेरिका, सिंगापुर, मॉरिशस, मलेशिया, जापान, नेपाल, श्रीलंका आदि देशों में अधिक रूप से बसे हैं। सिर्फ़ नेपाल में ही 38 लाख भारतीय बसे हुए हैं। चीनी देश में चीनी अंग्रेज़ी के साथ हिन्दी का भी प्रयोग किया जाता है। अंग्रेजी अमेरिका, कनाडा, इंग्लैंड, आयरलैंड, आस्ट्रेलिया और न्यूजिलैंड में बोली जाती है। रूसी का सोवियत संघ में प्रांतीय भाषाओं के साथ हिन्दी बोलनेवाले अधिक रूप से है। पाकिस्तान और बांगलादेश में उर्दू तथा बांगला राजभाषाएँ होने के बावजूद हिन्दी या हिंदूस्तानी भाषा आमतौर पर समझी जाने वाली विदेशी भाषा है।

भारतीय दर्शन, साहित्य, सभ्यता, धर्म और संस्कृति के प्रति जिज्ञासा भाव को लेकर ही विदेशों में हिन्दी शिक्षण आरंभ हुआ था। यूरोप और पश्चिम के साम्यवादी देशों में भारत के प्रति उत्सुकता और जिज्ञासा तथा प्रवासी भारतीय बसे देशों में अपने जड़ों से जुडे रहने और अपनी अस्मिता को बनाये रखने के लिए ही तथा चीन, जापान, थाईलैण्ड आदि एशियाई देशों में बौद्ध धर्म के प्रचार-प्रसार के कारण ही हिन्दी अध्ययन और अध्यापन की परम्परा ने विश्व में एक विस्तृत रूप धारण किया है। विदेशों में हिन्दी साहित्य का स्वरूप अधिक विस्तृत है। क्योंकि हिन्दी भाषा के विकास में साहित्यिक कार्य का योगदान अविस्मरणीय है। विशेष रूप से मॉरिशस का हिन्दी साहित्य विस्तृत रूप से हिन्दी भाषा की सेवा में अपना योगदान दिया है।

लोकश्रय हिन्दी का स्वभाव है, उसकी बुनियाद है, जिसे वह छोड़ नहीं

सकती। हिन्दी के प्रचार और विकास की ताकत उसके सम्मिश्र स्वभाव में है। इसी के बल पर हिन्दी जब तत्सम से सजती-संवरती है तो विद्वत समाज की जुबान बनती है, उर्दू से मिलकर भारतीय उप महाद्वीप के कोने-कोने मे बोली समझी जाती है और देशी भाषाओं और बोलियों के शब्दों को अपनाकर देश-दुनिया के सुदूर क्षेत्रों में जानी-पहचानी जाती है। हिन्दी का यह स्वभाव उसे एक व्यापक और आज के विश्वग्राम में वैश्विक भूमिका पर ला खड़ा करता है। वैश्वीकरण के मौजूदा दौर में भारतीय बाज़ार की ताकत जैसे-जैसे बढेगी, भारतीय भाषा और हिन्दी की भूमिका व्यापक होगी। वैश्विकरण के दौर में हमारे बीच जो चीजें बिक रही हैं वे दुनिया के किसी भी हिस्से का उत्पाद हों सकती हैं, पर बिक रही हैं हमारी भाषा में। भारत के परिप्रेक्ष्य में यह भाषा हिन्दी है। भारतीय भाषाओं के विज्ञापनों की तुलना में अंग्रेजी चैनल और विदेशी चैनलों पर बढ़ते हिन्दी कार्यक्रम भी हमारी भाषा की व्यापारिक और वाणिज्यिक ताकत का बयान करते हैं।

भाषा के सहारे बिना बाज़ारीकरण का परिवेश निर्मित नहीं किया जा सकता। कंपनियों ने और बाज़ार के नियंताओं ने भाषा की इस अमोध ताकत को समझ लिया है। फलत: भारत में कारोबार फैलाने की इच्छा रखने वाली विदेशी कंपनियाँ अब अपने प्रबंधकों को हिन्दी सिखाने लगी हैं। कई विदेशी कंपनियों ने तो अपने प्रबंधक भी यहाँ भारतीयों को ही बना रखा है। इसलिए वैश्वीकरण के इस दौर में भाषा की संवेदनात्मक शक्ति की परख रखनेवाले और बाज़ार का रहस्य जानने वाले लोग बखूबी समझते हैं कि यह समय हिन्दी जैसी जन भाषा को सीमित और संकुचित करने का नहीं है, बल्कि हिन्दी की शक्ति और सामर्थ्य में प्रसार लानेवाले है। हिन्दी भारत जैसे विशाल देश की प्रमुख संपर्क भाषा है। इसे भारत के लगभग अस्सी करोड़ लोग जानते या समझते हैं। हिन्दी जाननेवाले लोग आज दुनिया भर में फैले हुए हैं। प्रसार की दृष्टि से यह दुनिया की सबसे बड़ी भाषा बनती जा रही है,

जब की अंग्रेजी का स्थान चीनी भाषा के बाद तीसरे नंबर पर आता है।

हिन्दी के नाना स्वरूप हिन्दी की ही बोलियाँ हैं। इन्हें एक-दूसरे से अलग करके नहीं देखा जा सकता। इससे हिन्दी के विकास में बाधा आती है। इसी प्रकार 'अनुवादी हिन्दी' की चुनौती से भी निपटना होगा।

वैश्वीकरण के इस दौर में सरकारी नीति और नियमों से ज्यादा असरदार मनुष्य समाज की आपसदारी, बाज़ार की शर्तें और संचार माध्यम हैं। हिन्दी में वेब पोर्टल का विकास और तरह-तरह के सॉफ्टटवेयर का निर्माण हिन्दी की शक्ति और अपरिहार्यता के प्रतीक है। हिन्दी की उपयोगिता आधारित विकास निरंतर जारी है। प्रिंट और इलेक्ट्रानिक मीडिया के साथ-साथ विज्ञापन की जरूरतों और उपभोक्ता वस्तुओं का संसार हिन्दी को तेज़ी से बदल रहा है। इस प्रक्रिया में हिन्दी नित नूतन अभिव्यक्तिओं से आपूरित हो रही है। हिन्दी प्रेमी विद्वत-समूह यथार्थवादी नज़रिए और अपने सतत् प्रयास से हिन्दी को समाजनीति, राजनीति, प्रशासन, पर्यावरण, विज्ञान और प्रद्योगिकी के स्वप्न और आकांक्षा को व्यस्त करने के योग्य बना रहा है। यह वास्तविकता हिन्दी की अंतर्वस्तु में जो सहयोग और सहकार्य की भावना है, उसका परिणाम है। आज हिन्दी में गर्व करने लायक उसका सृजनात्मक साहित्य ही नहीं है, बल्कि ज्ञान-विज्ञान की भिन्न-भिन्न शाखाओं से संबंध वे महत्वपूर्ण अनुवाद-कार्य भी हैं, जो परिपूरक, प्रासंगिक और समय-सिद्ध है।

विश्व में तीन सबसे अधिक बोली-समझी जानेवाली उस प्रमुख भाषाओं में शुमार होने के बावजूद इंटरनेट पर काम आने वाली उस प्रमुख भाषाओं में भी नहीं है। इनमें अंग्रेजी अग्रणी है। हिन्दी में ज्ञान-विज्ञान के साहित्य की रचना का अभिमान छोड़ने की आवश्यकता है तभी हिन्दी सही मायने में जीवन संग्राम की भाषा बन सकेगी। हिन्दी प्रारंभ से ही सभ्यताओं में समन्वय और सहयोग से विकसित हुई है। हिन्दी की यही शक्ति है। इस

शक्ति का स्त्रोत जनता की आकांक्षा और सपने रहे हैं। भविष्य की हिन्दी के स्वरूप का आभास अब मिलने लगा है। भारत का आज का विकास भारत-राष्ट्रराज्य के सुनहरे भविष्य का संकेत करता है। यही हिन्दी के भविष्य को सशक्त करेगा। हमें अपने बदलते समय की अपेक्षाओं के अनुरूप हिन्दी का परिवर्द्धन और संवर्द्धन करना होगा। हिन्दी का एक ऐसा शब्दकोश बना ही लेना होगा, जो आक्सफोर्ड इंग्लिश डिक्शनरी के स्तर का व्यापक, अर्थ और संदर्भों से परिपूर्ण, पारिभाषिक शब्दावली और संकल्पनाओं से युक्त और अर्थवान होते हुए रहने की गारंटीवाला हो। विकसित दुनिया का लक्ष्य स्पष्ट है। उसके लिए भारत एक बहुत बडा बाज़ार है। इसीलिए उसने शुरू कर दिया है। हम तक पहुँचने के लिए हमारी, भाषाओं का अध्यतन न्यूयार्क की कंपनी ओरिएंटल डॉट काम द्वारा हिन्दी वेब टूल्स बाज़ार में उतरना इसीका नतीजा रहा है।

भारतीय सरकार भी विदेशों में हिन्दी शिक्षण के विकास पर अधिक ध्यान दे रही हैं। यह बात अब तक आयोजित विश्व हिन्दी सम्मेलनों से स्पष्ट हो जाती है। विदेशों में हिन्दी भाषा का विकास तेज गति से हो रहा है। इसमें कोई संदेह नहीं है कि चाहे जितने भी अनुकूल परिस्थितियों का सामना करना पड़ें, हिन्दी भाषा का भविष्य उज्जवल है और उज्जवल रहेगा। वह दिन दूर नहीं है कि भविष्य में वैश्विकरण में हिन्दी की अहम भूमिका रहेगी, यह तथ्य एवं सत्य है।

संदर्भ सूची :

1. http:/hi.wikipedia.org/s/e2g, मुक्त ज्ञान कोष विकीपीडिया
2. Prof. Heinstein, Knowledge, encyclopedia, Page No. 248 & 249
3. पुष्पपाल सिंह, भूमंडलीकरण और हिन्दी उपन्यास, पृ.सं. 17

4. आठवाँ विश्व हिन्दी सम्मेलन (अंतर्राष्ट्रीय मंच पर आयोग की भाषाई अस्मिता 13 जुलाई 2007, पृ.सं. 5
5. आठवाँ विश्व हिन्दी सम्मेलन (अंतर्राष्ट्रीय मंच पर आयोग की भाषाई अस्मिता 13 जुलाई 2007, पृ.सं. 3
6. आठवाँ विश्व हिन्दी सम्मेलन (अंतर्राष्ट्रीय मंच पर आयोग की भाषाई अस्मिता 13 जुलाई 2007, पृ.सं. 3

विभागाध्यक्ष,
उच्च शिक्षा और शोध संस्थान,
दक्षिण भारत हिन्दी प्रचार सभा, धारवाड
कर्नाटक

वैश्विक पटल पर हिन्दी का इतिहास

मीना देवी

धर्म, दर्शन, विज्ञान,भौतिकी चिकित्सा एवं गणित, कला एवं संगीत जैसे अनेक प्रकार के विषयों से संबंधित ज्ञान में शिरोमणि होने के कारण भारत एवं भारतीय भाषाओं का महत्त्व सदा से ही विश्व में सम्मान का अधिकारी रहा है। भारत ही एक ऐसा देश है जहाँ विज्ञान और धर्म एक दूसरे से अभिन्न रहे हैं। हर प्रकार के वैज्ञानिक अध्ययन में यहाँ पर धर्म की उपस्थिति अनिवार्य रही है साथ ही धार्मिक नियमों में विज्ञान की भूमिका अनिवार्य है। जीवन के विविध अंगों के समुचित अध्ययन के लिए खासतौर पर धर्म, दर्शन और आध्यात्म के लिए भारत सदैव ही विश्व के लिए आकर्षण का केन्द्र रहा है। धर्म, दर्शन, संस्कृति आदि के अध्ययन की मूल भाषा होने के कारण ही भारतीय भाषाओं में समाहित विभिन्न प्रकार के विषयों का अध्ययन करने लिए भारत आने वाले विद्वानों और छात्रों की परम्परा प्राचीन काल से ही चली आ रही है। वैदिक युगीन साहित्य, औपनिषिदिक युगीन साहित्य का अध्ययन करने व भारतीय भाषा, धर्म, सभ्यता एवं संस्कृति का अध्ययन करने के लिए समय-समय पर भारत आने वाले अनेक विदेशी विद्वानों के नाम इतिहास की पुस्तकों में मिलते हैं। बौद्ध धर्म के प्रचार-प्रसार के लिए भारत के अनेक संतों, बौद्ध साधुओं ने विदेशों में अपनी संस्कृति एवं भाषा का प्रचार-प्रसार किया। वैदिक और औपनिषिदिक युग में भारत विश्व गुरू के रूप में प्रसिद्ध रहा है। इस तथ्य को सिद्ध करने के लिए इतना प्रमाण आवश्यक है कि विश्व की सभी ज्ञात भाषाओं में सबसे प्राचीन भाषा संस्कृत एवं पुस्तक, संस्कृत में रचित 'ऋग्वेद' है।

धर्म, दर्शन, विज्ञान, भूगोल, खगोल, चिकित्सा, गणित आदि विभिन्न कलाओं एवं संगीत के क्षेत्र में विश्व का प्रतिनिधि करने वाली भारतीय भाषाओं की उत्तराधिकारी 'हिन्दी भाषा' के जन्म की परिस्थितियां अच्छी नहीं थी भारत गुलामी की जंजीरों में जकड़ा हुआ था। उस समय की सामाजिक, राजनीतिक एवं धार्मिक परिस्थितियों हिंदी भाषा के अनुकूल

हिंदी : वैश्विक व्याप्ति एवं प्रभाव

नहीं थी, फिर भी विद्यापति, कबीर, तुलसी, सूर मीरा जैसे विश्वविख्यात कवियों ने कविता के माध्यम से भारतीय धर्म, दर्शन विज्ञान एवं संस्कृति का प्रचार प्रसार किया।

हिंदी गद्य के विकास के आरंभिक चरण में जब 'हिंदी भाषा का आधार संस्कृत अथवा उर्दू में से किसको बनाया जाए' इस बात को लेकर काफी द्वंद मचा हुआ था तथा कोई निश्चित व्याकरण न होने के कारण भी हिंदी को एक समुचित दिशा प्राप्त करने में काफी कठिनाइयों का सामना करना पड़ रहा था। उसी समय, "लगभग 50 वर्षों तक हिंदी का कार्य भारतवर्ष के धर्म प्रचारक ईसाइयों के हाथों में था। उस समय की रचनाओं को देखने से विदित होता है कि इन ईसाइयों ने उर्दूपन का पूर्ण बहिष्कार किया और सभी रचनाओं में पूर्ण रूप से हिंदीपन का निर्वाह किया।"[1] भले ही ईसाई धर्म के प्रचार के लिए ही सही, विदेशी धर्मप्रचारकों ने हिंदी को सीखा, समझा और उसका प्रसार-प्रचार भी किया जिससे हिंदी की वैश्विक स्थिति मजबूत अवश्य हुई और आज हिंदी कुछ हद तक विश्व भाषा के रूप में अपनी शान बनाए रखने में कामयाब है।" 19वीं शताब्दी में मॉरीशस, फिजी, गयाना, सूरीनाम, त्रिनिडाड एवं टोबैगो और दक्षिण अफ्रीका में भारतीय मजदूर खेतों में काम करने गए थे। हिंदी उनके साथ इन देशों में पहुंची और फूली-फली। "[2] साथ ही विदेशी विश्वविद्यालयों में भारत विद्या-विभाग' जैसे विभागों के तहत हिन्दी भाषा पर काम किया जाता रहा है। विश्व के लगभग 150 विश्वविद्यालयों में हिन्दी पढ़ाई जाती है जिनमें 40 विश्वविद्यालय अकेले अमेरिका में स्थित हैं। वैश्विक स्तर पर हिन्दी की उपस्थिति को और अधिक प्रभावशाली बनाने के लिए जनवरी, 1975 में विश्व हिन्दी सम्मलेन की शुरूआत की गई जिसके तहत 'प्रथम विश्व-हिन्दी सम्मेलन' नागपुर (महाराष्ट्र) में 10 से 14 जनवरी को तक आयोजित किया गया। इसमें 30 देशों के प्रतिनिधियों ने भाग लिया था। इस सम्मेलन में हिन्दी भाषा की वैश्विक स्थिति को सुदृढ़ करने और विश्व में वैश्विक भाषा के रूप में उसके महत्त्व स्थापित करने का प्रयास किया गया।

"प्रथम विश्व हिंदी सम्मेलन 10 जनवरी, 1975 को शुरू हुआ था। उसी तिथि को आधार मानकर सन 2006 से विश्व हिंदी दिवस मनाने की शुरुआत हुई।"[3] इस दिन को अंतर्राष्ट्रीय हिन्दी दिवस के रूप में मनाया जाने लगा। इस दिन सभी देशों में स्थित भारतीय दूतावासों और कार्यालयों में 'हिन्दी' से संबंधित कार्यक्रमों का आयोजन किया जाता है।

साहित्यिक 'हिन्दी भाषा' का जन्म लगभग 1000 ई. के आस-पास माना जाता है। उस समय भारत वर्षों की गुलामी झेलते-झेलते अपने अस्तित्व को बचाए रखने की जद्दोजहद में लगा हुआ था। सामाजिक, राजनैतिक, धार्मिक एवं सांस्कृतिक स्तर पर भारत की स्थिति काफी चिंताजनक थी। विद्यापति, कबीर, तुलसी, सूर , मीरा जैसे प्रभावशाली कवियों ने अपनी ओजस्वी वाणी में हिन्दी को वह गरिमा प्रदान की जिससे वह विश्व के श्रेष्ठ साहित्य में अपनी सुदृढ़ उपस्थिति दर्ज करा सकी।

व्याकरण, हिंदी साहित्य के इतिहास एवं भाषा विज्ञान के क्षेत्र में हिन्दी' के अध्ययन विश्लेषण में सर्वप्रथम भारतीय नामो' की अपेक्षा विदेशी विद्धानों के नामों का होना भी हिन्दी की वैश्विक स्थिति को कहीं न कहीं दर्शाता ही है। हिन्दी का पहला व्याकरण डच भाषा में सन 1698 में लिखा गया था । इसे हॉलैंड निवासी जॉन जिशुआ कैटलर ने हिन्दस्तानी भाषा नाम से लिखा था। इसी प्रकार हिन्दी साहित्य के इतिहास से संबंधित प्रयास भी फ्रेंच विद्वान गार्सा द तासी द्वारा किया गया। उन्होंने सन 1886 में इस्तस्वार ला लितरत्यूर ऐन रेंदुई इंदुस्तानी, नामक ग्रंथ लिखा था। भाषा विज्ञान के क्षेत्र में भी विदेशी विद्वान- मैक्समूलर तथा जार्ज ग्रियर्सन के नाम लिए जा सकते हैं। हिन्दी भाषा के प्रति असीम लगाव रखने वाले तथा हिन्दी भाषा के सामाजिक एवं सार्वदेशिक महत्व को सबसे पहले समझने वाले विदेशी विद्वान एडवर्डटेरी ने सन 1655 में हिन्दी के बारे घोषणा की थी- "हिन्दुस्तानी देश की बोलचाल की भाषा है जो कि अरबी-फारसी जबानों से बहुत मिलती जुलती है। यह बोलने में उनसे ज्यादा सुखकर और आसान है। इसमें काफी रवानी है और थोड़े शब्दों में बहुत कुछ कहा जा सकता है।"[4]

हिंदी भाषा के प्रति विशेष लगाव रखने वाले विदेशी विद्वानो की कड़ी में सर विलियम जोन्स का नाम भी बड़ा महत्व रखता है। ज्ञान-विज्ञान के लिए विशेषख्याति प्राप्त करने वाली बंगाल ऐशियाटिक सोसाइटी की स्थापना के पीछे सर विलियम जोन्स का हिंदी प्रेम ही था, जिसने बाद में प्रसिद्ध ग्रंथो 'पृथ्वीराज रासो', कर्नल टाड द्वारा रचित 'राजस्थान' एवं 'बीसलदेव रासो' समेत कई अमूल्य और जो लगभग लुप्त प्राय हो-चुके थे, की खोज की। बंगाल एशियाटिक सोसाइटी द्वारा इन ग्रंथो के प्रकाशन के बाद ही अंग्रेजी सरकार ने सरकारी मुद्रा के रूप में देवनागरी का प्रयोग शुरू किया। हिन्दी भाषा, साहित्य एवं संस्कृति से लगाव रखने वाले विदेशी विद्वानों में बहुत से नाम शामिल हैं। इनमें मदर टेरेसा, श्रीमती ऐनी बेसैंट, बहन निवेदिता एवं फादर कामिल बुल्के जैसे विद्वान भी है जिन्होंने अपना देश, समाज, परिवार सब कुछ त्याग कर तन, मन, धन, जीवन सब हिन्दी भाषा, साहित्य एवं संस्कृति के उत्थान के लए समर्पित कर दिया। कुछ विद्वानो ने फैड्रिंक पिटकाक की भांति विदेश में रहकर ही हिन्दी भाषा के प्रति अटूट लगाव रखा।

हिंदी के महान भारतीय साहित्यकारों एवं कवियों के कालजयी साहित्य ने विदेशी विद्वानो और साहित्यकारों को हिन्दी की ओर आकृष्ट करके हिन्दी को वैश्विक पहचान दी है। इसमें कोई संदेह नहीं है। कबीर, तुलसी, मीरा, सूर आदि का विदेशी विश्वविद्यालयो' में पढ़ाया जाना हिन्दी के लिए गौरव का विषय है। प्रेमचंद रचित 'गोदान' विश्व की दस सर्वश्रेष्ठ कृतियों में अपना स्थान रखता है। यह भी हिन्दी के लिए गर्व की बात है। विदेशों में हिन्दी का माथा ऊँचा करने वाले हिन्दी के साहित्यकारो की परम्परा भी काफी समृद्ध है| आधुनिक हिन्दी साहित्य के बहुत से महान कवियों ने विदेशों में हिन्दी की काफी धूम मचाई है।

वैश्विक स्तर पर हिन्दी के इतिहास की परम्परा को समृद्ध करने में भारतीय स्वतंत्रता सेनानियों का काफी योगदान रहा है। विदेशों में जाकर आजाद हिंद फौज का गठन करने वाले नेता जी सुभाष ने हिन्दी को भारत की राष्ट्रभाषा स्वीकार करते हुए देशवासियों को विदेश से हिन्दी में सम्बोधित किया -'तुम मुझे खून दो मै तुम्हें आजादी दूंगा,' 'दिल्ली चलो' जैसे

नारों के माध्यम से। सुभाष की भांति ही बहुत से क्रांतिकारियों ने विदेशों में रहकर हिन्दी भाषा के गौरव को बचाने के प्रयास किये। महात्मा गांधी के प्रयासों के परिणाम स्वरूप ही हिंदी दक्षिण भारत तथा पूर्वोतर भारत में अपने को स्थापित करने में सफल हो सकी। भारत छोड़ो, स्वदेशी के प्रचार, विदेशी वस्तुओं के बहिस्कार के कारण, विदेशी वस्तुओं के प्रति विरोध के भाव होने कारण बहुत से देशवासियों ने गांधीजी के आह्वान पर अंग्रेजी विद्यालयों एवं महाविद्यालयों का विरोध किया था। उन्होंने इनमें पढ़ना और पढ़ाना बंद कर दिया। इस प्रकार देश में हिन्दी की स्थिति मजबूत हुई जिससे विदेशों में भी हिंदी की ख्याति बढ़ी।

इतिहास में वैश्विक स्तर पर हिन्दी की पहचान को और अथिक मजबूती प्रदान करने में विदेशी लेखकों का भी महत्वपूर्ण योगदान है जो वहां रहकर हिन्दी भाषा में साहित्य साथना कर रहें है। विदेशी साहित्य में सबसे बड़ा योगदान मॉरीशस का है। मॉरीशस के प्रसिद्ध साहित्यकार अभिमन्यु अनत को मॉरीशस के प्रेमचंद की उपाधि से विभूषित किया गया है। विदेशों में हिन्दी साहित्य को समृद्ध करने वाला में अभिमन्यु अनत के अलावा, राज हीरामन, सुषम बेदी, मोहन राणा, तेजेंद्र शर्मा, दिव्या माथुर, भारतेन्दु विमल, डॉ. सत्येन्द्र श्रीवास्तव, नरेश भारतीय, अचला शर्मा, उषा राजे सक्सेना तथा गौतम सचदेव सहित बहुत से विद्वान शामिल हैं ।

वैश्विक स्तर पर हिन्दी के इतिहास को समृद्ध करने में भारतीय सिनेमा का योगदान भी कुछ कम महत्वपूर्ण नहीं है। विदेशों में हिन्दी को प्रसिद्ध करने में भारतीय सिनेमा के साथ-साथ उनके गीत-संगीत का भी बड़ा महत्वपूर्ण योगदान रहा है। 1950 से 1970 के दशक में ग्रीस के सिनेमाघरों में भारतीय फिल्में दिखाई जाती रही है। मदर इण्डिया, आवारा' एवं श्री 420 फिल्मो' ने वहाँ के सिनेमाघरों के पुराने रिकार्ड तोड़ दिये थे। विदेशी यात्रा करने वाले भारतीय नागरिकों एवं खिलाडियों के मुंह से वहाँ उनके स्वागत में हिन्दी फिल्मो' के गाने गुननाने के कई प्रसंग सुनने को मिलते रहें है जो विदेशों में हिन्दी भाषा के प्रचार-प्रसार में सिनेमा की भूमिका की सकारात्मकता को सिद्ध करते हैं। हिन्दी सिनेमा की लोकप्रियता और शानो-शौकत के आकर्षण में विदेशों में हिन्दी के प्रति लोगो का रूझान बढ़ रहा है।

विदेशो में हिन्दी भाषा को अधिक प्रसिद्ध एवं प्रतिष्ठित करने मे भारतीय विद्वानों एवं विदेशी विद्वानों द्वारा स्थापित संस्थाओं का भी महत्त्वपूर्ण योगदान है। इन संस्थाओं में कुछ सरकारी, गैर सरकारी तथा निजी संस्थाएं भी शामिल है। आर्यसमाज, रामकृष्ण मिशन, थियोसोफिकल, सोसाइटी, विश्व-हिन्दी सम्मेलन, नागरी प्रचारिणी सभा जैसी संस्थाओं ने एक ओर जहाँ भारत में हिन्दी की स्थिति को सुधारने का प्रयास किया वहीं विदेशों में उसके महत्व को अक्षुण बनाए रखने के महत्वपूर्ण प्रयास भी किए। आर्य समाज के संस्थापक स्वामी दयानंद के कार्यों का लेखा-जोखा प्रस्तुत करते हुए शिवकुमार शर्मा का कहना है कि, "स्वामी जी के दो कार्य अत्यंत महत्वपूर्ण हैं– राष्ट्रीयता का संचार और राष्ट्रभाषा हिंदी का प्रचार।"[5] इसी कड़ी में श्रीमती एनी बेसेंट, जो अपने आप को पूर्व जन्म की हिंदू मानती थी, ने हिंदू धर्म के साथ हिंदी भाषा का भी प्रचार-प्रसार करके हिंदी की वैश्विक स्थिति को मजबूत किया।

निष्कर्षतः कहा जा सकता है कि वर्तमान युग की अपेक्षा बहुत कम प्रचार-प्रसार के माध्यम के होते हुए भी भारतीय एवं पाश्चात्य हिन्दी प्रेमियों के प्रयासों से वैश्विक पटल पर हिन्दी की स्थिति संतोषजनक रही है। स्वतंत्रता प्राप्ति के बाद हिन्दी भाषा को अपने देश में जो गौरव मिलना चाहिए था, जिस पद की वह अधिकारिणी थी, वह उसे नहीं प्राप्त हुआ। यदि ऐसा नहीं हुआ होता, भारत की सरकार और नेताओं ने दृढ़ इच्छा शक्ति को अपनाकर और वोट बैंक की चिंता छोड़कर हिन्दी को उसका उचित पद और सम्मान दिया होता तो निश्चित ही वैश्विक पटल पर हिन्दी की ऐतिहासिक स्थिति आज ओर अधिक मजबूत होती ।

संदर्भ सूची :

1. श्यामसुंदर दास, 'हिंदी साहित्य', दशम संस्करण, इंडियन प्रेस, प्रयाग, पृष्ठ 328-329
2. हरिगंधा, अंक-329, जनवरी, 2022, हरियाणा साहित्य अकादमी,

पंचकूला, पृष्ठ 25
3. वही, पृष्ठ 24
4. हरिगंधा, अंक-325, सितंबर, 2021, पृष्ठ 29
5. शिवकुमार शर्मा, 'हिंदी साहित्य : युग और प्रवृतियाँ', अशोक प्रकाशन, दिल्ली, पृष्ठ 438

सहायक प्राध्यापक , हिंदी
राजकीय महाविद्यालय, बड़ौता गोहाना, सोनीपत
हरियाणा

वैश्वीकरण के युग में हिंदी

डॉ० राजकुमार उपाध्याय "मणि"[1]
रीना मिश्रा "पल्ली"[2]

'वैश्वीकरण' का सीधा अभिप्राय विश्व को एकीकृत करना है। लेकिन यह वैश्वीकरण विदेशी कम्पनियों द्वारा बाजारवाद फैलाने की कोशिश से शुरू हुई है जिसका अँगरेजी शब्द 'ग्लोबलाइजेशन' अधिक प्रचलित है। यह ग्लोबलाइजेशन, ग्लोब और ग्लोबल से बना है जिसका हिंदी शब्द विश्व और वैश्विक है। यह ग्लोबलाइजेशन अब केवल व्यापार एवं बाजार तक सीमित न होकर मूलतः अपने वास्तविकता से दूर कई क्षेत्रों को प्रभावित करने लगा है। ग्लोब अर्थात् विश्व अथवा भूमण्डल को समेटकर एक कर दिया है। आजकल ग्लोबल-मार्केटिंग, ग्लोबल-वार्मिंग, ग्लोबल-कल्चर, ग्लोबल-लिट्रेचर, ग्लोबल-मीडिया, ग्लोबल-टेक्नॉलोजी जैसे अनेक आयाम जुड़ते जा रहे हैं जबकि इस वैश्वीकरण के द्वारा समाज को विकसित एवं अग्रणी बनाने की कोशिश करना चाहिए, परन्तु वैश्वीकरण के दौर में समाज को समस्याओं एवं बुराइयों से अधिक जूझना पड़ रहा है तो जाहिर है कि सामाजिक समस्याओं से साहित्य भी प्रभावित होगा।

भारतीय संस्कृति में ऋषियों ने भी वैश्विक समाज की संकल्पना की थी और उसे मूर्त रूप दिया था। भारत का वैदिक ऋषि यह उद्घोष करता है- 'कृण्वन्तोविश्वमार्यम्' ।।[1] अर्थात् सम्पूर्ण विश्व को श्रेष्ठ बनाएंगे। ऋषियों ने भारतीय संस्कृति को सम्पूर्ण विश्व में फैलाते हुए यह भी कहा था-

अयं निजः परोवेति गणना लघुचेतसाम्।
उदारचरितानां तु वसुधैव कुटुम्बकम्।। [2]

आज के वैश्वीकरण से पृथक् हमारे ऋषियों ने सम्पूर्ण विश्व को नई-चेतना एवं जीवन-मूल्य देने हेतु सारी पृथ्वी को अपना परिवार घोषित किया था, जबकि आज की आर्थिक-शक्तियाँ दूसरे देश की धरती को अपना वाणिज्य व्यापार समझती हैं न कि परिवार। भारतीय ऋषियों ने सम्पूर्ण विश्व की धरती को अपना परिवार मानकर ही कहा था कि सारी धरती हमारा

हिंदी : वैश्विक व्याप्ति एवं प्रभाव

परिवार है अर्थात् 'वसुधैव कुटुम्बकम्'।

'वसुधैव कुटुम्बकम्' की संकल्पना की इकाई से संस्कारित परिवार बनता है और इस संस्कारित परिवार से सुसंस्कृत समाज का निर्माण होता है तो निश्चित है कि सुसंस्कृत समाज से आदर्श राष्ट्र अवश्य बनेगा। ऐसे आदर्श राष्ट्र से वैश्विक संस्कृति का उत्थान अवश्यंभावी होगा, किन्तु वैश्वीकरण की वर्तमान स्थिति अत्यन्त भयावह दिखाई देती है।

इस वैश्वीकरण से न केवल हमारा खानपान, रहन-सहन, बोली-भाषा, समाज-संस्कृति प्रभावित हो रहा है, अपितु हमारा साहित्य प्रदूषित होता जा रहा है। वैदिक ऋषियों ने भारतीय संस्कृति को विश्व की आदि-संस्कृति घोषित करते हुए यह भी कहा था- सा प्रथमा संस्कृतिर्विश्ववाराः।।[3]

'वैश्वीकरण' शब्द का सम्मोहन आज अधिक दिखाई देता है क्योंकि भूमण्डलीकरण से समाज मानों ऐसा दिख रहा है कि हम सब एक हैं और इस पृथ्वी पर फैलकर भी समान रूप में एकत्रित हैं, जबकि वैश्वीकरण का यह संदेश नहीं है। यह मात्र शक्तिशाली राष्ट्रों एवं विकसित देशों द्वारा विकासशील देशों का आर्थिक दोहन एवं अधिकारों के हनन का षड्यंत्र है। यही कारण है कि आज के युग में भौतिक संसाधनों के दुरुपयोग, सामाजिक पतन, अनेक देशों में संघर्ष, गृहयुद्ध, शक्तिपरीक्षण, भ्रष्टाचार, आतंकवाद व अराजकता का विस्तार होता जा रहा है और जीवन-मूल्य, सांस्कृतिक-बोध और मानवीय संवेदनाओं का ह्रास हो रहा है। परन्तु अथर्ववेद का मंत्र-द्रष्टा ऋषि अपनी ऋचा के माध्यम से विराट विचार-दर्शन को प्रस्तुत करते हुए कहता है- माताभूमिः पुत्रोऽहं पृथिव्याः।।[4]

जिस संस्कृति ने सम्पूर्ण पृथ्वी को माता के रूप में गौरवपूर्ण स्थान दिया, प्रकृति को पिता के रूप में पूजता रहा तथा सम्पूर्ण जगत की सभी प्राणियों में परमात्मा का स्थान मानकर दया, करुणा, ममता का भाव रखा है उसकी देन उसके गौरवशाली साहित्य एवं दर्शन ही हैं। वैश्वीकरण के जाल में आज हमारा भारत भी फँसता नजर आ रहा है क्योंकि सत्ता-लोलुप राजनेता हमारे देश की धरोहर को विभिन्न कंपनियों को देने में संकोच नहीं कर रहे हैं। हमारी शिक्षा का भी वैश्वीकरण किया जा रहा है। इसीलिए वे विदेशी शिक्षा, विदेशी विश्वविद्यालयों तथा विदेशी नीतियों को भारत के ऊपर थोपना

चाहते हैं जिससे इस देश की प्रतिभाएं विदेशी ताकतों की गुलाम बन जायें और अपनी भारतीय परम्परा, भारतीय ज्ञान-विज्ञान की धरोहर, भारतीय शिक्षा-पद्धति, भारतीय संस्कृति-संस्कार को भूल जायें। ऐसा कुचक्र न गुलामी के काल में मुगलों ने किया, न ईस्ट-इण्डिया कम्पनी ने; लेकिन तथाकथित शैक्षिक-स्वतंत्रता के नाम पर भारतीय शिक्षा का भी वैश्वीकरण किया जा रहा है। वैश्वीकरण की नीति से हमारी अर्थव्यवस्था को झटका लगा है साथ ही भारत की संस्कृति, शिक्षा एवं धर्म-साधना को भी धूलिसात कर दिया जा रहा है। इस वैश्वीकरण से भारतीय भाषा के साहित्य पर अनेकानेक प्रभाव पड़ा है किन्तु लाभ कम, हानि अधिक हुए हैं। नब्बे के दशक में भारत पर इण्टरनेट, वेब-दुनिया और कम्प्यूटर के द्वारा वैश्वीकरण ने भारतीय साहित्य पर भी धावा बोल दिया।

हम जहाँ मातृभाषाओं का संबर्धन करना चाहते हैं और भारतीय भाषाओँ के विकास के साथ विदेशी-अंग्रेजी को हटाना चाहते हैं, वहीँ छतीसगढ़ की सरकार के द्वारा अंग्रेजी माध्यमों के स्कूलों और महाविद्यालयों का निर्माण कर भारतीय भाषाओँ और और हिंदी को कमजोर करने का प्रयास किया जा है। इसका हमारे भारतीय शिक्षा-संस्कृति पर गहरा दूरगामी प्रभाव पड़ने वाला है, जिसको हम नजरंदाज नहीं कर सकते। इसके पीछे भी भूमंडलीकरण का प्रभाव माना जा सकता है कि भारत की आजादी के अमृत महोत्सव के 75वे वर्ष के अवसर पर देश की भाषा संस्कृति को जहाँ बढ़ावा दिया जाना चाहिए, वहां देश की गुलामी की अंग्रेजी भाषा को पुष्पित होने के लिए कालेज खोले जा रहे हैं। ऐसे गाँधी के देश में अंग्रेजी माध्यम के अनेक स्कूल और कालेज खोले जा रहे हैं, जिनका विरोध न करके वैश्वीकरण की इस अंधी दौड़ में इसका स्वागत-अभिनंदन किया जा रहा है।

यद्यपि हमारे यहाँ भारतीय मनीषा ने 'साहित्य' शब्द को व्यापक अर्थ में ग्रहण किया है। इसीलिए साहित्य के विषय में कहा गया है कि- 'सहितस्य भावः साहित्यम्' अर्थात् सामाजिक कल्याण की भावना जिसमें सन्निहित हो, वह साहित्य है। अलंकार सम्प्रदाय के प्रवर्तक-आचार्य ने काव्य (साहित्य) की परिभाषा में इसी भाव की ओर संकेत करते हुए लिखा है- जिस शब्द और अर्थ में हित व कल्याण का भाव समाहित हो, वही काव्य की संज्ञा हो सकती है। जनसामान्य में प्रचलित साहित्य का यह स्पष्ट भाव दिखाई देता है-सत्यं

हिंदी : वैश्विक व्याप्ति एवं प्रभाव

शिवं सुन्दरम्। श्रीरामचरितमानस के रचयिता गोस्वामी तुलसीदास ने लिखा है-'कीरति भनिति भूति भलि सोई। सुरसरि सम सब कहँ हित होई।'[5]

लेकिन आज के वैश्वीकरण के युग में न साहित्य में लोक कल्याण का भाव रह गया है, न ही मानवीय मूल्य के साहित्य का सृजन हो रहा है। वैश्वीकरण का इतना प्रभाव हिंदी के संबंध में अवश्य दिखाई देता है कि वेब दुनिया से हमारे हिंदी साहित्य का सरोकार सतही; किन्तु व्यापक रूप में वैश्विक स्तर पर निरन्तर प्रचार-प्रसार हो रहा है लेकिन अपने मूल रूप में नहीं। इसीलिए 'हिंदी' के बजाय यह 'हिंग्लिश' बनती जा रही है। इतने के बावजूद भी आज वैश्वीकरण और पत्रकारिता के कारण मीडिया में हिंदी को सर्वाधिक स्थान मिलने लगा है और हिंदी भारत से निकलकर अमेरिका, अफ्रीका, यूरोप और एशिया के विभिन्न देशों में अपना पाँव पसारने लगी है। अब इन महाद्वीपों में अनेक हिंदी पत्र-पत्रिकाओं के प्रकाशन के साथ-साथ हिंदी में विभिन्न गोष्ठियों और पुरस्कार-सम्मान भी शुरू हो गये हैं। हिंदी अपनी लोकप्रियता को इतना विस्तारित कर ली है कि हिंदी का लोकप्रिय साहित्य अब शतानेक विदेशी भाषाओं में बहुतायत रूप में अनूदित होने लगा है। यही कारण है कि आज प्रतिभाशाली लेखकों को अब प्रकाशकों की गणेश-परिक्रमा नहीं करनी पड़ती है, बल्कि देशी-विदेशी प्रकाशक अब स्वयं लेखकों से उनकी उत्तम रचनाओं को प्रकाशित करने के लिए विपुल मात्रा में अग्रिम धनराशि देते हैं। इन्हीं लोकप्रियता के कारण हिंदी माध्यम की अनेक संस्थाएं खुल रही हैं और विद्यार्थी रुचि के साथ अध्ययन भी करते हैं। आज देश-विदेश में हिंदी-विद्यार्थी अनुवादक व केन्द्र-स्वागतकर्ताओं (काल-सेंटर) के रूप में सेवा के अनंत अवसर पा रहे हैं और ये अधिकाधिक संख्या में हिंदी-शिक्षक के रूप में अनेक पदों एवं स्थानों को ग्रहण कर रहे हैं।

वैश्वीकरण और इण्टरनेट की दुनिया हिंदी को अंदर से खोखला करती जा रही है किन्तु आज सर्च-इंजन पर हिंदी से संबंधित जानकारियां, विविध विषयों पर आधारित आलेख सर्व-सुलभ हैं। अणु-डाक (ई-मेल) सेवा को रोमनलिपि से हिंदी में रूपांतरित करके समाचार अथवा किसी प्रकार की लिखित विवरण-सामग्री तत्काल प्रेषित करने में अत्यंत सहायक सिद्ध है। आज वेब दुनिया 'हिंदी-नेक्स्ट' तथा 'हिंदी साईट्स' पर सम्पूर्ण विश्व को हिंदी साहित्य उपलब्ध कराने में समर्थ एवं सहायक भी है। आज इण्टरनेट की

'ककहरा' में दक्ष कोई भी साहित्यकार अपने घर, गाड़ी, दुकान, यात्रा आदि किसी भी स्थिति-परिस्थिति में अपने कृतित्व एवं व्यक्तित्व को ब्लॉग, ट्यूटर, फेसबुक, वाट्सएप, एस्ट्राग्राम आदि के द्वारा संचार-सुविधा से युक्त व्यक्तियों में कम समय में प्रसिद्धि प्राप्त कर ले रहा है। वेब- दुनिया के द्वारा आज हम प्रसिद्ध अथवा अप्रसिद्ध व्यक्ति की रचनाओं एवं विचारों से अधिकाधिक लाभान्वित हो रहे हैं। इसी प्रकार आज कवि-लेखक यू-ट्यूब, मोबाइल-नेट के माध्यम से जन-जन तक अपनी पहुंच बनाने में समर्थ होता दिख रहा है।

विदेशी कम्पनी, पूंजी, टेक्नॉलोजी से उत्पन्न ग्लोबलाइजेशन और लिब्रलाइजेशन ने आर्थिक, व्यावसायिक तथा व्यापारिक बढ़ावा दिया है जबकि बाजारवाद की नींव पर उपभोक्तावादी-संस्कृति, साम्राज्यवादी-संस्कृति, उपनिवेशवादी-संस्कृति से ही वैश्वीकरण, उदारीकरण, ध्रुवीकरण, बाजारीकरण, भूमण्डलीकरण जैसे शब्दों का सृजन हुआ, किन्तु धीरे-धीरे पूंजीवाद, संचार माध्यम, वैश्वीकरण की बाजार-संस्कृति और विज्ञापनों ने भारतीय धर्म, साहित्य, संस्कृति, संवेदना की भावना, अस्तित्व एवं विचारों को समाप्त कर दिया है जिस भारतीय संस्कृति में नारी के लिए कहा गया था- 'यत्र नार्यस्तु पूज्यन्ते रमन्ते तत्र देवताः।' आज उसी नारी को 'भोग्य और वस्तु का विषय' बनाकर विज्ञापन की कठपुतली में समेट दिया है। परिणामतः धन एवं भौतिकता के मद में स्त्रियां खुलेआम देह-प्रदर्शन कर रही हैं।

आजादी के अमृत महोत्सव के इस कालखंड में आज हमें हिंदी-प्रेमियों एवं भारतीय भाषा-प्रेमियों को इस बात की चिन्ता एवं प्रयत्न करने की जरूरत है कि वैश्वीकरण के दौर में साहित्य की दयनीय दशा को सुधारते हुए भाषा और साहित्य के लिए नई दिशाएं निश्चित करनी चाहिए और महत्वपूर्ण अग्रलिखित बिन्दुओं की दिशा में जागरूक होकर प्रयास करना चाहिए । आजादी के समय देश में हिंदी प्रचारक अपने हाथ में लालटेन (दीपक) लिए गॉव-गॉव में हिंदी का प्रचार किया करते थे जिनकी संख्या केवल दक्षिण भारत में ही तीन हजार से अधिक थी। अतः आज भी सारे संसाधनों का उपयोग करते हुए हिंदीतर क्षेत्रों सहित हिंदी-पट्टी में भी हिंदी प्रचारकों, संगठनों एवं प्रतिष्ठानों को संचालित करना चाहिए। हिंदी आज

संख्याबल में अंग्रेजी और चीनी भाषा मंदारिन से आगे बढ़ गई है। ऐसे शिखर पर जाने वाली बहुसंख्यक हिंदी की रचनाधर्मिता को कालजयी एवं गुणवत्ताशील बनाने की जरूरत है। हिंदी भारत की राष्ट्रभाषा के रूप में प्रतिष्ठित हो रही है और राजभाषा के रूप में भारत सरकार के गृहमंत्रालय के राजभाषा अनुभाग के हिंदी अधिकारियों, निदेशकों, प्रबंधकों के साथ राजभाषा आयोग, संसदीय राजभाषा समिति, विभिन्न मंत्रालयों की हिंदी सलाहकार समितियां, केन्द्रीय हिंदी निदेशालय, हिंदी विश्वविद्यालय (वर्धा, भोपाल, कोलकाता), वैज्ञानिक तकनीकी शब्दावली आयोग, नगर राजभाषा कार्यान्वयन समितियों की उपलब्धियां हिंदी को निरन्तर प्रगति प्रदान कर रही हैं, इन्हें थोड़ा और जागरूक होने की भी आवश्यकता है।

वर्तमान समय में इलेक्ट्रानिक मीडिया एवं प्रिंट मीडिया ने समाज में अपनी मजबूत पकड़ स्थापित कर ली है। आज जनसंचार भाषा के रूप में हिंदी प्रगति कर रही है। इसलिए इसमें प्रसार संख्या और गुणवत्ता अभी बढ़ाने की जरूरत है जिससे संचार भाषा के रूप में हिंदी का अधिकाधिक सम्पोषण हो सके। वैश्वीकरण के युग में सूचना-संचार की दृष्टि से हमें हिंदी तकनीशियन और कम्प्यूटर की भाषा में दक्ष भाषायन्त्रियों को सशक्त तथा समृद्धशाली बनाने की जरूरत है। हिंदी के विभिन्न विषयों की समस्याओं पर विचार करते हुए शिशु के प्रारंम्भिक ज्ञान से लेकर उच्च शिक्षा एवं शोध-समीक्षा के पठन-पाठन में ज्ञान-विज्ञान हेतु हिंदी माध्यम का शिक्षक तैयार करने की दृढ़ इच्छाशक्ति होनी चाहिए। आज हमें हिंदी को विज्ञान-तकनीकी, बाजार-विपणन, वैचारिक-लेखन रचनात्मक-लेखन, संचार-माध्यम और राजकीय-कामकाज के साथ-साथ अपने दैनिक व्यावहारिक जीवन में अपनाने और उतारने की जरूरत है। वर्तमान समय में विज्ञान एवं तकनीकी की दौड़ में हिंदी को अपने पैरों पर खड़ा करने के लिए हमें ज्ञान-विज्ञान के क्षेत्र में आदान-प्रदान का माध्यम अनुवाद को बनाने के लिए अनुवाद-प्रशिक्षण, कार्यशाला, संगोष्ठी के साथ 'राष्ट्रीय व राजकीय अनुवाद प्राधिकरण' भी बनाने की आवश्यकता है।

भूमण्डलीकरण के युग में भारत सांस्कृतिक राष्ट्र के साथ विश्व का एक बहुत बड़ा बाजार भी बन गया है। अतः विदेशी कम्पनियों के आवागमन तथा व्यापार को देखते हुए हिंदी में द्विभाषिऐ की अधिक मांग है जिसे हमें

पूरा करने की आवश्यकता है। आज देश एवं विदेश में मीडिया चौथे स्तम्भ के रूप में शक्तिशाली बन गई है। अतः जनसंचार प्रौद्योगिकी के युग में सूचना, मनोरंजन, ज्ञानार्जन एवं प्रबोधन की माध्यम इलेक्ट्रानिक एवं प्रिंट मीडिया, आकाशवाणी, दूरदर्शन, फिल्म, वीडियो, इंटरनेट जैसे संसाधनों के लिए हिंदी माध्यम के मीडिया-लेखक तैयार करने एवं प्रशिक्षण देने की आवश्यकता है। उच्च शिक्षण संस्थानों की संख्यात्मक दृष्टि से गुणवत्ता-युक्त शिक्षा प्रदान करने एवं शोध की दिशा में स्तरीय-कार्य करने वाला संस्थान तैयार करना बहुत आवश्यक है। पत्रकारिता के युग में आज हमें साहित्य एवं समाज को मजबूत बनाने के लिए पीत-पत्रकारिता से बचकर राष्ट्रोपयोगी-ज्ञानोपयोगी पत्र-पत्रिकाओं का स्तरीय प्रकाशन-संपादन करने की भी आवश्यकता है।

देश की आजादी में राष्ट्रभाषा के आन्दोलन को प्रखर रूप प्रदान करने वाली अनेक संस्थाएं थीं जिनमें उन संस्थाओं का पुनरुद्धार करने की आवश्यकता है तथा हमें हिंदी-सेवियों की स्मृति को प्रकाशमान बनाना चाहिए। हिंदी भाषा के मानकीकरण की समस्या प्रारंम्भिक आंदोलन से ही विद्यमान है। इसलिए हमें अब एक सर्वमान्य हिंदी की मानक शब्दावली बना लेनी चाहिए और हिंदी की देवनागरी लिपि का मानकीकरण कर लेना चाहिए। वैश्वीकरण के युग में अंग्रेजी भाषा के प्रभाव में भारतीय भाषाओं सहित हिंदी भी अधिक प्रभावित है। हिंदी की लगभग 200 बोलियां एवं उपबोलियां हैं जिनका भौगोलिक सर्वेक्षण करके इनका विकास तथा इनकी वाचिक परम्परा के साथ इनके साहित्य के संरक्षण एवं संवर्द्धन की दिशा में सोचना चाहिए। हिंदी ने अपने डेढ़ हजार वर्षों के कालखण्ड में विकसित होकर लाखों हिंदी साहित्य सृजित की है ऐसे प्रकाशित साहित्य के पुनर्संपादन-प्रकाशन के साथ अप्रकाशित साहित्य को प्रकाशित करना चाहिए तथा सर्वसुलभ एवं संरक्षित करना चाहिए। हिंदी भाषा एवं साहित्य के संवर्द्धन-संरक्षण के लिए आज हमें प्रचार-प्रसार, कानूनी-संघर्ष, प्रोत्साहन, सौहार्द बनाने की आवश्यकता है।

भारत ही नहीं, अपितु विश्वक्षितिज पर हिंदी भाषा शनैः-शनैः सर्वोच्च शिखर की ओर अग्रसर हो रही है। वर्तमान में संयुक्त राष्ट्र संघ में प्राप्त विश्वभाषा का स्थान हिंदी को नहीं दिया गया है, जबकि विश्व में जनसंख्या की दृष्टि से विश्व की प्रथम भाषा मंदारिन (चीनी) को मान्यता दी जाती रही

हिंदी : वैश्विक व्याप्ति एवं प्रभाव

है। धीरे-धीरे चीनी, अंग्रेजी की शीर्षस्थ भागीदारी का मिथक टूट रहा है और विश्वभाषा बोली में हिंदी-चीनी की तुलना से ज्ञात होता है कि विभिन्न कुल भौगोलिक क्षेत्रों-पश्चिम एशियाई देश, अफ्रीकी देश, केन्द्रीय एवं दक्षिणी अमेरिकी क्षेत्र, दक्षिण पूर्व एशिया, यूरोपियन देश, पूर्वी एशिया एवं प्रशांत क्षेत्र, अमेरिकी देश, अफगानिस्तान, केन्द्रीय-पश्चिमी एशिया, दक्षिण-एशियाई क्षेत्र, भारत में बसे हुए शरणार्थी के अतिरिक्त अन्य राष्ट्रों में 500 से कम भाषा जानने वालों की कुल जनसंख्या लगभग 6774000000 में से चीनी जानने वालों की संख्या 900670000 की अपेक्षा 1270000000 लोग हिंदी जानने वाले हैं। इस प्रकार से देखा जाए तो हिंदी ने वर्तमान समय में सर्वाधिक जानने वाली भाषा के रूप में सर्वोच्च स्थान प्राप्त कर ली है।

संदर्भ सूची :
1. ऋग्वेद – 9 / 63 / 5
2. महोपनिषद्- 4 - 71
3. यजुर्वेद - 7 / 14
4. अथर्ववेद - 12 / 1 / 12
5. श्रीरामचरितमानस – 14 क – 05

[1]अध्यक्ष-प्रयोजनमूलक हिन्दी विभाग,
संत गहिरा गुरु विश्वविद्यालय सरगुजा, अम्बिकापुर (छ.ग.)
अणुडाक : rkumani@gmail.com

[2]अध्येता,
उत्तर प्रदेश राजर्षि टंडन मुक्त विश्वविद्यालय, प्रयागराज

हिंदी : वैश्विक व्याप्ति एवं प्रभाव

हिन्दी एक वैश्विक भाषा

डॉ. अनिता कपूर

वैश्विक परिप्रेक्ष्य के संदर्भ में आज हिन्दी भाषा की जब चर्चा होती है, तो लगता हैं कि, भारत में हिन्दी की ऐतिहासिक परंपरा, जो हमारे समाज और संस्कृति का प्रतिबिंब है, उसे विश्व के स्तर पर शायद महत्त्व और अब व्यापक स्वीकृति भी मिल रही है। हिन्दी न सिर्फ संवाद का माध्यम है, अपितु संस्कृति और साहित्य की भी सबल समर्थ संवाहिका बन रही है। माना जाता है भारत में अंग्रेजी की बढ़ती लोकप्रियता के बावजूद आँकड़ों के हिसाब से हिन्दी बोलने वालों की संख्या दुनिया में आज तीसरे नंबर पर है। हमने दुनिया को वैसे भी काफी कुछ दिया हैं- शून्य से लेकर दशमलव तक, गणित से लेकर कालगणना तक। ऐसे ही अब हिंदी की बारी है। हिंदी भाषा तो बहुत सरल है।

वैश्विक स्तर पर अमेरिका देश की बात करें तो अमेरिका में विश्वविद्यालयों ने हिन्दी को एक महत्त्वपूर्ण विषय के रूप में अपनाया है, जहाँ हिन्दी पढ़ने वाले विद्यार्थियों में सिर्फ भारतीय मूल के ही नहीं, वरन् स्थानीय मूल के और अन्य देशों के विद्यार्थी भी हैं। वहाँ संस्कृति और समाज के अध्ययन के अंतर्गत हिन्दी के पठन-पाठन की व्यवस्था है।

न्यूयॉर्क यूनिवर्सिटी हर वर्ष स्टार-टॉक के नाम से ख़ास तौर पर अमरीका में पैदा हुए भारतीय बच्चों को विशेष पद्धति से पढ़ाने के लिए विशेष ट्रेनिंग भी देती है। यहाँ कई संगठन हिन्दी के प्रचार का काम करते हैं। न सिर्फ भारतीय मूल के बच्चे वरन यहाँ के स्थानीय अमरीकन मूल के निवासी भी, भारत की संस्कृति से रूबरू होने के लिए हिन्दी सीखने की इच्छा रखते हैं। यहाँ अक्सर प्रवासी भारतीयों को दिक्कत यह आती है कि, हिन्दी भाषा सीखने के लिए किस संस्था से बात की जाए? मेरा यह सुझाव है कि अगर भारत सरकार विदेशों में हिन्दी के लिए काम करने वाली संस्थाओं की एक सूची और वेबसाईट तैयार करे तो पूरे विश्व में फैले हिन्दी सीखने के इच्छुक लोगों को बहुत आसानी होगी।

वैश्विक पटल पर हिन्दी के विस्तार को देखते हुए आज विदेशों में बसे

प्रवासी भारतीय के मन में यह सवाल कुछ धुँधला सा होता जा रहा है कि...."अपना देश छोड़ कर हम यहाँ क्यों आ बसे हैं। हमारे इस फैसले से कहीं हमारें बच्चें अपनी संस्कृति और भाषा से दूर तो नहीं हो जायेंगे?..आदि आदि।" भारत से विदेशों में आने का वैसे तो एकमात्र कारण आर्थिक बहुलता, धन- वैभव एवं एक उत्तम जिंदगी बसर करना ही है, पर साथ ही में वो बच्चों को बिलकुल उसी प्रकार से पालना और संस्कार देना चाहते है..जैसे वो भारत में रहते हुए दे सकते थे... और बिलकुल वैसा होना संभव भी हो पा रहा है, तो उसका श्रेय, यहाँ की बहुत सी सामाजिक संस्थाओं और स्कूलों को भी जाता है, जो हिन्दी के प्रचार-प्रसार में जी जान से जुटी हैं। भाषा और संस्कृति तो साथ ही साथ चलती ही हैं, धर्म भी अनायास जुड़ा ही रहता है। अमरीका में रहने वाले प्रवासी भारतीयों को मैंने अपने यहाँ प्रवास के दौरान ज्यादा ही धार्मिक पाया है। आज अमरीका और लंदन में भारतीयों की बढ़ती तादाद की वजह से अमरीका के ज्यादातर शहरों में मंदिर और गुरुद्वारे नजर आने लगें हैँ। माता- पिता भी बच्चों को लगातार मदिर और गुरुद्वारा ले जाते है। अभिवावकों से निवेदन किया जाता है कि घर में वो बच्चों से अधिकतर हिंदी में ही वार्तालाप करें, जिससे उन्हें हिंदी में बोलने में मदद मिलेगी। अमेरिका में रहने वाले भारतीय परिवारों की नई पीढ़ी को हिन्दी से जोडने के लिए कुछ विश्वविद्यालयों ने एक खास पहल की है। जून के आखरी सप्ताह में यहाँ स्कूली बच्चों के लिए एक महीने का हिन्दी शिविर लगाया जाता है। इसमें विशेष पद्धति से हिन्दी सिखाई और समझाई जाती है और इसके लिए अमेरिका की सरकार ने खास अनुदान भी देती है।

बावजूज इसके वैश्विक रूप से हिन्दी को और आगे लाने के लिए हम सबको गंभीर रूप से काम करना होगा। चाहे सिस्टम अलग-अलग हो पर भारत सरकार को अपने तारीके से भाषा को और आगे बढ़ाने के लिए जूझना है, जैसे विदेश में भारतीय दूतावासों के लिए हिन्दी में भी काम करने की अनिवार्यता हो। हमने अनायास ही मान लिया है कि, ज्ञान की भाषा अंग्रेजी ही है। इस सोच को भी बदलना होगा।

हिन्दी के वैश्विक विस्तार में हिन्दी साहित्य का बड़ा योगदान है। इसीलिए हिन्दी साहित्य का भी एक डाटा उपलब्ध होना चाहिए और अनुवाद के कार्य की भी एक सरकारी फेहरिस्त होनी चाहिए। हमारा यह प्रयास हो कि ज्यादा से ज्यादा साहित्य अनुवाद के माध्यम से विश्व की दूसरी

महत्त्वपूर्ण भाषाओं में पहुँचे।

वैसे तो अमेरिका में हिंदी के कोचिंग सेण्टर भी हिंदी को बढ़ावा देने में अपना योगदान दे रहे हैं। साहित्य की हिन्दी के योगदान में, महक बनी रहे, उसका प्रयास अमरीका की हिंदी सिमितियाँ लगातार करती रही है... कवि-सम्मलेन और हिंदी-गोष्ठियों के माध्यम से यहाँ 15 अगस्त (स्वंत्रता दिवस) को भारत की तरह ही परेड व सभी भारतीय राज्यों की झांकियाँ भी निकाली जाती हैं। दशहरा, दिवाली और होली मेला भी भारत के मेले की तर्ज़ पर होता है। कुल मिला कर यहाँ अमरीका में रहने वाले अप्रवासी भारतीयों ने एक अपना भारत यहाँ भी बसा लिया है।

भाषा की कोई भौगोलिक सीमा नहीं होती...और न ही किसी क्षेत्र का बंधन। विश्व में हिन्दी के परिप्रेक्ष्य में हिन्दी की स्थिति की बात जब हम करते हैं तो कई धाराएँ बहती हुई दिखाई देती है....जिसमे प्रवासी हिन्दी साहित्यकार प्रमुख है, जिन्होंने विदेशों में रहते हुए भी अपनी भाषा से जुड़े रहकर हिन्दी साहित्य की अनेक विधाओं को समृद्ध किया, फिर चाहे वो कहानी, कविता, नाटक, नृत्य और पत्र-पत्रिकाएँ हों या हिन्दी को पढ़ाना हो। भाषा, संस्कृति और धर्म एक ऐसा त्रिकोण हैं जो हमेशा ही जुड़े रहते हैं। आज विश्व का कोई भी देश इस त्रिकोण से अछूता नहीं मिलेगा जहां भारतीय बसते हो। विदेशी धरती पर होने वाले कार्यक्रम तो किसी भी भारतीय को प्रवासी होने की याद ही नहीं करवाते।

वैश्विक स्तर पर हम हिन्दी भाषा को देखें तो मुख्य रूप से उन प्रवासी साहित्यकारों के योगदान का जिक्र करना जरूरी है, जिनके पूर्वज गुलाम भारत से मजदूरी के लिए भिन्न देशों में ले जाये गए थे, फिर भी उन्होने अपनी सांस्कृतिक अस्मिता और भाषा को बचाए रखा; जिसके फलस्वरूप आज देखें कि, मारीशस, फ़िजी, सूरीनाम, त्रिनिदाद और गयाना में भारतीय कलम से साहित्य को कितना समृद्ध किया जा रहा है। यह और बात है कि वहाँ बोली जाने वाली हिन्दी उस देश के नाम के साथ जानी जाती है जैसे फ़िजी हिन्दी, मारीशस हिन्दी वगैरह।

जनसंचार माध्यम से हिंदी को लोकप्रिय बनाने में जनसंचार माध्यमों का भी अत्यधिक योगदान है। फिल्में, रेडियो, टेलीविजन, और अब इंटरनेट

के योगदान को भी नकारा नहीं जा सकता। हिंदी प्रेमी इंटरनेट के माध्यम से भी हिंदी साहित्य तक पहुँच रहे हैं, और हिन्दी में लिखते भी हैं।

हिन्दी भाषा की विश्व स्तरीय भूमिका का मूल्यांकन भारतीय प्रवासियों द्वारा किए गए कार्यों, उनके लेखन और साहित्यिक उपलब्धियों द्वारा आँका जाना ठीक है, पर इसी के साथ वहाँ कार्यरत प्रशासनिक अधिकारियों और दूतावासों, सामाजिक कार्यकर्ताओं को और आगे बढ़ कर योगदान देना होगा, जिससे हिन्दी विश्व की पहली अंतर्राष्ट्रीय भाषा बन जाए। विदेश में भारतीय दूतावासों को खासकर हिन्दी में और काम करना चाहिए। इस दिशा में हमें अभी और भी एकजुट होकर बहुत काम करने की जरूरत है। यह सत्य है कि हिंदी में अंग्रेजी के स्तर की विज्ञान और प्रौद्योगिकी पर आधारित पुस्तकें नहीं हैं। उसमें ज्ञान विज्ञान से संबंधित विषयों पर उच्चस्तरीय सामग्री की दरकार है। जिस तरह पूरी दुनिया में अँग्रेजी का बोलबाला है, और भारतीय अँग्रेजी, ब्रिटिश अँग्रेजी तथा अमेरिकन अँग्रेजी जैसे पदबंध प्रचलित हो गए हैं... वैसे ही एक संभावना हरेक हिन्दी प्रेमी के मन में है कि, ठीक इसी तरह भविष्य में हिन्दी भी, ब्रिटिश हिन्दी, अमेरिकन हिन्दी या रशियन हिन्दी हो जाए। इस सपने को पूरा करने के संदर्भ में हमें उन देशों से सीखना होगा जो अपनी मातृभाषा से प्रेम करते है और उसके प्रचार के लिए कड़ी मेहनत करते हैं। लेकिन जहाँ इस बात की ख़ुशी है कि, विदेशों में हिन्दी की महत्ता पिछले सालों में काफी बड़ी है, वहीँ इस बात का दुःख भी है की भारत में नयी पीढ़ी पर अंग्रेजी का भूत चढ़ रहा है। हिन्दी हर प्रकार से एक सशक्त और सम्पन्न भाषा है। भारत में अंग्रेजी का वर्चस्व कायम है। कहीं ऐसा न हो कि विदेशों में हैसियत हासिल कर रही हिन्दी खुद भारत में उपेक्षित हो जाए।

विश्व के तमाम देशों में वर्तमान समय में प्रवासी भारतीयों ने हिन्दी को अभीसिंचित किया है। हिन्दी हम प्रवासियों कि पहचान बन गई है। इसमे कोई दो राय नहीं कि विगत दो शताब्दियों में हिन्दी भाषा विश्व भर में दूर-दूर तक प्रचार प्रसार बड़ा है। वैश्वीकरण के परिपेक्ष्य में हिन्दी की भूमिका का मानकीकरण करें तो हिन्दी को कंप्यूटर की भी भाषा बनना होगा। हिन्दी में और सॉफ्टवेयर विकसित करने होंगे खासकार अनुवादक और अनुवाद के उपकरण और दुभाषियों की लिस्ट बनानी होगी। प्रगति तो है पर रफ्तार

बढ़ानी होगी।

आज किसी विदेशी को भारत के बारे में जानने के लिए अंग्रेजी आना ही काफी है, क्योंकि भारत में अंग्रेजी का बोलबाला है। जबकि बाकी देशों के लिए ऐसा नहीं है। हिंदी को अपनी आंतरिक चुनौतियों से जूझते हुए विश्वभाषा बनने के लिए विश्व स्तरीय साहित्य सृजन करना होगा।

हमें कुछ ऐसी व्यवस्था करनी होगी जिससे विदेशी पुस्तकालयों में हिन्दी भाषा और साहित्य के रचना संसार से पठनीय सामग्री मिलती रहे विषशकर अनुवादित पुस्तकें।

जब भारत के प्रधानमंत्री विदेशों में जा कर हिन्दी में बात करते हैं तो हम प्रवासियों को गौरव का अनुभव होने लगता है तथा अपनी भाषा से प्यार भी। उसी के उलट जब हम भारत में टीवी और समाचार-पत्रों में देखते हैं कि, किस कदर हिन्दी पर राजनीति होती है तो आने वाले समय में हिन्दी की स्थिति पर चिंता स्वाभाविक ही होने लगती है तथा प्रवासी और हिन्दी प्रेमी को डर और चिंता महसूस होने लगती है और विश्वास भी डगमगाने लगता है। उस समय यह सोच बनती है की हिन्दी पूरे विश्व में छा जाए ऐसा यह अभी संभव नहीं, क्योंकि राजनीतिकरण वो लचीला पुल है जिस पर चलते हुए एक डर का साया चिपका रहता है।

भारत में अंग्रेजी को व्यवसाय की भाषा बना कर इस सोच को पैदा किया गया कि अगर हमारे काम का माध्यम अंग्रेजी है तो हिन्दी क्यों बोले? आज के युग में द्विभाषी होना समय की जरूरत बन गया है मगर हम यह क्यों भूलते जा रहें है, कि स्वाधीनता की बलिवेदी पर न्योछावर होने की लौ जो देशवासियों के भीतर जगी थी, वो हिन्दी भाषा के माध्यम से ही जगाई गई थी। हर तबके के लोगों के मध्य संचार का कार्य हिन्दी ही करती थी। आजादी के लिए अहम योगदान जिस भाषा ने दिया उसे प्यार करना हमारा नैतिक धर्म है।

कहते है किसी भी देश और वहाँ की भाषा को सम्झना हो तो वहाँ के काव्य को पढ़ना चाहिए। अमेरिका और भारत के काव्य में एक स्तर पर खुली आज़ादी है जो हमें मीराबाई, कबीर दास या आध्यात्मिक या भक्ति कवियों में दिखती है... जो व्हिटमैन और बाद में एलेन गिंज्बर्ग जैसे अमेरिकी कवियों में दिखती है। अमेरिकी काव्य सरल होता है और सीधे दिल को छू लेता है। भारतीय कवियों की तुलना में अमेरिकी कवियों की शब्दावली ज़्यादा व्यापक होती है। आज ऐसा लगने लगा है की संगीत का युवा भारतीय पर

और अमेरिकी कवियों पर आध्यात्मिकता का असर हो रहा है। अमेरिकी काव्य का बड़ा हिस्सा अंग्रेजी में है जिस पर स्थानीय प्रभाव हैं। भारतीय कवियों की तुलना में अमेरिकी कवि वैश्विक विचारधारा से ज़्यादा घुले-मिले हैं और उसकी चिंता करते हैं। काव्य अंतरराष्ट्रीय सीमाओं के परे जाता है और काव्यप्रेमी अपनी भाषा के माध्यम से अलग-अलग परंपराओं की समृद्धि को सराहने के काबिल होते हैं। भारतीय समाज में काव्य को प्रमुखता का वास्तविक स्थल मिला हुआ है। यह संचार का गहन तरीका है। और अमेरिकन समाज का प्रयास भारत और अमेरिका के लोगों में ज़्यादा संवाद को प्रोत्साहित करना है। यही काम भारत की सरकार और उच्चाधिकारियों को अपनी भाषा के जरिए करना होगा। हिंदी का संवेदनात्मक साहित्य उच्चकोटि का होते हुए भी ज्ञान का साहित्य अंग्रेजी के स्तर का नहीं है अत: निकट भविष्य में विश्व व्यवस्था परिचालन की दृष्टि से अंग्रेजी की उपादेयता एवं महत्त्व को कोई खतरा नहीं है इसी बात को केंद्रित कर, इस मोर्चे पर हिंदी का बडे ही सबल तरीके से उन्नयन करना होगा। हिन्दी भाषा को वैश्विक संदर्भ प्रदान करने के लिए भारत सरकार को साहित्य अनुवाद के माध्यम से विश्व की दूसरी महत्त्वपूर्ण भाषाओं तक पहुँचाने के लिए कोई ठोस कदम उठाने होंगे तब हम वस्तुपरक विश्लेषण भी कर सकेंगे।

इस बात को अमरीका ने भी स्वीकार कर लिया है कि, भारतीय संस्कृति और भाषा विश्व की प्राचीन संस्कृतियों और भाषाओं में से एक है और इसके महत्व और मूल्यों को नकारा नहीं जा सकता। इसके चलते अमरीका से मिले सहयोग से भारतीय संस्कृति वहाँ भी अपने मूल्यों को समेटे, आने वाली भारतीय पौध को सांस्कृतिक शिक्षा देने में पीछे नहीं है।

आज समय की माँग है की हम सब मिलकर हिंदी के विकास की यात्रा में शामिल हों ताकि हिंदी को सही मायने में विश्व भाषा की गरिमा प्रदान कर सकें। सिर्फ हिन्दी दिवस मना कर हिन्दी को वैश्विक स्तर पर नहीं पहुँच पाएँगे हम। प्रयासों के इस हवन-कुंड में गैर सरकारी और सरकारी संस्थाओं को जरूरत है अध्ययन, आध्यापन और अनुसंधान रूपी आहुति की।

कैलिफोर्निया, अमेरिका
Email : anitakapoor.us@gmail.com

हिन्दी, विश्व की सबसे बड़ी भाषा – तथ्य एवं आंकड़े (शोध रिपोर्ट 2023)

डॉ. जयंती प्रसाद नौटियाल

प्रस्तावना

विश्व में भाषाओं की रैंकिंग एथ्नोलोग नाम की प्रतिष्ठित संस्था करती है । यह अमेरिकी संस्था है । एथ्नोलोग हिन्दी को तीसरे स्थान पर दिखाता है जबकि हिन्दी विश्व में पहले स्थान पर थी और आज भी है, लेकिन उसे निरंतर तीसरे स्थान पर दिखाया जाता रहा है, किसी भी विद्वान ने इस पर आपत्ति नहीं की। यद्यपि मेरे शोध के उपरांत भारत के तथा विश्व के भाषाविद अब हिन्दी को पहले स्थान पर मानने लगे हैं, लेकिन एथ्नोलोग इसे आज भी तीसरे स्थान पर दिखा रहा है। यह विसंगति अब तक चलती आ रही है, न तो भारत सरकार की हिन्दी के हित में बनी किसी संस्था ने और न ही भाषाविदों की ओर से इस पर कोई आपत्ति दर्ज की गई इसलिए यह गलत आंकड़ा आज भी चल रहा है ।

मैंने सबसे पहले इस संबंध में सन 2005 में अपनी आपत्ति दर्ज कराई थी तथा अपनी शोध की प्रति भेजते हुए एथ्नोलोग से अनुरोध किया था कि हिन्दी बोलनेवालों कि सही संख्या का उल्लेख करते हुए हिन्दी को पहले स्थान पर दर्शाएँ ।चूंकि उस समय 15 वें संस्करण के प्रकाशन का कार्य पूरा हो चुका था इसलिए एथ्नोलोग के तत्कालीन संपादक श्री पॉल लेविस ने आश्वासन दिया था कि वे मेरे द्वारा सुझाए संशोधन को अपने 16वें संस्करण में प्रकाशित करेंगे ।[1i] परंतु कुछ समय बाद एथ्नोलोग ने मुझसे कहा कि मुझे उर्दू भाषा को हिन्दी भाषा में मर्ज (विलीन) करने हेतु आइ एस ओ मे बदलाव की प्रक्रिया पूर्ण करनी होगी । अतः उन्होने मुझसे लाइब्रेरी ऑफ कॉंग्रेस से संपर्क करने का सुझाव दिया, इस पर मैंने उन्हें बताया कि मेरा उद्देश्य उर्दू को हिन्दी में विलीन करना नहीं है बल्कि मैं चाहता हूँ कि उर्दू भाषा के जानकारों को हिन्दी जानकारों में शामिल किया जाय जैसा कि चीनी भाषा और अँग्रेजी भाषा के बोलने वालों की गणना में एथ्नोलोग द्वारा किया जाता है ।

एथ्नोलोग द्वारा हिन्दी को प्रथम स्थान पर दर्शाये जाने कि अद्यतन स्थिति :

मैंने एथ्नोलोग को सूचित किया कि मैं गत 41 वर्ष इस शोध को जारी रखे हुए हूँ और हर दो साल में इसका नवीनतम संशोधित संस्करण विश्व हिन्दी दिवस (10 जनवरी)को प्रकाशित करता आ रहा हूँ । जिस प्रकार एथ्नोलोग हर वर्ष अपनी रिपोर्ट को संशोधित करता है तथा अद्यतन रिपोर्ट हर वर्ष प्रकाशित करता है, उसी प्रकार मैं भी अपनी संशोधित रिपोर्ट हर दो वर्ष में जारी करता आ रहा हूँ । एथ्नोलोग का यह 25 वां संस्करण है और मेरी शोध का यह उन्नीसवाँ संस्करण है जिसमें वर्ष 2022 तक के आंकड़ों को समाहित करते अद्यतन किया गया है । यह रिपोर्ट “शोध रिपोर्ट 2023 “ के नाम से जारी की गई है। मेरी शोध रिपोर्ट का अट्ठारहवां संस्करण अर्थात 2021 की शोध रिपोर्ट एथ्नोलोग के पास विचाराधीन है ।[ii] एथ्नोलोग के प्रतिनिधि सुश्री रोना एवं श्री रोब इस मामले में समन्वय कर रहे हैं तथा संपादकीय टीम के निर्णय के बाद एथ्नोलोग अपने आंकड़ों में संशोधन करके हिन्दी को पहले स्थान पर दर्शाएगा ।

प्रामाणिकता संबंधी विविध चरण :

मेरी इस शोध की प्रामाणिकता सिद्ध करने के लिए इसका 20 चरणों में परीक्षण किया गया जिसमे इस शोध पर विश्व विद्यालयों में विद्वानों द्वारा विचार विमर्श, विशिष्ट संगोष्ठियों में परीक्षण, भाषा प्राधिकारियों द्वारा परीक्षण, भाषाविदों व हिन्दी के विद्वानों के विचार/ अभिमत आमंत्रित करके शोध की सत्यता का पता लगाया गया। इन सभी चरणों में यह शोध प्रामाणिक सिद्ध हुई है । इसी आधार पर, वित्त मंत्रालय, भारत सरकार ने सभी बैंकों, बीमा कंपनियों एवं वित्तीय संस्थाओं को सरकारी निर्देश दिये थे कि सभी हिन्दी कार्यशालाओं में इस शोध को अनिवार्य रूप से पढ़ाया जाय व साथ ही गृह पत्रिकाओं के इसे प्रकाशित किया जाये ।

भारत सरकार राजभाषा विभाग, गृह मंत्रालय ने इस शोध की प्रामाणिकता की जांच के लिए (Fact Check) हेतु इसे केन्द्रीय हिन्दी संस्थान, आगरा (शिक्षा मंत्रालय, भारत सरकार) को भेजा गया था। केन्द्रीय हिन्दी संस्थान ने इस कार्य हेतु विशेषज्ञ नियुक्त किया, विशेषज्ञ ने इस शोध को प्रामाणिक माना तथा प्रबल रूप से संपुष्टि करते हुए रिपोर्ट प्रस्तुत की ।

भारत सहित विश्व के 172 शीर्ष भाषाविदों ने इस शोध का समर्थन किया है। इस शोध ने अपनी प्रामाणिकता के 20 चरण सफलता पूर्वक पूरे कर लिए हैं। अतः निर्विवाद रूप में यह प्रामाणिक रिपोर्ट है।

हिन्दी की संख्या को कम आँकने में गलती कहाँ हुई और सुधार कैसे होगा ?

अब हम यहाँ हिन्दी को कम आँकने में हुई गलतियों पर चर्चा करेंगे और इसमे सुधार कैस हो इस पर भी प्रकाश डालेंगे। विश्व में हिन्दी की संख्या की गणना में पाँच प्रकार की गलतियाँ हुई हैं, जो इस प्रकार हैं :

1. हिन्दी भाषा और मानक हिन्दी भाषा में भ्रम पैदा करके मानक हिन्दी को ही हिन्दी माना है।
2. हिन्दी भाषा की गणना में हिन्दी की बोलियों को अलग दर्शाया है।
3. भारत में तथा विश्व में हिन्दी बोलने वालों की सही संख्या नहीं दी गई
4. उर्दू भाषा को अलग भाषा मानते हुए उर्दू भाषियों को हिन्दी जानकारों में नहीं गिना गया।
5. एथ्नोलोग के मानदंडों के आधार पर हिन्दी भाषियों की गणना नहीं की गई।

1. हिन्दी भाषा और मानक हिन्दी भाषा में भ्रम पैदा करके मानक हिन्दी को ही हिन्दी माना है :

किसी भी भाषा के बोलनेवालों की गणना, उस भाषा के जानकारों के आधार पर होती है, बोलने में मानक भाषा और सामान्य भाषा जैसा भेद नहीं होता है। लेखन के स्तर पर मानकीकरण का महत्व होता है, बोलने के स्तर पर नहीं। हिन्दी बोलने वालों की संख्या की गणना करते समय सिर्फ मानक हिन्दी भाषा के जानकारों की संख्या ही एथ्नोलोग में दी गई है जो एथ्नोलोग के मानदंडों के विपरीत है। इसे उदारहण से समझा जा सकता है जैसे अँग्रेजी भाषा का मानकीकृत रूप है " क्वीन्स इंग्लिश " लेकिन कितने लोग हैं जो इस प्रकार की परिष्कृत अँग्रेजी बोलते हैं। अँग्रेजी भाषा की गणना करते हुए समान्य अँग्रेजी के जानकारों की संख्या दी गई है " क्वीन्स इंग्लिश" बोलनेवालों की नहीं। यही पद्धति चीनी भाषा के लिए अपनाई गई है, चीन की मानकीकृत भाषा मंदारिन है लेकिन सामान्य चीनी भाषा के जानकारों

को इसमे शामिल किया गया है। हिन्दी भाषा के मामले में केवल मानकीकृत हिन्दी भाषा को ही लिया गया है, इस प्रकार हिन्दी भाषा के जानकारों की संख्या बहुत कम दिखाई गई है।

2. हिन्दी भाषा की गणना में हिन्दी की बोलियों को अलग दर्शाया है :

भाषाएँ बोलियों का समुच्चय होती हैं। कई समान बोलियों का विस्तृत रूप ही भाषा के रूप में जाना जाता है। उदाहरण के लिए अँग्रेजी की 160 उपबोलियाँ हैं। इनमे एक दर्जन से अधिक बड़े उप-भाग हैं जैसे ब्रिटिश इंगलिश, अमेरिकन इंग्लिश, कैनडियन, साउथ अफ्रीकन, आस्ट्रेलियन, आयरिश, न्यूजीलैंड, इंडो इंग्लिश, फिलिपिनो इंग्लिश आदि आदि, लेकिन अँग्रेजी भाषा बोलने वालों में इन सभी को जोड़ा गया है। इसी प्रकार चीनी भाषा में गैन, हक्का, ह्वेझौ, जिन्यु, मंदारिन, मिन बेइ , मिन डोंग, मिन नॉन, मिन ज़्होंग, उत्तरी पिंघवा, पु. झिन्याँ, दक्षिणी पिंघूवा, वू, क्षियांग, यू आदि बोलियों को शामिल किया गया है। यह उल्लेख स्वयं एथ्नोलोग ने चीनी भाषा के आकड़ों को जारी करते हुए यह स्वीकार किया है कि चीनी भाषा में ये शामिल हैं।[iii] जबकि हिन्दी की निकटतम बोलियों जैसे अवधी, ब्रज, भोजपुरी आदि आदि को हिन्दी में नहीं जोड़ा गया है। इन बोलियों को बोलने वाले सभी हिन्दी समझते हैं व बोलते भी हैं। इसी प्रकार भारतीय मूल के लोगों द्वारा विदेशों में बोली जा रही हिन्दी को भी हिन्दी से अलग कर दिया गया है , कहीं इसे हिंदुस्तानी कहा गया है कहीं, फ़िजी हिन्दी, कहीं सरनामी हिन्दी, कहीं गयानी हिन्दी आदि, इस प्रकार न तो भारत में हिन्दी के जानकारों कि सही संख्या दर्शाई गई और न ही विश्व में हिन्दी बोलने वालों का सही आकलन किया गया। एथ्नोलोग में इन भाषा के जानकारों को हिन्दी भाषा के जानकारों से अलग गिना गया है। अँग्रेजी और चीनी भाषा में उनकी बोलियों को भी समाहित करते हुए सही संख्या दी गई है।

3.भारत में तथा विश्व में हिन्दी बोलने वालों की सही संख्या नहीं दी गई है :

चूंकि एथ्नोलोग को न तो भारत की किसी संस्था की ओर से और न ही भारत के किसी विद्वान की ओर से और न ही किसी स्वयं सेवी संस्था की ओर से सही आंकड़े दिये गए इसलिए एथ्नोलोग, हिन्दी के मामले में भारत की 2011 की जनगणना से भी कम आंकड़े की छापती आ रही है, जबकि 2011

की जनगणना में हिन्दी भाषा के जानकारों कि संख्या भारत में 69 करोड़ थी लेकिन एथ्नोलोग पूरे विश्व में हिन्दी के जानकारों कि संख्या 60 करोड़ दिखा रही है । वास्तविकता यह है कि भारत में हिन्दी के जानकार 1 अरब 18 करोड़ हैं ।[iv] अँग्रेजी या अन्य भाषाओं के आंकड़े अद्यतन किए जाते हैं लेकिन हिन्दी के आकडे 11 वर्ष पुराने हैं और वो भी कम करके दिखाये जाते हैं । किसी ने भी इसका विरोध नहीं किया इसलिए ये ही आकड़े सही मान लिए गए । इसमें एथ्नोलोग का दोष नहीं है सारा दोष तो भारतीय विद्वानों का है जो चुप रह कर हिन्दी को तीसरे स्थान पर देखते रहे जबकि हिन्दी पहले स्थान की हकदार है । यदि कोई संस्था या विद्वान एथ्नोलोग को प्रामाणिक जानकारी देकर तथ्यों या आकड़ों में सुधार कराना चाहते हैं तो एथ्नोलोग उसे स्वीकार करता है । इस वर्ष भी 24वें संस्करण के बाद 25 वें संस्करण में 13000 सुधार किए गए हैं ।[v] हिन्दी बोलने वाले विश्व में कितने हैं इसकी चर्चा हम आगे करेंगे ।

4. उर्दू भाषा को अलग भाषा मानते हुए उर्दू भाषियों को हिन्दी जानकारों में नहीं गिना गया :

विश्व के सभी विद्वान यह मानते हैं कि हिन्दी और उर्दू में कोई विशेष अंतर नहीं है। स्वयं एथ्नोलोग यह मानता है कि हिन्दी, हिंदुस्तानी, रेख़ता, दक्खिनी हिन्दी, उर्दू, आदि हिन्दी कि ही शैलियाँ हैं ।[vi] इन शैलियों के जानकार हिन्दी अच्छी तरह बोलते हैं, अतः इनकी गणना भी हिन्दी के जानकारों में या हिन्दी बोलने वालों में होनी चाहिए । अँग्रेजी और चीनी भाषा के लिए तो यह मानदंड अपनाया गया कि जिसे थोड़ी सी भी काम चलाऊ अँग्रेजी आती हो उसे अँग्रेजी का जानकार मान लिया गया चाहे वह कोई भी भाषा बोलता हो, लेकिन उर्दू के जानकार हिन्दी जानते हैं यह एथ्नोलोग को भी पता है लेकिन किसी ने इस मुद्दे को नहीं उठाया इसलिए एथ्नोलोग ने भी इस मामले में कुछ नहीं किया । यहाँ मैं एक बात और स्पष्ट करना चाहूँगा कि एथ्नोलोग के लिए भाषा के जाननेवाले और भाषा को बोलने वाले एक ही श्रेणी में गिने जाते हैं । अतः एथ्नोलोग के मानदंडों के अनुसार उर्दू के जानकार हिन्दी के जानकारों में गिने जाने चाहिए, इससे हिन्दी के जानकारों की सही संख्या का पता लग सकेगा।

5. एथ्नोलोग के मानदंडों के आधार पर हिन्दी भाषियों की गणना नहीं की गई :

विश्व में हिन्दी बोलनेवालों कि गणना एथ्नोलोग के स्वीकृत मानदंडों के आधार पर नहीं हुई इसलिए हिन्दी पिछड़ गई । एथ्नोलोग का पहला मानदंड है कि चाहे व्यक्ति किसी भी भाषा को बोलता हो, अगर उसे अन्य भाषा भी आती है तो उसकी गणना होनी चाहिए । मान लीजिये कोई गुजराती भाषी है और उसे अँग्रेजी भाषा भी आती है तो उसकी गणना अँग्रेजी के जानकारों में भी होगी और गुजराती भाषियों में भी । हिन्दी के साथ ऐसा नहीं हुआ, हिन्दी की गणना में सिर्फ मानक हिन्दी भाषा भाषी गिने गए अन्य भाषा के जानने वाले जो हिन्दी भी जानते हैं उन्हें अलग कर दिया गया है, जबकि एथ्नोलोग के अनुसार उनकी भी गणना हिन्दी में भी होनी चाहिए ।

एथ्नोलोग का दूसरा मानदंड यह है कि भाषा भाषियों कि गणना अद्यतन होनी चाहिए । उदाहरण के लिए एथ्नोलोग के अनुसार विश्व में, सन 2021 में अँग्रेजी के जानकार 1 अरब 26 करोड़ थे लेकिन इस वर्ष इनकी संख्या 1 अरब 45 करोड़ हो चुकी है । अर्थात आकड़े बिलकुल ताज़ा तरीन हैं। अँग्रेजी के मामले में भारत के संदर्भ में ही लें, 2011 कि जनगणना में भारत में अँग्रेजी जाननेवाले 12 करोड़ 92 लाख थे आज कि तारीख में 26 करोड़ 52 लाख हो गए हैं । अर्थात 2011 से 2021 तक 105 % की वृद्धि हुई है । यह आंकड़ा अद्यतन किया गया है । हिन्दी के मामले में 11 साल पुराना आंकड़ा दिया जा रहा है वह भी गलत मानदंडों के आधार पर गिना गया है।इसलिए संख्या तो कम आएगी ही । ऊपर लिखे कारणों से ही विश्व में हिन्दी की संख्या बहुत कम दिखाई जाती है । आज जरूरत है इसमे सुधार करके हिन्दी को प्रथम स्थान पर स्थापित करने की.. ।

इसमें सुधार कैसे होगा ?

इसमे सुधार आसान है । हमे अद्यतन आकड़े जुटा कर एथ्नोलोग को इस अनुरोध के साथ भेजने होंगे कि वे अगले प्रकाशन में हिन्दी के अद्यतन आंकड़े प्रस्तुतु करें । यह काम मैंने कर लिया है । सन 2022 के अद्यतन आंकड़े मैंने 5 तालिकाओं मे जुटाये हैं । हिन्दी के जानकारों की संख्या को तीन

फार्मूलों का उपयोग करते हुए निकली गई है ताकि आकड़ों की विश्वसनीयता बनी रहे और कोई अनावश्यक विवाद उत्पन्न न हो । इन तालिकाओं के अनुसार विश्व में हिन्दी बोलने वालों की संख्या इस प्रकार है:

सूत्र 1, (फार्मूला 1), पारंपरिक पद्धति से गणना :

इस पद्धति के अंतर्गत भारत के और विदेशों के हिन्दी जानने वालों आंकड़े एथ्नोलोग से तथा भारत सरकार के विदेश मंत्रालय की वैबसाइट से लेकर संख्या का आकलन किया गया है। इसे विस्तार से इस प्रकार समझाया जा सकता हैं :

तालिका- 2 भारत में हिन्दी के जानकारों की संख्या का निर्धारण :

भारत के सभी राज्यों व संघ शासित क्षेत्रों में हिन्दी के जानकारों की संख्या को "क", "ख" तथा "ग" क्षेत्रों के आधार पर निकाला गया है । भारत सरकार, गृहमंत्रालय ने वार्षिक कार्यक्रम जारी करते समय इस संकल्पना को अपनाया था। राजभाषा नियम 1976 यथा संशोधित 1987 के तहत, राजभाषा कार्यान्वयन हेतु वार्षिक लक्ष्य निर्धारित करने के लिए यह संकल्पना काम में लायी जाती है । इस सिद्धान्त के अनुसार "क" क्षेत्र में 100 प्रतिशत जनता हिन्दी की जानकार है, इसलिए हिन्दी पत्राचार के लक्ष्य 100 % रखे जाते हैं।" ख " क्षेत्र में इन राज्यों की भाषा और हिन्दी लगभग समान है, यहाँ 90 % जनता हिन्दी जानती है, इलिए हिन्दी पत्राचार के लक्ष्य 90% रखे जाते हैं, "ग" क्षेत्र में अलग अलग राज्य में हिन्दी जाननेवालों की संख्या अलग अलग है लेकिन औसतन 60 प्रतिशत जनता हिन्दी जानती है इसलिए यहाँ हिन्दी पत्राचार का लक्ष्य 55% रखा जाता है । मैंने अपनी शोध में इसी फार्मूले को अपनाते हुए हिन्दी जानकारों की संख्या निकली गई है । "ग" क्षेत्र में राज्यवार हिन्दी के जानकारों की संख्या जानने के लिए भारत सरकार के राजभाषा विभाग के अधीन कार्यरत नगर राजभाषा कार्यान्वयन समितियों के सदस्य सचिवों, राजभाषा अधिकारियों, हिन्दी अध्यापकों तथा दक्षिण भारत हिन्दी प्रचार सभा तथा अन्य हिन्दी प्रचार में लगी संस्थाओं के स्वयं सेवकों से जानकारियाँ एकत्र की गई तथा नमूना

सर्वेक्षण एवं अन्य विभिन्न स्रोतों से इसका सत्यापन करने के उपरांत ही आकड़ों को स्वीकृत किया गया । अतः भारत में हिन्दी जानकारों की प्रामाणिक संख्या **1187978516** है अर्थात 1 अरब अट्ठारह करोड़ उनासी लाख अठहत्तर हजार पाँच सौ सोलह है । विस्तृत जानकारी के लिए तालिका 2 देखें ।

तालिका-3 विदेशों में हिन्दी के जानकारों की संख्या (एथ्नोलोग में स्वीकृत देश) :

विदेशों मे हिन्दी के जानकारों के लिए एथ्नोलोग में स्वीकार किए गए 37 देशों को लिया गया है । एथनोलोग ने यह तो स्वीकार किया है कि इन 37 देशों में हिन्दी के जानकार हैं लेकिन हिन्दी के जानकारों कि संख्या बहुत कम दिखाई है । यहाँ भी उन्होने सिर्फ मानक हिन्दी के आंकड़े लिए हैं जबकि इन देशों में रह रहे गुजराती मराठी, बंगला भाषी जो हिन्दी के अच्छे जानकार हैं उनकी संख्या हिन्दी के जानकारों में नहीं जोड़ी गई है । विदेशों में भारतीय मूल के लोगों द्वारा बोली जा रही हिन्दी भाषा को भी इसमें नहीं जोड़ा गया है इसलिए इसमे सुधार करते हुए हिन्दी जानकारों की वास्तविक संख्या निकली गए है जो **45072451** है । अर्थात चार करोड़ पचास लाख बहत्तर हजार चार सौ इक्कावन है । विस्तृत जानकारी के लिए तालिका 3 देखें ।

तालिका-4 विदेशों में हिन्दी के जानकारों की संख्या(जो देश एथ्नोलोग की सूची में शामिल नहीं हैं) :

विश्व में 42 देश ऐसे हैं जिनमे बड़ी संख्या में हिन्दी के जानकार रहते हैं , परंतु एथ्नोलोग ने इन देशों में हिन्दी जानने वालों की गणना नहीं की है। एथ्नोलोग को इन देशों को भी अपनी सूची में शामिल करना चाहिए । एथ्नोलोग को जो भी आंकड़े किसी ने दिये हैं वे तथ्यात्मक नहीं हैं इसलिए इतनी बड़ी चूक हो गई है । एथ्नोलोग जिन मानदंडों के आधार पर भाषा के जानकारों की संख्या निकलता है उसी सिद्धान्त का पालन करते हुए मैंने इन देशों में हिन्दी के जानकारों की संख्या निकाली जो इस प्रकार है : **94436510** अर्थात नौ करोड़ चवालीस लाख छतीस हज़ार पाँच सौ दस । विस्तृत जानकारी के लिए तालिका – 4 देखें ।

तालिका- 5 विश्व के शेष राष्ट्र जहां हिन्दी के जानकार हैं उनकी संख्या :

विश्व के 133 देश ऐसे हैं जहां हिन्दी के जानकार हैं ये कहीं कम मात्र में हैं और कहीं अधिक मात्र में हैं । यह तालिका अलग से इसलिए बनाई गई है ताकि सभी पाठकों को यह जानकारी हो सके की सम्पूर्ण विश्व में हिन्दी के जानकार और भारतीय मौजूद हैं। भारत के व्यापारियों व नीति निर्धारकों को भविष्य में वैश्विक नीति निर्माण में इन देशों की ओर भी ध्यान देना चाहिए । इन देशों में भी हिन्दी के जानकारों की संख्या निकालने पर यह संख्या होती है :- 117683 अर्थात एक लाख सत्रह हजार छह सौ तिरासी । विस्तृत जानकारी के लिए तालिका 5 देखें ।

तालिका-1 उर्दूभाषी और अवैध आप्रवासी/ शरणार्थी :

विश्व में फैले समस्त उर्दू भाषी जिनकी संख्या एथ्नोलोग ने 231295440 बताई है, ये सभी हिन्दी जानते हैं इसलिए इनकी गिनती हिन्दी के जाननेवालों में भी होनी चाहिए ।[vii]

भारत में पाकिस्तान से हिन्दू, बांग्लादेश से बंगलादेशी, म्यांमार से रोहिङ्ग्या, तिब्बत से तिब्बती शरणार्थी, अफगानिस्तान से अफगानी शरणार्थी भारत में आकर बसे हैं ।इनकी संख्या 2 करोड़ से अधिक है । ये भारत के नागरिक नहीं हैं लेकिन भारत में अवैध रूप से रह रहे हैं, इनमे अधिकांश संपर्क भाषा के रूप में हिन्दी का उपयोग करते हैं । इसलिए इनमें से हिन्दी जानकारों संख्या 16000000 आँकी गई है । इस प्रकार तालिका 1 के अनुसार हिन्दी के जानकार हैं ;- 247295440 अर्थात चौबीस करोड़ बहत्तर लाख पिचानबे हज़ार चार सौ चालीस ।

विश्व में हिन्दी बोलने वालों की संख्या : (फार्मूला 1)

विश्व में हिन्दी बोलने वालों की संख्या जानने के लिए हमें तालिका 1 से तालिका 5 तक के योग को जोड़ना होगा । अतः अंतिम आंकड़े इस प्रकार होंगे :- तालिका 1 = 247295440 + तालिका 2 = 1187978516 + तालिका 3 = 45072451 + तालिका 4 = 94436510 + तालिका 5 = 117683 योग = **1560394680** अर्थात 1 अरब छप्पन करोड़ तीन लाख चौरानबे हज़ार छह सौ अस्सी **(1560 मिलियन)**

हिंदी : वैश्विक व्याप्ति एवं प्रभाव

सूत्र 2 (फार्मूला 2) बोलियों के आधार पर हिन्दी के जानकार

विश्व में हिन्दी के जानकारों की संख्या बोलियों के जानकारों के आधार पर करें तब भी हिन्दी के जानकार विश्व में सबसे अधिक हैं । वस्तुतः हिन्दी की बोलियों को बोलने वाले विश्व में बड़ी मात्र मैं हैं, इन बोलियों को बोलने वाले सभी हिन्दी जानते हैं इसलिए इनकी गणना हिन्दी बोलने वालों में ही की जाएगी जैसा की एथ्नोलोग अँग्रेजी और चीनी भाषा के लिए करता है । गणना देखें ;- तालिका 6 का योग 1034917490 + तालिका 2 में "ख" क्षेत्र के हिन्दी भाषी = 206324040 + "ग" क्षेत्र के हिन्दी के जानकार = 303080555 + अवैध शरणार्थी = 16000000 योग = 1560322085 अर्थात 1 अरब छप्पन करोड़ तीन लाख बाईस हज़ार पिचासी **(1560 मिलियन)**

सूत्र 3 (फार्मूला 3)वृद्धि दर के आधार पर गणना :

यह एक गणितीय सिद्धान्त है जिसमे किसी एक मद की वृद्धि दर की गणना की जाती है और वही वृद्धि दर अन्य मदों पर समान रूप से लागू की जाती है । उदाहरण के लिए भारत की 2011 की जनगणना के अनुसार भारत में अँग्रेजी जानने वाले 129259678 थे उस समय यह भारत की जनसंख्या का 10.67 प्रतिशत थे । आज एथ्नोलोग के आंकड़ों के अनुसार भारत में 265000000 अँग्रेजी के जानकार हैं, अर्थात अँग्रेजी भाषा के जानकारों की संख्या में 105% की वृद्धि हुई है । अब हम इस वृद्धि दर के आधार पर हिन्दी भाषा के जानकारों का पता लगाएंगे ।

2011 की भारत की जनगणना के अनुसार भारत में हिन्दी के जानकार 691347193 थे । उस समय यह कुल जनसंख्या का 57.09 प्रतिशत था । अँग्रेजी भाषा की समान वृद्धि दर लागू करने पर (105% वृद्धि दर) भारत में आज हिन्दी के जानकारों की संख्या है 1417261746 अर्थात 1 अरब एकतालीस करोड़ बहत्तर लाख एकसठ हज़ार सात सौ छियालीस । इस फार्मूले में किसी को कोई संदेह नहीं होना चाहिए । जब बिना सरकारी सहायता के अँग्रेजी 105 प्रतिशत के दर से बढ़ सकती है तो करोड़ों का बजट खर्च करके लाखों हिन्दी प्रचारकों, हिन्दी अधिकारियों और हिन्दी की शीर्ष संस्थाओं के सतत प्रयासों से हिन्दी में भी 105 प्रतिशत की वृद्धि सहज ही हो सकती है ।

अब इसमें विश्व में हिन्दी के जानकारों की संख्या जोड़ कर विश्व में हिन्दी जानने वालों की संख्या अससनी से पता की जा सकती है जो इस प्रकार है :- सूत्र 3 के अनुसार गणना करने पर भारत में हिन्दी जानने वाले =1417261746 + विदेश में हिन्दी के जानकार तालिका 3 के अनुसार = 45072451 + तालिका 4 के अनुसार विदेश में हिन्दी के जानकार 94436510 तालिका 5 के अनुसार विदेशों में हिन्दी के जानकार =117683 + तालिका 1 के अनुसार उर्दूभाषी हिन्दी के जानकार = 231295440 + अवैध शरणार्थी जो हिन्दी के जानकार हैं 16000000 अव कुल योग = 1804183830 अर्थात 1 अरब 80 करोड़ एकतालीस लाख तिरासी हज़ार आठ सौ तीस **(1804 मिलियन)** यह वास्तविक संख्या होगी ।

गणितीय दृष्टि से यह संख्या सही है लेकिन विवाद से बचने के लिए हम भारत में हिन्दी के जानकारों की ऊपर तालिका 2 में बताई गई प्रामाणिक संख्या ही ले रहे हैं जो 1187978516 है । इसलिए हम भारत के हिन्दी जानकारों की संख्या मे से 229283230 घटा रहे हैं । इस समायोजन के पश्चात विश्व में हिन्दी के जानकारों की संख्या 1574900600 हो जाएगी **(अर्थात 1574 मिलियन)**

अब आपके सामने स्थिति स्पष्ट है । आप किसी भी फार्मूले से गणना करें हिन्दी पहले स्थान पर ही आएगी । कम से कम संख्या लेने पर भी तब भी हिन्दी प्रथम स्थान पर ही रहेगी क्योंकि संख्याबल मेन हिन्दी दूसरी भाषाओं से बहुत आगे है। यह अंतर 10 करोड़ से भी अधिक है ।

विश्व में अन्य भाषाओं की स्थिति निमन्वत है :

क्र सं	भाषा	बोलनेवालों की संख्या (मिलियन में)	रैंक
1	हिन्दी	1560	1
2	अँग्रेजी	1452	2
3	चीनी	1325	3
4	स्पेनी	548	4
5	फ्रेंच	274	5

हिंदी : वैश्विक व्याप्ति एवं प्रभाव

तालिका -1
विश्व मे उर्दूभाषी और अवैध शरणार्थी जो हिन्दी बोलते हैं उनकी वास्तविक स्थिति वर्ष 2022 के अंत तक

क्र सं	विवरण	एथ्नोलोग के अनुसार आंकड़े हिन्दी के जानकार	मेरी शोध के अनुसार आंकड़े हिन्दी के जानकार
1.	विश्व में उर्दू बोलनेवालों / जानने वालों की संख्या (एथ्नोलोग में दिये गए वर्ष 2022 के आंकड़े)	231295440	231295440
2.	भारत में बसे अवैध आप्रवासी, पाकिस्तानी हिन्दू, बांग्लादेशी/ रोहींग्या, अफगानिस्तानी, तिब्बती शरणार्थी कुल संख्या (20000000)	00	16000000
	योग		247295440

तालिका – 2
भारत में हिन्दी जाननेवाले (आंकड़े 2022 वर्षांत तक) डॉ जयंती प्रसाद नौटियाल का शोध अध्ययन–2023
भारत सरकार द्वारा जारी राजभाषा नियम 1976 (यथा संशोधित 1987) के अनुसार भारत के भाषिक क्षेत्र

क्र सं	राज्य / संघ शासित क्षेत्र	जनसंख्या	हिन्दी जानने वालों का प्रतिशत	हिन्दी जानने वालों की संख्या
	रा भा नियम 1976 के			

हिंदी : वैश्विक व्याप्ति एवं प्रभाव

	अनुसार "क क्षेत्र"			
1	अंडमान एवं निकोबार द्वीप समूह	447950	100	447950
2	बिहार	126702082	100	126702082
3	छत्तीसगढ़	30291738	100	30291738
4	दिल्ली	19937705	100	19937705
5	हरियाणा	29041574	100	29041574
6	हिमाचल प्रदेश	7758458	100	7758458
7	झारखंड	395828	100	395828
8	मध्यप्रदेश	87314286	100	87314286
9	राजस्थान	82954047	100	82954047
10	उत्तराखंड	11760016	100	11760016
11	उत्तर प्रदेश	242783169	100	242783169
	योग ("क" क्षेत्र)	678573921		678573921
	रा भा नियम 1976 के अनुसार "ख क्षेत्र"			
12	चंडीगढ़	1253473	90	1128125
13	दादर एवं नगर हवेली	408196	90	367379
14	दमन एवं दीव	288886	90	259997
15	गुजरात	67765634	90	60989070
16	महाराष्ट्र	128132972	90	115319674
17	पंजाब	31399773	90	28259795
	योग ("ख" क्षेत्र)	229248934		206324040
	रा भा नियम 1976 के			

हिंदी : वैश्विक व्याप्ति एवं प्रभाव

	अनुसार "ग क्षेत्र"			
18	आंध्र प्रदेश	56076014	55	30841807
19	अरुणाचल प्रदेश	1620568	90	1458511
20	असम	36674398	70	25672078
21	गोवा	1635893	90	1472303
22	जम्मू एवं कश्मीर	14894309	85	12660168
23	कर्नाटक	70160690	60	42096414
24	केरल	37464011	60	22478406
25	लक्ष्यद्वीप	76570	30	22971
26	मणिपुर	3190188	45	1435584
27	मेघालय	3474132	35	1215946
28	मिजोरम	1278785	30	383635
29	नागालैंड	2321477	30	696443
30	उड़ीशा	48172226	70	33720558
31	पुदुच्चेरी	1482094	25	370523
32	सिक्किम	712275	65	462978
33	तमिलनाडु	81099163	25	20274790
34	तेलंगाना	40795583	70	28556908
35	त्रिपुरा	4302841	40	1721136
36	पश्चिम बंगाल	103593350	75	77695012
37	लद्दाख	325751	70	228025
	योग ("ग" क्षेत्र)	509350318	59.50	303080555
	महा योग (क + ख + ग क्षेत्र)	1417173173	83.82	1187978516

तालिका Table – 3

(घ) एथ्नोलोग के अनुसार विश्व में हिन्दी जाननेवाले और उनकी वास्तविक संख्या

नोट : 1. उर्दू भाषियों की संख्या इन आंकड़ों से हटा दी गई है। इसे अलग से अंत में जोड़ा जाएगा। 2. दक्षिण भारत की भाषाओं के भाषा भाषियों में हिन्दी के जानकारों की गणना करना कठिन था इसलिए उनकी गणना हिन्दी

भाषा के जानकारों में नहीं की गई है । विदेशों में इनकी संख्या बड़ी मात्र में है ।)

क्र सं	राष्ट्र	एथ्नोलोग	वास्तविक संख्या	विसंगति का कारण
1	2	3	4	5
1.	आस्ट्रेलिया	160000	278800	गुजराती,मराठी,हिन्दी, फीजी, पंजाबी भाषियों की कुल संख्या 123000 है । इसका 90% अर्थात 118800 हिन्दी जानकार हैं इसलिए इन्हे हिन्दी जाननेवालों में जोड़ा गया है ।
2	बेल्जियम	13600	52930	पंजाबी भाषियों की कुल संख्या 43700 है । इसका 90% अर्थात 13600 हिन्दी जानकार हैं इसलिए इन्हे हिन्दी जाननेवालों में जोड़ा गया है ।
3	ब्रुनेई	3900	5808	नेपाली भाषियों की कुल संख्या 2120 है । इसका 90% अर्थात 1908 हिन्दी जानकार हैं इसलिए इन्हे हिन्दी जाननेवालों में जोड़ा गया है ।
4	कंबोडिया	1700	1700	भारत के कंबोडिया से बहुत पुराने सांस्कृतिक संबंध हैं । यद्यपि यहाँ भर्तियों की संख्या कम है लेकिन सांस्कृतिक रूप से ये सजग है ।
5	कनाडा	111000	725045	गुजराती, मराठी, नेपाली, पंजाबी भाषियों की कुल संख्या का 90 % लेने पर इनकी संख्या 573840 आती है । ये हिन्दी के जानकार हैं इसलिए इन्हे हिन्दी जाननेवालों में जोड़ा गया है। बंगाली भाषियों की संख्या का 55% लिया है इस प्रकार इनकी संख्या 40205 जोड़ कर यह संख्या बनती है ।
6	एक्वेटेरल गिनी	1400	1400	सांस्कृतिक सम्बन्धों तथा नौकरी की तलाश में गए सीमित संख्या में भारतीय है।
7	एसबाटिनी	8200	8200	500 से अधिक लोगों ने एसबाटिनी की नागरिकता ले ली है । सांस्कृतिक सम्बन्धों तथा नौकरी की तलाश में गए सीमित संख्या में भारतीय है।
8	फ़िनलेंड	2370	8039	नेपाली भाषियों की कुल संख्या का 90 % लेने पर इनकी संख्या 3546 आती है। बंगाली भाषियों की संख्या का 55% लिया है इस प्रकार इनकी संख्या 2123 है । इन्हे जोड़ कर यह संख्या 8039 बनती है ।
9	जर्मनी	75400	112221	नेपाली , पंजाबी भाषियों की कुल संख्या का 90% लेने पर और बंगाली भाषियों की संख्या का 55% लिया है इस प्रकार इनकी संख्या 112221 आती है ।
10	केन्या	6700	10000	केन्या में 80 हजार से 1 लाख तक भारतीय मूल के लोग निवास करते हैं । हिन्दी के जानकार 10 हजार से अधिक है ।

हिंदी : वैश्विक व्याप्ति एवं प्रभाव

11	कुवैत	700000	937320	बंगाली, भाषियों की कुल संख्या का 55 % लेने पर 192500 और नेपाली भाषियों की संख्या का 90% लिया है इस प्रकार इनकी संख्या 44820 आती है ।
12	लेसेटू	2200	2200	4000 से अधिक भारतीय निवास करते हैं । 55 % हिन्दी के जानकार हैं ।
13	लकसेमबर्ग	1200	1200	सीमित मात्र में भारतीय मूल के लोग रहते हैं
14	मलेशिया	60000	877760	डेली हंट के अनुसार यह संख्या 800000 है । इसमे गुजराती और पंजाबी भाषियों की संख्या का 90% लेने पर 77760 आती है । डेली हंट के आंकड़े मिला कर योग 877760 होती है । दक्षिण की भाषाओं की संख्या निर्धारित करना कठिन था इसलिए उन्हें हिसाब में नहीं लिया गया है ।
15	मारीशश	36000	177900	भोजपुरी भाषियों की संख्या 66000 है । बंगाली भाषियों की संख्या का 55% लेने पर यह संख्या 36000 आती है । गुजरती, मराठी और पंजाबी का 90% लेने पर 39600 की संख्या जोड़ देने पर यह संख्या 1777900 हो जाती है ।
16	म्यांमार	133000	4000000	अंग्रेजों के शासन काल में यहाँ हिन्दी और अँग्रेजी का बहुत प्रयोग होता था । हिन्दी व्यापार की भाषा थी तथा अँग्रेजी प्रशासन की भाषा थी । अतः हिन्दी जानकारों की संख्या को विद्वान 50 लाख तक मानते हैं । कम से कम संख्या लेने पर भी यह संख्या 40 लाख है ।
17	नेपाल	1307600	29492822	नेपाल में भाषाओं की स्थिति इस प्रकार है : अवधी (547400), भोजपुरी (17403000), मैथिली, (4085000), मारवाड़ी (26410), नेपाली (20780000), संस्कृत (3000), संथाली (50880), यह उल्लेखनीय तथ्य है कि प्रायः सभी नेपाली भाषी हिन्दी जानते हैं।
18	न्यूजीलैंड	66300	109711	गुजराती, मराठी, नेपाली, पंजाबी भाषियों की कुल संख्या का 90 % लेने पर इनकी संख्या 42080 आती है । ये हिन्दी के जानकार है इसलिए इन्हे हिन्दी जाननेवालों में जोड़ा गया है । बंगाली भाषियों की संख्या का 55% लिया है इस प्रकार इनकी संख्या 1331 है । ये सभी जोड़ कर यह संख्या बनती है ।
19	ओमान	100000	450350	गुजराती, मराठी, नेपाली, पंजाबी भाषियों

हिंदी : वैश्विक व्याप्ति एवं प्रभाव

				की कुल संख्या का 90 % लेने पर इनकी संख्या 49500 आती है । ये हिन्दी के जानकार हैं इसलिए इन्हे हिन्दी जाननेवालों में जोड़ा गया है । बंगाली भाषियों की संख्या का 55% लिया है इस प्रकार इनकी संख्या 300850 है। ये सभी जोड़ कर यह संख्या बनती है ।
20	पनामा	15000	15000	गुजराती, पंजाबी और सिंधी बहुल जनसंख्या है ।
21	फिलीपींस	4400	10000	पंजाबी, सिंधी और तमिल निवास करते हैं । इनकी संख्या 1 लाख 20 हजार से अधिक है ।
22	पुर्तगाल	4100	10000	81 हजार से अधिक भारतीय मूल की जनसंख्या निवास करती है । गोवा, दमन दीव, के निवासी और गुजराती मूल के नागरिक यहाँ रहते हैं ।
23	प्यूरिटोरिको	3670	3670	इस संख्या का अन्य स्रोतों से आधिकारिक रूप में पता नहीं चल पाया है । इसलिए एथ्नोलाग के आंकड़े को ही स्वीकृत कर लिया है ।
24	रूसी फेडरेशन	6330	6330	23590 भारतीय रूसी फ़ैडरेशन मे रहते हैं। हिन्दी जानकारों की संख्या काफी है लेकिन एथ्नोलोग के आंकड़े स्वीकार्य हैं ।
25	सऊदी अरेबिया	817000	3220150	बंगाली भाषियों की संख्या का 55% लिया है इस प्रकार इनकी संख्या 1245750 है। नेपाली, पंजाबी भाषियों की कुल संख्या का 90% लेने पर इनकी संख्या 1157400 आती है । ये सभी जोड़ कर यह संख्या बनती है ।
26	सीरा लियोन	15000	2000	कुल भारतीय 3500 के आसपास हैं । इनमे हिन्दी के जानकार लगभग 2000 हैं । यहाँ एथ्नोलोग की संख्या गलत प्रतीत होती है ।
27	सिंगापुर	50000	136208	बंगाली भाषियों की संख्या का 55% लिया है इस प्रकार इनकी संख्या 82500 है। गुजराती भाषियों की कुल संख्या का 90 % लेने पर इनकी संख्या 3708 आती है । ये सभी जोड़ कर यह संख्या बनती है ।
28	सेंट मार्टिन	2000	3102	5171 की जनसंख्या में हिन्दी के जानकार 60% हैं ।
29	दक्षिणी अफ्रीका	463000	713800	बंगाली भाषियों की संख्या का 55% लिया है इस प्रकार इनकी संख्या 165000 है। गुजराती भाषियों की कुल संख्या का 90% लेने पर इनकी संख्या 28800 आती है । भोजपुरी बोलनेवाले 57000 हैं । ये सभी जोड़ कर यह संख्या बनती है ।

30	श्री लंका	41300	150785	बंगाली भाषियों की संख्या का 55% लिया है इस प्रकार इनकी संख्या 11385 है। गुजराती भाषियों की कुल संख्या का 90% लेने पर इनकी संख्या 98100 आती है । ये सभी जोड़ कर यह संख्या बनती है ।
31	स्वीडन	14100	21750	बंगाली भाषियों की संख्या का 55% लिया है इस प्रकार इनकी संख्या 4081 है। पंजाबी भाषियों की कुल संख्या का 90 % लेने पर इनकी संख्या 3573 आती है । ये सभी जोड़ कर यह संख्या बनती है ।
32	थायलैंड	22900	97950	बंगाली भाषियों की संख्या का 55% लिया है इस प्रकार इनकी संख्या 19250 है। पंजाबी भाषियों की कुल संख्या का 90 % लेने पर इनकी संख्या 55800 आती है । ये सभी जोड़ कर यह संख्या बनती है ।
33	युगांडा	5300	18000	युगांडा में 30000 भारतीयों में अधिकांश हिन्दी, गुजराती, पंजाबी, उर्दू व अन्य भारतीय भाषाएँ बोलते हैं। भाषिक विश्लेषण करने पर हिन्दी के जानकारों की संख्या 18000 आती है ।
34	यू ए ई	938000	1594080	बंगाली भाषियों की संख्या का 55% लिया है इस प्रकार इनकी संख्या 449350 है। पंजाबी और नेपाली भाषियों की कुल संख्या का 90% लेने पर इनकी संख्या 333900 आती है । ये सभी जोड़ कर यह संख्या बनती है ।
35	यू के	45800	617 937	बंगाली भाषियों की संख्या का 55% लिया है इस प्रकार इनकी संख्या 121550 है। गुजराती, मराठी, नेपाली एवं पंजाबी भाषियों की कुल संख्या का 90% लेने पर इनकी संख्या 451867 आती है । ये सभी जोड़ कर यह संख्या बनती है ।
36	अमेरिका	643000	1500220	बंगाली भाषियों की संख्या का 55% लिया है इस प्रकार इनकी संख्या 141900 है। गुजराती, मराठी, नेपाली एवं पंजाबी भाषियों की कुल संख्या का 90% लेने पर इनकी संख्या 715320 आती है । ये सभी जोड़ कर यह संख्या बनती है ।
37	यमन	316000	316000	अट्ठारहवीं सदी में अंग्रेज़ो ने अदन पर कब्जा कर लिया था। भारत से अदन के व्यापारिक सम्बन्धों के कारण यहाँ हिन्दी का प्रचालन हुआ ।
	कुल योग	6197470	45072451	

स्रोत : कॉलम 1 से 3 के आंकड़े एथ्नोलोग के 2022 संस्कारण से लिए गए हैं तथा कॉलम 4 एवं 5 के आंकड़े डॉ जयंती प्रसाद नौटियाल की शोध रिपोर्ट 2023 पर आधारित हैं।

तालिका–4

(च) विश्व में हिन्दी भाषियों की संख्या जो एथ्नोलोग में नहीं दर्शाई गई है

क्र सं	राष्ट्र	वास्तविक हिन्दी जानकारों की संख्या	हिन्दी जानकारों की संख्या निर्धारित करने स्रोत एवं प्रमुख कारण (कोष्ठक में दिये गए आंकड़े भारत सरकार विदेश मंत्रालय की वेब साइट से लिए गए हैं । इसमे विदेशों में रह रहे भारतीयों (OI) की प्रामाणिक जानकारी दी गई है ।)
1	2	3	4
1.	आस्ट्रिया	15000	(31000) भारतीयों में केरल और पंजाब के निवासी अधिक हैं ।इनका 50 % हिन्दी जानता है ।
2.	बहरीन	200000	(350000) भारतीय हैं। इनमें केरल, तमिलनाडु, महाराष्ट्र, गोवा, पंजाब,उत्तरप्रदेश, राजस्थान से हैं। घरेलू काम करनेवाली महिलाएं तेलंगाना और आंध्र प्रदेश से हैं । संपर्क भाषा के रूप में हिन्दी का प्रयोग किया जाता है ।
3.	भूटान	547718	भारत से आपसी संबंध एवं भौगोलिक समीपता तथा बॉलीवुड की फिल्मों एवं गानों की लोकप्रियता के कारण हिन्दी प्रचलित है । भूटान की अधिकांश जनता हिन्दी समझ और बोल सकती है ।
4.	बोटस्वाना	10000	केरल , आंध्रा प्रदेश एवं गुजरात से अधिसंख्य भारतीय मूल के निवासी हैं । अधिकांश गुजराती होने के कारण हिन्दी का प्रचालन अधिक है ।
5.	चीन (हांग कांग, ताइवान सहित)	98225	(98225) भारतीय और भारतीय मूल की जनसंख्या में अधिकांश बिहारी , बंगाली, राजस्थानी राजपूत, मराठा, पंजाबी और अन्य उत्तर भारतीयों की संख्या बहुत अधिक है ।
6.	कोंगों (डी आर)	5 000	(13000) भारतीय मूल के लोगों में में, गुजरात, केरल और दक्षिणी राज्यों के मूल निवासी हैं ।
7.	डेनमार्क	1500	(15000) की भारतीय मूल की जनसंख्या में दक्षिण भारत से अधिकांश लोग हैं इसलिए हिन्दी जाननेवाले 1000 मात्र हैं .
8.	फ़िजी	300000	फ़िजी में (313798) भारत वंशी हैं जो आज भी अपनी भाषा और संस्कृति से जुड़े हैं । यहाँ फ़िजी हिन्दी बोली जाती है जो अवधी, भोजपुरी , राजस्थानी , पश्चिमी हिन्दी व स्थानीय शब्दों को मिला कर बोली जाती है । फ़िजी हिन्दी अन्य राष्ट्रों में भी बोली जाती ह यथा न्यूजीलैंड (27882), आस्ट्रेलिया (29750), यू एस ए (24345), कनाडा(22770), यू के (2000), टोंगा (310)
9.	फ्रांस	60000	109000 भारतीय मूल की जनसंख्या में फ्रेंच, पंजाबी, हिन्दी, गुजराती ,तमिल, मलयालम तथा अंग्रेज़ी भाषी हैं । इनमे 60000 से अधिक हिन्दी के जानकार हैं ।
10.	फ्रांस (रीयूनियन)	50000	(297300) भारतीय मूल के लोगों मे अधिकांश तमिल मूल के है लेकिन 1850 में 40000 गुजराती व्यापारी आकार यहाँ बस गए , अन्य प्रान्तों से आए लोग भी आज भी भारत से जुडाव महसूस करते हैं, बॉलिवुड की हिन्दी फिल्मों के गीत गुनगुनाते हैं और रामायण तथा महाभारत के श्लोक भी आदर से उच्चारित किए जाते हैं
11	फ्रांस (G M St M)	10000	(67220) भारतीय मूल के व्यक्तियों में अधिकांश तमिल व मलयालम भाषी हैं । अन्य प्रदेशों आए भारतवनशियों के साथ मिश्रित हिन्दी का उपयोग होता है।
12	घाना	6000	घाना में (10000) की भारतीय आबादी है । मुख्यत ये गुजराती और सिंधी हैं इसलिए हिन्दी के जानकारों की संख्या 6000 है ।
13	यूनान (ग्रीस)	11000	(13389) जनसंख्या भारत मूल की है । यहाँ पंजाब से बंधुआ मजदूरी करने के लिए गरीब श्रमिक लाये गए थे । आज भी ये आत्मिक रूप से भारत से जुड़े हैं ।

14	गयाना	299382	(299382) सभी गयानी हिन्दी बोलते हैं। यह भोजपुरी बोली में कुछ स्थानीय शब्दों का उपयोग करके बोली जाती है।
15	इंडोनेशिया	100000	(120000) भारत वंशी रहते हैं, इनमे तमिल, हिन्द, सिंधी, पंजाबी, गुजराती, मलयालम, तेलुगू भाषाभाषी हैं लेकिन संपर्क भाषा के रूप में हिन्दी का प्रयोग किया जाता है।
16	इराक	12000	(18007) भारतीय मूल की जनता में हिन्दी के प्रति लगाव होने से यहाँ हिन्दी को भारतीय और पाकिस्तानी समुदाय प्राथमिकता देता है।
17	आयरलैंड	40000	(45000) हिन्दी अँग्रेजी , उर्दू , पंजाबी, बंगाली, तमिल , मलयालम व अन्य भारतीय आर्यभाषाओं का प्रचालन है
18	इजरायल	50000	(97467) मराठी, गुजराती, हिब्रू तथा अन्य भारतीय भाषाएँ प्रचलित हैं। हिन्दी को अनिवासी भारतीय पसंद करते हैं।
19	इटली	190000	(203052) भारतीय लोगों में अधिकांश पंजाब से है , केरल से तथा अन्य राज्यों से भी आप्रवासी आते हैं। पाकिस्तान के नागरिक भी एक लाख तक हैं। संपर्क भाषा के रूप में हिन्दी का प्रमुख स्थान है।
20	जमाइका	48000	(80000) की जनसंख्या में 75000 वे लोग हैं जो गिरमिटिया मजदूर के रूप में लाये गए थे जिनहोने आज तक भी अपनी भाषा और संस्कृति को अपनाए रखा है। ये अवधी और भोजपुरी मिश्रित हिन्दी बोलते हैं जिसे यहाँ कैरेबियाई हिंदुस्तानी नाम से जाना जाता है। (60%)
21	जापान	35000	(38619) में से बड़ी संख्या हिन्दी, मराठी, पंजाबी, बंगाली भाषियों की संख्या अधिक है। तमिल, तेलुगु और मलयालम भाषी भी संपर्क भाषा के रूप में हिन्दी अपनाते हैं।
22	जॉर्डन	10000	(20760) भारतीय जोर्डेन मे हैं। इनमे 50% से अधिक हिन्दी के जानकार हैं।
23	दक्षिण कोरिया	11 000	24414 (भारत सरकार विदेश मंत्रालय के दस्तावेजों यह संख्या 13585 है) कोरिया की राजकुमारी का संबंध सदियों से अयोध्या से जोड़ा जाता है। बौद्ध धर्म का प्रचार सदियों पूर्व भारत ने ही यहाँ किया था। इन भारतवंशियों ने हिन्दी और भारतीय भाषाओं को आज तक जीवित रखा है।
24	किर्गिजिस्तान	8000	(11204) हिन्दी और भारतीय भाषाओं का प्रचलन काफी मात्रा में हैं।
25	मैडागास्कर	9000	(17500) इस भारतीय मूल की जनसंख्या द्वारा गुजराती , हिन्दी, फ्रेंच आदि भाषाएँ बोली जाती हैं।
26	मोज़ाम्बिक	55000	यहाँ भारतीय मूल के 70000 निवासी है (विदेश मंत्रालय का आंकड़ा 24800 दर्शाता है) ये कोंकणी, हिन्दी, गुजराती भाषी हैं। संपर्क के लिए हिन्दी का उपयोग करते हैं।
27	नीदर लैंड	225000	(240000) यहाँ उत्तर प्रदेश और बिहार से आए गिरमिटिया मजदूरों के अलावा पंजाब से भी व्यापार के लिए भी भारतीय आए थे कुछ सूरीनाम से भी भारतीय मूल के प्रवासी यहाँ आए। गांधी जी और हिन्दी का सम्मान है।
28	नाइजीरिया	20000	(40035) नाइजीरिया में 135 भारतीय कंपनियाँ कार्यरत है। भारततीयों में विभिन्न भाषा भाषी शामिल हैं।
29	नार्वे	12000	(22480) कुल भारत वंशियों में गुजराती , पंजाबी , उत्तरप्रदेश एवं तमिलनाडु से आए लोग शामिल हैं।
30	पोलैंड	7000	(10960) में गुजराती, पंजाबी, बंगला, तमिल, तेलुगु भाषा भाषी शामिल हैं। हिन्दी भाषा और भारतीय संस्कृति का बहुत महत्व है।
31	क़तर	522585	(746550) यहाँ हिन्दी, उर्दू,बंगाली, गुजराती,कन्नड, तमिल, मलयालम भाषा

			भाषी रहते हैं , संपर्क भाषा के रूप मे हिन्दी का प्रयोग होता है, यहाँ 70% हिन्दी के जानकार हैं।
32	सेशेल्स	1000	(17200) यद्यपि अधिकांश भारतीय मूल के निवासी है, लेकिन तमिल बहुल हिन्दू ,जैन , मुस्लिम तथा ईसाई धर्मावलम्बी है, यहाँ क्रिओल भाषा का प्राधान्य है । हिन्दी के जानकार कम हैं ।
33	स्पेन	12000	(69988) विभिन्न देशों से भारतीय यहाँ आकार बस गए हैं । यहाँ हिन्दू धर्म और सिक्ख धर्म को मानने वाले है । सिंधी समुदाय तथा सिक्ख समुदाय व्यापार करते हैं। हिन्दी कम प्रचलित है ।
34	सेंट लूसिया	15000	(19150) मे से अधिकांश बिहार, झारखंड, उत्तरप्रदेश , तथा उत्तरी भारत से यहाँ गिरमिटिया मजदूर के रूप में लाये गए थे ।
35	सूरीनाम	200000	(237205) भारतीय मूल के निवासी हैं । इन मे से अधिकांश बिहार, हरियाणा , उत्तरप्रदेश , पंजाब तथा उत्तरी भारत से व नेपाल व अफगानिस्तान से यहाँ गिरमिटिया मजदूर के रूप में लाये गए थे ।
36	स्विट्जर लैंड	15000	(24567) इनमें से अधिकांश व्यक्ति सूचना प्रौद्योगिकी तथा फार्मा क्षेत्र में कार्यरत हैं। हिन्दी के जानकार बड़ी मात्र में हैं।
37	तंजानिया	50000	(60000) इनमे मुख्यतः गुजराती (हिन्दी एवं मुस्लिम) समुदाय से है गौणतः मराठी, कोंकणी, पंजाबी और गोवा निवासी है। गुजराती का वर्चस्व है । संपर्क के लिए हिन्दी का उपयोग होता है ।
38	त्रिनिडाड़ एवं टोबेगो	378000	(556800) भोजपुरी, अवधी , बिहारी, मगही जैसी भाषाओं का बहुतायत से उपयोग होता है । संपर्कभाषा के रूप में हिन्दी प्रचलित है .
39	ज़ाम्बिया	20000	(30000) मूलतः गुजराती समुदाय के निवासी हौ जो गुजराती भाषा का प्रयोग करते है॥ हिन्दी का उपयोग बाहरी भारतीय समुदायों से संपर्क के लिए किया जाता है ।
	उर्दू भाषी राष्ट्र		
40	अफगानिस्तान	40100	प्राचीन काल में यह भारत का हिस्सा था। अफगानिस्तान में बोली जाने वाली उर्दू / दारी भाषा की समीपता तथा बॉलीवुड की फिल्मों एवं गानों की लोकप्रियता के कारण हिन्दी प्रचलित है 733000 उर्दू भाषियों को तालिका 1 में शामिल किया गया है । 15000 गोजरी (राजस्थानी) भाषा बोलते हैं । 39000 पंजाबी भाषी हैं ।
41	पाकिस्तान	16000000	15000000 उर्दू भाषी हैं जिनकी गणना तालिका 1 में शामिल है ।उर्दू के अलावा पंजाबी और बिहारी जो हिन्दी के अच्छे जानकार हैं उनकी संख्या यहाँ दिखाई गई है ।
42	बांग्लादेश	74737000	भारत विभाजन तक यह भारत का हिस्सा था। औसत बंगाली भाषी हिन्दी जानता है । इसलिए यहाँ हिन्दी के जानकार बहुत हैं । उर्दू को यहा मैंने शामिल नहीं किया है ।
	योग	94436510	

तालिका–5

(ज) अन्य देशों का विवरण जहां हिन्दी जानने वाले कम संख्या में हैं। विदेशी भर्तियों के आंकड़े, विदेश मंत्रालय, भारत सरकार की वेब साइट से लिए गए। हिन्दी जानकारों की संख्या डॉ नौटियाल की शोध से संग्रहीत हैं।

क्र सं	राष्ट्र का नाम	हिन्दी जानने वाले	भाषा की गणना के संबंध में टिप्पणी (विदेशी भारतीयों संबंधी आंकड़े विदेश मंत्रालय भारत सरकार से लिए गए हैं , इन्हें कोष्ठक में दिखाया गया है
1	अल्बानिया	30	कुल(56)विदेशी भारतीय रहते हैं इनमे 30 हिन्दी के जानकार हैं
2	अल्जीरिया	3140	(5710) विदेशी भारतीयों मे 55% हिन्दी के जानकार हैं।
3	एंडोरा	94	(170)विदेशी भारतीयों मे 55% हिन्दी के जानकार हैं।
4	अंगोला	2475	(4500) कुल विदेशी भारतीय रहते हैं इनमे, होटल व्यवसाय , स्टील उद्योग एवं कुछ मजदूर हैं। 2475 हिन्दी के जानकार हैं
5.	एंगुयाला	22	(40) विदेशी भारतीयों मे 55% हिन्दी के जानकार हैं।
6	अंकारा	764	(1389) विदेशी भारतीयों मे 55% हिन्दी के जानकार हैं।
7	एंटिगुआ	146	(265) विदेशी भारतीयों मे 55% हिन्दी के जानकार हैं।
8	अर्जेन्टीना	1430	(2600) विदेशी भारतीयों मे 55% हिन्दी के जानकार हैं।
9	आर्मेनिया	825	(1500) होटल व्यवसाय तथा अन्य कार्यों में संलग्न हैं।
10	अरूबा	750	(1000) विदेशी भारतीयों मे 55% हिन्दी के जानकार हैं।
11	अजरबेजान	538	(977) विदेशी भारतीयों मे 55% हिन्दी के जानकार हैं।
12	बहामास	165	(300) विदेशी भारतीयों मे 55% हिन्दी के जानकार हैं।
13	बार्बडोस	2700	(3100) में से 2700 हिन्दी के जानकार हैं यहाँ हिन्दी, उर्दू, केरेबियन हिन्दी, सिंधी ,गुजराती,तमिल, तेलुगू आदि भाषाएँ बोली जाती हैं।
14	बेलारूस	750	(954) में हिन्दू बहुलता के कारण हिन्दी का महत्व है। धार्मिक कार्यक्रमों के नाम शुद्ध हिन्दी में रखे जाते हैं
15	बेलिज़	8080	(10100) की जनसंख्या में भोजपुरी, अवधी , हिन्दी, गुजरती, सिंधी,तमिल, तेलुगू भाषी हैं 80% हिन्दी के जानकार हैं।
16	बेनिन	900	(1563) , विदेशी भारतवासी 90 भारतीय कंपनियाँ बेनिन में कार्यरत हैं
17	बोलिविया	33	(60) विदेशी भारतीयों मे 55% हिन्दी के जानकार हैं।
18	बोनाइरे	140	(254) विदेशी भारतीयों मे 55% हिन्दी के जानकार हैं।
19	बोस्निया	14	(26) विदेशी भारतीयों मे 55% हिन्दी के जानकार हैं।
20	ब्राज़ील	2700	(5073) , मुंबई, गोवा, दमन दीव, दिल्ली, बैंगलुरु , बंगाल तथा अन्य गिरमिटिया लोगों की बसाहत है। हिन्दी अमूमन समझी जाती है।
21	ब्रिटिश वर्जिन आय लैंड	33	(60) विदेशी भारतीयों मे 55% हिन्दी के जानकार हैं।
22	बुल्गारिया	164	(297) विदेशी भारतीयों मे 55% हिन्दी के जानकार हैं।
23	बुर्किना फसको	112	(205) विदेशी भारतीयों मे 55% हिन्दी के जानकार हैं।
24	बुरुंडी	275	(500) विदेशी भारतीयों मे 55% हिन्दी के जानकार हैं।
25	कंबोडिया	800	(1510), भारत का ही भूभाग था, हिन्दू धर्म का बौद्ध में अंतरण के बाद संस्कृत का ह्रास हुआ। हिन्दी सुपरिचित भाषा थी।
26	कैमरून	320	(800) में से 40 % हिन्दी के जानकार हैं
27	केप वेर्दे	05	(20) विदेशी भारतीयों मे 2 5% हिन्दी के जानकार हैं।
28	सायमन आय .	378	(1510) विदेशी भारतीयों मे 2 5% हिन्दी के जानकार हैं।
29	में अफ्रीकन गणतन्त्र	45	(100) विदेशी भारतीयों मे 45% हिन्दी के जानकार हैं।

30	केप वर्दे	5	(10) विदेशी भारतीयों मे 50 % हिन्दी के जानकार हैं।
31	सायमन आइ लैंड	755	(1510) होटल व्यवसाय , चिकित्सा और सनदी लेखाकार हैं विदेशी भारतीयों मे 50% हिन्दी के जानकार हैं।
32	केंद्रीय अफ्रीकन रिपब्लिक	50	(100) विदेशी भारतीयों मे 50 % हिन्दी के जानकार हैं।
33	चाड	60	(120) विदेशी भारतीयों मे 50 % हिन्दी के जानकार हैं।
34	चिली	2541	(3630) मे सिंधी , हिन्दी ,उर्दू बोलने वाले अधिक मात्र मे हैं। विदेशी भारतीयों मे 70% हिन्दी के जानकार हैं।
35	कोलम्बिया	53	(539) विदेशी भारतीयों मे 10 % हिन्दी के जानकार हैं।
36	कोमोरोस	58	(230) विदेशी भारतीयों मे 25% हिन्दी के जानकार हैं।
37	कोंगों रेपब्लिक	270	(598) सेवा क्षेत्र मे कार्यरत हैं विदेशी भारतीयों मे 45% हिन्दी के जानकार हैं।
38	कुक आइ लैंड	206	(1031) फ़िजी से आए भारतीय और व्यवसाय मे लगे है। विदेशी भारतीयों मे 20 % हिन्दी के जानकार हैं।
39	कोस्टरिका	46	(1031) विदेशी भारतीयों मे 35% हिन्दी के जानकार हैं।
40	आइवरी कोस्ट	525	(1500) विदेशी भारतीयों मे 35% हिन्दी के जानकार हैं।
41	क्रोसिया	27	(106) विदेशी भारतीयों मे 25% हिन्दी के जानकार हैं।
42	क्यूबा	30	(601) विदेशी भारतीयों मे 5% हिन्दी के जानकार हैं।
43	कुरेकाओ	375	(1500) विदेशी भारतीयों मे 25% हिन्दी के जानकार हैं।
44	साइप्रस्	4875	(7499) विदेशी भारतीयों मे 6 5% हिन्दी के जानकार हैं।इनमे सॉफ्टवेर इंजीनीयर्स, कम्युनिकेशन प्रॉफेशनल जैसे उच्च पदों पर कार्यरत हैं।
45	चेक गणराजय	4950	(4950) विदेशी भारतीयों मे 50% हिन्दी के जानकार हैं।अधिकांश व्यापार करते हैं तथा होटल के मालिक हैं।
46	डिजिबौटी	325	(650) विदेशी भारतीयों मे 50 % हिन्दी के जानकार हैं।अधिकांश व्यापारी और आइ टी प्रॉफेसनल हैं कुछ गुजरती व्यापारी भी हैं।
47	डोमिनीका	97	(215) विदेशी भारतीयों मे 45% हिन्दी के जानकार हैं।इनमें गुजराती व्यापारी और आइ टी प्रोफेसनल अधिक हैं।
48	डोमिनीका गण तंत्र	44	(175) विदेशी भारतीयों मे 25% हिन्दी के जानकार हैं।
49	ईस्ट तिमूर	25	(100) विदेशी भारतीयों मे 25% हिन्दी के जानकार हैं।
50	इकुएडर	89	(355) विदेशी भारतीयों मे 25% हिन्दी के जानकार हैं।
51	इजिप्ट	2366	(4301) विदेशी भारतीयों मे 55% हिन्दी के जानकार हैं।
52	अल साल्वाडोर	5	(17) विदेशी भारतीयों मे 25% हिन्दी के जानकार हैं।
54	ईरिट्रिया	228	(303) विदेशी भारतीयों मे 7 5% हिन्दी के जानकार हैं।गुजराती व्यापारी तथा कंपनियों में कार्य करते हैं।
55	एस्टोनिया	640	(1163) विदेशी भारतीयों मे 55% हिन्दी के जानकार हैं।
56	इथोपिया	3033	(5515) विदेशी भारतीयों मे 55% हिन्दी के जानकार हैं।गुजराती व्यापार एवं कमीशन एजेंट हैं कुछ नौकरी करते हैं।
57	गैबॉन	500	(1110) विदेशी भारतीयों मे 45% हिन्दी के जानकार हैं।गुजराती व्यापार करते हैं ,अन्य भारतीय भी व्यापारी हैं कुछ नौकरी करते हैं ।
58	गांबिया	466	(716) विदेशी भारतीयों मे 65% हिन्दी के जानकार हैं।महाराष्ट्र,

			राजस्थान, गुजरात और अन्य प्रदेशों से आए हैं ये व्यापार मे लगे हैं और कुछ्र नौकरी करते हैं।
59	जॉर्जिया	2240	(3200) जॉर्जिया जॉर्जियामें रह रहे भारतीय , भारतीय कंपनियों में काम करते है , जॉर्जिया के निवासी भी हिन्दी सीखने में रुचि रहहते हैं लगभग 70% हिन्दी के जानकार हैं।
60	ग्रेनाडा	3308	(5200) विदेशी भारतीयों मे 65% हिन्दी के जानकार हैं । कुछ्र स्रोत भारतीयों की संख्या 12000 दिखआते हैं।
61	ग्वाटेमाला	54	(83) विदेशी भारतीयों मे 65% हिन्दी के जानकार हैं।
62	गिनी	280	(700) विदेशी भारतीयों मे अधिकांश भारतीय कंपनियों मे काम करते हैं कुछ्र खेती और व्यापार करते हैं अधिकांश 40 % हिन्दी के जानकार हैं।
63	गिनी बसाऊ	72	(104) विदेशी भारतीयों मे 70 % हिन्दी के जानकार हैं।
64	हैती	319	(580) विदेशी भारतीयों मे तमिल , तेलुगू , मलयालम ,तुलु। कन्नड , हिन्दी भाषाएँ बोलते हैं 55% हिन्दी के जानकार हैं।
65	होण्डुरास	02	(17) विदेशी भारतीयों मे 10 % हिन्दी के जानकार हैं।
66	हंगरी	345	(1150) विदेशी भारतीयों मे 30 % हिन्दी के जानकार हैं ।कुछ्र स्रोत 2000 से 5000 दर्शाते हैं।
67	आइस लैंड	217	(333)विदेशी भारतीयों मे 65% हिन्दी के जानकार ये भारत वासी होटल उद्योग और विभिन्न कार्यों में संलग्न हैं।
68	ईरान	2602	(4337) विदेशी भारतीयों मे 60 % हिन्दी के जानकार हैं ।गुजराती , पारसी और मराठी तथा हिन्दी जानते हैं
69	कजाखस्थान	3442	(6885) , इसमें काफी बड़ी संख्या में हिन्दी जानते हैं, अधिकांश भवन निर्माण के मजदूर हैं। कुल 50% हिन्दी के जानकार हाइन्न
70	किरबत्ति	5	(50) विदेशी भारतीयों मे 10 % हिन्दी के जानकार हैं
71	कोरिया (DPR)	3	(16) विदेशी भारतीयों मे 20 % हिन्दी के जानकार हैं
72	लाओस(PDR)	212	(528) विदेशी भारतीयों मे 40 % हिन्दी के जानकार हैं
73	लतिविया	393	(785) विदेशी भारतीयों मे 50 % हिन्दी के जानकार हैं
74	लेबनान	5121	(8535) विदेशी भारतीयों मे 60 % हिन्दी के जानकार हैं। अधिकांश भारतीय और कुछ नेपाली भाषा बोलते हैं।
75	लायबेरिया	7500	(1500) विदेशी भारतीयों मे 5 0 % हिन्दी के जानकार हैं। इनमें अधिकांश शिक्षक ,लेखाकार ,प्रोफेशनल एवं व्यापारी हैं। 150 भारतीय कंपनियाँ कार्यरत हैं
76	लीबिया	901	(1502) विदेशी भारतीयों मे 60 % हिन्दी के जानकार हैं। कई सरकारी और गैर सरकारी भारतीय कंपनियाँ कार्यरत हैं।
77	लिकटुनस्टाईन	05	(10) विदेशी भारतीयों मे 50 % हिन्दी के जानकार हैं।
78	लिथुवानिया	730	(1042) विदेशी भारतीयों मे 70 % हिन्दी के जानकार । लिथुवानिया की भाषा संस्कृत से मिलती जुलती हैं। लिथुवानिया निवासी भी हिन्दी काफी मात्र मे सीखते हैं।
79	मेसेडोनिया	5	(10) विदेशी भारतीयों मे 50 % हिन्दी के जानकार हैं।
80	मलावी	7700	(11000) विदेशी भारतीयों मे 70 % हिन्दी के जानकार हैं।पंजाब गुजरात उत्तर प्रदेश, बिहार ,और पशमी बंगाल से गिरमिटिया मजदूर यहाँ लायी गए थे।

81	माली	219	(437) विदेशी भारतीयों मे 50 % हिन्दी के जानकार हैं।
82	माल्टा	2000	(5000) मूलतः सिंधी हैं तथा स्वास्थ्य सेवाओं मेन केरल के लोग हैं .इन विदेशी भारतीयों मे 40 % हिन्दी के जानकार हैं।
83	मार्शल आइस लैंड	02	(15) विदेशी भारतीयों मे लगभग 10 % हिन्दी के जानकार हैं।
84	मोरेटेनिया	15	(150) कर्नाटक के मंगलूर से सिस्टर्स यहाँ बस गई हैं , कुछ आँय भारतीय भी हैं । हिन्दी के जानकार 10 % हैं ।
85	मेक्सिको	3250	(6500) विदेशी भारतीयों मे 50 % हिन्दी के जानकार हैं। अधिकांश प्रोफेशनल हैं । कुछ लक्ष्मी मित्तल की कंपनी मे काम करते हैं।
86	माइक्रोनेसिया	11	(35) विदेशी भारतीयों मे 30 % हिन्दी के जानकार हैं।
87	माल्डोवा	244	(608) विदेशी भारतीयों मे 40 % हिन्दी के जानकार हैं।
88	मोनेको	21	(70) विदेशी भारतीयों मे 30 % हिन्दी के जानकार हैं।
89	मंगोलिया	16	(155) कांगड़ा , हिमाचलप्रदेश से हजारो वर्ष पूर्व भारतीय गए थे । 2000 साल के बाद ये वापस आ गए थे । अब केवल 155 आप्रवासी ही रह गए हैं 10 % हिन्दी जानते हैं
90	मोण्ट्सेरात	24	(240) विदेशी भारतीयों मे 1 0 % हिन्दी के जानकार हैं।
91	मोरोक्को	142	(355) विदेशी भारतीयों मे 4 0 % हिन्दी के जानकार हैं।हिन्दी फिल्में बडी मात्रा मे देखी जाती हैं । हिन्दी के प्रति लगाव है ।
92	नामीबिया	156	(259) कई भारतीय कंपनियाँ यहा स्थापित हैं । इनमे काम करने वाले कुछ भारतीय हैं कुछ व्यापार करते हैं 60% हिन्दी जानते हैं
93	नारु	2	(20) विदेशी भारतीयों मे 1 0 % हिन्दी के जानकार हैं।
94	नीदर लैंड एंटिलस	3140	(6281) विदेशी भारतीयों मे 50 % हिन्दी के जानकार हैं।
95	निकारागुआ	4	(40) विदेशी भारतीयों मे 1 0 % हिन्दी के जानकार हैं।
96	नाइगर	30	(150) विदेशी भारतीयों मे 2 0 % हिन्दी के जानकार हैं।
97	निउए	1	(9) विदेशी भारतीयों मे 1 0 % हिन्दी के जानकार हैं।
98	पलाऊ	6	(27) विदेशी भारतीयों मे 2 0 % हिन्दी के जानकार हैं।
99	पेलेस्टाइन	2	(20) विदेशी भारतीयों मे 1 0 % हिन्दी के जानकार हैं।
100	न्यू गिनी	1500	(3000) विदेशी भारतीयों मे 5 0 % हिन्दी के जानकार हैं। जायदातार शिक्षक, चिकित्सक और प्रोफेशनल हैं
101	पराग्वे	12	(600) विदेशी भारतीयों मे 2 0 % हिन्दी के जानकार हैं।
102	पेरु	45	(454) विदेशी भारतीयों मे 1 0 % हिन्दी के जानकार हैं।
103	रवांडा	1800	(3000) अधिकांश गुजरती समाज से हैं , इसलिए यहा हिन्दी के जानकार 60 प्रतिशत हैं।
104	रोमानिया	986	(1972) विदेशी भारतीयों मे 5 0 % हिन्दी के जानकार हैं।
105	सामोआ	3	(30) विदेशी भारतीयों मे 1 0 % हिन्दी के जानकार हैं।
106	साओ तोमे	5	(51) विदेशी भारतीयों मे 1 0 % हिन्दी के जानकार हैं।
107	सेनेगल	212	(532) अधिकांश भारतीय कंपनियों में काम करते हैं । विदेशी भारतीयों मे 4 0 % हिन्दी के जानकार हैं।
108	सर्बिया	160	(320) विदेशी भारतीयों मे 5 0 % हिन्दी के जानकार हैं। अधिकांश भारतीय कंपनियों में काम करते हैं ।
109	स्लोवाक गण	165	(550) विदेशी भारतीयों मे 3 0 % हिन्दी के जानकार हैं।
110	स्लोवानिया	73	(182) विदेशी भारतीयों मे 4 0 % हिन्दी के जानकार हैं।
111	सोलोमन आइस	15	(50) विदेशी भारतीयों मे 30 % हिन्दी के जानकार हैं।

	लैंड		
112	सोमालिया	30	(100) विदेशी भारतीयों मे 30 % हिन्दी के जानकार हैं।
113	सेंट किट्स एंड नेविस	165	(550) विदेशी भारतीयों मे 30 % हिन्दी के जानकार हैं।
114	सेंट विन्सेंट एंड द ग्रेनाडियन्स	775	(7750) अधिकांश दक्षिण के राज्यों जैसे तमिलनाडू, आंध्रा, कर्नाटक। केरल से थे ,कुछ बंगाल से भी आकार यहाँ बसे हैं। केवल 10% हिन्दी के जानकार हैं।
115	सूडान	640	(1600) विदेशी भारतीयों मे 40 % हिन्दी के जानकार हैं।
116	दक्षिणी सूडान	330	(1100) विदेशी भारतीयों मे 30 % हिन्दी के जानकार हैं।
117	स्वाज़ी लैंड	375	(1500) विदेशी भारतीयों मे 25 % हिन्दी के जानकार हैं।
118	सीरिया	9	(94) विदेशी भारतीयों मे 10 % हिन्दी के जानकार हैं।
119	ताजिकिस्तान	450	(1500) विदेशी भारतीयों मे 30 % हिन्दी के जानकार हैं।
120	टोगो	153	(510)विदेशी भारतीयों मे 3 0 % हिन्दी के जानकार हैं।
121	टोंगा	5	(46)विदेशी भारतीयों मे 1 0 % हिन्दी के जानकार हैं।
122	ट्यूनीसिया	7	(137) विदेशी भारतीयों मे 5 % हिन्दी के जानकार हैं।
123	तुर्की	683	1708 में अधिकांश डॉक्टर और प्रोफेशनल हैं। कुछ भारतीय कंपनियों में काम करते हैं . विदेशी भारतीयों मे 4 0 % हिन्दी के जानकार हैं।
124	तुर्कमेनिस्तान	120	(2400) में 50% हिन्दी के जानकार हैं। हिन्दी फिल्में और हिन्दी गानों की धुन पर यहाँ के लोग थिरकते हैं।
125	तुर्क एंड ककोस आइस लैंड		(235) में से अधिकांश डॉक्टर एवं प्रोफेसनल है, सैंडी मूल के व्यापारी आभूषण और अन्य व्यापार में लगे हैं।
126	तुवालु	5	(50) भारतीय मूल के निवसी हैं। 10% हिन्दी के जानकार हैं।
127	यूक्रेन	3981	(7963) भारत के विभिन्न भागों से यहाँ आकार रहने वाले लोग हैं। 50 % हिन्दी के जानकार हैं।
128	उरुग्वे	300	(600) यहाँ अधिकांश प्रोफेसनल हैं। इनमे हिन्दी के जानकार 55% हैं।
129	उज्बेकिस्तान	199	(399) भारत के विभिन्न भागों से आकार यहाँ बसे हैं। इनमें 55% हिन्दी के जानकार हैं।
130	बनौतु	405	(810) फ़िजी से आए भारतीय यहा रहते हैं कुछ भारत से चिकित्सा क्षेत्र में कार्यरत हैं। 50% हिन्दी के जानकार हैं।
131	वेनेजुएला	40	(80) लगभग 50 हिन्दी के जानकार हैं।
132	वियतनाम		(5500) स्थानीय भाषा सहित भारतीय भाषाओं का प्रयोग होता है। लगभग 55% हिन्दी के जानकार हैं।
133	जिम्बावे	5700	(9500) भारतियों में गुजराती प्रभावशाली समुदाय है। भारतीय भाषाओं का भी प्रयोग भी होता है। 60% हिन्दी के जानकार हैं।
	योग	117683	

तालिका–6
(ज) एथ्नोलोग द्वारा जारी विश्व में हिन्दी की बोलियों के नवीनतम आंकड़े वर्ष 2022

क्र सं	भाषा/ बोली	बोलनेवालों की संख्या	क्र सं	भाषा /बोली	बोलनेवालों की संख्या
				कॉलम 1 का योग	
1.	मानक हिन्दी	602198470	17.	जयपुरी	1480000
2.	अवधी	4397400	18.	गुज़जरी	1600000
3.	बघेली	2680000	19.	काँगड़ी	1120000
4.	भोजपुरी	52463000	20.	सिरमौरी	400000
5.	ब्रज भाषा	1560000	21.	लंबाड़ी	5080000
6.	बुन्देली	5630000	22.	हड़ौती	2940000
7.	छत्तीसगढ़ी	16300000	23.	निमाड़ी	2310000
8.	गढ़वाली	2480000	24.	सुरजापुरी	2260000
9.	हरियाणवी	16000000	25.	भीली	10400000
10.	कुमाऊनी	2080000	26.	उत्तरी गौंडी	2910000
11.	मगही	20746400	27.	कुल्लू	195000
12.	मेवाड़ी	4210000	28.	महासू	1000000
13.	मेवाती	857000	29.	फीजी बात (अन्य देशों में)	198380
14.	मैथिली	34085000	30.	सरनामी हिन्दी	299400
15.	मालवी	5440000	31.	उर्दू	231295440
16.	मागधी	2000	32	*फ़िजी हिन्दी (फ़िजी में)	300000
17.	योग			कुल योग	1034917490

I. एथ्नोलोग के संपादक का ई मेल दिनांकित 24 फरवरी 2005

II. हिन्दी विश्व की सर्वाधिक बोली जाने वाली भाषा- शोध अध्ययन 2021

III. एथ्नोलोग 25 वां संस्करण 2022

IV. विश्व कि सबसे बड़ी भाषा हिन्दी – तथ्य एवं आंकड़े शोध रिपोर्ट 2023

हिंदी : वैश्विक व्याप्ति एवं प्रभाव

डॉ जयंती प्रसाद नौटियाल
V. एथ्नोलोग का 25 वां संस्करण 2022
VI. एथ्नोलोग 25 वां संस्करण 2022
VII. एथ्नोलोग 25 वां संस्करण 2022

महानिदेशक ,
वैश्विक हिन्दी शोध संस्थान, देहरादून,
उत्तराखंड, भारत
Email : dr.nautiyaljp@gmail.com

हिंदी : वैश्विक व्याप्ति एवं प्रभाव

हिन्दी का वैश्विक परिदृश्य

कार्तिक भागवत[1]

निरंजन शिवाजी गुरव[2]

गुरुभ्यश्च ग्रहेभ्यश्च मया बद्धोयमञ्जलिः ।
प्रसन्नमनसः ते मे सत्यां कुर्वन्तु भारतीम् ॥

भाषा मुख से उच्चारित होने वाले शब्दों और वाक्यों आदि का वह समूह है, जिनके द्वारा मन की बात बताई जाती है। किसी भाषा की सभी ध्वनियों के प्रतिनिधि स्वर एक व्यवस्था में मिलकर एक सम्पूर्ण भाषा की अवधारणा बनाते हैं। व्यक्त नाद की वह समष्टि जिसकी सहायता से किसी एक समाज या देश के लोग अपने मनोगत भाव तथा विचार एक दूसरे से प्रकट करते हैं। मुख से उच्चारित होने वाले शब्दों और वाक्यों आदि का वह समूह जिनके द्वारा मन की बात बताई जाती है। शास्त्र में भी दंडी ने कहा है -

इदमन्धं तमः कृत्स्नं जायेत भुवनत्रयम् ।
यदि शब्दाह्वयं ज्योतिः आसंसारं न दीप्यते ॥
वाक्यपदीय भी कहते हैं ।
न सोऽस्ति प्रत्ययो लोके यः शब्दानुगमादृते ।
अनुविद्धमिव ज्ञानं सर्वं शब्देन भासते ॥

इस संसार में ध्वनि के अनुसरण के बिना कोई ज्ञान अथवा भावना समझ नहीं सकते। ऐसा प्रतीत होता है कि सारा ज्ञान ध्वनि के बाद आता है। ध्वनि अर्थात् शब्द, शब्द अर्थात् भाषा ।

सृष्टि के निर्माण काल से ही भाषा का संबंध मानव समाज से रहा है। मानवी जीवन का भाषा एक अभिन्न अंग है, जिसके बिना मानव गूंगा है। इस विश्व में कई महाद्वीप, राष्ट्र, प्रांत हैं। भारतेंदु हरिश्चंद्र का कथन - "चार कोस पर पानी बदले, आठ कोस पर वाणी/बीस कोस पर पगड़ी बदले, तीस कोस पर धानी"- आज भी चरितार्थ हो रहा है। विदेशों से व्यापार करने के लिए, संप्रेषण के लिए आवश्यकतानुसार भाषा अपनानी पड़ती है। उपभोक्ता से संपर्क करने हेतु, वस्तुओं का विक्रयण और उनका प्रचार इनके के लिए

अपनाये जाने वाले साधनों में स्थानीय भाषा का उपयोग होता है। भारत में इस कार्य के लिए अधिकतर हिंदी का उपयोग हो रहा है । बहुराष्ट्रीय कंपनियां अपना माल बेचने के लिए तथा राजकीय स्तर पर हिंदी भाषा अपना रही हैं।

हिन्दी भाषा और राष्ट्रीय एकीकरण

हिन्दी जिसके मानकीकृत रूप को मानक हिन्दी कहा जाता है, विश्व की एक प्रमुख भाषा है एवं भारत की एक राजभाषा है। केन्द्रीय स्तर पर भारत में सह- अधिकारिका भाषा अंग्रेजी है। यह हिंदुस्तानी भाषा की एक मानकीकृत रूप है जिसमें संस्कृत के तत्सम तथा तद्भव शब्दों का प्रयोग अधिक है और अरबी–फ़ारसी शब्द कम हैं। हिन्दी संवैधानिक रूप से भारत की राज्यभाषा और भारत की सबसे अधिक बोली और समझी जाने वाली भाषा है। हिन्दी भारत की राष्ट्रभाषा नहीं है क्योंकि भारत के संविधान में किसी भी भाषा को ऐसा दर्जा नहीं दिया गया है। एथनोलॉग के अनुसार हिन्दी विश्व की तीसरी सबसे अधिक बोली जाने वाली भाषा है। विश्व आर्थिक मंच की गणना के अनुसार यह विश्व की दस शक्तिशाली भाषाओं में से एक है। विश्व के सभी संप्रभुता संपन्न देशों में एक राष्ट्रभाषा है. प्रत्येक देश में बहुत सी बोलियां बोली जाती हैं तथा स्थानीय स्तर पर दैनंदिन व्यवहार उन्हीं बोलियों और भाषाओं में संपन्न होते है और उन सबके मध्य से सर्वाधिक महत्वपूर्ण समझी जाने वाली कोई एक भाषा सर्वस्वीकृत होकर राष्ट्रभाषा बन जाती है. भारतवर्ष के अतिरिक्त अन्य सभी राष्ट्रों में राष्ट्रभाषा के रूप में किसी एक भाषा का चयन सर्वथा सहज-स्वाभाविक है। राष्ट्रीय संदर्भ में कभी इसका रूप राजभाषा को जन्म देता है और कभी राष्ट्रभाषा को। राजभाषा का संबंध राष्ट्रवादिता (नेशनेलिज़्म) से रहता है, वह राष्ट्र को राजनीतिक और आर्थिक दृष्टि से एक सूत्रता में बांधने के काम में आने वाली प्रशासनिक प्रयोजनों की भाषा होती है। इसके लिए यह ज़रूरी नहीं है कि वह भाषा अपने देश की ही हो। राष्ट्रभाषा का संबंध राष्ट्रीयता (नेशनेलिज़्म) से रहता है, उसके पीछे जातीय प्रमाणिकता और 'ग्रेट ट्रेडिशन' की शक्ति काम करती है और उसके सहारे समाज राष्ट्र के स्तर पर समाज और संस्कृति के संदर्भ में तादात्म्य स्थापित करता है और अपनी सामाजिक अस्मिता सिद्ध

करता है। प्रत्येक देश राष्ट्रीयता और राष्ट्रवादिता के द्वंद का समधान अपने ढंग से करता है।

यह स्वतः सिद्ध है कि भारत ने ब्रिटिश शासन के विरुद्ध स्वतंत्रता की लड़ाई हिंदी भाषा के माध्यम से लड़ी। गुजरात, बंगाल, महाराष्ट्र जैसे बड़े-बड़े प्रांतों के सभी बड़े नेताओं ने हिंदी के माध्यम से देश का नेतृत्व किया और आज भी कर रहे हैं। महात्मा गांधी, सुभाषचंद्र बोस और लोकमान्य बाल गंगाधर तिलक जैसे नेताओं की राष्ट्रीय लोकप्रियता हिंदी की ऋणी है। यदि गुजराती भाषी महात्मा गांधी केवल गुजराती भाषा तक ही स्वयं को सीमित रखते तो क्या संपूर्ण भारत को प्रभावित और प्रेरित कर सकते थे ? क्या गुजराती भाषी श्री नरेंद्र मोदी हिंदी का आश्रय लिए बिना देश में इतनी लोकप्रियता अर्जित कर सकते हैं ? तात्पर्य यह है कि इस विशाल देश के किसी भी भू-भाग में जन्में किसी भी व्यक्ति को यदि राष्ट्रीय स्तर पर प्रतिष्ठित होना है तो उसे देश में सर्वाधिक प्रयुक्त होने वाली भाषा को सीखना और स्वीकार करना ही होगा। प्राचीन भारत में भारतवर्ष की सर्वाधिक व्यवहृत भाषा संस्कृत थी और आधुनिक भारत में संस्कृत के स्थान पर हिन्दी प्रतिष्ठित है।

व्यक्तियों / संस्थाओं का हिंदी भाषा विषयक योगदान

आठवीं शताब्दी में केरल में जन्मे मूलतः मलयालम भाषी शंकराचार्य संस्कृत की शक्ति से संयुक्त होकर देश की एकता और अखंडता की प्रतिष्ठा कर सके। संपूर्ण भारतवर्ष को सांस्कृतिक सूत्र में पिरो सके तथा बीसवीं शताब्दी के पूर्वार्ध में नेताओं ने हिंदी के माध्यम से राजनीतिक चेतना की अलख जगाकर देश को स्वतंत्रता दिलायी। उस समय हिंदी के विरोध में कहीं भी कोई स्वर मुकरा नहीं।

राष्ट्रपिता महात्मा गाँधी जी के अनुसार- "हिंदी का प्रश्न मेरे लिए देश की आजादी का प्रश्न है। हिंदी भाषा केवल एक राजभाषा नहीं है, वह संपूर्ण देश की संस्कृति के रूपमें पल्लवित और पुष्पित भाषा है ।" हिंदी को राष्ट्रभाषा बनाए जाने के संदर्भ में महात्मा गांधी का यह कथन विशेषतः रेखांकनीय है- "हिंदी को आप हिन्दी कहें या हिंदुस्तानी, मेरे लिए तो दोनों एक ही हैं। हमारा कर्तव्य यह है कि हम अपना राष्ट्रीय कार्य हिंदी भाषा में

करें." (भाषण: मुजफ्फरपुर में 11 नवंबर, 1917, विश्व सूक्तिकोष-खंड 3, पृष्ठ 1317 पर उद्धृत, संपादक- डॉ. श्याम बहादुर वर्मा, प्रकाशक - प्रभात प्रकाशन दिल्ली 110006 संस्करण प्रथम 1985)

हिन्दी को राष्ट्रभाषा का दर्जा दिलाने का प्रयत्न स्वतंत्रता प्राप्ति के पहले भी होता रहा और स्वतंत्रता प्राप्ति के बाद भी। प्रधानमंत्री इंदिरा गांधी का यह कहना था कि 'यह सच है कि कोई भी देश अपनी मातृभाषा के द्वारा ही आगे बढ़ सकता है। हम दूसरी भाषा सीख सकते हैं, बोल सकते हैं, लेकिन नये विचार उससे पैदा नहीं हो‍ेते। नए विचार केवल अपनी मातृभाषा के द्वारा ही निकल सकते हैं। इसलिए हमें भारत की सभी भाषाओं को आगे बढ़ाना है, प्रोत्साहन देना है और हिन्दी का तो एक विशेष स्थान है ही। हम चाहते हैं कि जल्दी से जल्दी भारत के सभी लोग अगर हिन्दी न बोल सके तो कम से कम समझ तो सके। मैं समझतीं हूं यह काम आगे बढ़ रहा है। इतने बड़े देश में, जहां इतनी भाषाएं हैं वहां देश की एकता के लिए आवश्यक है कि कोई भाषा ऐसी हो, जिसे सब बोल सके, जो एक कड़ी की तरह सबको मिला कर रख सके। इसीलिए हिन्दी को बढ़ाना हम सब का काम है'।

राष्ट्रीय एकता और देश विकास में योगदान

स्वयं हमारे प्रधानमंत्री नरेंद्र मोदी जी ने अमेरिका में जाकर मातृभाषा में भाषण दिया था। यह हमारे लिए गर्व की बात है। मातृभाषा देश की धरोहर होती है। जिस प्रकार हम तिरंगें को सम्मान देते हैं वैसे ही हमारी भाषा भी सम्माननीय है। जब तक हम खुद इस बात को स्वीकार नहीं करते तब तक इसे दूसरों तक पहुंचना कठिन है। हिंदी दिवस को महज एक दिन न समझें। राष्ट्रीय एकता एवं देश विकास हम सब की जरूरत है जिसके लिए सभी को एक साथ आगे आना जरूरी है और इस दिशा में हिंदी को वास्तविक सम्मान मिले यह अत्यंत आवश्यक है।

राजभाषा विभाग द्वारा 13-14 नवंबर, 2021 को बनारस में पहला अखिल भारतीय राजभाषा सम्मेलन तथा नई दिल्ली में केंद्रीय सचिवालय राजभाषा सेवा संवर्ग के अधिकारियों के लिए पहला तकनीकी सम्मेलन आयोजित किया गया। इन कार्यक्रमों से हिंदी प्रेमियों में उत्साह की अपार वृद्धि हुई है। यह और भी सुखद है कि हिंदी दिवस-2022 तथा द्वितीय

हिंदी : वैश्विक व्याप्ति एवं प्रभाव

अखिल भारतीय राजभाषा सम्मेलन का ऐतिहासिक आयोजन गुजरात के सूरत शहर में हो रहा है।

गृह मंत्रालय का राजभाषा विभाग सूचना प्रौद्योगिकी के माध्यम से राजभाषा हिंदी के प्रगामी प्रयोग की दिशा में निरंतर प्रयत्नशील है। राजभाषा विभाग ने स्मृति आधारित अनुवाद प्रणाली 'कंठस्थ' का निर्माण और विकास किया है जिसमें लगभग 22 लाख वाक्य शामिल किए जा चुके हैं। इस टूल का प्रयोग सुनिश्चित कर सरकारी कार्यालयों में अनुवाद की गति एवं गुणवत्ता बढ़ाई गई है। राजभाषा विभाग द्वारा जन-साधारण के लिए 'लीला हिंदी प्रवाह' मोबाइल ऐप तैयार किया गया है जिसे अपनाकर 14 विभिन्न भाषा-भाषी अपनी-अपनी मातृभाषाओं से निःशुल्क हिंदी सीख सकते हैं। राजभाषा विभाग के 'ई-महाशब्दकोश' में 90 हज़ार शब्द सम्मिलित किये गए हैं और 'ई-सरल' हिंदी वाक्यकोश में 9 हज़ार वाक्य शामिल हैं।

माननीय प्रधानमंत्री श्री नरेन्द्र मोदी जी के नेतृत्व में देश को नई शिक्षा नीति मिली जिसमें मातृभाषा में शिक्षा देने को प्राथमिकता दी जा रही है। राजभाषा विभाग ने अमृत महोत्सव के अवसर पर विधि, तकनीकी, स्वास्थ्य, पत्रकारिता तथा व्यवसाय में भारतीय भाषाओं के प्रचलित शब्दों को शामिल करते हुए हिंदी से हिंदी 'बृहत शब्दकोश' के निर्माण पर भी काम शुरू किया है और सुलभ संदर्भ के लिए एक अच्छे शब्दकोश का सृजन किया जा रहा है। इस तरह की उन्नत शब्दावली प्रशिक्षण, अनुवाद तथा शीघ्रता से ग्रहण करने में भाषा की जानकारी की दृष्टि से बहुत महत्वपूर्ण होगी।

आज़ादी के अमृत महोत्सव के अन्तर्गत हिंदी दिवस के अवसर श्रुति लेख और सुलेख प्रतियोगिताएं

आज़ादी के अमृत महोत्सव के अन्तर्गत हिंदी दिवस के अवसर पर कला एवं संस्कृति विभाग और भाषा अकादमियों के संयुक्त तत्वावधान में श्रुति-लेख और सुलेख प्रतियोगिताएं आयोजित की गई। जिसमें विभाग के अधीनस्थ अधिकारियों- कर्मचारियों ने बढ़-चढ़कर हिस्सा लिया। श्रुति- लेख प्रतियोगिता में राजकुमार जैन, शिवप्रसाद पंत और दीपक नरानिया ने तथा

सुलेख प्रतियोगिता में रवीना मीणा, संगीता विश्नोई और बजरंग लाल ने क्रमशः प्रथम, द्वितीय, तृतीय स्थान प्राप्त किया। सभी को विभाग द्वारा प्रमाण पत्र और पुरस्कार प्रदान किए।

कार्यक्रम में मुख्य अतिथि के रूप में राजस्थान संस्कृत अकादमी की अध्यक्षा डॉ. सरोज कोचर ने कहा कि हिंदी के पारिभाषिक शब्दकोश के लिए संयुक्त प्रयास करने होंगे। विशेष रुप से तकनीकी शब्दों को रूपांतरित कर पृथक् से शब्दकोश तैयार कराया जाना आज की प्राथमिक आवश्यकता है। कार्यक्रम की अध्यक्षता करते हुए उर्दू अकादमी के अध्यक्ष डॉ. हुसैन रजा खान ने कहा कि उर्दू भी एक हिंदी शब्द है, चूंकि उर्दू में हिंदी का 'उर' निहित है, जबकि अंग्रेजी अरबी-फारसी शब्द है। यह बड़ा ही अद्भुत और अनूठा संयोग है। कार्यक्रम का विषय प्रवर्तन करते हुए विभाग के संयुक्त शासन सचिव पंकज ओझा ने कहा कि हिंदी की वैश्विक मान्यता के अंतर्गत हार्वर्ड, कोलंबिया, येल कार्नेल, टेक्सस्, शिकागो सहित 200 विश्वविद्यालयों में हिंदी पढ़ी-पढ़ाई जा रही है। हिंदी गीतों को विश्व में रुचि के साथ सुना जा रहा है। कार्यक्रम में विशिष्ट वक्ता के रूप में बोलते हुए वरिष्ठ प्रशासनिक अधिकारी राजनारायण शर्मा ने कहा कि हिंदी को ज्यादा से ज्यादा दैनिक एवं राजकामकाज के व्यवहार के लिए अपनाया जाना चाहिए। साथ ही अन्य भाषाओं के जन प्रचलित शब्दों को हिंदी में रूपांतरित कर उन्हें मान्यता प्रदान करनी चाहिए। हिंदी भाषा हमारी स्थायी संस्कारों को जोड़े रखती है।

विश्व हिंदी सम्मेलन की परिकल्पना

"विश्व हिंदी सम्मेलन' हिंदी भाषा का सबसे बड़ा अंतर्राष्ट्रीय सम्मेलन है, जिसमे विश्व भर से हिंदी विद्वान, साहित्यकार, पत्रकार, भाषा-वैज्ञानिक, विषय-विशेषज्ञ, शोधार्थी तथा हिंदी प्रेमी शामिल होते हैं। विश्व हिंदी सम्मेलन की यह यात्रा वर्ष 1975 से प्रारम्भ हुई। इसके आयोजन का विचार राष्ट्रभाषा प्रचार समिति वर्ष 1973 में प्रस्तुत किया गया था। संकल्पना के फलस्वरूप, राष्ट्रभाषा प्रचार समिति, वर्धा के तत्वावधान में प्रथम विश्व हिंदी सम्मेलन 10 से 12 जनवरी, 1975 को नागपुर, भारत में आयोजित किया गया था। प्रारम्भ में यह सम्मेलन हर चौथे वर्ष आयोजित किया जाता

हिंदी : वैश्विक व्याप्ति एवं प्रभाव

था। (लेकिन अब यह हर 3 वर्ष के बाद आयोजित होता है।)

हिंदी भाषा की अंतर्निहित शक्ति से प्रेरित होकर हमारे देश के नेताओं ने इसे अहिंसा और सत्याग्रह पर आधारित स्वतंत्रता संग्राम के दौरान संवाद की भाषा बनाया। यह दिशा राष्ट्रपिता महात्मा गांधी ने निर्धारित की, जिसका अनुपालन पूरे देश ने किया। स्वतंत्रता संग्राम में अपना सर्वस्व समर्पित करने वाले अधिकांश सेनानी हिंदीतर प्रदेशों से तथा अन्य भाषा-भाषी थे। इन सभी ने देश को एक सूत्र में बांधने के लिए संपर्क भाषा के रूप में हिंदी के सामर्थ्य और शक्ति को न केवल पहचाना अपि तु उसका भरपूर उपयोग भी किया। हिंदी को भावनात्मक धरातल से उठाकर ठोस एवं व्यापक स्वरूप प्रदान करने के उद्देश्य से और यह रेखांकित करने के उद्देश्य से कि हिंदी केवल साहित्य की भाषा तक सीमित नहीं है बल्कि आधुनिक ज्ञान-विज्ञान को अंगीकार करके अग्रेसर होने में एक समर्थ भाषा है, विश्व हिंदी सम्मेलनों की संकल्पना की गई।

विश्व हिंदी सम्मेलन का उद्देश्य

विश्व हिंदी सम्मेलन का प्रमुख उद्देश्य हिंदी को विश्व स्तर पर प्रचारित और प्रसारित करना है, जिससे हिंदी को अंतरराष्ट्रीय भाषा के रूप में स्थापित किया जा सके। प्रचार-प्रसार के साथ हिंदी को संयुक्त राष्ट्र संघ तथा अन्य अंतर्राष्ट्रीय संस्थाओं में आधिकारिक भाषा के रूप में मान्यता प्राप्त करवाना एवं अंतरराष्ट्रीय भाषा के रूप में हिंदी का संवर्धन और परीक्षण करना भी इसका प्रमुख उद्देश्य है।

इस विषय पर विचार-विमर्श भी करना था कि तत्कालीन वैश्विक परिस्थिति में हिंदी किस प्रकार सेवा का साधन बन सकती है। सम्मेलन का एक उद्देश्य यह भी है कि महात्मा गाँधी जी की सेवा भावना से अनुप्राणित हिंदी विश्व भाषा के रूप में समस्त मानव जाति की सेवा की ओर अग्रेसर हो सके। साथ ही भारतीय संस्कृति का मूलमंत्र 'वसुधैव कुटुम्बकम्' को विश्व के समक्ष प्रस्तुत करके एक विश्व, एक मानव परिवार की भावना का संचार किया जा सके।

प्रथम सम्मेलन में काका कालेलकर ने हिंदी भाषा के सेवा धर्म को रेखांकित करते हुए संदेश भेजा था कि 'हम सबका धर्म सेवा धर्म है और हिंदी

हिंदी : वैश्विक व्याप्ति एवं प्रभाव

इस सेवा का माध्यम है..... हमने हिंदी के माध्यम से आजादी से पहले और आजाद होने के बाद भी राष्ट्र की सेवा की है और अब इसी हिंदी के माध्यम से विश्व की सारी मानवता की सेवा करने की ओर अग्रेसर हो रहे है।'

अन्तरराष्ट्रीय स्तर पर राष्ट्रभाषा हिंदी के प्रति जागरूकता पैदा करने, समय-समय पर हिंदी की विकास यात्रा का आकलन करने, लेखकों व पाठकों को हिंदी साहित्य के प्रति सरकारों को और दृढ़ करने, जीवन के विभिन्न क्षेत्रों में हिंदी के प्रयोग को प्रोत्साहन देने तथा हिंदी के प्रति प्रवासी भारतीयों के रिश्तों में और अधिक रुचिवर्धन हेतु मान्यत प्राप्त करने के उद्देश्य से हिंदी सम्मेलन को मूर्त रूप प्रदान किया गया था। इसे व्यापकता प्रदान करना यह एक अन्य उद्देश्य था, न कि केवल भावनात्मक स्तर तक सीमित करना।

हिंदी के प्रसार में सिनेमा का योगदान

हिन्दी सिनेमा की समाज में बहुत महत्वपूर्ण भूमिका है। भारतीय फिल्म निर्माता-निर्देशकों ने अपनी बेहतर प्रस्तुति से हिन्दी सिनेमा को शिखर पर पहुंचाया है। विश्व में सबसे ज्यादा आज हिन्दी भाषा की फिल्मों का निर्माण होता है हिन्दी सिनेमा उद्योग ने भारत में ही नहीं अपि तु विदेशों में भी अपना एक नजदीकी रिश्ता कायम किया है। देश-दुनिया में हिन्दी भाषा के प्रचार-प्रसार में हिन्दी सिनेमा का अहम योगदान है। करोड़ों रुपए खर्च करने के बाद भी जो प्रचार-प्रसार सरकार नहीं कर पाई उससे ज्यादा हिन्दी सिनेमा ने कर दिखाया है। आज स्थिति यह है कि हिन्दी भाषा आज अंग्रेजी के सामने तन कर खड़ी है और हिन्दीभिन्न भाषी राज्यों में हिन्दी की स्वीकार्यता बढ़ी है। स्पीलबर्ग की फिल्म जुरासिक पार्क ने भारत में जितना धन अपने हिंदी संस्करण से अर्जित किया वह इसके अंग्रेजी के मूल फिल्म से दो गुणा अधिक था। हिंदी भाषा बाजार और मुनाफे की कुंजी बन रही है आज हालीवुड के फिल्म निर्माता भी भारत में अपनी विपण एन नीति बदल चुके हैं। उन्हें पता है कि उनकी फिल्में हिंदी में रूपांतरित होने के बाद मूल अंग्रेजी में प्रदर्शित फिल्म से कहीं अधिक मुनाफा कमा सकती है। पश्चिमी फिल्मों की ब्लाकबस्टर फिल्मों के हिंदी संस्करण की हमारे देश में जितनी खपत होती है वह अंग्रेजी संस्करण की संख्या से कहीं अधिक है। भारतीय हिन्दी सिनेमा का हिंदी भाषा की व्यापक लोकप्रियता और इसे संप्रेषण के माध्यम के रूप में आम स्वीकृति दिलाने में अहम योगदान है।

यह संभवत: हिन्दी भाषा के प्रसार का स्वर्णकाल कहा जाएगा जब मनोरंजन के माध्यम से भाषा नें अपनी जड़ें वैश्विक रूप में जमाई है इसमें हिन्दी फिल्मों का योगदान सर्वोपरि माना जाएगा। शायर और गीतकार गुलज़ार ने 8 वें विश्व हिंदी सम्मेलन के तहत 'हिन्दी के प्रचार-प्रसार में हिन्दी फिल्मों की भूमिका' सत्र की अध्यक्षता करते हुए यह टिप्पणी की थी कि हिन्दी के प्रचार-प्रसार में फिल्मों ने साहित्य अकादमियों और नेशनल बुक ट्रस्ट से ज्यादा योगदान दिया है। इस प्रकार हम देखते हैं कि सिनेमा, मीडिया और हिन्दी का नाता बहुत पुराना है। जैसे हिन्दी हिन्दुस्तान की जान है, वैसे ही हिन्दुस्तान में हिन्दी के बगैर सिनेमा और मीडिया की कल्पना ही नहीं की जा सकती। हिन्दी के प्रचार-प्रसार में सिनेमा और मीडिया का योगदान बहुत ही अतुल्य रहा है। हिन्दीतर भाषी क्षेत्रों में सिनेमा और मीडिया ने हिन्दी को जीवनदान दिया है। आज आप भारत के किसी भी कोनें में पहुँच जाएँ वे हिन्दी इसलिए समझ पाते हैं क्योंकी उन्होने उसे फिल्मों अथवा अन्य मनोरंजन के माध्यम से देखा व सुना है। आज विदेशियों को यदि अपना प्रचार करना होता है, चाहे वह सिनेमा का हो चाहे उनके उद्योग का हो, उन्हें हमारी राष्ट्रभाषा हिन्दी का सहारा लेना ही पड़ता है, क्योंकि अधिकतर लोग सहज, सरल व सुबोध हिन्दी भाषा को जानते, समझते और बोलते हैं। सबसे महत्वपूर्ण बात यह है कि भारत से बाहर हिंदी फिल्मों को देखने के प्रति भारतवंशी ही लालायित नहीं रहते अपि तु अन्य भाषा-भाषी भी इनके गीतों को गुनगुनाते हुए नजर आते हैं। इनको लेकर पूर्व सोविएत संघ (अब रूस) से लेकर खाड़ी के देशों, अफ्रिका से लेकर दक्षिण-पूर्व एशियाई समेत तमाम अन्य देशों में अभूतपूर्व दिलचस्पी है।

हिंदी के प्रसार में सिनेमा का निष्कर्ष

वैसे तो हिंदी सिनेमा के एक एक फिल्म और कलाकार ने अपने अनुसार हिंदी का मान -सम्मान बढ़ाया है लेकिन इस छोटे से परियोजना में हर किसी का जिक्र करना बड़ा ही मुश्किल है। यदि मैं सिर्फ उन फिल्म और कलाकार के नाम का वर्णन भी करूँ तो भी एक पुस्तक कम पड़ जायेगा। इसलिए मैं इस परियोजन के माध्यम से सभी के योगदान को प्रणाम करता हूँ।

भारत के अमृत महोत्सव का उद्देश्य India 2047 के लिए दृष्टिकोण

बनाना है जिसका आधार तकनीकी और वैज्ञानिक उपलब्धियों के साथ विभिन्न सामाजिक और सांस्कृतिक सामंजस्य को भी स्थापित करना है। यह बड़े आश्चर्य की बात है कि देश को आजाद हुए 75 वर्ष हो गए अर्थात इस वर्ष भारत की आजादी का अमृत महोत्सव मनाया जा रहा है लेकिन अब भी इसकी कोई राष्ट्रभाषा नहीं है। हमने एक राष्ट्र-चिन्ह, एक-राष्ट्रध्वज एक राष्ट्र-गान और एक राष्ट्रीय प्रतीक को तो अपनाया, लेकिन हम हिंदी को राष्ट्रभाषा का गौरव प्रदान नहीं कर सके। राष्ट्रभाषा वस्तुतः राष्ट्रीय जीवन का आदर्श होती है। हिंदी राष्ट्रभाषा एवं संयुक्त राष्ट्रसंघ की अधिकृत भाषा बनने के योग्य है। विज्ञान और प्रौद्योगिक के क्षेत्र में आत्मनिर्भरता के लिए हिंदी में विज्ञान और चिंतन आवश्यक है। हिंदी के विज्ञान लेखन में सबसे बड़ी बाधा भाषिक स्वाभिमान की कमी है।

किसी भी स्वतंत्र राष्ट्र के लिए तीन वस्तुएं विशेष सम्मानीय व विशिष्ट होती हैं-

1. राष्ट्रध्वज, जिसमें देश का मान छिपा होता है।
2. राष्ट्रसंविधान, जो देश की शान का प्रतीक होता है।
3. राष्ट्रभाषा, जो राष्ट्र की वाणी का अभिमान होती है।

वैश्वीकरण के वर्तमान दौर में डिजीटल मीडिया द्वारा हिंदी को अफ्रिका, मध्य-पूर्व, युरोप और उत्तर-अमेरिका में एक चित्ताकर्षक ढंग से लगातार पहुंचाया जा रहा है। धरती से 35000 फीट से भी अधिक ऊँचाई पर हिंदी की कमी का अनुभव होने लगा है। आस्ट्रियन एयरलाइन्स, स्विस एयरलाइन्स, एयर फ्रांस ने कहा है कि भारतीय यात्रियों की लगातार हो रही वृद्धि को दृष्टिगत रखते हुए, वे भारत की अपनी प्रत्येक उड़ान में कम से कम ऐसे दो क्रू को रखेंगे जो हिंदी बोलना जानते हो। भूमंडल पर हिंदी दौड़ रही है तथा वायुमंडल में उड़ रही है, तथा राष्ट्रीय अस्मिता और अस्तित्व को पारदर्शी तौर पर विश्व के समक्ष सफलतापूर्वक रख रही हैं। आज हिंदी सूचना प्रौद्योगिकी की भाषा बन गई है। समाचार पत्र-पत्रिकाएं आकाशवाणी, दूरदर्शन, फिल्म कंप्यूटर, इंटरनेट और सोशल मीडिया ने हिंदी का बहुत ही प्रचार-प्रसार किया है। इस प्रकार हिन्दी की वैश्विक वृद्धि को देख़ हमें हिन्दी

भाषा के प्रति आत्मीयता और आदर प्रस्थापित कर हिन्दी भाषा के अभिवृद्धि में सहयोग करना चाहिए। अतः निसंकोच ही हिन्दी भाषा को राष्ट्रभाषा का स्थान मिलना उचित रहेगा।

[1]व्याकरण सह-प्राध्यापक,
[2]छात्र- आचार्य, प्रथम वर्ष,
मुम्बादेवी आदर्श विद्यालय,
मुम्बई

हिंदी : वैश्विक व्याप्ति एवं प्रभाव

विश्व पटल पर हिंदी

डॉ. वंदना मुकेश

भाषा किसी भी देश की संस्कृति की संवाहक होती है। वह अपने साथ पूरा परिवेश लेकर प्रस्तुत होती है। हिंदी भारतीयता की पहचान की भाषा है। हिंदी भारत की राजभाषा है। हिंदी भारत की अघोषित राष्ट्रभाषा है। हिंदी भारत के जन-जन की भाषा है। हिंदी विदेशों में बसे करोड़ों भारतीय प्रवासियों की संपर्क भाषा है।

इस आलेख में विश्व पटल पर हिंदी भाषा की वर्तमान स्थिति-परिस्थिति का संक्षिप्त विवेचन और विश्लेषण करने का प्रयास किया गया है। ऐतिहासिक रूप से वैदिक साहित्य- संस्कृत, पालि, प्राकृत और अपभ्रंश की क्रमिक यात्रा करते हुए हिंदी अपने आधुनिक स्वरूप में पहुँची। आधुनिक हिंदी का विकास उन्नीसवीं शताब्दी के आरंभ में हुआ। हिंदी भारत के स्वतंत्रता संग्राम के संयोजन और समन्वय की भाषा बनी। स्वतंत्रता के पश्चात, भारत के जन-जन की धड़कन होते हुए भी, हिंदी को भारत की मात्र राजभाषा का पद मिला। स्वतंत्रता के मद में यह धोखा गांधारी बनकर आनंदपूर्वक स्वीकारा गया। होश में आते-आते अंग्रेज़ी का वर्चस्व सर्वत्र व्याप्त हुआ। भारतीयों को उनकी सांस्कृतिक विरासत से विच्छिन्न करने का दुष्ट मैकॉले का सपना पूरा हुआ। राष्ट्र गूंगा रह गया। स्वतंत्र होकर भी भारत देश गूंगा रह गया और पर भाषा को निज भाषा समझ बैठा। हिंदी अपने ही घर में परायी हो गई।

अंग्रेज़ों ने लगभग दो सौ वर्षों तक भारत पर शासन किया और हमारी भाषा और संस्कृति को मटियामेट करने, आपसी सद्भाव को आपसी द्वेष में परिवर्तित करने में कोई कसर न छोड़ी। देश तो छोड़ दिया लेकिन काले अंग्रेज़ों की एक ऐसी फौज छोड़ गए जो आज भी हमारे भारत की 70 प्रतिशत हिंदी न जाननेवाली जनता पर भारी पड़ रही है। स्वतंत्रता के पश्चात हमारी राजभाषा हिंदी को, देश और विदेश में अपमान और तिरस्कार के कठिन दौर से गुज़रना पड़ा।

लेकिन, **सब दिन होत न एक समाना**, आरंभ में औपनिवेशिक आवश्यकताओं के तहत भारतीय कामगार उन्नीसवीं शती के अंत और बीसवीं शताब्दी के आरंभ में संसार के कोने-कोने में जबरदस्ती ले जाए गए। लेकिन

हिंदी : वैश्विक व्याप्ति एवं प्रभाव

अपनी उत्कृष्ट कार्य-क्षमता और परिश्रम के बल पर भारतीय जहाँ भी गए उन्होंने अपना विशिष्ट स्थान बनाया, विकास किया। आज हम संपूर्ण विश्व में, जहाँ-जहाँ भारतीय मूल के लोग बसे हैं, भारत की स्वतंत्रता का अमृत-महोत्सव मना रहे हैं। भारतीय स्वतंत्रता के इस महोत्सव को हम भारतीयता और हिंदी के पुनर्जागरण महोत्सव कह सकते हैं। भारतीयों और हिंदी को यह स्थान अपने आंतरिक गुणों और बल के कारण ही प्राप्त हो सका है। आज पुनः विश्व में हिंदी का परचम लहरा रहा है।

विश्व में सर्वाधिक बोली जानेवाली भाषाओं में हिंदी प्रथम स्थान पर है, यह तो डॉ. जयंती प्रसाद नौटियाल[viii] अपने सतत प्रयासों से पहले ही सिद्ध कर चुके हैं। उसे पहले स्थान पर माने या दूसरे स्थान पर या तीसरे स्थान पर। किंतु आज हिंदी का प्रसार बढ़ता जा रहा है इस तथ्य को नकारा नहीं जा सकता।

हिंदी के वैश्विक स्वरूप को कुछ महत्वपूर्ण शीर्षकों के अंतर्गत संक्षिप्त में देखा जा सकता है।

1. **सूचना प्रौद्योगिकी एवं सोशल मीडिया** : 2007 के बाद भारत में कंप्यूटर की भाषा के रूप में हिंदी का प्रचार-प्रसार जिस तेजी से हुआ है वह हिंदी के वैश्विक विस्तार का एक महत्त्वपूर्ण कारक है। यूनीकोड देवनागरी और भारतीय भाषाओं सहित विश्व की अनेक भाषाओं के लिए क्रांति लेकर आया। यूनीकोड के कारण ही 'कंप्यूटर प्रणाली के आर-पार सूचनाओं का आदान-प्रदान'[ix] संभव हो सका है। यूनीकोड ने हिंदी को अंग्रेज़ी की तरह सक्षम बना दिया। 'यूनीकोड को सभी प्रमुख भारतीय आई. टी. कंपनियों का समर्थन मिला। पहले से कहीं अधिक अंतर्राष्ट्रीय आई. टी. कंपनियाँ हिंदी इंटरनेट के बाजार में कूद पड़ी हैं। इसमें हिंदी और कंपनियों, दोनों का भला है। 'याहू हो, चाहे गूगल हो या फिर एमएसएन, सब हिंदी में आ रहे हैं। माइक्रोसॉफ्ट के डेस्कटॉप उत्पाद हिंदी में आ गए हैं। आईबीएम, सन माइक्रोसिस्टम और ओरेकल ने हिंदी को अपनाना शुरू कर दिया है। लिनक्स और मैकिंटोश पर भी हिंदी आ गई है। इंटरनेट एक्सप्लोरर, नेटस्केप, मोजिला और ओपेरा जैसे इंटरनेट ब्राउजर हिंदी को समर्थन देने लगे हैं। ब्लॉगिंग के क्षेत्र में भी हिंदी की धूम है। आम कंप्यूटर उपभोक्ता के कामकाज से लेकर डाटाबेस तक में हिंदी उपलब्ध हो गई है।'[x] इसी प्रकार एक काल में कल्पना भी नहीं की जा सकती थी कि फेसबुक, इंस्टाग्राम, टिकटॉक, ट्विटर जैसे संचार माध्यमों पर

हिंदी के उपभोक्ता सर्वाधिक होंगे। आज देश और विदेश में कितने ही ब्लॉग हिंदी में लिखे और पढ़े जा रहे हैं। कोरोना महामारी में तो ज़ूम तथा अन्य आभासीय मंच हिंदी के लिए वरदान सिद्ध हुए। संपूर्ण विश्व के हिंदी-भाषी आभासीय मंचों के माध्यम से एक-दूसरे से न केवल परिचित हुए अपितु सार्थक संवाद द्वारा विश्व के हिंदी भाषियों से जुड़ गए।

2. **भूमंडलीकरण एवं बाजारवाद** : ग्लोबल विलेज की संकल्पना ने संपूर्ण विश्व को एक गाँव मान लिया है। तकनीकी, सूचना-प्रौद्योगिकी, संचार माध्यमों के अभूतपूर्व विकास के कारण आज संसार सिमट गया है। पहले लोग देश के देश में ही जब पैदल तीर्थ यात्रा पर जाते थे तो लोग उन्हें फूलमाला पहना कर, गाजे-बाजे से विदा करते थे कि कौन जाने वापस आए कि नहीं। किंतु आज विश्व के कोने-कोने में आवागमन इतनी त्वरा और तीव्रता के साथ हो रहा है कि सुबह भारत में तो शाम इंग्लैंड में। आज से 20 वर्ष पूर्व तक इस तरह की कल्पना असंभव सी लगती थी। अमेजान जैसी कंपनियों तथा ऑनलाईन शॉपिंग भी विश्वबाज़ार की परिकल्पना को साकार करते हैं। सूचना प्रौद्योगिकी से बाजारवाद को पंख मिले हैं। चूँकि भूमंडलीकरण का आधार बाज़ारवाद है और बाज़ारवाद एक प्रकार का उपनिवेशवाद है जिसमें व्यापार के माध्यम से एक बाजार का उद्देश्य दूसरे बाज़ार पर कब्जा करना है। यह जहाँ प्रवेश करता है वहाँ की संस्कृति, रहन-सहन, खान-पान, पहनावे को निगलता जाता है। 1980-1990 में भारत ने अपनी अर्थव्यवस्था यूरोप के लिए खोल दी। इस कारण व्यापारिक कारणों से इन कंपनियों में काम करनेवाले विदेशी कर्मचारियों को हिंदी सीखने की आवश्यकता पड़ी। हिंदी डिज़नी, कार्टून नैटवर्क आदि के कार्यक्रमों का हिंदी प्रसारण बाज़ार की मांग का ही परिणाम हैं। आज कितनी बहुराष्ट्रीय कंपनियाँ अपने विज्ञापन हिंदी में छाप रही हैं ताकि उनकी सामग्री के बारे में उपभोक्ता जान सकें। आज टी.वी. पर 75% विज्ञापन हिंदी में है। अतः विश्व में कहीं भी कुछ बने उसे उपभोक्ता के पास तक पहुँचाना है तो उसकी भाषा का प्रयोग आवश्यक है। हिंदी विश्व में बोली जानेवाली भाषाओं में पहले दूसरे या तीसरे स्थान पर भी है, तो यह सहज ही समझा जा सकता है कि हिंदी विश्व के कोने-कोने तक पहुँच चुकी है।

3. **विदेशों में हिंदी शिक्षण** : आज संपूर्ण विश्व में लगभग 170 से अधिक विश्व विद्यालयों में हिंदी का शिक्षण किसी न किसी रूप में हो रहा है। विश्व विद्यालयों में हिंदी शिक्षण हो रहा है इसका अर्थ यह नहीं है कि उन देशों में

रहनेवाले सभी धाराप्रवाह हिंदी बोलते हों, लेकिन हिंदी की उपस्थिति जरूर दर्ज होती है। अनेक स्वायत्त संस्थाएँ तथा न जाने कितने लोग व्यक्तिगत रूप से स्वैच्छिक रूप से मंदिरों और सामुदायिक केंद्रों में जाकर बच्चों को हिंदी सिखाते हैं। लेखिका स्वयं, श्री बालाजी वेंकटेश्वर मंदिर बरमिंघम, यू.के. में निशुल्क हिंदी एव संस्कृति का शिक्षण करती हैं। पिछली सदी मे फादर कामिल बुल्के, ग्रियर्सन से लेकर कर ऑक्सफोर्ड अंग्रेज़ी हिंदी शब्दकोश के रचयिता मैक्ग्रेगर, प्रो मिजोकामी, वारानिनिकोव, ओदोलेन स्मेकल, इमरे बंगा, रूपर्ट स्नेल, फ्रेंचेस्का ओरसिनी, गेनादी श्लेंपेर आदि अनेकानेक विद्वानों ने हिंदी का विशद् अध्ययन एवं अध्यापन किया है। हिंदी फिल्मों और गीतों का हिंदी शिक्षण में प्रयोग काफ़ी प्रचलित है। लेकिन फिर भी मानक पाठ्यक्रम का अभाव है।

4. **प्रवासी भारतीय और भारतीय संस्कृति** : आज भारतीय मूल के लोग 160 से भी अधिक देशों में बिखरे हैं। वे जहाँ-जहाँ और जब भी गए हैं, उन पर भारतीय संस्कृति का स्पष्ट प्रभाव दृष्टिगत होता है। दक्षिण अफ्रीका, कैरीबियन देशों में सूरीनाम, ट्रिनीडाड-टोबैगो, गयाना आदि, मारीशस, फिजी आदि देशों में जहाँ गुलाम बनकर गए भारतीयों की वर्तमान पीढ़ियों में आज भी बोलचाल की भाषा हिंदी है। उनमें आज भी हिंदी के प्रति, भारतीय संस्कृति के प्रति, रामचरितमानस के प्रति प्रेम और आदर का भाव है। भारत के अतिरिक्त नेपाल, पाकिस्तान, अफ़गानिस्तान बांगलादेश, श्रीलंका, भूटान, सिंगापुर, इंडोनेशिया, मलेशिया, रूस, संयुक्त अरब अमीरात, अरब इंगलैंड, अमेरिका, आदि में हिंदी बोलने -समझनेवालों की एक बड़ी संख्या है। इन देशों में हिंदी के शिक्षण के साथ-साथ सशक्त रचनात्मक साहित्य भी रचा जा रहा है। भारतीय शास्त्रीय नृत्य एवं वादन को भी भारत से बाहर रहनेवाले भारतीयों ने बहुत गंभीरता से लिया है। इनका उत्कृष्ट प्रशिक्षण यहाँ भी उपलब्ध है। इन लोगों ने हर तरह से अपनी भाषा और संस्कृति को सहेजे रखा है। हिंदी संपर्क भाषा के रूप में लोकप्रिय है। धार्मिक उत्सव-त्यौहार यहाँ सामूहिक रूप से मंदिरों में मनाए जाते हैं। इस्कॉन ने हरे कृष्ण का प्रचार कर एक ऐसी लहर चलाई कि चुटियाधारी अंग्रेज़ भी कभी -कभार नज़र आ जाते हैं। भारतीयों की नई पीढ़ी के हरे कृष्ण हरे राम का जाप करना, गीता का अध्ययन करना, स्व की खोज करना ही है, अपनी जड़ों, अपनी परंपराओं के समझना-खंगालना ही है।

5. **हिंदी फिल्में और गीत** : हिंदी फिल्में, हिंदी संगीत, अमिताभ बच्चन, शाहरुख खान, सलमान खान आदि से कौन परिचित नहीं है। फिल्मों के माध्यम से भारतीय कपड़ों, त्यौहारों, रीति-रिवाजों और परंपराओं से भी लोग परिचित होते जा रहे हैं। भारतीय भोजन तो बहुत शौक से खाया जाता है। यहाँ साड़ी, बिंदी, मेहंदी, चूड़ी और बॉलीवुड नृत्य -संगीत के प्रति लोगों की विशेष रुचि है। विदेशी पुरुष भी भारतीय कुर्ता पाजामा और शेरवानी इत्यादि पहने नज़र आ जाते हैं । करवाचौथ की लोकप्रियता का कारण तो हिंदी फिल्में ही हैं।

6. **वर्तमान भारत सरकार की हिंदी नीति** : हमारे वर्तमान प्रधानमंत्री जब विदेशों में अपना भाषण हिंदी में बोलते हैं तो हिंदी के प्रति हमारी हीनता का भाव विलुप्त हो जाता है। 2020 की नई शिक्षा नीति एक बार पुनः यह विश्वास दिलाती है कि हिंदी को उसका खोया स्थान शीघ्र ही वापस मिलेगा। शिक्षा का माध्यम बनकर ही वह देश की राष्ट्रभाषा के रूप में स्थापित होगी। मध्यप्रदेश ने मेडिकल तथा इंजीनियरिंग के हिंदी- पाठ्यक्रमों को एक नई पहल शुरु की है। 21 जून को अंतर्राष्ट्रीय योग दिवस के रूप में मनाया जाना भारतीय संस्कृति और हिंदी की वैश्विकता का प्रतीक है। योग सीखनेवाला बिना हिंदी के शब्दों को जाने योगासनों की विभिन्न मुद्राओं के अच्छी तरह जान-समझ नहीं सकता।

अंत में यही कहा जा सकता है कि हिंदी का अपना गुण-बल ही उसे वैश्विक रूप प्रदान करेगा- हिंदी केवल भाषा नहीं, आध्यात्मिक भाष्य है। हिंदी की वर्णमाला का प्रत्येक वर्ण अथवा अक्षर एक संपूर्ण दर्शन है, जो भाषा के किसी न किसी सूत्र का संवहन करता है।[xi] वैसे भी हिंदी अपनी सरलता, सहजता और लचीलेपन के कारण इतने वर्षों तक टिकी है। अनेकों विदेशी आक्रमणों को सहकर भी हिंदी डटी है। वैसे ही हिंदी में एक कहावत है कि **चार कोस पर पानी बदले आठ कोस पर बानी**। विश्व के विभिन्न स्थानों में संभव है हिंदी कुछ स्थानीय शब्दों को आत्मसात कर ले। अतः उसके रूप में भले ही थोड़ा बहुत अंतर आ जाए किंतु वह कहलाएगी तो हिंदी, वही उसका वैश्विक रूप होगा। आजादी का अमृतकाल हमारी भाषायी आज़ादी के का समय भी होगा। हमें जागने की जरूरत है।

सन्दर्भ सूची :

I. नौटियाल, जयंतीप्रसाद, हिंदी विश्व में प्रथम और सबसे लोकप्रिय भाषा, राजभाषा भारती, जुलाई –सितंबर, 2015, अंक 144 पृ.12

II. मल्होत्रा, विजय कुमार, इंडिक भाषा कंप्यूटिंग : भारतीयों का वैश्विक समन्वय, साहित्य अमृत, जुलाई 2007, पृ. 66

III. दाधीच, शर्मा बालेंदु, आईटी को हिंदी का दामन पकड़ना ही होगा, http://www.abhivyakthindi.org/snibandh/2007/india.htm

IV. कीर्ति, मृदुल, योग व भारतीय संस्कृति के प्रचार -प्रसार में हिंदी का योगदान, साहित्य अमृत, अगस्त 2018, पृ. 51

35 Brookhouse Road, Walsall,
England WS5 3AE

वैश्विक स्तर पर हिंदी का भविष्य

डॉ. एस. कृष्णबाबु

इस संसार की किसी भी भाषा का भविष्य उस भाषा के प्रति उसे बोलनेवाले लोगों के प्रेम, आदर एवं सम्मान की भावनाओं पर निर्भर रहता है। यदि वे लोग उस भाषा को अपनी अन्य परिचित भाषाओं की तुलना में अधिक महत्व देते हुए उसको जीवंत बनाने की दिशा में सक्रिय प्रयास करते हैं तथा उसके प्रचलन के लिए निष्ठापूर्वक वैविध्यपूर्ण चेष्टाएँ करते हैं तो उस भाषा के भविष्य का उज्ज्वल होना संभव हो सकता है। इस संदर्भ में यह प्रश्न उठ सकता है कि किसी के प्रति किसी की भविष्यवाणी कहाँ तक सच हो पायेगी? वास्तव में इस प्रश्न का उत्तर देना अत्यंत कठिन है। ऐसी स्थिति में किसी एक विशेष भाषा के भविष्य का अनुमान लगाना कितना कठिन होता है, यह बात स्वत: स्पष्ट है। कुछ विद्वानों का तर्क यह है कि जिन भाषाओं के अंतर्गत मानव जीवन के विविध विषयों से संबंधित एवं मानव समाज के विविध क्षेत्रों से संबंधित वैविध्यपूर्ण एवं संपन्न सामग्री विद्यमान हो, उन भाषाओं का भविष्य उज्ज्वल हो सकता है। परंतु यह तर्क भी अनुभव एवं इतिहास की कसौटी पर खरा नहीं उतरता, क्योंकि संस्कृत, प्राकृत, रोमन, हिब्रू जैसी अनेक भाषाओं का भविष्य क्या हुआ, यह तो एक सर्वविदित सत्य है। इन अत्यन्त प्राचीन भाषाओं में प्रस्तुत की गई अपार सामग्री में से थोडी भी सामग्री वर्तमान युग तक आ पाई या नहीं, यह कोई नहीं कह सकता।

देवभाषा मानी जानेवाली संस्कृत में वेद, उपनिषद, अष्टादश पुराण संहिताएँ आदि अपार सामग्री का प्रणयन हुआ, परंतु वर्तमान युग में इस भाषा का प्रयोग कहाँ तक हो रहा है, इसका उत्तर तो सर्वविदित है। यह तो एक अलग बात है कि वर्तमान समाज के उच्चवर्गीय शिक्षित लोग, विशेष रूप से बुजुर्ग लोग या तो इन ग्रंथों को पढ़कर इनमें प्रस्तुत आध्यात्मिक अथवा दार्शनिक तत्वों का आकलन करके उनका अनुसरण करने का प्रयास करते हैं अथवा स्थानीय भाषाओं में इनके अनुवाद पढ़कर अपना काम चला लेते हैं। भौतिक रूप से उन्नति प्राप्त वर्तमान मनुष्यों के लिये आजीविका प्राप्त करने

हेतु उपयोगी न होने के कारण इस भाषा का प्रयोग बिल्कुल शून्य हो गया है।

अब हम भारत की राष्ट्रभाषा एवं राजभाषा मानी जानेवाली हिंदी के संदर्भ को ही लेंगे। हमारी चर्चा का भी यही विषय है कि हिंदी का वैश्विक स्तर पर क्या भविष्य हो सकता है। जब इस संकल्पना पर विचार किया जाता है तो यह विचार अवश्य उत्पन्न होगा कि आखिर इस पर इतना सोच-विचार करना, भव्य अर्थात व्यय भरी संगोष्ठियों का आयोजन करना और चिंतन प्रधान लेखों को शामिल करते हुए विशेषांक प्रकाशित करना कहाँ तक उचित है। मेरे एक मित्र ने मुझसे कहा कि यदि हिंदी का भविष्य उज्ज्वल है तो हमें इतना समय लगाकर और इतना व्यय करके इस अवधारणा पर विचार-विमर्श करने की क्या आवश्यकता है? यदि भविष्य उज्ज्वल नहीं है तो मेरे उस मित्र का कहना है कि तब भी ये सारे प्रचार व्यर्थ हैं। इस अवसर पर उसने एक उद्धरण भी दिया था,

"पूत कपूत तो का धन संचय, पूत सपूत तो का धन संचय"

अर्थात् जब किसी व्यक्ति की संतान आदर्श व्यक्तित्व वाला एवं सच्चरित्रवान हो तो उसे उसके लिये संपत्ति का अर्जन करके देने की आवश्यकता नहीं होती, क्योंकि वह स्वयं परिश्रम करके अपनी आजीविका का अर्जन कर लेगा। परन्तु इसके विपरीत यदि वह चरित्रहीन होकर दुर्व्यसनों में फँसा रहेगा, तब भी उसके लिये धनार्जन करके देने की जरूरत नहीं होती क्योंकि कड़ी मेहनत से अर्जित धन-संपत्ति देने पर भी वह उसका विनाश कर ही देगा। इसी प्रकार यदि कोई भाषा संपन्न एवं समृद्ध हो तो उसके भविष्य के लिये चिंतित होने की आवश्यकाता नहीं होती और यदि वह अभिव्यक्ति की सामग्री तथा क्षमता से वंचित हो तो उसका भविष्य वैसे ही अंधकारमय होगा।

परंतु भाषा के संदर्भ में ये विचार और तर्क इतने समीचीन प्रतीत नहीं होते। फिर भी भारतीय भाषाओं के इतिहास पर ध्यान देने से हमें स्पष्ट मालूम हो जाता है कि भारतीय सामाजिक क्षेत्र में पिछले दो हजार वर्षों से कोई एक विशेष भाषा अधिक समय तक टिक नहीं पाई। कारण जो भी हो संस्कृत, प्राकृत, पाली, अपभ्रंश, पूर्वी हिंदी, पश्चिमी हिंदी, उर्दू, अरबी, फारसी, मैथिली, भोजपुरी, अंग्रेजी और उसके साथ-साथ खड़ीबोली आदि अनेक भाषाओं का प्रचलन भारतीय जन जीवन में आवधिक रूप से होता आ

हिंदी : वैश्विक व्याप्ति एवं प्रभाव

रहा है। इतना होते हुए भी आज हिंदी जैसी एक सक्षम भाषा के भविष्य की चिंता इसलिए की जा रही है कि इक्कीसवीं सदी में यह सारा विश्व विज्ञान एवं संचार में हुई अभूतपूर्व प्रगति के कारण एक छोटा-सा गाँव बन गया। इसके पहले जितनी भी संस्कृतियाँ हैं, उनके सम्मिश्रण एवं संगम से एक वैश्विक संस्कृति का आविर्भाव हुआ। इसमें देश-भक्त भारतीयों को अपनी एक भाषा हिंदी के भविष्य के लिए प्रयत्नरत होना अनिवार्य हो गया।

यह कल्पना बड़ी सरलता से की जा सकती है कि सृष्टि के प्रारंभ में इस धरती के मानचित्र पर इतने देश नहीं थे। इतनी अधिक मात्रा में आबादी भी नहीं थी। जैसे-जैसे सभ्यताएँ विकसित हुईं वैसे-वैसे देशों की संख्या, उन देशों की सीमाएँ एवं उन सीमाओं की सुरक्षा के लिए मानव मात्र के प्रयत्न भी बढ़ते गए। स्वार्थ भरी मानसिकता के कारण जन समुदाय में उत्पन्न ईर्ष्या और द्वेष के भाव उन्हें संघर्ष करने के लिए प्रेरित करते हुए युद्ध क्षेत्र में समय-समय पर लाखों-करोड़ों लोगों को कट-मरने के लिए बाध्य किया। मनुष्य मात्र के पार्थिव जीवन के इस दुखद दास्तान को पीढ़ी-दर-पीढ़ी आगे ले जाने का कार्य करनेवाला इतिहास भी भाषा के सहारे ही अपना आशय संपन्न करने में सफल हुआ।

यह तो एक सर्वविदित बात है कि भाषा मनुष्य के विचारों के आदान-प्रदान का सशक्त साधन है और मनुष्य एक सामाजिक प्राणी भी है। यदि मनुष्य के पास भाषा नहीं होती और वह अपने विचारों का भाषा के माध्यम से आदान-प्रदान नहीं कर पाता तो वह समाज के दूसरे सदस्यों के साथ संबंध कैसे बनाता! तात्पर्य यह है कि भाषा मनुष्य के लिए पारिवारिक और सामाजिक संबंध बनाने का सर्वप्रथम और उत्कृष्ट आधार है। मनुष्य अपनी बातों, अनुभूतियों, संवेदनाओं, प्रतिक्रियाओं और भावनाओं को प्रस्तुत करते हुए समाज के विविध लोगों के साथ अपना नाता जोड़ता अथवा तोड़ता रहता है। इस प्रकार हम देखते हैं कि मनुष्य, समाज और भाषा ये तीनों ही विश्व-संस्कृति के अविभाज्य अंग हैं।

यह तो एक उल्लेखनीय तथ्य है कि सामाजिक क्षेत्र के विविध आचार-विचार, रीति-रिवाज, रहन-सहन, खान-पान और पहनाव ही मनुष्य की सभ्यता के द्योतक होते हैं। इस सभ्यता के साथ जब कुछ विशेष आदर्श, मूल्य और नीतियाँ जुड़ जाते हैं तो मानवीय संस्कृति का स्वरूप निखर उठता है।

सामाजिक सभ्यता और विकास के साथ-साथ उससे संबंधित पारिभाषिक शब्दों का विकसित होना अत्यंत सहज है। पारिभाषिक शब्दों के इसी विकास के साथ-साथ सामाजिक क्षेत्र में भाषा का स्वरूप समय-समय पर परिवर्तित होता रहता है।

'समाज में जैसे-जैसे लोगों की आबादी बढ़ती जाती है, वैसे-वैसे वह अपने आवास के लिए नए स्थानों की खोज करता रहता है। अपनी आजीविका हासिल करने के लिए तरह-तरह के प्रयास करता रहता है। उसकी इसी प्रक्रिया में पूरी तरह वनों से भरी हुई यह धरती गाँवों, कस्बों, पहाड़ी इलाकों और नगरों में परिवर्तित होती गयी। सामाजिक क्षेत्र के मनुष्यों में दूरियाँ भी बढ़ती गयीं। जब मनुष्य मात्र को एक विशेष भाषा से अपना काम चलाना कठिन लगा तो उसने नई भाषाओं, उपभाषाओं, बोलियों और उपबोलियों का विकास किया। भाषा के साथ-साथ अन्य अनेक कारणों से मानव समाज अलग-अलग राष्ट्रों, देशों और राज्यों में विभाजित हो गया और मनुष्यों के बीच दूरी और भी बढ़ती गयी। इसी कारण से मानव मात्र के बीच संचार की आवश्यकता हुई। समय-समय पर संचार संबंधी विविध माध्यम बने, जिन्होंने भाषा का सहारा लेकर मनुष्यों के बीच विकसित इन दूरियों को कम करने का प्रयास किया। सामाजिक प्राणियों में दुनिया भर की घटनाओं से संबंधित जानकारी हासिल करने की जो उत्सुकता बढ़ी उसे तृप्त करने में भी भाषा ने इन संचार माध्यमों की सहायता से अत्यंत सफल प्रयत्न किया।'[1]

अब प्रश्न यह उठ सकता है कि आखिर संसार में इतनी भाषाओं के विकसित होने की क्या आवश्यकता है! इस सन्दर्भ में पाश्चात्य जगत की एक लोक कथा का स्मरण हो आता है। अति प्राचीन काल में इस संसार के अंतर्गत इतनी भाषाएँ नहीं थी। विश्व् भर में मात्र एक ही भाषा रहा करती थी। संसार भर के सभी लोग अन्य लोगों के साथ बडे आराम से अपने विचारों का आदान-प्रदान किया करते थे। इस अत्यंत व्यापक एवं भव्य सृष्टि के निर्माता ईश्वर की आराधना भी की जाती थी। एक बार एक युवक को यह सन्देह हुआ कि इस अनुपम सौन्दर्य पूर्ण सृजन के कारक भगवान आखिर कैसे होगा? उसके आकार एवं स्वरूप कैसे होंगे? इस विषय को लेकर उस समय के युवा वर्ग में काफी विचार विमर्श होने लगा। आखिर वे सब मिलकर एक बुजुर्ग के

हिंदी : वैश्विक व्याप्ति एवं प्रभाव

पास गये और उसके सामने अपनी शंका व्यक्त की तो उस बुजुर्ग ने उन्हें समझाया कि भगवान हमारे ऊपर स्वर्ग में अर्थात् आसमान में रहते हैं। इस पर लोगों ने मिलकर यह तय किया कि सब मिलकर आसमान के लिये सीढ़ियाँ बनायेंगे और ऊपर जाकर देखेंगे कि ईश्वर कैसे होता है!

दूसरे ही दिन आसमान पर जाने के लिये सीढ़ियों का निर्माण प्रारंभ हो गया। ऊपर से भगवान ने यह सब देखा तो हैरान हो गया कि यदि ये सब उसे देखने ऊपर आयेंगे तो सृष्टि, स्थिति एवं लय जैसे उसके सभी कार्यों में व्यवधान पहुंचेगा। उन्हें सीढ़ियों का निर्माण करने से रोकना ही होगा। पर्याप्त चिन्तन मन्थन के पश्चात् उसने यह निर्णय लिया कि कि वे इन लोगों के लिये अलग-अलग भाषाओं का सृजन करेंगे तो उपयुक्त संचार के अभाव के कारण सीढ़ियों का निर्माण कार्य रुक जायेगा। ऐसा सोचकर ईश्वर ने उन सीढ़ियों के निर्माताओं के लिये अलग-अलग भाषाओं का सृजन कर दिया। निर्माण कार्य के लिये कोई बालू मांगता तो पत्थर लाया जाता था, पत्थर मांगता तो पानी लाया जाता था, पानी मांगा जाता तो बालू लाया जाने लगा। परिणाम-स्वरूप भगवान को देखने के लिये सीढ़ियों के निर्माण का कार्य रुक गया। प्रस्तुत लोककथा से हमें यही तथ्य स्पष्ट होता है कि उपयुक्त संप्रेषण के अभाव में कोई भी निर्माण कार्य संभव नहीं हो सकता और ऐसे संप्रेषण के लिये मानव मात्र के पास उपलब्ध भाषा ही एकमात्र साधन है। परन्तु भाषाओं का वैविध्य इस प्रक्रिया को जो क्षति पहुंचा सकती है उससे मुक्ति पाना भी मानव मात्र के भव्य भविष्य के लिये अनिवार्य है। इसी आशय की पूर्ति हेतु भारत जैसे देश में संपर्क भाषा अथवा राष्ट्रभाषा की अवधारणा का आविर्भाव किया गया।

अब यदि विश्व-भर की संस्कृतियों पर एक तुलनात्मक दृष्टि डाली जाए तो किसी भी विवेकशील व्यक्ति को यह तथ्य स्पष्ट होगा कि भारतीय संस्कृति अन्य पाश्चात्य संस्कृतियों की तुलना में अधिक संपन्न ही नहीं बल्कि वैज्ञानिक भी है। प्राचीन काल से लेकर इस संस्कृति के प्रकाश पुंज को चारों दिशाओं में व्याप्त करने का सक्षम कार्य करनेवाली साहित्यिक सामग्री संस्कृत, प्राकृत और अपभ्रंश में ही नहीं अपितु भारत की अन्य आर्य एवं द्राविड भाषाओं में भी प्रकाशमान है। इनका अध्ययन-अवगाहन करनेवाले किसी भी व्यक्ति को आश्चर्य होगा कि उस समय के भौतिक जगत एवं भाव जगत के साथ-साथ आध्यात्मिक जगत भी अत्यंत प्रभावोत्पादक रहे। वर्तमान युग तक

आते-आते पाश्चात्य जगत ने तो भौतिक उन्नति ही नहीं बल्कि एक विशेष प्रकार के अनुशासन एवं दायित्वपूर्ण व्यवहार को आत्मसात करके अपने परिसर को अत्यंत आकर्षक एवं दर्शनीय बना लिया था। भौतिक उन्नति के परिणामस्वरूप लोगों के बीच की दूरियाँ समाप्त कर दी गईं और पल भर में सारे संसार की यात्रा करके वहाँ की स्थितियों का आकलन भी संभव कर दिया गया। ये सारे कार्य संपन्न भाषाएँ ही कर सकीं, इसमें दो राय नहीं हो सकती। इन्हीं के कारण वैश्विक संस्कृति का रूपायन हुआ और उसके विकास के लिए अनेक दायित्वपूर्ण व्यक्तियों ने अपना सहयोग दिया।

वैश्विक संस्कृति के आविर्भाव के पश्चात हिन्दी की स्थिति तो आशाजनक ही मानी जा सकती है। आज भारत में हिन्दी के प्रति आदर और सम्मान की जितनी भावनाएँ देखी जा सकती हैं, उसकी तुलना में अनेक ऐसे विदेश हैं जहाँ हिन्दी को एक उत्कृष्ट भाषा के रूप में अधिक मान्यता दी गई और जा रही है। हिन्दी के अनेक साहित्यिक ग्रंथों का विदेशी भाषाओं में अनुवाद हुआ और उन भाषाभाषियों ने उन्हें पढकर उनका आनंद उठाया। 'फ्रेंच और रूसी भाषायें ऐसी हैं जिनमें भारतीय ग्रंथों का अनुवाद बडी मात्रा में किया गया। रूसी लेखक वरान्निकोव का **राम चरित मानस** का अनुवाद क्ल्याणोव का **महा भारत** का अनुवाद इस सन्दर्भ में विशेष उल्लेखनेय हैं।'[2] इस प्रकार देखा जा सकता है कि हिन्दी के भक्ति कालीन कृतियों का एवं आधुनिक युग की मिथकीय कथा कृतियों का विश्व भर में प्रचलन होता आ रहा है जो एक देश प्रेमी भारतीय नागरिक के लिये अत्यन्त संतोषजनक यथार्थ है।

वैश्विक धरातल पर हिन्दी के भविष्य को उज्वल बनाने की दिशा में वर्ष 1973 से ही विश्व हिन्दी सम्मेलनों का आयोजन होता आ रहा है। वास्तव में हमारी हिन्दी हमारे सामाजिक जीवन के सांस्कृतिक, साहित्यिक, व्यावसायिक, वैज्ञानिक, तकनीकी और सूचना प्रौद्योगिकी क्षेत्रों में काम करने के लिये राष्ट्रीय सीमाओं को लांघ कर अब तक करीबन बासठ से अधिक देशों में पहुँच गई हैं। विश्व के लगभग दो सौ विश्वविद्यालयों में हिन्दी की विधिवत शिक्षा दी जा रही है। हिन्दी ने अपनी सरलता, सरसता और समग्रता के कारण वैश्विक जन समुदाय के मध्य अपना सुदृढ स्थान बना लिया है। संपर्क भाषा के रूप में हिन्दी ने भारत के सभी राज्यों को एक सूत्र

में जोडा ही है साथ ही वैश्विक स्तर पर अपनी विशिष्ट पहचान बनाने में भी सफल हो पाई। वर्ष 1973 से प्रारंभ हो कर अब तक 11 (ग्यारह) विश्व हिन्दी सम्मेलन आयोजित किये गये। 'हिन्दी को विश्व में महत्वपूर्ण स्थान दिलाने के उद्देश्य से ही ये सम्मेलन आयोजित हो रहे हैं। इन सम्मेलनों के आयोजन के मुख्य लक्ष्य वैश्विक धरातल पर शैक्षकीय उन्नयन, सूचना प्रौद्योगिकी द्वारा हिन्दी का विकास, हिन्दी परिषदों की स्थान स्थान पर स्थापना, विदेशी विश्व विद्यालयों में हिन्दी पीठ का गठन, हिन्दी को संयुक्त राष्ट्र में मान्यता दिलाना, मॉरिशस में विश्व हिन्दी सचिवालय की स्थापना, वार्धा स्थित महात्मा गांधी अन्तर्राष्ट्रीय विश्वविद्यालय में विदेशी हिन्दी विद्वानों को अनुसंधान के लिए शोध छात्रवृत्ति की व्यवस्था आदि हैं।'[3]

तात्पर्य यह है कि वर्तमान युग में वैश्विक धरातल पर ऐसे अनेक प्रयास किये जा रहे हैं जिन के सहारे हमारी राष्ट्रभाषा हिन्दी का भविष्य अवश्य देदीप्यमान होगा। 'सच तो यह है कि हिन्दी आज सभी क्षेत्रीय सीमाओं को तोड चुकी है। क्या पूरब और क्या पश्चिम! क्या देश और क्या विदेश! सभी दिशाओं में यह गतिमान है। देश की केन्द्रीय शक्ति ज्यों ज्यों मजबूत होती जायेगी हिन्दी और भी समृद्ध होती जायेगी।'[4] अत: भारत के प्रत्येक हिन्दी प्रेमी नागरिक का यह दायित्व है कि वह इस देश की केन्द्रीय शक्ति को मजबूत करते जायें और राष्ट्र भाषा हिन्दी का पठन पाठन एवं प्रयोग ही नहीं बल्कि उसका प्रचार प्रसार एवं प्रचलन करते हुए अपने राष्ट्र प्रेम का परिचय देते रहें।

असंख्य प्रवासी भारतीय, विश्व के विविध देशों में हिन्दी साहित्य का सृजन करके वहाँ के लोगों में हिन्दी भाषा एवं साहित्य के प्रति रुचि को समृद्ध कर रहे हैं। जकिया जुबेरी, सुधा ओम ढींगरा, सुषम बेदी जैसे अनेक कथाकार विश्व भर के विविध देशों में हिन्दी के प्रचलन का प्रयास कर रहे हैं। वह अनन्य सामान्य माना जा सकता है। इस सन्दर्भ में यह उल्लेखनीय है कि 'समसामयिक संसार में सकारात्मक संस्कार तो सभी देशों और प्रांतों में विद्यमान हैं। प्रवासी हिंदी कथाकारों की कृतियों के अध्ययन से यही तथ्य स्पष्ट होता है कि संसार के किसी भी व्यक्ति के व्यक्तित्व में आदर्श भरे संस्कार, उसकी मातृ भूमि अथवा जन्म भूमि की मिट्टी से नहीं, बल्कि वहाँ के

हिंदी : वैश्विक व्याप्ति एवं प्रभाव

लोगों एवं उनके आदर्श चरित्रों से प्राप्त होते हैं। जैसे-जैसे इन संस्कारों का प्रचलन वैश्विक क्षेत्र में बढ़ता जाएगा वैसे-वैसे सार्वभौम, सांस्कृतिक अंत:चेतना की शीतल सलिला का प्रवाह प्रबल होता जाएगा और कलियुग में भी कृत युग का आविर्भाव होकर ईश्वर को भी चकित करा देनेवाला लोक-कल्याण संभव हो जाएगा।'5 इस प्रकार हम देख सकते हैं कि प्रवासी हिन्दी कथाकारों द्वारा सृजित ऐसी सामग्री वैश्विक स्तर स्तर पर न केवल लोकमंगलकारी दिशा में विश्व भर के कल्याण की सक्रिय चेष्टा कर रही है बल्कि हिन्दी के भविष्य को उज्वल बना रही है।

चीन के बाद संसार के विविध देशों के अंतर्गत भारत की ही सर्वाधिक आबादी है। भारतीय समाज में अनेक संपन्न भाषाएँ विद्यमान हैं। इनमें हिंदी का स्थान सर्वोपरि माना जा सकता है। परंतु प्रत्येक हिन्दीतर भाषी जब तक इसे स्वीकार करते हुए और इसे सीखकर इसका प्रचलन करते हुए इसे आगे नहीं ले जाएंगे तब तक इसके भविष्य का उज्ज्वल होना थोड़ा संशयात्मक ही माना जा सकता है। इसका तात्पर्य यह नहीं है कि हिंदी भाषियों का इस दिशा में कोई दायित्व नहीं है, उन्हें तो और भी सजग होकर इस आशय की पूर्ति के लिए अधिक प्रयत्न करते रहना होगा। हिंदीतर भाषी प्रांतों में हिंदी के पठन-पाठन को सुदृढ़ बनाना होगा। इलेक्ट्रानिक माध्यमों में जब हिंदी के प्रयोग को अधिक महत्व दिया जाएगा तभी इस देश में अंग्रेजी के वर्चस्व की तुलना में हिन्दी का वर्चस्व बढेगा।

निष्कर्षत: कहा जा सकता है कि हिंदी की स्थिति को वैश्विक धरातल पर तो अधिक सबल बनाना आवश्यक है, परंतु इसके पहले देश में इसके प्रयोग, प्रचार-प्रसार एवं प्रचलन के लिए समग्र प्रयास किए जाने चाहिए। संसार में बहुत कम देश ऐसे हैं जिनके संविधान में हिन्दी जैसी एक संपन्न भाषा को इतना महत्व दिया गया हो। भारत में तो राष्ट्रभाषा हिन्दी के लिये राजभाषा अधिनियम भी पारित किया गया और ऐसे अधिनियम विश्व भर के किसी देश में दिखाई नहीं देते, कारण यही है कि हमारे संविधान निर्माता एवं तत्पश्चात् के राजनेता भारतीय मानसिकता से पूर्णतया परिचित हैं और उन्होंने हिंदी की स्थिति को सुदृढ़ बनाने के लिए ऐसे कार्य किए हैं। उनके इस कार्य को महत्व देते हुए प्रत्येक भारतीय को अपने राष्ट्रप्रेम एवं अपनी संस्कृति के प्रति सद्भाव का परिचय देते हुए हमारी अपनी भाषा का प्रचलन करना होगा। उन सब को यही बात ध्यान में रखनी होगी कि यहाँ इस देश में

कोई भी हिन्दी भाषी या हिन्दीतर भाषी नहीं है, सब के सब हिन्दी प्रेमी हैं। तभी वैश्विक स्तर पर हिन्दी का भविष्य उजवल होगा।

सन्दर्भ सूची :

1. साहित्यिक अवधारणायें : सामयिक सन्दर्भ, एस. कृष्ण बाबु, अमन प्रकाशन, कानपुर, 2020, पृष्ट 37
2. अनुवाद : भाषायें और समस्यायें, एन. ई. विश्वनाथ अय्यर, ज्ञान गंगा प्रकाशन नई दिल्ली, 1991, पृष्ट 78
3. निबंध सुगंधा, चन्द्र सिंह तोमर, यश पब्लिशर्स, दिल्ली, 2018, पृष्ट 39
4. भाषा, राष्ट्र भाषा और राजभाषा हिन्दी, डी. सत्यलता, विशाखपट्टणम, 2017, पृष्ट 11
5. प्रवासी हिन्दी साहित्य : बदलते तेवर, सं. अनुपमा तिवारी, माया प्रकाशन, कानपुर, 2018, पृष्ट 171

अध्यक्ष, वाजा ए पी एवं
दक्षिण भारतीय राजभाषा संस्थान
श्री वेंकट सौशील्यम फ्लैट नं. 201,
लॉसंस बे कॉलनी विशाखपट्टणम

हिंदी : वैश्विक व्याप्ति एवं प्रभाव

प्रौद्योगिकी और हिंदी का विकास

प्रो. (डॉ.) पी. व्ही. कोटमे

मानव समाज में संचार एक सहज प्रवृत्ति है। इस संचार ने आज व्यापक जनसंचार का रूप धारण किया है। अपने भावों, इच्छाओं, आकांक्षाओं, विचारों, अवधारणाओं, मत-मान्यताओं आदि को व्यापक जनसमुदाय तक पहुँचाने एवं अन्यों की क्रिया-प्रतिक्रियाओं को समझने के लिए मनुष्य अपने आदिकाल से ही प्रयत्नशील रहा है। वर्तमान में जिसने आधुनिक से अत्याधुनिक सूचना माध्यम, सूचना प्रौद्योगिकी, नव इलेक्ट्रानिक मीडिया, सोशल मीडिया का रूप धारण किया है।

आज समाज में तेजी से परिवर्तन हो रहा है- सूचना और उससे भी बढ़कर ज्ञान की श्रेष्ठता, जिसके प्रसार और संप्रेषण के लिए भाषा को अपनी नई भूमिका निभानी पड़ रही है।इसमेंसूचना एक मूलभूत मानवीय जरूरत है। यह समाज के विकास का मूल स्रोत है। सूचना अर्थात्- कोई जानकारी, ज्ञान, संदेश भेजने वाले और पाने वाले के बीच कार्य शुरू करने का बिंदु है। हर सफल काम की कुंजी सूचना है, इसे अब सभी लोग तथा संगठन समझने लगे हैं। आज सिद्ध है कि यह सूचना महाविस्फोट का युग है।

आज का युग विज्ञान सूचना-प्रौद्योगिकी का है। प्रौद्योगिकी याने- नवीनतम तकनीक अर्थात् यांत्रिक सुविधाएं, जैसे- कम्प्यूटर, इंटरनेट, टेलीप्रिंटर, मोबाईल आदि। एल्विन टाफ्लर ने अपनी एक पुस्तक में कहा- 'सूचना' को एक उत्पाद, एक प्रौद्योगिकी और एक क्रांति के रूप में रोचक ढंग से व्याख्यायित किया। उनकी इस कृति को ऐसा दस्तावेज कहा जा सकता है, जिसने विश्व में सूचना को एक प्रौद्योगिकी का दर्जा दिलाया, जिसका आधार कम्प्यूटर विज्ञान तथा प्रौद्योगिकी थी।"[1] सूचना प्रौद्योगिकी के क्षेत्र में मल्टी मीडिया सूचना, इंटरनेट, फेसबुक, ट्वीटर, व्हॉट्स-अप आदि से संप्रेषण के विभिन्न माध्यमों से सूचना को प्रभावोत्पादक ढंग से व्यक्त किया जा रहा है। इसे ''नए आर्थिक ढाँचे में समाज की सूचना की जरूरतें पूरी करने के लिए एक नई 'प्रौद्योगिकी' विकसित हुई है, जिसे 'सूचना तकनीक' या 'सूचना प्रौद्योगिकी' कहा गया।.....विश्वव्यापी संजाल-'वर्ल्ड वाइड वेब' (डब्लू डब्लू डब्लू) जो अपने स्वाभाविक शिल्प-निर्माण से ही अपना नाम सतर्क करता है।"[2] इसमें इंटरनेट का रिश्ता सूचना प्रौद्योगिकी और प्रिंट मीडिया से है

हिंदी : वैश्विक व्याप्ति एवं प्रभाव

उतना ही करीबी रिश्ता समाज से है और ये सभी एक-दूसरे पर प्रभाव डालते हैं और उनसे प्रभावित होते हैं। सूचना मूलतः तीन प्रकार से संप्रेषित होती है-मौखिक, लिखित तथा चित्रात्मक। सन 1946 में विश्व का पहला पूर्णतः इलेक्ट्रॉनिक डिजिटल कम्प्यूटर बना। इसके बाद ध्वनि, वीडियो, चित्र, लिखित सामग्री, इत्यादि को प्रसारित करनेवाला कम्प्यूटरीकृत तकनीक 'मल्टी-मीडिया' कहलाई। दूसरी ओर सायबर-स्पेस या डिजिटल संजालों का मल्टीमीडिया रचित एक ऐसा कल्पनालोक सामने आया जिससे हमारे सामाजिक, सांस्कृतिक तथा आर्थिक जीवन में असंख्य लाभ हो रहे हैं।

सुधीश पचौरी के अनुसार, "साइबर-स्पेस वह 'स्पेस' (जगह) है जो कम्प्यूटर क्रांति और इंटरनेट के द्वारा निर्मित 'सूचना सुपर हाइवे' ने संभव की है। यह एक ईएसआई 'जगह' है जो भौगोलिक सीमाएँ नहीं मानती, राजनीतिक सीमाएँ नहीं मानती और अपने मूल-चरित्र में अति चंचल और भूमंडलीय है।"[3] इस तरह संसार में तमाम क्रांतियां हो रही हैं। राधेश्याम शर्मा के शब्दों में-"सूचना-क्रांति, संचार-क्रांति, कम्प्यूटर के क्षेत्र में क्रांति, सेटेलाइट, वेबसाइट, छपाई कला में क्रांति आदि अनेक क्रांतियों के कारण सारे विश्व एवं जनजीवन का स्वरूप ही बदल गया है। आज समृद्धि एवं प्रगति का मापदंड यही क्रांतियां बन गयी हैं। शैक्षिक, आण्विक, औद्योगिक प्रगति अथवा युद्ध एवं शांति के लिए भी इन क्रांतियों का उपयोग अनिवार्य है। आतंकवाद भी नई तकनीकों एवं उपरोक्त क्रांतियों के रथ पर सवार हो गया है।"[4]

सूचना प्रौद्योगिकी से कई लाभ :

1. हर व्यक्ति के जीवन में सूचनाओं का आदान-प्रदान आसान हुआ है।
2. व्यक्तिगत क्षेत्र, सार्वजनिक तथा सरकारी कार्य में गति आई है।
3. आज सबको जहाँ है वहाँ नित्य प्रति जानकारी उपलब्ध हो रही है।
4. समय की बचत के साथ-साथ संबंधों में तीव्रता आई है।
5. सूचना विस्फोट के रूप में क्रांति हुई है।
6. विश्व सिर्फ भौगोलिक रूप से नहीं, बल्कि वैचारिक एवं सांस्कृतिक दृष्टि से भी एकाकार हो गया है।
7. आज विश्व सभी दृष्टियों से एक विश्व ग्राम में बदल गया है।
8. वास्तव में सूचना-प्रौद्योगिकी याने जन-माध्यम, जनता, समाज, राष्ट्र और विश्व के सजग प्रहरी का कार्य कर रहे हैं।

9. आजसमाज, संस्कृति, साहित्य, दर्शन, धर्म, विज्ञान, कला, नव इलेक्ट्रानिक माध्यमों में अनुवाद भी कारगर भूमिका निभा रहा है।
10. आज समाज या राष्ट्रों की सुरक्षा की दृष्टि से भी इनका योगदान सराहनीय है।

सूचना-प्रौद्योगिकी के अद्यतन परिवर्तन में हिंदी भाषा सूचना उपकरणों की भाषा बनकर अपने चहुमुखी विकास की ओर अग्रसर है। डॉ. संध्या वात्सायायन के शब्दों में– "सूचना प्रौद्यगिकी और भाषा प्रौद्योगिकी का अन्योन्याश्रित संबंध है। सूचना को भाषा में प्रदान किया जाता है और भाषा अभिव्यक्ति के लिए लिपि का सहारा लेती है। सूचना प्रौद्योगिकी का हिंदी अनुप्रयोग देवनागरी लिपि से स्वत: ही जुड़ा हुआ है। डाटा का भंडारण, डाटा के सूचना में बदलने तथा सूचना को संसार भर में संचारित करने के लिए प्रयुक्त की जाने वाली प्रविधि ही सूचना प्रौद्योगिकी है।"[5] भारत की लोकतांत्रिक छबि के साथ भारतीय संस्कृति की व्यापक स्वीकृति भारतीय भाषाओं और विशेषकर हिंदी की वैश्विक स्वीकृति का एक प्रमुख कारण है। सूचना प्रौद्यगिकी के भाषायी आयामों को हम आठ श्रेणियों में विभक्त कर सकते हैं-

1. संपर्क की भाषा हिंदी
2. जनसंचार की हिंदी
3. सूचना-प्रौद्योगिकी हिंदी
4. प्रशासकीय हिंदी
5. वाणिज्यिक हिंदी
6. फिल्म डबिंग और सबटाइटलिंग की हिंदी
7. बीबीसी तथा एफ.एम्. रेडिओ की हिंदी
8. विश्व व्यापी हिंदी

सूचना-प्रौद्योगिकी में भारत का डंका :

1. प्रौद्योगिकी और अंतरिक्ष के विविध कार्यक्रम :

रक्षा तकनीक और अंतरिक्ष तकनीक में आत्मनिर्भरता के साथ, आज भारत इस क्षेत्र के सबसे उन्नत राष्ट्रों में से एक हैं। वर्ष **1975 में भारत ने पहले अंतरिक्ष उपग्रह** का डिजाइन तैयार किया था। **घरेलू संचार** के लिए *उपग्रह विकसित करने वाला भारत दुनिया का पहला देश बन गया है*।

हिंदी : वैश्विक व्याप्ति एवं प्रभाव

2. विविधता में एकता :

धर्मों और संस्कृतियों की विविधता के बावजूद हम एक राष्ट्र हैं और हर एक बीतने वाले दिन के साथ एकता की यह भावना और मजबूत हो रही है। यह दुनिया के लिए एक आदर्श है। भारतीय संस्कृति को जानने के लिए अमेरिकी हिंदी सीख रहे हैं। भारतीय संस्कृति, सभ्यता और विरासत जानने-समझने के इच्छुक नागरिक हिंदी सीख रहे हैं। अमेरिकी सरकार भी अपने नागरिकों को हिंदी सिखाने वाले संस्थानों को प्रोत्साहित कर आर्थिक मदद मुहैया करा रही है। "मुंबई हिंदी पत्रकार संघ की ओर से अमेरिका से भारत प्रवास पर आए हिंदी छात्र-छात्राओं और शिक्षकों से अमेरिका में हिंदी के भविष्य पर चर्चा हुई। न्यूयार्क यूनिवर्सिटी की गैब्रिएला इलेवा की हिंदी सुनकर सभी लोग दंग रह गए। उन्होंने कहा कि भारतीय सभ्यता, संस्कृति समझने के लिए हिंदी जरूरी है, इसलिए अमेरिका में बड़ी संख्या में लोग हिंदी सीख रहे हैं। अमेरिकी नागरिक ड्राविस गिरधारी के पूर्वज दक्षिण अफ्रीका से अमेरिका गए थे। उनका परिवार मूलरूप से बिहार का है। गिरधारी ने कहा कि वह अपने पूर्वजों के देश को समझने के लिए हिंदी सीख रहे हैं।"[6] इस अमेरिकी प्रतिनिधिमंडल का नेतृत्व युवा हिंदी संस्थान फुलब्राइट के निदेशक अशोक ओझा जी कर रहे थे। इस तरह दुनिया के कई देशों के नागरिक हिंदी सीख रहे हैं।

3. अत्याधुनिक संचार माध्यम :

इसमें इंटरनेट, पेजर, सेल्युलर फोन, मोबाईल, ई-मेल, ब्लॉग, नेट-पत्र-पत्रिकाएँ, सर्च इंजनों आदि का विकास हुआ **है।**

4. भारतीय रेलवे का नेटवर्क :

वर्ष 1947 के बाद, देश को पुराना रेल–नेटवर्क विरासत में मिला। भारत के **पहाड़ी रेलों को यूनेस्को ने विश्व धरोहर** स्थल की सूची में स्थान दिया है। रेलवे ने हिंदी को देश के हर जगह पहुंचाया है।

5. भारतीय सशस्त्र बल :

दुनिया में आज भारत चार बड़ी सैन्य शक्तियों में से एक है और इसके पास दुनिया की अत्याधुनिक मिसाइल हैं। भारतीय फ़ौज में आम तौर पर हिंदी को ही बढ़ावा दिया जाता है।

6. आर्थिक सुधार :

भारत की वैश्विक मंच पर हैसियत बढ़ी है। इसका कारण आज यूक्रेन युद्ध में तटस्थ रवैया और वैश्विक मंचों पर देश का विकासशील-गरीब देशों की आवाज बनना है। देश की बढ़ती आर्थिक साख की भी इसमें मुख्य भूमिका है। सन 2022 में भारत दुनिया की पांचवीं बड़ी इकॉनमी बना है और इस दशक के अंत तक हम अमेरिका और चीन के बाद तीसरी आर्थिक महाशक्ति बन जाएँगे।

सूचना-प्रौद्योगिकी और हिंदी भाषा का विकास :

हिंदी भाषा का इतिहास अति प्राचीन है। इसकी साहित्यिक समृद्धि संतों, भक्तों और कवियों की रचनाओं से गौरवशाली है। भारत के संविधान में इसे राजभाषा के रूप में प्रतिष्ठित किया गया है। हिंदी के अलावा भारत में अनेक समृद्ध और सुसंस्कृत भाषाएँ हैं।लेकिन राष्ट्रीय-अंतर्राष्ट्रीय तौर पर भारत की पहचान सिर्फ हिंदी से है।वर्तमान में शिक्षा, ज्ञान-विज्ञान, सूचना-प्रोद्यौगिकी, पर्यटन, व्यापार, देशाटन, नौकरी, बौद्धिक जाग्रति, राष्ट्रीय चेतना, जनसंचार माध्यम, समाज माध्यम, आभासी दुनिया आदि अनेक कारणों से हिंदी का क्षेत्र अत्यंत व्यापक हो गया है।

आज हिंदी भाषा सूचना उपकरणों की भाषा बनकर सूचना प्रौद्योगिकी द्वारा अपने चहुमुखी विकास की ओर अग्रसर है। अब भारत की हिंदी दुनिया भर के उन सभी की है जो इनके ग्लोबल रूप को स्वीकार कर रहे हैं। यह रोमन लिपि में भी लिखी जा रही है। जिसे 'नई हिंदी', मिश्रित हिंदी, हंग्रेजी', हिंग्लिश' कहा जा रहा है। संचार क्रांति के फलस्वरूप हिंदी वैश्विक होकर विश्व भाषा बन गई है। उसने दुनिया की मुख्य दस भाषाओं में अपना स्थान निर्धारित किया है। दिसम्बर, 2016 में विश्व आर्थिक मंच ने दस सर्वाधिक शक्तिशाली भाषाओं की जो सूची जारी की है, उसमें हिंदी भी एक है। इसी प्रकार कोर लैंग्वेजेज नामक साइट ने 'दस सर्वाधिक महत्वपूर्ण भाषाओं' में हिंदी को स्थान दिया था। के-इण्टरनेशनल ने वर्ष 2017 के लिए सीखने योग्य सर्वाधिक उपयुक्त नौ भाषाओं में हिंदी को स्थान दिया है। इसी वर्ष 2022 में हिंदी को संयुक्त राष्ट्र संघ की अधिकारिक भाषा के रूपमें स्थान भी दिया गया है। सूचना प्रौद्योगिकी के इस युग में जो भाषाएँ तकनीक के साथ संतुलन बनाकर परिवर्तनशील है- अंग्रेजी, स्पैनिश, रूसी, अरबी, फ्रैंच, पुर्तगाली, मलय, इंडोनेशियन, हिंदी तथा बंगला। हिंदी का शब्द-भंडार

लगभग ढाई लाख है, जिससे वह दुनिया के किसी भी सामग्री को आसानी से रूपांतरित कर सकती है।

1. शिक्षा क्षेत्र में हिंदी का विकास :

दुनिया के 180 देशों के विभिन्न विश्वविद्यालयों में हिंदी का अध्यापन-अध्ययन हो रहा है। लगभग 150 विश्वविद्यालयों तथा सैकड़ों छोटे-बड़े केंद्रों में विश्वविद्यालय स्तर से लेकर शोध स्तर तक हिंदी के अध्ययन-अध्यापन की व्यवस्था के साथ हिंदी भाषा का पठन-पाठन और शोध-कार्य संपन्न हो रहे हैं। पांच सौ से अधिक विदेशी विद्वान हिंदी भाषा और साहित्य को विश्वव्यापी बना रहे हैं। वे समाचार पत्र-पत्रिकाओं के नेट संस्करणों के माध्यम से स्वयं को हिंदी भाषा के प्रचार-प्रसार से जोड़ रहे हैं। टेलीविजन कार्यक्रमों में हिंदी फिल्मों और गीत-संगीत की लोकप्रियता भी बढ़ी है।

2. हिंदी का विकास और अनुवाद :

सूचना प्रौद्योगिकी के हर क्षेत्र में चाहे वह समाचार-पत्र हो, रेडियो या टेलीविजन इन सबमें अनुवाद की भूमिका भी तेजी से बढ़ती जा रही है। अनुवाद से तात्पर्य अनूदित रचनाओं से ही नहीं,बल्कि नई सोच और नई तकनीकी संकल्पनाओं से भी है। अनुवाद ई-लर्निंग प्लेटफार्म से केंद्र सरकार व नियंत्रणाधीन कार्यालयों में कार्यरत कर्मचारियों को अनुवाद प्रशिक्षण दिया जाता है। श्रुत लेखन (स्पीच टैक्स्ट टूल) विधि में प्रयोक्ता बोलते रहने से वह पाठ के रूप में मिलता है। मंत्र-राजभाषा एक भाषा से दूसरी भाषा में अनुवाद करने के लिए- प्रौद्योगिकी पर आधारित एक मशीन साधित अनुवाद प्रणाली है। प्रवाचक लिखित सामग्री को स्पीच के रूप में परिवर्तित करने वाली एक प्रणाली है। इसी प्रकार कंठस्थ मशीन-साधित एक अनुवाद प्रणाली है। अत: यह हिंदी की डिजिटल यात्रा की दुनिया में कालक्रम वार हिंदी कम्प्युटिंग विकास की उल्लेखनीय उपलब्धियाँ हैं।

अनुवाद और हिंदी भाषा :

भारत जैसे विशाल, बहुभाषी तथा अंतरराष्ट्रीय स्तर पर संचार-माध्यमों के लिए सामग्री एकत्र करना भी अनुवाद के बिना अन्य साधन से असंभव है। दूसरी ओर वर्तमान समय में ज्ञान एवं सूचना संचार तीव्रगमन का है। आज गहराई का स्थान विस्तार ने लिया है। भारत जैसे देश को अंतर्राष्ट्रीयता की सामयिक अपेक्षा के अनुकूल उपस्थित होना अनिवार्य हो गया है। इसकी पूर्ति का आधार अनुवाद ही है। देश-विदेश में जो भी कुछ घट रहा है या घटनेवाला है, उसे तमाम विश्व भाषाओं में त्वरीत गति से अनुवाद

के माध्यम से संचारित किया जा रहा है। इस बहुराष्ट्रवाद एवं बहुसंचारवाद के युग में विदेशियों ने जब हमारे देश में अपने व्यवसाय को बढ़ाने के लिए, बाज़ारों तथा यहाँ के उपभोक्ताओं पर कब्जा पाने के लिए मुख्यतः हिंदी का ही उपयोग किया है। वास्तव में अनुवाद इस नए युग और नई शताब्दी का सर्वाधिक क्रांतिकारी आयाम है।

दुनिया की कोई भी जानकारी खेल, विज्ञान, पर्यावरण विज्ञान, इतिहास, पर्यटन के सुप्रसिद्ध चैनल आज भारतीय लघु स्क्रिन के लिए हिस्ट्री, नेशनल ज्योग्राफिक, ईएसपीएन, ऐनिमल प्लेनेट तथा विभिन्न राष्ट्रों की कला एवं संस्कृतियों को ध्वनि कार्यक्रम तथा फिल्म हिंदी में कायंतरित (डंबिग), रूपांतरित, भाषांतरित करके दिखाए जा रहे हैं। अनेक धारावाहिक अब डबिंग के साथ-साथ कल्पनालोकी त्रि-आयामी विधाओं- एनीमेटेड रूप में भी दिखाए जा रही है। आज क्षणमात्र में विश्व की प्रमुख भाषाओं से हिंदी और हिंदी से विश्व भाषाओं में सूचना तकनीकी अनुवाद से जानकारी उपलब्ध हो रही है। आज अनुवाद कार्य एक व्यवसाय बन गया है। इसमें आलेख लेखक, अनुवादक, रूपांतरकार, डबिंग, समाचार लेखक, संपादक, कार्यक्रम संपादक, प्रस्तुतकर्ता, प्रस्तोता, संवाददाता और न जाने कितने ही अन्य रूपों में अनुवाद से सूचना प्रौद्यागिकी में एक सहयोगी संयोजक है।

3. हिंदी का प्रयोग और बहुराष्ट्रीय कंपनियां :

सन 1991 के बाद भारतीय बाजार भी 'ग्लोबल' हो गया। अंतरराष्ट्रीय मुद्रा कोष (आई.एम.एफ. इंटरनेशनल मॉनेटरी फंड), विश्व बैंक (वर्ल्ड बैंक), विश्व व्यापार संगठन (वर्ल्ड ट्रेड ऑनाइजेशन), बहुराष्ट्रीय कंपनियां, ब्रेटन वुड्स और 'गैट समझौते' भूमंड़लीकरण की प्रक्रिया को आगे बढ़ाते हैं। ये संस्थाएं या निकाय विश्व के सभी देशों को आर्थिक तंत्र से जुड़ी हुई है। भारत आज के वैश्विक दौर में आर्थिक एवं व्यावसायिक महाशक्ति के रूप में उभर रहा है। हिंदी का प्रयोग अब उद्योग एवं व्यापार जगत में भी बढ़ा है। सभी व्यावसायिक, अर्ध व्यावसायिक प्रतिष्ठान, सरकारी संस्थाएं, एन. जी. ओ. और बी. पी. ओ. आदि तमाम संस्थाएं हिंदी भाषा का अधिक प्रयोग कर रही हैं। विश्व का 82 प्रतिशत व्यवसाय अंग्रेजी भाषा में न होकर उस क्षेत्र की आम भाषा में होता है। भारत मेंलगभग 93 प्रतिशत विज्ञापन हिंदी में होते हैं, तो अंग्रेजी विज्ञापन 7 प्रतिशत है। कॉर्पोरेट सेक्टर हिंदी के माध्यम से

मार्केटिंग बढ़ा रहा हैं। शेयर बाज़ार तथा व्यापारिक व्यवहार हिंदी के माध्यम से कई चैनलों पर प्रदर्शित किये जाते हैं। भारत में हिंदी बोलने वाले 65 करोड़ से भी ज्यादा है।

4. हिंदी और वाणिज्य एवं व्यापार :

हिंदी का विस्तार भी उसकी 'बाज़ार' आधारित आवश्यकता पर निर्भर करता है। पिछले लगभग 25-30 वर्षों में जैसे-जैसे पूरा विश्व एक गांव बना और तकनीक ने नये क्षितिज हमारे सामने खोल दिये हैं, हिंदी भाषा भी अधिक विस्तृत हो गयी है। गैट करार के अनुबंध से विश्व स्तर पर वाणिज्य और व्यापार का विकास द्रुत गति से हुआ। यातायात, द्रुतगामी साधनों तथा संचार के अन्य विकसित माध्यमों के कारण बाजार का स्वरूप स्थानीय तथा क्षेत्रीय सीमाओं से संबंधित नहीं रहा, बल्कि आंतरराष्ट्रीय बन गया है। इसी के परिणामस्वरूप आज भारत जैसे देश से सर्व सामान्य किसान भी विदेशों में अपना कृषि माल भेज रहे हैं। यह सब वैश्विकीकरण का नतीजा है। इस वैश्विकीकरण की प्रक्रिया में वाणिज्य एवं व्यापार के क्षेत्र में भाषिक आवश्यकता भी अनिवार्य बनी। इसलिए आंतरराष्ट्रीय भाषा अंग्रेजी के बराबर हिंदी का भी प्रयोजनमूलक रूप समय की माँग के साथ सामने आया। अतः वाणिज्य एवं व्यापार के क्षेत्र में दिनों-दिन हिंदी का प्रयोग, उपयोगिता की दृष्टि से बढ़ता जा रहा है।

5. हिंदी का विकास और सिनेमा :

आज सिनेमा व्यवसाय में अंग्रेजी फिल्में हिंदी में डंबिंग करके अंग्रेजी से अधिक आमदनी कमा रही हैं। बॉलीवुड की फ़िल्में भारतवासी चाहे वे उत्तर के हों या दक्षिण के, हिंदी सिनेमा ही देखना चाहते हैं। चीन में तो 'दंगल' फिल्म ने अपार सफलता हासिल की और वहाँ हिंदी पहुंच ही गई। हिंदी के प्रभाव का अनुमान इससे लगाया जा सकता है कि जिन सैटेलाइट चैनलों ने भारत में अपने कार्यक्रमों का आरंभ अंग्रेजी भाषा से किया था, अब अपने कार्यक्रम हिंदी में दे रहे हैं। एक अनुमान के अनुसार बॉलिवुड फिल्मों को हिंदी में डब करने का बिजनेस हजारों करोड़ रुपयों का है। वेब, विज्ञापन, संगीत, सिनेमा और बाजार के क्षेत्र में हिंदी की मांग जिस तेजी से बढ़ी है वैसी किसी और भाषा की नहीं। सतीश शर्मा 'जाफरावादी' के अनुसार "सिनेमाई हिंदी बॉलीवुड सिनेमा की सबसे बड़ी शक्ति है। यह

बॉलीवुड -फिल्मों की 'लाइफ-लाइन कही जा रही हैं। बॉलीवुड फ़िल्में प्रतिवर्ष लगभग 1.75 अरब अमरीकी डॉलर का कारोबार कर रही हैं।"[7] दृश्य माध्यम, सिनेमाओं द्वारा जनभाषा हिंदी की लोकप्रियता बढ़ी है। विश्वमानस को हिंदी का स्वाद हिंदी सिनेमाओं के गीतों द्वारा हुआ है।

फिल्म डबिंग और सबटाइटलिंग :

ओवर द टॉप यानि ओटीटी के आने के बाद दुनिया की तमाम भाषाओँ में फ़िल्में देखना और समझना आसन हो गया है। अब एक प्लेटफॉर्म पर आप हजारों फ़िल्में देख सकते हैं। इससे फर्क नहीं पड़ता कि वह फ्रेंच भाषा में है या स्पेनिश में, क्योंकि हिंदी डबिंग या हिंदी सबटाइटल होना अब आम बात हो गई है। यह इसलिए संभव हुआ कि अब बड़ी-बड़ी कंपनियां इसी काम का ठेका ले रहीं और फिल्म निर्माताओं को हिंदी डबिंग और सबटाइटल उपलब्ध करा रही हैं। इस काम से लाखों लोगों को रोजगार भी मिल रहा है। यदि आपकी हिंदी अच्छी है, तो यह काम करके महीने में 50 हजार रुपये तक कमा सकते हैं।

6. हिंदी की प्रमुख वेबसाइट्स :

अनुभूति, अनुरोध, अभिव्यक्ति, हिंदी नेल्ट, गीत फल, भारत दर्शन, शब्दांकन, सृजन गाथा, स्वर्ग विभा, पूर्वाभास, साहित्य कुंज, समयांतर, हिंदी चेतना, गर्भनाल, हिंदी समय, कविता कोश, गद्य कोश आदि विभिन्न विधाओं में साहित्य विश्व भर में पढ़ा जा रहा है।

7. बी.बी.सी. और एफ.एम्. रेडिओ की हिंदी सेवा :

11 मई, 1940 से हिंदी प्रसारण सेवा, 2001 में बीबीसी हिंदी डॉट कॉमकी शुरुआत हुई। इससे दुनिया भर में समाचार विश्लेषण पहुँचा है। एफ. एम्. रेडिओ चैनल ने नई मेट्रो हिंदी को जन्म दिया है। इसमें विविध मनोरंजनात्मक कार्यक्रमों के साथ विज्ञापनों की एक अलग हिंदी भाषा विकसित हुई है।

8. **मोबाईल एसएमएस की हिंदी :**

भारत में सन 2004 के बाद मोबाईल में एसएमएस के द्वारा हिंदी का प्रयोग बढ़ा है। जिसमें लोग अंग्रेजी और हिंदी के संक्षिप्त रूपों का प्रयोग करने लगे हैं। इसका प्रयोग जीवन के सभी क्षेत्रों में हो रहा है।

9. हिंदी का विकास और अप्रवासी भारतीय :

आज के बदलते परिवेश के साथ हिंदी भाषा वैश्विक स्तर पर अपनी

अलग पहचान बना रही है। अप्रवासी भारतीयों ने हिंदी भाषा को वैश्विक भाषा बनाने में महती भूमिका अदा की है। हमारे प्रधानमंत्री जब विदेश यात्रा करते हैं तो वहाँ के मूल भारतीय लोगों के साथ उनके बच्चे भी उनसे हिंदी में बात करते हैं।

10. हिंदी का अमेरिका में प्रभाव :

आज अमेरीका में पूरी हिंदी छा गयी है। हिंदी के कई एसोसिएशन हैं, छोटे-छोटे ग्रुप हैं। वे हिंदी को बढ़ावा देने के लिए विविध आयोजन करते हैं। एडिसन में भारतीय नागरिकों के एसोसिएशन द्वारा हिंदी, शास्त्रीय संगीत और नृत्य सीखने के लिए क्लासेस चलाए जाते हैं। अमेरीका में बसे भारतीयों के लिए स्कूलों में स्वैच्छिक भाषा- डच, स्पैनिश, इटालियन, जर्मन, लैटिन के साथ हिंदी का ऑप्शन भी उपलब्ध किया गया है। नैशनल सिक्युरिटी इनिशिएटिव (एनएसई) के तहत यह पहल की गई है। यह ऑप्शन उन्हीं राज्यों में उपलब्ध है, जहां एशियन आबादी ज्यादा है। यहां नायगरा स्थान का विशेष महत्व है। यहां सुंदर जलप्रपात स्थल है, जहां भारतीय होटलों की संख्या उल्लेखनीय है। इसलिए हिंदी का प्रयोग भी ज्यादा है।

हिंदी भाषा में विविध सुविधाएँ :

1. हिंदी में आज अनेक सुविधाएँ उपलब्ध : जैसे- ऑनलाइन हिंदी शब्दकोश, मशीनी हिंदी अनुवाद, लीला हिंदी प्रवाह से मोबाईल पर भी रिकोर्ड और टंकण की सुविधा, श्रुतलेखन राजभाषा सॉफ्टवेयर, प्रवाचक यह एक ऐसा सॉफ्टवेयर है, जो कम्प्यूटर पर टंकित हिंदी सामग्री को पढ़कर स्पीकर की सहायता से बोलता है। वर्तनी परीक्षक यह एक नया बहुविकल्पीय और बहुआयामी प्रायोगिक हिंदी वर्तनी सॉफ्टवेयर है।

2. मोबाईल तथा टैबलेट पर हिंदी टंकण सुविधा : अब हिंदी में बात करता गूगल –यह एंड्राईड फोन में लैंग्वेज प्रिफेरेंस में अंग्रेजी को सिलेक्ट करता है और स्मार्टफोन एंड्राईड पर चल रहा है।

3. फॉन्ट परिवर्तक : इससे कोई भी फॉन्ट हम यूनिकोड में बदल सकते हैं। जिससे भारतीय लिपियों को आपस में बदलना आसन हुआ है, ओपन टाइप यूनिकोड फ़ॉन्ट्स से कम्प्यूटर में यूनिकोड सक्रिय हो जाने पर हिंदी टंकण के लिए कई फॉन्ट स्वत: ही मिल जातेहैं। यूनिकोड फॉन्ट में पत्रिका/ पुस्तक प्रकाशन किया जाता है।

हिंदी : वैश्विक व्याप्ति एवं प्रभाव

हिंदी में वेब एड्रेस : हिंदी दुनिया की उन 7 भाषाओं में से हैं, जिनमें वेब एड्रेस (वेबसाइट का पता) बनाया जाता है। भारत डोमेन से अब इंटरनेट पर पता हिंदी तथा अन्य 7 भाषाओँ में संभव हुआ है। हिंदी में ईमेल पता अब उपलब्ध हुआ है।

हिंदी ब्लॉग : अब हिंदी टूल्स से संबंधित ब्लॉग उपलब्ध है। यूएई के 'हम एफ-एम' सहित अनेक देश हिंदी कार्यक्रम प्रसारित कर रहे हैं, जिनमें बीबीसी, जर्मनी के डॉयचे वेले, जापान के एनएचके वर्ल्ड और चीन के चाइना रेडियो इंटरनेशनल की हिंदी सेवा विशेष रूप से उल्लेखनीय हैं।

नव रोजगारपरक हिंदी :

हिंदी में नई-नई तकनीकों का आर्विभाव हुआ है। हिंदी भाषा की पुस्तक 'रेत समाधि' के अंग्रेजी अनुवाद 'टुम ऑफ़ सैंड' के बुकर प्राइज जितने के बाद माना जा रहा है कि हिंदी को लेकर लोगों की सोच बदलेगी। हिंदी में अच्छे रोजगार पाने के लिए बहुभाषी होकर ही यह संभव है। जेएनयु के प्रोफेसर देव शंकर नवीन कहते हैं कि "विश्व में जो ग्लोबल विलेज की अवधारणा बनी है, उसमें जितनी बहुराष्ट्रीय कंपनियां भारत में हैं, उन सबको अब अनुवादक चाहिए। रोजगार के कई अन्य अवसर भी हैं, तो रोजगार की दृष्टि से भी हिंदी आज युवाओं के लिए बेहद कामयाब भाषा है।"[8] जिसमें कोई भी हाथ आजमा कर लाखों रुपयेकमा सकते हैं, जैसे-

1. ऑडियो स्टोरी / पॉडकास्ट : यदि आपका हिंदी उच्चारण अच्छा है और आवाज में भारीपन है, तो आप हिंदी की लोकप्रिय कविता-कहानियों का ऑडियो संस्करण भी तैयार कर सकते हैं। ऐसी ही कुछ पॉडकास्ट वेबसाइट भी हैं, जो समाचार और फीचर को रोचक अंदाज में ऑडियो रूप में उपलब्ध कराती हैं। इनसे जुड़कर भी एक अच्छा रोजगार पा सकते हैं। कई फेसबुक पेज और ऐप भी ऐसे हैं, जो दुनिया की अनेक भाषाओँ में लिखे गए साहित्य को हिंदी में अनुवादित कर साहित्य प्रेमियों के लिए उपलब्ध कराते हैं।

2. डिजिटल जगत : अब खबरों का सबसे त्वरित माध्यम न्यूज वेबसाइट्स हो गई हैं। लगभग हर बड़े मीडिया हाउस की अपनी वेबसाइट होती है। हिंदी की भी अनेक वेबसाइट्स हैं, जहां रोजगार पा सकते हैं। इसके अलावा आईटी कंपनियां भी अपने उत्पाद की प्रचार-सामग्री को हिंदी में रूपांतरित करती हैं। इस तरह के अनुवादक को भी अच्छी खासी रकम मिलती हैं।

3. विंडोज-11 : विंडोज-10 के बाद हाल ही में विंडोज-11 आधुनिक तकनीक इनोवेशन है। इसमें अपनी पसंद की भाषा का चयन कर सकेंगे। यह अब हिंदी में टाइप किए हुए टेक्स्ट पढ़कर सुना भी सकता है। इस विंडोज-11 का पूरी तरह हिंदीकरण हो सकता है। बालेन्दु शर्मा दाधीच के अनुसार- "विडोंज-11 में हिंदी के अनेक यूनिकोड आधारित फॉन्ट उपलब्ध हैं। आप अपने मनचाहे ढंग से टेक्स्ट को फॉरमैट करने के लिए अपराजिता, निर्मला, कोकिला, उत्साह, संस्कृत टेक्स्ट आदि का प्रयोग कर सकते हैं। इनके अलावा भी फॉन्ट इंटरनेट से डाउनलोड करके इस्तेमाल किए जा सकते हैं।"[9]

4. अंतर्राष्ट्रीय व्यापार की भाषा : विश्व व्यापार में भारत अतीत में पहले स्थान पर था। जावा, सुमात्रा, बालि, अफगानिस्तान, चीन, इंडोनिशिया आदि देशों में व्यापार व व्यापारिक संबंध हिंदी और अन्य भाषाऔँ में होते थे। आज अनेक देशों से हिंदी में ही व्यापार और अंतर्राष्ट्रीय संबंध स्थापित हुए हैं। अब हमारे पासपोर्ट हिंदी में होते हैं।

5. विपुल साहित्य सृजन : भारत के साथ विश्व के कई देशों में बसे हिंदी भाषियों से विपुल साहित्य सृजन हुआ है। साहित्य के साथ विदेशों में 25 से अधिक पत्र-पत्रिकाएं लगभग नियमित रूप से हिंदी में प्रकाशित हो रही हैं।

6. बाजारवाद और हिंदी : विज्ञापन जगत में भी अच्छी हिंदी जानने वालों के लिए रोजगार की कमी नहीं है। टीवी कमर्शल, डिजिटल ऐड, प्रिंट ऐड आदि के लिए हिंदी के अच्छे जानकारों की आवश्यकता होती है। इनमें भी हाथ आजमाकर मोटी रकम कमा सकते हैं।

इस तरह प्रौद्योगिकी के युग में हिंदी भाषा का तकनीकी विकास सराहनीय है। अत: भविष्य में भी प्रौद्योगिकी के साथ हिंदी भाषा के विकास की अनंत संभावनाएं हैं।

संदर्भ सूची :

1. सूचना प्रौद्योगिकी और समाचार-पत्र, रवीन्द्र शुक्ला, राधाकृष्ण प्रकाशन, नई दिल्ली, 2008, पृष्ठ 07,
2. वही, पृष्ठ 23

3. वही, पृष्ठ 26
4. नवभारत, 30/09/2003, मुंबई, पृष्ठ 07
5. राजभाषा भारती, वर्ष-41, संयुक्तांक-157, जुलाई-2018 से दिसंबर 2019, राजभाषा विभाग, गृह मंत्रालय, नई दिल्ली, पृष्ठ 106
6. नवभारत टाइम्स, . 18/11/2022 मुंबई, पृष्ठ 08
7. संचार माध्यमों की भाषा और नई हिंदी, सतीश शर्मा 'जाफरावादी', तक्षशिला प्रकाशन, नई दिल्ली, 2013, पृष्ठ 23
8. नवभारत टाइम्स, 3/6/2022 मुंबई, पृष्ठ 09
9. नवभारत टाइम्स, 21/11/2021 मुंबई, पृष्ठ 09

हिंदी विभागाध्यक्ष एवं अनुसंधान केंद्र समन्वयक,
के. टी. एच. एम. महाविद्यालय, नाशिक, महाराष्ट्र
{सावित्रीबाई फुले पुणे विश्वविद्यालय, पुणे}
Email : kotamepv26@gmail.com

साहित्येतर हिंदी लेखन एवं सूचना प्रौद्योगिकी

डॉ. विद्या सागर सिंह

उदारीकरण एवं भूमंडलीकरण के दौर में हिंदी अपना केंचुल छोड़कर नया स्वरूप ग्रहण करने को तैयार है। वैश्विक परिदृश्य एवं विश्व बाजार हिंदी के पक्ष में है। सूचना प्रौद्योगिकी के अजस्र प्रवाह ने हिंदी को मजबूती प्रदान की है। बदलते परिवेश एवं हताश राजनीति ने जनमानस को झकझोंर कर रख दिया है। अतः मानव अपनी अस्मिता के संकट से जूझ रहा है। इसी संकट से उबरने की जद्दोजहद में मानवता घूट रही है।

आज जबकि देश मे कई तरह की बयार चल रही है। नकारात्मक वातावरण में मनुष्य साँस लेने को मजबूर है। मनुष्यता समाप्त हो रही है। इस तरह के समय में हिंदी के उत्थान के लिए बात करना और प्रयत्न करना राष्ट्रीय प्रतिबद्धता का द्योतक है। हिंदी अपने सम्पूर्ण रूप में वैश्विकता की ओर अग्रसर है। यदि हम हिंदी को किसी ढांचे मे बांधकर न देखें तो हिंदी का विस्तार काफी व्यापक दिखाई पड़ेगा। यद्यपि स्थानीयता बोध क्षेत्रीय असंतुलन एवं भाषायी विवाद के बावजूद हिंदी अपने को साहित्यिक क्षेत्रों एवं साहित्येतर क्षेत्रों में विस्तारित कर रही है। हिंदी पट्टी अपनी संकीर्ण मानसिकता से बाहर निकलकर हिंदी को जानने सुनने एवं समझने वालों को प्रोत्साहित कर रही हैं। हिंदी जगत की सीमा यह रही है कि वह अपने लिये पहले ही टूल्स ढूँढ लेता है। परिणाम यह होता है कि हिंदी अथवा साहित्यिक हिंदी के इतर जो भी गतिविधियाँ होती हैं वह हिंदी जगत का सान्निध्य पाने से वंचित रह जाती है। इस प्रकार हिंदी का दायरा विस्तृत ना होकर सिकुड़ जाता है। इसे हिंदी भाषा एवं साहित्य के लिये शुभ संकेत नही माना जा सकता है। हिंदी (देवनागरी लिपि) का प्रयोग साहित्यिक गतिविधियों के इतर विज्ञान, विधि, अर्थशास्त्र, वाणिज्य, मीडिया, अनुवाद, सूचना प्रौद्योगिकी, समाजशास्त्र इत्यादि क्षेत्रों मे धड़ल्ले से हो रहा है। इसके अलावा साहित्यिक गतिविधियों मे ही लुगदी साहित्य की चर्चा अक्सर होती है। अतः लुगदी साहित्य को हिंदी साहित्य के अन्तर्गत रखा जाए कि नहीं यह भी बड़ा सवाल है। हिंदी सिनेमा भारत में लोगों को जोड़ने का एक सशक्त एक सशक्त माध्यम है। गैर–हिंदी भाषी क्षेत्रों में यदि हिंदी बोलने, पढने और समझने वाले लोग मिल जाते हैं तो इसका श्रेय सिनेमा को दिया जाना चाहिए। वैश्विक स्तर पर यदि हिंदी के प्रचार प्रसार को बढ़ावा मिल रहा है तो इसका मुख्य कारण अप्रवासी भारतीयों की

साहित्यिक गतिविधियाँ और भारतीय फिल्मों की वैश्विक स्वीकृति भी है। भाषायी संवर्द्धन का महत्वपूर्ण कार्य हिंदी सिनेमा के द्वारा किया गया है। यह निश्चय ही हिंदी के लिए शुभ संकेत है।

आज विमर्शों के दौर में भाषायी अस्मिता की तलाश भी उतनी ही महत्वपूर्ण है जितना कि जातीय अवधारणा। दलित विमर्श एवं स्त्री विमर्श के इतर संस्कृति विमर्श एवं आदिवासी विमर्श का प्रस्फुटन निश्चय ही हिंदी जगत की परिधि को व्यापक बनाता है। समाज जितना विस्तरित होता है भाषायी फलक उतना ही चौड़ा होता जाता है। अतः हिंदी जगत को परंपरागत टूल छोड़कर नए ढाँचे गढ़ने होगे। नये विमर्शो के क्रम में ही साहित्यिक गतिविधियों के साथ–साथ साहित्येतर गतिविधियों को बढावा दिया जा सकता है।

सरकार नित्य प्रतिदिन नई–नई योजनाओ के साथ हिंदी को बढ़ावा देने के लिए प्रस्तुत है। अभी हाल ही में केन्द्र सरकार ने एक योजना लांच की है जिसमें केन्द्र सरकार के विभिन्न मंत्रालयो को निर्देश दिया गया है कि जो भी कर्मचारी हिंदी में कार्य करने मे सर्वाधिक सक्षम है (इसके लिए जाँच परीक्षा की व्यवस्था की गई है) उसे सालाना 10,000 रूपये अतिरिक्त राशि प्रदान की जाए। सरकार की मंशा भी साफ है हमारी भी मंशा साफ है। फिर क्यों नही हिंदी के उत्थान के लिए एक सम्मिलित प्रयास किया जाए जो जनता से चलकर संसद तक पहुँचे। इसके लिए जरूरी है कि हम अपनी परिधि को विस्तार दें। मलयालम साहित्य का व्यक्ति हिंदी सीखता है। हिंदी के कवियों, लेखको एवं उपन्यासकारों को पढ़ने जानने के लिए लेकिन हिंदी भाषा का लेखक कोई अन्य भारतीय भाषा सीखना मुनासिब नहीं समझता है। अतः गैर–हिंदी भाषी क्षेत्रों में हिंदी को लेकर एक द्वेष का भाव भी देखने को मिलता है। हालांकि अब इस प्रकार की वर्जनाएँ टूट रही हैं और हिंदी भाषी एवं गैर–हिंदी भाषा के बीच परस्पर सौहार्द का वातावरण बन रहा है जिसका मुख्य कारण हिंदी का वैश्विक रूप आख्तियार करना है। अर्थ से लेकर विज्ञान, मीडिया एवं समाज की भाषा हिंदी है। अतः साहित्येतर लेखन को बढ़ावा मिल रहा है। वैश्वीकरण के दौर में हिंदी लेखन से इतर साहित्येतर गतिविधियाँ बढ़ी हैं। इसका महत्वपूर्ण कारण है ज्ञान–विज्ञान के अनेक अनुशासन का सर्वसुलभ होना है। सूचना प्रौद्योगिकी के प्रचार–प्रसार ने अनंत संभावनाओं के द्वार खोल दिए हैं। जब से इंटरनेट का प्रचार–प्रसार बढ़ा है, विभिन्न अनुशासनों का दायरा बढा है। हम वैश्विक ज्ञान से परिचित हुए हैं। हिंदी लेखन को समृद्ध बनाने के साथ–साथ सूचना प्रौद्योगिकी के माध्यम से साहित्येतर लेखन

को भी बल मिला है। साहित्य का समाज से, समाज का विज्ञान से, विज्ञान का दर्शन से क्रमबद्ध रिश्ता बना है। उसके मूल मे अंतर अनुशासनिक अध्ययन तो है ही, सूचना प्रौद्योगिकी की भूमिका भी कम महत्वपूर्ण नहीं है।

जहां तक साहित्येत्तर लेखन की पृष्ठभूमि की बात है 19वीं सदी के आरम्भ से ही साहित्येत्तर लेखन पर बल दिया जाने लगा। फोर्ट विलियम कॉलेज की स्थापना का उद्‌देश्य भी यही था कि साहित्यिक लेखन के साथ–साथ साहित्येतर लेखन को भी बढ़ावा मिले। इसका महत्वपूर्ण कारण था कि अंग्रेज भारतीय सभ्यता एवं संस्कृति को नजदीक से महसूस करना चाहते थे। उनका मानना था कि भारत पर लम्बे समय तक शासन करना है तो भारतीय संस्कृति को समझना होगा। साहित्येतर लेखन में महत्वपूर्ण प्रयास महावीरप्रसाद द्विवेदी द्वारा लिखित 'संपत्तिशास्त्र' है जो साहित्यिक गतिविधियों के सम्पन्न काल में भी साहित्येतर लेखन का द्योतक है।

जबकि समूचा विश्व ग्राम (गाँव) की संकल्पना में तब्दील हो रहा है, बाजार का प्रभाव बढ़ रहा है, सूचना प्रौद्योगिकी अपना जाल फैला रही है, ऐसे समय में साहित्येतर लेखन का महत्व बढ़ना लाजिमी है। विधि, विज्ञान, चिकित्सा, समाज विज्ञान, मनोविज्ञान, पुरातत्व विज्ञान, भाषा विज्ञान, कृषि विज्ञान आदि इन तमाम विषयों में अंतरअनुशासनिक ज्ञान एवं अध्ययन की गुजाइंश है। लेकिन इसमें भाषा आड़े आती है। जब कोई शोधार्थी शोध करता है तो आधी ऊर्जा भाषा को समझने में खर्च कर देता है क्योकि उसकी भाषा में महत्वपूर्ण पुस्तकें उपलब्ध नही है। यदि उपलब्ध भी है तो अनुवाद का स्तर ठीक नहीं है। इसके लिए उसे पहले अंग्रेजी ज्ञान बढ़ाना होता है फिर शोध करना होता है। यह एक महत्वपूर्ण समस्या है। साहित्येतर लेखन के माध्यम से हम भाषा की समस्या से समाधान के स्तर तक पहुँच सकते है।

सूचना प्रौद्योगिकी आंकडो की प्राप्ति सूचनाओं का संग्रहण, सुरक्षा, परिवर्तन, आदान–प्रदान, अध्ययन, डिजाईन आदि कार्यो तथा इन कार्यो के निष्पादन के लिए आवश्यक कम्प्यूटर हार्डवेयर एवं सॉफ्टवेयर अनुप्रयोगो से सम्बन्धित है। सूचना प्रौद्योगिकी ने पूरी धरती को एक गांव बना दिया हैं। इसने विश्व की विभिन्न अर्थव्यवस्थाओ को जोड़कर एक वैश्विक अर्थव्यवस्था को जन्म दिया है इसके साथ ही साहित्यिक, सामाजिक, आर्थिक एवं राजनीतिक सम्बन्धों में महत्वपूर्ण बदलाव आये है। इन महत्वपूर्ण बदलावों का रेखांकन भी साहित्येतर हिंदी लेखन द्वारा

सम्भव हो सका हैं।

सूचना प्रौद्योगिकी द्वारा नवीन अर्थव्यवस्था एवं समाज व्यवस्था का सृजन हुआ है। यह नवीन अर्थव्यवस्था अधिकाधिक रूप से सूचना के रचनात्मक व्यवस्था व वितरण व्यवस्था पर निर्भर है। इसलिए इस अर्थव्यवस्था को सूचना अर्थव्यवस्था या ज्ञान अर्थव्यवस्था भी कहने लगे है। सूचना क्रान्ति से समाज के सम्पूर्ण कार्यकलाप प्रभावित हुए हैं। धर्म, शिक्षा, स्वास्थ्य, व्यापार, प्रशासन, सरकार, उद्योग, अनुसंधान व विकास संगठन, प्रचार आदि क्षेत्रों में कायान्तरण हुआ है। यह इसकी महत्वपूर्ण उपलब्धि है।

गूगल के एक मुख्य कार्यकारी अधिकारी एरिक श्मिट ने कुछ समय पहले यह कहकर हलचल मचा दी थी कि आने वाले पांच से दस साल के भीतर भारत दुनिया का सबसे बड़ा इंन्टरनेट बाजार बन जायेगा। उन्होने यह भी कहा कि कुछ वर्षो में इंटरनेट पर जिन तीन भाषाओ का दबदबा होगा वह हैं हिंदी, मैंडरिन और इंग्लिश। यह कहना कि कम्प्यूटर की भाषा अंग्रेजी है, सरासर गलत है। वह केवल 1 और 0 जानता है। इंफोर्मेशन टेक्नोलॉजी की शुरूआत भले ही अमेरिका में हुई हो, भारत की मदद के बिना वह आगे नही बढ़ सकती थी। अतः भारतीयों को हिंदी और दूसरी भाषाओं के इस्तेमाल में आई टी को अपनाना ही होगा। हालांकि वे इन भाषाओं को अपनाने भी लगे है। अनुवाद जैसी तकनीकी हम लोगो को हिंदी के करीब तो ला ही रही है लेकिन अर्थानुवाद भारतीय साहित्य एवं साहित्येत्तर मानकों पर खरा नही उतर पा रही है। भावानुवाद की अत्यंत कमी है। अनुवाद का काम किसी तरह से निपटाया जा रहा है।

हिंदी को साहित्येत्तर गतिविधियों का हिस्सा बनाने के लिए अन्तरअनुशासनिक विषयों में शोध की भाषा भी हिंदी होनी चाहिए। देश के महत्वपूर्ण विश्वविद्यालयों में भी वैसे विषयों में हिंदी (देवनागरी लिपि) में शोध कराने की कोशिश हो रही है। जहां अब तक अंग्रेजी का बोलबाला था यह एक अच्छी शुरूआत है। हिंदी अपने पूरे स्वरूप में वैश्विक हो रही है जिसमें साहित्येत्तर हिंदी एवं सूचना प्रौद्योगिकी का महत्वपूर्ण योगदान है।

हिंदी : वैश्विक व्याप्ति एवं प्रभाव

संदर्भ ग्रंथ
1. भारत, समाज और मीडिया—सौरव मालवीय
2. तकनीकी उलझनें—बालेन्दु दाधीच
3. मीडिया विमर्श—रामशरण जोशी
4. विकिपीडिया—सूचना प्रौद्योगिकी
5. पत्र-पत्रिकाएँ एवं दैनिक अखबार (हिंदुस्तान, दैनिक जागरण)

सहायक प्राध्यापक,
हिंदी एवं आधुनिक भारतीय भाषा विभाग,
चौधरी चरण सिंह विश्वविद्यालय, मेरठ

भारतीय भाषाओं में वैज्ञानिक एवं तकनीकी शब्दावली की संरचना (हिन्दी और तेलुगु भाषाओं के संदर्भ में)

डॉ. सूर्य कुमारी .पी.

लेख सार

भारत पर 1750 के बाद विशेष रूप से यूरोप का प्रभाव पड़ने लगा। भारत में इस क्रम में भाषाओं के आधुनिकीकरण की प्रक्रिया का प्रारंभ हुआ था। 17वीं एवं 18वीं सदियों में यूरोप में ज्ञान–विज्ञान के विभिन्न क्षेत्रों में अनुसंधान होने लगा। मुख्य रूप से भारत पर अंग्रेजों के शासन के फल स्वरूप भारतीय भाषाओं में यूरोपीय ज्ञान–विज्ञान का अंतरण होने लगा। संस्कृत भाषा इन वैज्ञानिक उपलब्धियों की अभिव्यक्ति का माध्यम रही। यूरोपीय ज्ञान–विज्ञान के अंतरण के क्रम में भारतीय भाषाओं में वैज्ञानिक एवं तकनीकी शब्दावली की संरचना की आवशयकता महसूस हुई। इस विकास की प्रक्रिया में संस्कृत के तत्सम शब्दों के ग्रहण से लेकर अंग्रेजी से ग्रहीत शब्दों तक का विश्लेषण करना जरूरी हो जाता है।

आधुनिक भारतीय आर्य भाषा के रूप में हिन्दी और आधुनिक भारतीय द्रविडभाषा के रूप में तेलुगु का विकास लगभग एक ही समय में हुआ है। अंग्रेजों के आगमन से पूर्व ज्ञान–विज्ञान के क्षेत्रों की अभिव्यक्ति के लिए दोनों भाषओं ने संस्कृत की शब्दावली को स्वीकार किया मुख्य रूप से आयुर्वेद, वनस्पति–विज्ञान, रसायन, धातु–विज्ञान आदि ज्ञान के क्षेत्रों में मुख्यतः संस्कृत की तत्सम शब्दावली को यथावत स्वीकार किया गया था।

प्रस्तावना

17वीं–18वीं सदी के बीच वैज्ञानिकों ने विश्व की भाषाओं में शब्दावली के निर्माण की प्रक्रिया को दृष्टि में रखते हुए अंतर्राष्ट्रीय वैज्ञानिक शब्दावली की परिकल्पना की। वैज्ञानिक शब्दावली के निर्माण कार्य में लगभग 50 से अधिक राष्ट्रीय और अंतर्राष्ट्रीय संस्थाएँ कार्यरत हैं। युनेस्को की ओर से भी वैज्ञानिक शब्दावली के निर्माण के क्षेत्र में कार्यरत संस्थाओं की सहायता मिलती है। इन संस्थाओं की ओर से विभिन्न वैज्ञानिक से संबंधित कोशों का प्रकाशन किया गया है। अंतर्राष्ट्रीय शब्दावली में सभी भाषाओं के लिए तत्वों के नामों निर्धारण किया गया था। इसके अलावा अंतर्राष्ट्रीय प्रयोग को दृष्टि में रखते हुए

द्विपद नामावली का प्रयोग, मुख्य रूप से वनस्पति विज्ञान और प्राणी–विज्ञान में होता है, उदाहरण के लिए 'म्यांगिफेरा इंडिका' ये शब्द हिन्दी में 'आम' के लिए प्रचलित है जब कि तेलुगु में 'मामिडि' कहा जाता है।

1. वैज्ञानिक एवं तकनीकी शब्दावली निर्माण की प्रक्रिया हिन्दी और तेलुगु के मूलशब्द

हिन्दी और तेलुगु विज्ञान और तकनीकी शब्दावली के विकास में अन्य भाषाओं की शब्दावली भी दिखाई देती है। इस क्रम में विज्ञान के क्षेत्र में संस्कृत भाषा की धातुओं के बलपर नवशब्द निर्माण का प्रयास किया गया है। अंग्रेजी वैज्ञानिक तकनीकी शब्दों के लिए हिन्दी और तेलुगु भाषाओं में प्रचलित प्रतिशब्दों को देख सकते हैं इसके अंतर्गत अंग्रेजी–हिन्दी–तेलुगु के प्रतिशब्द और आंशिक लिप्यंतरण शब्दों को लिया गया है। अंग्रेजी शब्दों के लिए हिन्दी और तेलुगु भाषाओं में अनेक प्रकार के प्रचलित प्रतिशब्द मिलते हैं। कई जगह अंग्रेजी शब्दों के लिए हिन्दी में एक ही प्रतिशब्द मिलता है। वहाँ तेलुगु में एकाधिक प्रतिशब्द उपलब्ध होते हैं। इसके अलावा कुछ पदबंधों के संदर्भ में आंशिक लिप्यंतरण भी दिखाई देता है। कभी यह लिप्यंतरण पदबंध के आरंभ में दिखाई देता है तो कभी पदबंध के अंत में भाषा विज्ञान का आधार दिखाई नहीं देता। भाषा प्रयोक्ताओं का प्रयोग ही आंशिक लिप्यंतरण का आधार है।

अंग्रेजी– हिन्दी– तेलुगु ध्वनि और लिपि व्यवस्था की दृष्टि से ये तीनों भाषाएँ भिन्न–भिन्न सामाजिक व्यवस्थाओं में विकसित होने के कारण इनकी ध्वनि व्यवस्थाओं में और लिपि व्यवस्थाओं में काफी अंतर है। इन तीनों भाषाओं की वर्णमालाओं का विन्यास ध्वनि गत विशेषताएँ वर्णों का उच्चारण मूल और बलाघात के स्तर पर भिन्नताओं के कारण लिप्यंतरण के स्तर पर अंतर दिखाई देता है। अंग्रेजी वर्णमाला रोमन वर्णमाला प्रणाली पर विकसित है, जब कि हिन्दी की देवनागरी और तेलुगु की ब्राह्मी इन तीनों लिपियों के अंतर के कारण भी लिप्यंतरण की प्रणाली में अंतर दिखाई देता है। रोमन वर्णमाला में व्यंजन वर्णों के बीच–बीच में ही स्वरों का स्थान है जब कि हिन्दी और तेलुगु भाषा की वर्णमाला संस्कृत प्रणाली पर आधारित है और इस वर्णमाला का संयोजन ध्वन्यात्मक लक्षणों पर आधारित है। अर्थात् कंठ्य, तालव्य, मूर्धन्य, दंत्य, ओष्ट्य और नासिक्य के रूप में इनको पहचाना गया है और इनके उच्चारण रूप अघोष, सघोष और अल्प प्राणत्व और महाप्राणत्व की

संकल्पना पर आधारित है।

हिन्दी और तेलुगु स्वरों का भी क्रम विन्यास दीर्घता और ह्रस्व के आधार पर बनाया गया है। इसके अलावा ध्यान देने की बात यह है कि अंग्रेजी वर्णमाला के हर स्वर और व्यंजन का एक उच्चारण मूल्य निर्धारित है जबकि शब्दों में प्रयुक्त होने पर उनका मूल्य बदल भी सकता है। देवनागरी और ब्राह्मी को सामान्यतः ध्वन्यात्मक लिपि कहा जाता है। अंग्रेजी उच्चारण प्रणाली के अनुरूप हिन्दी और तेलुगु अक्षर प्रधान भाषाएँ हैं, बलाघात प्रधान नहीं। इसलिए अंग्रेजी–हिन्दी और अंग्रेजी–तेलुगु लिप्यंतरण की प्रणालियों में अंतर आ जाता है। इसके अलावा ध्यान दें कि तेलुगु में (ౡ) एक दीर्घ स्वर हैं जिसके लिए हिन्दी और अंग्रेजी में कोई लिपि का चिह्न भी नहीं है।

निम्नलिखित उदाहरण में दूसरा शब्द 'Back wash' के प्रति ध्यान दीजिए। हिन्दी में इसका लिप्यंतरण 'बैक वॉश' के रूप में किया गया है। तेलुगु में '**బాక్ వాష్**' के रूप में देवनागरी में (□) ध्वनि नहीं है। 'ए' और 'ए' दो ही ध्वनियाँ है। जब कि (□) ध्वनि नहीं होने के कारण इसका लिप्यंतरण 'बैक' के रूप में किया गया है। इसके अलावा 'बैक वॉश' पदबंध में 'वॉश' के प्रति भी ध्यान दीजिए। प्रथम शब्द 'Back' में 'Ba' का उच्चारण 'बै' है तो लिप्यंतरण में हिन्दी में (□) ध्वनि नहीं होने के कारण 'बै' के रूप में बदल गया। लेकिन इसी समय में दूसरे शब्द में 'वॉ' मात्र 'वा' नहीं है। इसका प्रयोग ऊपर चंद्र बिंदी के रूप में हुआ है। अंग्रेजी भाषा के संपर्क के बाद देवनागरी में (ॅ) यह चिह्न 'वॉ' ध्वनि के साथ आगया है। तेलुगु लिपि के प्रति ध्यान दीजिए। यह '**బాక్ వాష్**' के रूप में हुआ है। तेलुगु में 'बे' ध्वनि है। लेकिन अंग्रेजी 'Ba' का उच्चारण मूल 'बे' नहीं है। इसलिए तेलुगु में 'बाक वाश' (బాక్ వాష్) के रूप में इसका लिप्यंतरण हुआ है। इसके अलावा अंग्रेजी में 'Ba' के साथ 'ck' का प्रयोग हुआ है। 'ck' के लिए तेलुगु में 'का' का प्रयोग किया गया है और 'वाश' में हिन्दी में 'श' का प्रयोग किया गया है। इसी तरह पहले शब्द 'Acheson graphite' के प्रति ध्यान दीजिए। हिन्दी लिप्यंतरण में ये 'एचेसन ग्रेफाइट' में हुआ है। 'graphite' का लिप्यंतरण 'ग्रेफाइट' के रूप में हुआ है। तेलुगु में वहीं 'एकेसन ग्राफैट'

हिंदी : वैश्विक व्याप्ति एवं प्रभाव

(అచేసన్ గ్రాఫైట్) के रूप में हुआ है। 'Copper' चौथे शब्द के प्रति ध्यान दीजिए। हिन्दी लिप्यंतरण में यह 'कॉपर' के रूप में किया गया है।

चौथा शब्द 'Clamp holder' के प्रति ध्यान दीजिए। इसमें हिन्दी में आप इस शब्द का अनुवाद 'दबाना धारक' के रूप में देखेंगे जब कि तेलुगु में इसका यथावत् 'ल्कांप होल्डर' (క్లాంప్ హోల్డర్) के रूप में लिप्यंतरण किया गया है। अर्थात् जिन शब्दों का हिन्दी में लिप्यंतरण हुआ है, उनका पूर्णतः तेलुगु में लिप्यंतरण नहीं हुआ हैं। हिन्दी में जिन शब्दों के लिए अनुवाद के बल पर नव शब्दों का निर्माण हुआ है वहाँ तेलुगु में लिप्यंतरण हुआ है। 'Screw driver' शब्द है जिसका हिन्दी में अपना शब्द है। जब कि तेलुगु में 'స్క్రూ డ్రైవర్' शब्द का लिप्यंतरण किया गया है।

वैज्ञानिक और तकनीकी शब्दावली के स्थाई आयोग के द्वारा स्पष्ट किया गया है कि अंतर्राष्ट्रीय शब्दों को यथा संभव उनके प्रचलित अंग्रेजी रूपों में ही अपनाना चाहिए और हिन्दी व अन्य भारतीय भाषाओं की प्रकृ ति के अनुसरण ही इनका लिप्यंतरण करना चाहिए। तदनुसार हिन्दी और तेलुगु में क्रमशः उन भाषाओं की प्रकृति के अनुसार ही लिप्यंतरण किया गया है। इसलिए अंग्रेजी, हिन्दी और तेलुगु की ध्वनि और लिपि व्यवस्था कि अनुरूप ही इनका लिप्यंतरण किया गया है।

निम्नलिखित अंग्रेजी–हिन्दी–तेलुगु शब्दों की तालिकाओं के बल पर यह स्पष्ट होता है कि रसायन शास्त्र, वृक्ष शास्त्र, वन विज्ञान के क्षेत्रों में अंतर्राष्ट्रीय शब्दों के प्रचलित अंग्रेजी रूपों को ही अपनाया गया है। अंतर्राष्ट्रीय शब्दों की स्वीकृति के संदर्भ में लिप्यंतरण प्रत्येक स्थिति में संभव नहीं है। स्त्रोत भाषा की वर्तनी में प्रयुक्त अक्षरों के स्थानों पर लक्ष्य भाषा में प्राप्त समध्वनीय अक्षरों के न होने पर लगभग समध्वनीय अक्षरों, उनके भी न होने पर निकट ध्वनीय अक्षरों और उनके भी न होने पर उच्चारण के अनुसार लिप्यंतरण करना चाहिए। रूसो जैसे शब्दों का लिप्यंतरण नहीं हो सकता है। अतः स्त्रोत भाषा का शब्द की वर्तनी के स्तर पर उसके उच्चारण को आधार मानकर लक्ष्य भाषा में शब्द लिखा जाए। ऐसी दशा में यदि शब्द लिप्यंतरणीय है तो अपने आप लिप्यंतरण हो जाएगा अन्यथा प्रतिलेखन हो जाएगा।

1.2. लिप्यंतरण की प्रक्रिया के विविध रूप

1.1.(A) लिप्यंतरण

हिन्दी भाषा की तुलना में तेलुगु में लिप्यंतरण ध्वनि परिवर्तन की दृ

ष्टि से सटीक हुआ है। तेलुगु की तुलना में हिन्दी में लिप्यंतरण में अधिकतर ध्वनि परिवर्तन की समस्याएँ दिखाई देती हैं निम्नलिखित तालिका में चिह्नांकित (*) शब्दों के देखें

अंग्रेजी	हिन्दी	तेलुगु
*Acheson graphite	एचेसन ग्रेफाइट*	అచేసన్ గ్రాఫైట్*
*Back wash	बैक वॉश*	బాక్ వాష్*
*Clamp holder	दबाना धारक *	క్లాంప్ హోల్డర్*
*Screw driver	पेंचकस *	స్క్రూ డ్రైవర్*

1.2. (B) आंशिक लिप्यंतरण

- **अर्थशास्त्र**

अंग्रेजी	हिन्दी	तेलुगु
*Drain theory	नाली सिद्धांत	'డ్రెయిన్' సిద్ధాంతం
Giffen paradox	गिफेन विरोधाभास	గిఫెన్ వైపరీత్యం
*ManagingAgency system	प्रबंध प्रणाली	మేనేజింగ్ ఏజెన్సీ పద్ధతి

- **चिकित्सा विज्ञान**

अंग्रेजी	हिन्दी	तेलुगु
*Antibiotic	एंटीबायोटिक दवाएँ	*యాంటిబయాటిక్, సూక్ష్మజీవి నాశకం
*Cesarean section	सीजेरियन सेक्शन	సిజేరియన్ ఆపరేషన్
*Insulin resistance	इंसुलिन प्रतिरोध	ఇన్సులిన్ నిరర్థకత, నిరుపయోగిత
*Kidney transplantation	गुर्दे का प्रत्यारोपण	కిడ్నీ ప్రతిరోపణం
*Robotic surgery	रोबोटिक सर्जरी	రోబో సాయంతో శస్త్రచికిత్స*

उपर्युक्त तालिकाओं के उदाहरणों के बल पर संज्ञा शब्द ही नहीं, क्रिया वर्ग की कोटि में आने वाले कई शब्दों का निर्माण हुआ था। इन शब्दों और पदबंधों में आंशिक रूप में भारतीय मूल के शब्दों का भी प्रयोग किया गया है। इस तरह के आंशिक रूप से लिप्यंतरित शब्दों का निर्माण करते समय भाषा–वैज्ञानिक नियमों या व्याकरणिक नियमों का अनुपालन नहीं किया गया है। अतः यह कहना मुश्किल हो जाता है कि, किसी भाग का अनुवाद क्यों किया गया है ? किसी भाग का सीधे लिप्यंतरण क्यों किया गया है ? उदाहरण के लिए निम्नलिखित तालिका में 'Drain theory' शब्द के लिए हिन्दी और तेलुगु में गठित शब्दों के प्रति ध्यान दें, तो क्रमशः 'नाली सिद्धांत','ड्रेन सिद्धांतमं' (డ్రయిన్ సిద్ధాంతం) शब्दों का गठन किया गया है। हिन्दी में इस संदर्भ में दोनों शब्दों का अनुवाद किया गया है। हिन्दी में मात्र 'Drain' शब्द का अनुवाद किया गया है। इसी तरह से 'ManagingAgency system' शब्द के लिए हिन्दी में 'प्रबंध प्रणाली' कहा गया है तो तेलुगु में मैनेजिंग एजेन्सी पद्धति (మేనేజింగ్ ఏజెన్సీ పద్ధతి) का प्रयोग किया गया है। चिकित्सा विज्ञान में 'Antibiotic' शब्द को देखिए। हिन्दी में 'एंटीबयोटिक दवाएँ' और तेलुगु में 'एंटिबयाटिक और सूक्ष्मजीवि नाशकं' (యాంటిబయాటిక్, సూక్ష్మజీవి నాశకం) शब्दों का निर्माण किया गया है। हिन्दी में अतिरिक्त शब्द 'दवाएँ' को जोड़ दिया गया है जब कि तेलुगु में 'सूक्ष्मजीवी' को नाश करने वाला अर्थ देते हुए शब्द का निर्माण किया गया है। 'Cesarean section' का हिन्दी में उसी तरह से लिप्यंतरण किया गया है तो तेलुगु में 'सिजेरियन आपरेषन' (సిజేరియన్ ఆపరేషన్) के रूप में। तेलुगु में आपरेशन शब्द को अतिरिक्त शब्द के रूप में जोड़ा गया है। इसी तरह से 'Insulin resistance' शब्द के अनुवाद में भी हिन्दी में 'इंसुलिन प्रतिरोध' और तेलुगु में 'इन्सुलिन निरर्धकता' (ఇన్సులిన్ నిరర్థకత, నిరుపయోగిత) और 'निरुपयोगिता' शब्दों का प्रयोग किया गया है। इसी तालिका में 'Kidney transplantation' शब्द के प्रति ध्यान दीजिए। हिन्दी अनुवाद में 'गुर्दे का प्रत्यारोपन' दिखाई देता है। जहाँ हिन्दी की प्रकृति की अनुसार संबंध कारक 'का' क प्रयोग किया गया है जब कि तेलुगु में मात्र 'किड्नि प्रतिरोपणं' (కిడ్నీ

ప్రతిరోపణం) लिखा गया है। इसी तरह से 'Robotic surgery' शब्द के लिए हिन्दी में सीधे 'रोबोटिक सर्जरी' लिखते हुए लिप्यंतरण किया गया है तो तेलुगु में 'रोबो सायंतो शस्त्र चित्त्सा' (రోబో సాయంతో శస్త్రచికిత్స) शब्द का निर्माण किया गया। अन्य उदाहरणों में कृदंत का प्रयोग करते हुए शब्दों का निर्माण किया गया है। इस तरह से हिन्दी–तेलुगु शब्द निर्माण की प्रक्रिया में कोई स्पष्ट व्याकरणिक नियम आंशिक लिप्यंतरण में नहीं दिखाई देता है। बहुधा प्रयोग और शब्द के अर्थ या संकल्पना या प्रक्रिया के स्पष्टीकरण को ही आधार बनाया गया है।

1.3. हिन्दी और तेलुगु के नवशब्द निर्माण की प्रक्रिया– संस्कृत धातुओं और उपसर्गों के बलपर

भारतीय भाषाओं में पारिभाषिक शब्दावलियों का निर्माण करते समय उनको अखिल भारतीय स्वरूप देने का प्रयत्न किया गया है अर्थात् दूसरी भारतीय भाषाओं में भी इन शब्दों की स्वीकृति को इस दृष्टि से दो उपागमों को अपनाया गया है। प्रथम उपागम के अंतर्गत इस बात के प्रति ध्यान दिया गया है कि क्या सभी भारतीय भाषाओं में इसी किसी पारिभाषिक शब्द के लिए समान शब्द प्रचलन में हैं क्या ? फिर यदि समान रूप से शब्द प्रचलन में नहीं तो अधिकाधिक भारतीय भाषाओं ने समान प्रतिशब्दों का प्रचलन हो तो ऐसे शब्दों को स्वीकार किया गया है। जहाँ समान रूप से प्रचलित शब्द नहीं है वहाँ हिन्दीतर भाषाओं से भी शब्दों को चुन कर हिन्दी में स्थान देने का प्रयत्न किया गया है। इस चयन में इस आधार को विशेष रूप से देखा गया है कि क्या उन शब्दों की ध्वनि व्यवस्था हिन्दी शब्दों के ध्वनि प्रवाह में सहज स्वीकृत हो सकती हैं क्या?

भारतीय भाषाओं की ध्वन्यात्मकता के प्रति ध्यान दिया गया है। इस क्रम में संस्कृत परंपरा में प्रचलित धातु के साथ उपसर्ग और प्रत्ययों को जोड़ने की पद्धति का अनुगमन किया गया। जहाँ अंग्रेजी भाषा की संकल्पनाओं वस्तु बोधकता, प्रक्रिया बोधकता के लिए उचित संस्कृत धातुएँ मिलती हैं वहाँ उन धातुओं के साथ उपसर्ग या प्रत्यय लगाकर हिन्दी–तेलुगु भाषाओं के लिए पारिभाषिक शब्दों का निर्माण किया गया है।

संस्कृत में ऐसे 19 उपसर्ग हैं, जिनको संस्कृत धातुओं के साथ मिलाकर अक्सर शब्द निर्माण किया जाता है। हिन्दी और तेलुगु भाषा में

इन उपसर्गों के बलपर कई शब्दों का निर्माण किया गया है। लेकिन ये उपसर्ग तत्सम, तद्भव या देशज शब्दों के निर्माण की प्रक्रिया में इनका प्रयोग उचित नहीं ठहरता इसलिए तेलुगु में कुछ भिन्न प्रकार की प्रविधियाँ शब्द निर्माण में दिखाई देती हैं। तेलुगु में संज्ञा शब्दों के साथ प्रथम विभक्ति के प्रत्ययों को लगाकर किसी भी दूसरी भाषा के शब्दों में तेलुगु की प्रवाहमयता लाई जा सकती हैं। तेलुगु के प्रथम विभक्ति के प्रत्यय हैं 'डु','मु','उ','लु' इसको संस्कृत या अंग्रेजी संज्ञा शब्दों के साथ लगाने पर वे शब्द तेलुगु के अपने शब्द बन जाते हैं और तेलुगु भाषा में इनको सहज स्वीकार किया जाता है। हिन्दी और तेलुगु भाषाओं कि पारिभाषिक शब्दावली के परस्पर संबंधों का अर्थ विस्तार या अर्थ–संकोच की दृष्टि से मूल्यांकन करने पर शब्दों के अर्थों की बारीकियाँ सामने आ जाती हैं। पारिभाषिक शब्दावली को अखिल भारतीय स्वरूप देने के बावजूद यह अंतर अलग–अलग भाषाओं की मुख्य रूप से हिन्दी और तेलुगु भाषाओं की विशेषताओं को स्पष्ट करता है।

वैज्ञानिक एवं तकनीकी शब्दावली सामान्यतः निर्मित शब्द व्याकरण के नियमों के अनुकूल होते हुए विज्ञान और तकनीकी की क्षेत्र में प्रचलित वस्तुओं संकल्पनाओं और प्रक्रियाओं का बोध कराते हैं। प्रत्येक निर्मित शब्द का मात्र एक ही अर्थ होना चाहिए। इसलिए अर्थ प्रजनन की दृष्टि से प्रत्ययों के आधार पर भी शब्दों का निर्माण किया जाता है। शब्द के अंत में जुड़ते हुए ये प्रत्यय अर्थ का निष्पादन करते हैं। हर भाषा में कुछ प्रत्यय रूप साधक होते हैं। जो शब्द के बाद में लगाकर लिंग, वचन, विभक्ति, पुरुष, काल, वाच पक्ष आदि व्याकरणिक कोटियों को स्पष्ट करते है। ऐसे प्रत्ययों को रूप साधक प्रत्यय कहते हैं। लेकिन कुछ प्रत्यय ऐसे होते हैं कि जिनको शब्द के बाद लगाकर शब्दों की निर्मित करते हैं। जैसे– गर्भ–गर्भाशयी, जीव–जीवीय, तीव्र–तीव्रता, द्रव–द्रवित, द्विपद–द्विपदी, बन–बनावठ, भर–भराव, इस प्रकार के शब्द हैं जिनके बलपर संकल्पना या प्रक्रिया बोधकता वैज्ञानिक एवं तकनीकी शब्दावली में आ जाती है। इनमें हर प्रत्यय की अपनी एक विशेषता होती है, उदाहरण के लिए 'इक' प्रत्यय से गुण, या विशेषता का बोध हो जाता है। 'इक','ईय' प्रत्ययों से समाज–सामाजिक, गणित–गणितीय, केंद्र–केंद्रीय आदि।

1.4. तेलुगु–हिन्दी में वैज्ञानिक एवं तकनीकी शब्दावली निर्माण सामासिक शब्दों के बल पर

समस्त पूर्व संरचित शब्दों को 'अ–व्युत्पन्न शब्द' के रूप में

परिभाषित किया गया है, जिन्हें 'रूढ़' की संज्ञा दी गई है। इसके विपरीत जो शब्द किसी–न–किसी संरचना प्रक्रिया के परिणाम स्वरूप निर्मित होते हैं, उन्हें 'यौगिक' की श्रेणी में रखा जाता है। यौगिक शब्दों को शब्द–निर्माण की प्रक्रिया के स्तर पर दो भागों में बाँटा जा सकता है दृ व्युत्पन्न शब्द और सामासिक शब्द। पहली प्रक्रिया व्युत्पन्न शब्दों को प्रजनित करती है और दूसरी सामासिक शब्दों को। पहली प्रक्रिया रूढ़ शब्दों द्वारा नए शब्द–निर्माण तक सीमित है। जबकि दूसरी प्रक्रिया उन सभी प्रकारों को अपने भीतर समेटती है, जिनमें दो या दो से अधिक शब्दों को सामंजस्य से नया शब्द बनता है। यह स्पष्ट है कि किसी भाषा के रूढ़ शब्दों के अतिरिक्त विज्ञान और तकनॉलजी के विस्तार से अभिप्रेत संकल्पनाओं और प्रक्रियाओं की अभिव्यक्ति के लिए बहुधा सामासिक शब्दों का निर्माण होता है।

विज्ञान की शब्दावली के निर्माण में शब्दों की संरचना ही नहीं, ज्ञान किसी भी क्षेत्र से संबंधित वस्तु बोधकता, संकल्पना बोधकता और प्रक्रिया बोधकता महत्वपूर्ण होती हैं। विज्ञान का विषय, क्षेत्र, क्रम बद्ध और सुनिश्चित होता है। इसलिए शब्दों के अर्थ क्षेत्र की समस्या और संरचना के साथ–साथ महत्वपूर्ण हो जाती है।

निष्कर्ष

हिन्दी और तेलुगु भाषाओं को विकास में संस्कृत और संस्कृतेतर अरबी और फारसी भाषाओं के प्रभाव के अतिरिक्त आधुनिक युग में अंग्रेजी का प्रभाव विशेष रूप में दिखाई देता है। वैज्ञानिक और तकनीकी शब्दावली मनुष्य के सामान्य व्यवहार की भाषा से भिन्न विज्ञान और तकनीकी के ज्ञान क्षेत्रों की शब्दावली होती है। प्राणि–विज्ञान, वनस्पत्ति–विज्ञान और भौतिकी के अलावा समाज–विज्ञान और मानविकी में भी वैज्ञानिक एवं तकनीकी शब्दों का प्रयोग होता है। इस शब्दावली के बलपर वैज्ञानिक और तकनीकी ज्ञान क्षेत्रों की संकल्पनाओं, प्रक्रियाओं और वस्तुबोधकता की अभिव्यक्ति होती है। वैज्ञानिक और तकनीकी शब्दावली का विशेष ज्ञान क्षेत्र में एक विशिष्ठ और निश्चित अर्थ होता है इसलिए प्रत्येक ज्ञान क्षेत्र में हर भारतीय भाषा में इस शब्दावली की सहायता से निश्चित स्पष्ट और अपेक्षित अर्थ की अभिव्यक्ति हो जाती है। पारिभाषिक शब्दावली की अर्थीय संरचना और भाषिक संरचना इस क्रम में महत्वपूर्ण हो जाती हैं।

हिंदी : वैश्विक व्याप्ति एवं प्रभाव

संदर्भ सूची :
1. वैज्ञानिक शब्दावली—इतिहास और सिद्धांत, ओमप्रकाश शर्मा, पृष्ठ .272
2. अनुवाद विज्ञान, भोलानाथ तिवारी, पृष्ठ 55
3. संघीय राजभाषा के संदर्भ में पारिभाषिक वैज्ञानिक शब्दावली के निर्माण की समस्याएँ, बलराज सिंह सिरोही, पृष्ठ 143
4. रवीन्द्रनाथ श्रीवास्तव, हिन्दी भाषा संरचना के विविध आयाम, राधाकृष्ण प्रकाशन, पृष्ठ 107—108

हिन्दी विभाग,
मानविकी संकाय,
हैदराबाद विश्वविद्यालय, हैदराबाद.
Email : suryakumariharshita@gmail.com

हिन्दी का फैलता क्षितिज और सिकुड़ता समाज

अजित कुमार राय

न्यूयार्क से प्रकाशिति विश्व के भाषायी मानचित्र में हिन्दी को सर्वाधिक बोली जाने वाली भाषा माना गया है। चीनी भाषा अनेक रूपों के कारण दूसरे स्थान पर रखी गयी है और अंग्रेजी तीसरे स्थान पर आती है । विश्व के 37 देशों के 110 विश्वविद्यालयों में इसके उच्चस्तरीय अध्ययन की व्यवस्था है। हिन्दी देश की राजभाषा, सम्पर्क - भाषा, संघभाषा, लोक-भाषा, शैक्षिक व साहित्यिक भाषा, जन भाषा, जन संचार के माध्यमों की प्रमुख भाषा और आधुनिक युगबोध की भाषा अर्थात सम्पूर्ण समन्वय की वाणी है । हिन्दी फिल्मों व मनोरंजन का उभरता सशक्त माध्यम बन चुकी है । उदारीकरण के दौर में यह लाभ या व्यवसाय की भी प्रमुख भाषा है । यह पूर्णतः ध्वन्यात्मक है । इसकी लिपि देवनागरी' सर्वाधिक वैज्ञानिक लिपि है । यही नहीं, हिन्दी संगणकों के भी समानुकूल मानी जाती है। मीडिया के असली बाजार की खोज रूपर्ट मरडोक जैसे लोगों ने सबसे पहले की । यद्यपि हिन्दी फिल्मों और दूरदर्शन के हिन्दी कार्यक्रमों से हिन्दी भाषा काफी बिगड़ी है, पर यह भी सही है कि हिन्दी के प्रचार-प्रसार में फिल्मों और दूरदर्शन के कार्यक्रमों विशेषकर धारावाहिकों का बड़ा हाथ रहा है ।

ऑकड़े बता रहे हैं कि हिन्दी के समाचार पत्र प्रसार और पाठक-संख्या के मामले में अंग्रेजी के अखबारों से बहुत आगे हैं। भारत में अंग्रेजी बोलने वालों की संख्या लगभग 2 प्रतिशत है; फिर भी अंग्रेजी परस्त लोग अंग्रजी को आधुनिकता का एक मात्र वातायन मानते हैं। वे हिन्दी भाषी क्षेत्रों को 'काऊबेल्ट' और 'बैंकवाटर्स' कह कर विषवमन करते हैं। अंग्रेजी आज आभिजात्य का पर्याय और सभ्यता का मानदण्ड बन गयी है। जबकि भाषा अहंकार का आभूषण नहीं, सम्प्रेषण का माध्यम है। भाषा केवल व्याकरण की वस्तु नहीं, वह संवेदनाओं के 'साधारणीकरण का साधन है और साहित्य भाषा का सबसे सर्जनात्मक और ऊर्जस्वित रूप है और हिन्दी की असली शक्ति सबसे अधिक उसी में संपुंजित होती है। वैसे हिन्दी परिवार दृष्टि बहुल

है, किन्तु समरसता हिन्ही का जातीय चरित्र है। रचनात्मक साहित्य, शब्द-कोष, विश्वकोश, व्याकरण, काव्य शास्त्र, भाषा-विज्ञान के अतिरिक्त विज्ञान 1 विधि, चिकित्सा, इंजीनियरिंग, प्रौद्योगिकी, प्रशासन, कूटनीति और कला-संस्कृति सभी क्षेत्रों में हिन्दी की पूर्ण प्रतिष्ठा आवश्यक है। तभी हम हिन्दी को समग्रता में स्थापित कर सकेंगे; किन्तु देखना यह भी है कि व्यापक आत्म-प्रसार की प्रक्रिया में हिन्दी भाषा हिंगलिश या खिचड़ी भाषा न बन जाय। खिचड़ी रोगियों को दी जाती है। अतः ऐसी भाषा रूग्ण चेतना का परिचायक होती है, उसे 'वर्ण संकर' भाषा कहना अधिक उचित प्रतीत होता है। किन्तु भाषिक शुद्धता के कृत्रिम प्रयास में 'लौह पथ गामिनी विश्रामस्थल' जैसे शब्दों का आविष्कार उचित नहीं है। लोक-मानस में सहज ढंग से विकसित (संक्रमित नहीं) शब्दों का व्यवहार ही वांछित है। किन्तु, खेद है कि स्थिति ठीक उल्टी है। शुद्ध हिन्दी या संस्कृतनिष्ठ हिन्दी बोलने वाले को विदूषक की भाँति देखा जाता है। मानो शुद्ध हिन्दी कोई मजाक की वस्तु हो। 'अंग्रेजी की वर्तनी लिखते समय हम अत्यन्त सावधान रहते हैं। अतः उसमें अशुद्धि या त्रुटि नहीं होती, किन्तु हिन्दी की वर्तनी हम शायद ही शुद्ध लिखते हों। स्वभावतः अंग्रेजी वर्तनी, (स्पेलिंग) हम रटते हैं और हिन्दी पर ध्यान नहीं देते। हमने हिन्दी को भुला दिया है। शायद इसीलिए वर्ष में एक दिन उसे याद कर लेते हैं। 14 सितम्बर को 'हिन्दी दिवस मनाते हैं क्योंकि अंग्रेजी-दिवस तो रोज ही है। इसलिए उसे मनाने की जरूरत नहीं। क्या इंग्लैण्ड में 'अंग्रेजी दिवस' मनाया जाता है ? तो 14 सितम्बर को, वह भी हिन्दी डे के रूप में उसका वेलकम करते हैं। लार्ड मैकाले के हम मानस पुत्र अंग्रेजी में बोलते ही नहीं, अंग्रेजी में सोचते भी हैं। हम मानसिक दासता के शिकार हैं। स्वामी विवेकानन्द विश्व-धर्म सम्मेलन' में बोलने जब शिकागो गये थे, तब उनकी माध्यम भाषा अंग्रेजी थी अन्तर्राष्ट्रीय मंच पर अपनी बात रखनी थी। सो बोलते अंग्रेजी में थे, किन्तु सोचते हिन्दी में थे "मेरे प्यारे अमेरिका वासी भाइयो और बहिनों ! यह भारतीय संस्कृति की सोच का ढांचा है। हिन्दी हमारी राष्ट्रीय चेतना का संवाहक है, जातीय अस्मिता का प्रतीक है। हिन्दी

भारतीयता का पर्याय है। मु. इकबाल के शब्दों में 'हिन्दी हैं हम, वतन है हिन्दोस्तां हमारा ।"

सांस्कृतिक संलग्नता का सर्वाधिक प्रशस्त उपकरण है भाषा। 'उदारीकरण' के नाम पर भारतीय आत्मा को निर्वासित करने का बहुत बड़ा षड़यन्त्र चल रहा है। खुले बाजार में बिकने वाले विदेशी बीज और विदेशी भाषा क्या भारतीय भूगोल और जलवायु के अनुरूप हो सकते हैं ? भारतीय बीज (अनाज, फल, आदि के) या भारतीय भाषा किस मामले में विदेशी वस्तुओं से न्यून है ? राम के सम्मुख भी विदेशी बाला शूर्पणखा प्रणय-निवेदन करती है, परन्तु राम सीता की ओर इशारा करके उसे उसके बौने कद का आभास दिला देते हैं । किन्तु, हमें तो विदेशी वस्तुएँ इतनी प्रिय है कि सीताएँ छूट जाती है और अंग्रेजी से 'गठबन्धन हो जाता है। अंग्रेज चले गये पर अंग्रेजी अभी भी हम पर शासन कर रही है। हम भारतीयों को अपनी पत्नी अच्छी नहीं लगती, प्रेमिकाओं की ओर अधिक आकर्षित होते है। हिन्दी के प्रति हीनता-बोध का आविर्भात एवं अंग्रेजी के माहात्य की गौरवपूर्णता का है-

"तुलसी जिनके मुखनि तें, धोखेहुँ निकसत राम,
तिनके पग की पनही, मोरे तन को चाम ।"

स्वीकृति इसी मानसिकता का प्रतिफल है। हिन्दी के शिक्षक भी अपने बच्चों को कान्वेण्ट स्कूलों में पढ़ाने का शौक रखते है जबकि सांस्कृतिक मन अपनी मूल मातृभाषा में ही विम्बित हो सकता है गांधीजी ने जेल से मृत्युशय्या पर पड़ी पत्नी को गुजराती में पत्र रखने की अनुमति न मिलने पर पत्र ही नहीं लिखा और कहा कि "मेरी बीमार और मरणासन्न पत्नी को पत्र मिले या न मिले, मै अंग्रेजी में पत्र नहीं लिखूँगा। उसी गाँधी के इस देश में आज भारतीय भाषाओं के खण्डहर पर अंग्रेजी के नये-नये अंकुर फूट रहे हैं। भेदनीति' की शिकार भारतीय भाषाएं विरोध की मिथ्या आशका में अंग्रेजी के डण्डे से एक दूसरे को पीटती रहीं और देख नहीं पायी कि इस तरह वे खुद को पीट रही हैं और इन 75 वर्षों में हमने अपनी सभी समृद्धतम भाषाओं को

'बोली' के कगार पर पहुँचा दिया है । इस भयावह परिणति का अधिकांश एक पूर्व प्रधान मंत्री की आज भी संसद में अनेक छवियाँ दिखायी पड़ती हैं, जिनके आगे तथाकथित 'स्वदेशी' समर्थकों को घुटने टेकने पड़ते हैं । लगता है, सत्तातंत्र ऊँचे तरंगदैर्ध्य की ध्वनियाँ ही सुन सकता है । खैर, हिन्दी को उपेक्षाओं से ही ऊर्जा मिली है । गुलामी के समय ही हिन्दी का सबसे अधिक विकास हुआ। हिन्दी कभी सरकारी संरक्षण में नहीं पली । अपनी आन्तरिक शक्ति के कारण उसका विकास हुआ है। किन्तु; विकास हुआ है, विस्तार नहीं । हिन्दी मनुष्य मात्र के अपराजेय भाव की भाषा है । इसीलिए छठें विश्व हिन्दी सम्मेलन, लंदन में उसे विश्व-संवाद की भाषा बनाने के सार्थक प्रयास हुए। किन्तु; विडम्बना यह है कि विश्व-संवाद की भाषा अपने ही देश में विवाद का विषय बन गयी । आज कानून का कृपाण लेकर हिन्दी सबकी छाती पर सवार होने नहीं चली है, वह विश्व-मानस और हृदय पर प्रतिष्ठित होकर सार्वभौम बनना चाहती है । वह आने वाले मनुष्य की आशाओं, आकांक्षाओं की पूर्ति में समर्थ होने के कारण आदर पायेगी यदि हिन्दी हमें रोटी देने में समर्थ हो जाय, तो हिन्दी अधिक कल्याण सम्भव है । अन्तर्राष्ट्रीय फलक पर हिन्ही को सर्वाधिक समुन्नत भाषा के रूप में देखने के लिए अप्रवासी भारतीय हमसे अधिक लालायित हैं । उनकी हिन्दी - भक्ति स्तुत्य है । तुलसी ने लिखा है-

"तुलसी जिनके मुखन तें, धोखेहु निकसत राम,
तिनके पग की पनही, मोरे तन को चाम।"

जो हिन्दी की सेवा में समर्पित हैं, भाषा रक्षा के लिए शहीद होने वाले हैं, मेरे शरीर की चमड़ी यदि उनके पैरों का जूता बन सके, तो मैं अपने को कृतार्थ समझूँगा।

संस्कृत यदि आज भी उत्सव और संस्कार की भाषा है तो मानुष भाव से संस्फूर्त हिन्दी अपनी नमनीयता के कारण हमारे वैचारिक क्षितिज का विस्तार करने वाली भाषा है. यह भारतीय भाषाओं या फिर हिन्दी बोलियों

हिंदी : वैश्विक व्याप्ति एवं प्रभाव

का हक छीनने वाली नहीं, उनकी सीमाओं का विस्तार करने वाली है। यह मनुष्य को उसके पूरे संदर्भ से जोड़ कर अधिक समर्थ रूप में आगे बढ़ने की प्रेरणा देने वाली भाषा है। भाषा को देश की आत्मा कहा जाता है। यह पराए हाथों में तब भी नहीं बेंची जाती जब देश राजनीतिक रूप से पराधीन होता है. मातृभाषा और देशी भाषा बच्चों में सांस की तरह स्वाभाविक होती है। इस लिए अंग्रेजी माध्यम की तरह उनकी बौद्धिक क्षमता भाषा रटने में नहीं, ज्ञान प्राप्त करने में लगती है। कान्वेंट स्कूलों में सांस्कृतिक अस्मिता, मूल्य-चेतना और एक सहज पारिवारिक और देशीय आत्मीयता का विसर्जन हो जाता है। और प्राप्त होती है दोहरी संज्ञाओं से ग्रस्त चेतना। साम्राज्य वादी स्वार्थों से लैस भाषा पराधीनता की सबसे मजबूत जंजीर होती है और वह एक देश के भीतर से देश को छीन लेती है। प्रोफेसर महावीर सरन जैन के अनुसार अंग्रेजी मातृभाषियों से हिन्दी मातृभाषियों की संख्या अधिक है। चीनी भाषा भाषियों की संख्या हिन्दी से अधिक है किन्तु उसका प्रयोग क्षेत्र या व्याप्ति कम है और उसकी बहुरूपता भी खटकती है। आज हिन्दी विश्व के लगभग 120 विश्व विद्यालयों में पढ़ाई जाती है। उसका क्षितिज फैल रहा है किन्तु समाज सिकुड़ रहा है। मारीशस में संपन्न हुए द्वितीय विश्व हिन्दी सम्मेलन में डॉ. कर्ण सिंह ने कहा था कि आज जब हिन्दी भारत की राष्ट्र भाषा से विश्व भाषा बनने जा रही है तो हिन्दी के लेखकों का दायित्व बढ़ जाता है। हिन्दी मानव जीवन को शांति, प्रेम, करुणा और बन्धुत्व का संदेश देगी। हिन्दी यूनेस्को की भाषा बन चुकी है किन्तु अब उसे संयुक्त राष्ट्र की भाषा बनना है।" वैसे संयुक्त राष्ट्र संघ में अटल बिहारी वाजपेयी और नरेंद्र मोदी एकाधिक बार हिन्दी में भाषण दे चुके हैं। अप्रवासी भारतीयों से अनेक देशों में मोदी जी को जो प्यार मिला है वह अभिभूत कर देने वाला है। इस प्रकार भाषा के सांस्कृतिक संबन्धों की परख करते हुए संपर्क भाषा, राजकाज की भाषा और मौलिक साहित्य की भाषा के रूप में हिन्दी के विकास और विस्तार के लिए संकल्प बद्ध होकर हमें इस सारस्वत अनुष्ठान में अपनी समिधा अर्पित करना होगा।

हिंदी : वैश्विक व्याप्ति एवं प्रभाव

स्रोत :
1. संपादकीय लेख, वागर्थ, जनवरी, 1999
2. साहित्य अमृत (विश्व हिन्दी सम्मेलन विशेषांक), जुलाई, 2007
3. दैनिक जागरण, 14 सितम्बर, संपादकीय
4. संपादकीय लेख (प्रो. विद्यानिवास मिश्र) साहित्य अमृत, 1998

पूर्व प्रधानाचार्य,
सुभाष इंटर कॉलेज, नेरा,
कन्नौज

विश्व हिन्दी सम्मेलनों की उपलब्धियाँ और प्रासंगिकता

आनंद प्रकाश शर्मा

सारांश

वैश्विक मानचित्र पर आज हिन्दी की उपयोगिता उसकी स्वीकार्यता के साथ–साथ बढ़ती जा रही है। हिन्दी भारतवर्ष के राष्ट्र स्वरूप में सर्वाधिक चिंतन मनन वैज्ञानिकता लिए मुखर हो रही प्रमुख भाषा है। राजनैतिक उद्‌बोधन, वैज्ञानिक विश्लेषण के मापदंड अध्यात्म बोध, समाजिक समरसताओं के मायने में हिन्दी अधिक तेजी से विश्लेषण सिद्ध हो रही है। इसी से हम अंदाजा लगा सकते हैं आज हिन्दी की प्रासंगिकता और उपयोगिता पूरी दुनिया में बढ़ी है। हिन्दी विचार सिद्धांतों से परिपूर्ण और समृद्ध अभिव्यक्ति प्रदान कराने में सक्षम है। आज दुनिया को एक ऐसी भाषा की जरुरत है जो अन्य भाषाओं की समिष्टि और प्रविष्टि रूप में स्वयं को प्रस्तुत करा सके और सहज सरलता की उपस्थिति को चारित्रिक रूप में सक्षम हो। हिन्दी बोल–चाल और व्यवहार के लिहाज से कार्यालयी कामकाज तक में सक्षम है। वह गणित के मानक स्वभाव एवं वैज्ञानिक पक्षों के सरोकार के साथ साथ आध्यात्मबोध को एक साथ समायोजित भी करती है।

1975 में प्रथम विश्व हिन्दी सम्मेलन की आवश्यकता को सिर्फ भारत सरकार ने ही महसूस नहीं किया था बल्कि विश्व पटल पर भी हिन्दी के प्रति जागरुकता इसके पीछे थी, जब ही तो भारत में उस वक्त की प्रधानमंत्री स्व0 इंदिरा गांधी के प्रयास से प्रारम्भ हिन्दी सम्मेलन भारत से बाहर पूरी दुनिया में भ्रमण कर रहा है, जो हिन्दी के बढ़ते प्रभाव को वखूबी परिलक्षित भी करता है। ये हिंदी की विश्व स्तर पर उपयोगिता एवं प्रसंगिकता को दर्शता भी है। आज तक दुनियाभर में लगभग 11 हिन्दी सम्मेलनों में से अधिकतर की मेजवानी विदेशी धरती पर की गयी हैं। यह हिन्दी की बढ़ती लोकप्रियता है जिसे हम उपलब्धि बतौर संरक्षित कर सकते हैं तथा हिन्दी सम्मेलन प्रभाव से हिन्दी को विश्व पटल पर पदापर्ण कराकर संभावनाओं, उदेश्य, प्रासंगिता और उपयोगिता को को स्पष्ट करने जा रहे हैं।

हिन्दी को प्रासंगिकता प्रदान करते विशेष तथ्य

1. संस्कृति के समृद्ध भाषा कोश का सरल व्यवहार हिंदी के उद्‌भव के

रूप हमें आज से हजार वर्ष पूर्व देखने को मिला। उसे आज परखने का सही वक्त है।

2. संस्कृत से समृद्ध हिंदी और मलयालम भाषा है परन्तु मर्यादित मौलिक हिंदी अन्य भाषाओं की अपेक्षा ज्यादा सुवाक्य और सुगम है। अब इस तथ्य को जनमानस महसूस कर रहा है।
3. वहीं हिंदी अन्य भाषा व बोलियों को एकाकार कर मंच भी सांझा कराती है उदाहरण में हिन्दी के साथ अंग्रेजी उर्दू, फारसी शब्दों का तालमेल बेहद ज्यादा देखने को मिलता है जो हिन्दी की समरसता और समृद्धता को दर्शाता है।

4 दुनिया भर में सात अरब से ज्यादा लोग हैं जिनमें 1 अरब के उपर लोग हिन्दी को दुनिया में कामकाजी रूप में अपनाये जाने हेतु प्रयासरत है। एक मौन आन्दोलन सा मानस पटल के पीछे सचेतक होता रहता प्रयास आज वृहत हिन्दी सम्मेलनों के रूप में जगह–जगह हिंदी की अगुवाई करता दिखाई दे रहा है।

5 अकेले भारतवर्ष में पांच हजार से ऊपर हिंदी समर्थक प्रचारक मंच सक्रिय हैं जो हिंदी को राजभाषा के ऊपर विश्व पटल पर भी मुख्य रूप प्रदान कराने हेतु प्रयासरत हैं।

6. भारत सरकार ने विश्व हिन्दी सम्मेलन की शुरुआत इंदिरा जी के शासन में 1975 में की जो आज 11 संस्करण जीवंत कर चुका है। ये 11 संस्करण देश– विदेश में सफल हुए है जो हिन्दी की विशिष्टता को प्रदर्शित करते हैं।

7 वर्तमान केन्द्र में उपस्थित भारत सरकार ने मेडिकल सांइस की पढ़ाई हिन्दी में शुरू कर इस दिशा में हिन्दी की उपयोगिता एवं आवश्यकता को सिद्ध कर दिखाया है। ये बेहद साहसी कार्य है हिन्दी को विश्व मंच पर स्थान दिलाने हेतु।

11 हिन्दी सम्मेलन और उनकी विषय प्रांसगिकता और प्रभाव

विश्व हिन्दी सम्मेलनों की अब तक की पृष्ठभूमि में उनकी विषयवस्तु की प्रांसगिकता रोचकता और सार्थकता लिए रही है। अगर हम प्रथम विश्व हिन्दी सम्मेलन की पृष्टभूमि में जाये तब ये नागपुर यानि भारत में ही 10 से 12 जनवरी, 1975 में आयोजित हुआ था। इसमें विषय 'वसुधैव कुटुम्बकम्' की उपयोगिता स्वयंमेव स्पष्ट थी। दरअसल हिन्दी को विश्व पटल पर अपने परिवार के तौर पर शामिल होना था। इसी तरह दूसरा विश्व हिन्दी सम्मेलन पहली बार विदेश में पोर्ट लुई, मारीशस में 28 से 30 अगस्त, 1976 में हुआ। इसमें भी विषय वैश्वक धरातल पर वसुधैव कुटुम्बकम् थी। तीसरी दफा विश्व हिन्दी सम्मेलन 28 से 30

अक्टूबर, 1983 में हुआ। इसमें भी विषय पुनः पूर्ववर्ती रहा यानि वसुधैव कुटुम्बकम्। चौथा विश्व हिन्दी सम्मेलन पुनः पोर्टलुई मारीशस में 2 से 4 दिसम्बर, 1993 को आयोजित हुआ, विषय में वसुधैव कुटुम्बकम् मौजूद रहा। पांचवे विश्व हिंदी सम्मलेन पोर्ट ऑफ स्पेन 4–8 अप्रैल, 1996 तक आते–आते इसका विषय भी अप्रवासी भारतीय और हिंदी कर दिया गया। छठे विश्व हिंदी सम्मेलन में भी, जो लंदन में 14 से 18 सितम्बर, 1999 को रखा गया, इसमें भी बदला हुआ विषय हिंदी और भावी पीढ़ी रहा। तत्पश्चात सातवॉ विश्व हिंदी सम्मेलन पारा मारियो सूरीनाम में जून, 2003 में आयोजित हुआ। इसमें विषय बिंदु केन्द्र में विश्व हिंदी नई शताब्दी की चुनौतिया था। अब तक के विश्व हिंदी सम्मेलनों में हमने देखा भारत से शुरु होकर इन हिंदी सम्मेलनों की मेजवान/मेहमान विभिन्न देशों के रूप में उपस्थित होने लगे। ये ऐराऊंड द वर्ल्ड स्टोरी के स्वरूप में प्रतिनिधित्त्व को प्राप्त होता गया। इसी विश्व परिक्रमा के अंदाज में आठवॉ विश्व हिंदी सम्मेलन का संस्करण अमेरिका के न्यूयार्क में 13 से 15 जुलाई, 2007 में जा पहुंचा। यहां भी विषय वस्तु में परिवर्तन देखने को मिला। इस बार विश्व मंच पर हिंदी की थीम नजर आई और नौवे विश्व हिंदी सम्मेलन का आगाज जोहानसवर्ग दक्षिण अफ्रिका में 22 से 24 सितम्बर, 2012 को भाषा की अस्मिता और हिंदी का वैश्विक सदर्भ के रूप में हमें दिखाई दिया। विश्व हिंदी सम्मेलन अपने दसवें प्रारूप के साथ भारत के भोपाल शहर में 10 से 12 सितम्बर, 2015 को आयोजित हुआ। एक विश्व परिक्रमा के पूर्ण हो जाने जैसा रहा और इसका विषय था हिंदी जगत विस्तार एवं संभावनाएं। अब चर्चा कर लेते हैं ग्यारवें हिंदी सम्मेलन की जो मारीशस में हुआ 18 से 20 अगस्त, 2018 की तिथि को सम्पन्न हुआ। हिंदी विश्व और भारतीय संस्कृति को संजोते हुए. हमने अपने इस विश्व हिंदी सम्मेलन के आयोजन संबंधी अध्ययन में एक बात को अपने विश्लेषण के तौर पर प्राप्त किया, उस महत्वपूर्ण तथ्य को उजागर करता सत्य भी है, जिसमें हम पाते है कि विश्व हिंदी सम्मेलनों को बदलती विषय वस्तु हिंदी की विश्वव्यापी प्रासंगिकता स्वयं ही उजागर होता जा रहा है जिसमें हिंदी को विश्वव्यापी नजरिया प्राप्त होता दिखाई पड़ रहा है। विश्व स्तर पर मौजूद हिन्दी की आत्म उन्मुख उपस्थिति और उसके बढ़ते प्रभाव से हम परिचित होते गये हैं, वहीं हिंदी की विदेशों में बढ़ती लोकप्रियता उसके बदलते विषय वस्तु में स्वयं को दर्शाती भी है, साथ ही साथ हिंदी की विभिन्न देशों में स्वीकार्यता का महत्व भी बढ़ता चला गया है। हिंदी को विश्व पटल पर मिल रही चुनौतियों का अध्ययन भी लगे हाथ होता चला जा रहा है। हिंदी विश्व

मंच के पैमाने पर विज्ञान के विश्लेषण को प्राप्त होती चली गई है और खरी भी उतरी है। आज विश्व हिंदी सम्मेलन को जानने–समझने की दिशा में उसकी अवस्था संबंधी अवृत्ति पर सोशल मीडिया प्लेटफार्म में भी तेजी बढ़ा है। एक विकिपीडिया के अध्ययन से हम इसे सहज ही समझ पाते हैं जहां मौजूद जानकारी निम्न है–'विकिपीडिया के सोशल प्लेटफार्म विश्व हिन्दी सम्मेलन आवर्ती अवस्था एक्टिव है। शैली–अंतराष्ट्रीय सम्मलेन है, आवर्ती–3 वर्ष में एक बार, शसकीय वर्ष–47, उदघाटन–जनवरी, 10, 1975, पिछला–2018, अगला–2023, संस्थान–भारत सरकार, स्थल–विश्व हिन्दी सम्मेलन गर्वमेंट डाट इन इंडेक्स।

हिंदी सम्मेलन की उपलब्धियां

विश्व हिंदी सम्मेलनों की उपलब्धियों का अंकन एक महत्वपूर्ण कार्य है। इस ऑकलन के पूर्व हम मध्य प्रदेश के मंत्री महोदय श्री विश्वास सारंग के इस वाक्य का अध्ययन जरूर से करना चाहेंगे "हिन्दी में मेडिकल की पढ़ाई शुरू करना प्रदेश के लिए सबसे बड़ी उपलब्धि है। इसे अमर उजला ने अपने 12 अक्टूबर, 2022 के अंक में छपा है। यकीनन तौर पर एक बड़ी उपलब्धि हिंदी को पसंद करने वाले हर एक शख्स के लिए इस कथन से हिंदी की उपयोगिता को भी बल मिलता है। बहरहाल विश्व हिंदी सम्मेलनों की उपलब्धि इस बात से भी समझी जा सकती है कि 10 जनवरी, 1975 के पहले हिंदी सम्मेलन में भारत के कोने–कोने से लगभग तीन हजार प्रतिनिधि पर्यवेक्षक पधारे थे और दुनिया भर के विभिन्न देशों से 122 प्रतिनिधियों ने भाग लिया था। तब विश्व हिंदी सम्मेलन के दसवें संस्करण में ये संख्या लाखो में दर्ज होगी। इससे एक बात साफ होती जा रही है कि आज दुनियां में हिंदी को महत्वपूर्ण भाषा का दर्जा दिलाने की चाहत रखने वाले प्रतिनिधियों की संख्या करोड़ों में है। पहले विश्व हिंदी सम्मेलन में समारोह की अध्यक्षता कर रहे मारिशस के तत्कालीन प्रधानमंत्री सर शिवसागर रामगुलाम ने कहा था कि हिन्दी भारत की राष्ट्र भाषा तो है लेकिन हमारे लिए यह अंतर्राष्ट्रीय भाषा है, फिर सत्य भी है कि मारिशस, सूरीनाम, गुयाना, फीजी और अफ्रीका के कई देश आज हिन्दी को भारत की राष्ट्रभाषा के साथ–साथ अंतराष्ट्रीय भाषा बनाये जाने के पक्ष में हैं। विश्व हिन्दी सम्मेलनों के अध्ययन से एक बात और साफ तौर पर उभर कर सामने आती है वह यह कि अब तक के जो 11 विश्व हिंदी सम्मेलन आयोजित हुए हैं उनमें से अधिकतर मारीशस, ट्रिनिडाड एवं टोवैगो, ब्रिटेन, सूरीनाम, अमेरिका और दक्षिण अफ्रीका में हुए, जो इस बात को प्रमाणित करते हैं कि हिंदी की लोकप्रियता अराउंड द वल्ड है और

इसका प्रतिनिधित्व दुनियांभर के देश कर रहे हैं। अपने आप में ये विश्व हिंदी सम्मेलनों के लिए उपलब्धि या सफलता रही है। वही इंटरनेट पर उपलब्ध भारत कोश में स्वतंत्र लेखक–मधुकरराव चौधरी प्रथम और द्वितीय विश्व हिन्दी सम्मेलन की उपलब्धि बताते हुए लिखते हैं 'तृतीय विश्व हिंदी सम्मेलन के अवसर पर इससे पूर्व आयोजित उद्देश्य और उपलब्धियों के बारे में विचार करने में हमे गौरव का अनुभव हो रहा है। वे अपनी इस बात के पक्ष में तर्क देते हैं–'हिंदी को विश्वभाषा बनने की प्रक्रिया को बल देना इन सम्मेलन का मुख्य उद्देश्य रहा है और हमें सत्य होता भी दिखाई पड़ता है क्योंकि दूसरे विश्व हिंदी सम्मेलन 28 अगस्त, 1976 मारिशस में सम्मेलन के विषय "वसुधैव कुटुम्बकम्' (विश्व एक–परिवार) की संकल्पना को अंतराष्ट्रीय साहित्य मनीषियों ने स्वीकार कर लिया था। इस सम्मेलन में जापान, फ्रांस, चेकोस्लोवाकिया, इटली, इंग्लैंड, अमेरिका, जर्मनी सहित 20 अन्य देशों के प्रतिनिधियों ने भाग लिया था। हम समझते हैं ये विश्व हिंदी सम्मेलन के लिए एक बड़ी उपलब्धि भी थी। जैसे–जैसे विश्व हिंदी सम्मेलनों का सफर तय होता गया इनकी उपलब्धि में इजाफा होता गया। सातवें हिंदी सम्मेलन में संयुक्त राष्ट्र संघ में हिंदी को अधिकारिक भाषा बनाया जाये और विदेशी विश्वविद्यालयों में हिंदी पीठ की स्थापना हो, हिन्दी के प्रचार प्रसार हेतु वेबसाइट की स्थापना की जाये, जैसे विषय भी जुड़ते गये। ये सब भी विश्व हिंदी सम्मेलनों की उपयोगिता को और अधिक बल देने वाले प्रस्ताव बनें। सातवें विश्व हिंदी सम्मेलन में विश्व राजनीति के सुमिता के प्रेरणा पुल बने अटल जी का भाव पूर्ण श्रदांजलि प्रदान की गई। ये महान दृश्य भी एक उपलब्धि के तौर पर जाना जायेगा क्योंकि यहां मंच पर विश्व भर से आये प्रतिनिधि मौजूद थे जो सिर्फ हिंदी को प्यार करने उपस्थित हुए थे। वहीं ग्यारवें विश्व हिंदी सम्मेलन की महत्वपूर्ण उपलब्धि थी कि इस सम्मेलन में बीस देश के दो हजार से अधिक प्रतिनिधियों ने हिस्सा लिया। इससे स्पष्ट होता है कि विश्व हिंदी सम्मेलन अपने वास्तविक अंतराष्ट्रीय स्वरूप को प्राप्त भी कर रहा है। पूर्व में विश्व हिंदी सम्मलेनों के पूर्व संस्करणों में लिए गए कुछ महत्वपूर्ण प्रस्ताव जैसे–विषय हिंदी सम्मेलन का मुख्यालय मारीशस में खोला जाये, महात्मा गांधी विश्वविद्यालय वर्धा में स्थापित हो। मारीशस में आज विश्व हिंदी सचिवालय स्थापित हो चुका है। इसका उद्घाटन भारत के पूर्व राष्ट्रपति रामनाथ कोविंद ने किया था। वही वर्ष 1977 में वर्धा में महात्मा गांधी अंतराष्ट्रीय हिंदी विश्वविद्यालय की स्थापना भी मूर्त रूप ले चुकी है। विश्व हिंदी सम्मेलन की एक और सबसे बड़ी उपलब्धि यह भी रही है कि

प्रारम्भ में इसका आयोजन हर चौथे वर्ष में किया जाता था पर इसकी सफलता को देखते हुए समय अंतराल तीन वर्ष कर दिया गया, वहीं विश्व हिंदी सम्मेलनों के आयोजन को स्थायित्य भी प्राप्त होता चला गया है।

हम यहां विश्व हिंदी सम्मेलनों की उपलब्धि को मीडिया मंच पर कृ पा शंकर जी चौबे को उग्रत करते हुए उजागर करना चाहेंगे जिसमें वे ग्यारहवें विश्व हिंदी सम्मेलन की उपलब्धि पर प्रकाश डालते हुए लिखते हैं–'मारीशस में आयोजित ग्यारहवें विश्व हिंदी सम्मेलन में महात्मा गांधी संस्थान में पाणिनी भाषा प्रयोगशाला में कम्प्यूटरों के साथ–साथ अन्य संसाधन अधुनिकतम–साफ्टवेयर भारत सरकार ने उपलब्ध कराये है।'

निष्कर्ष

विश्व हिन्दी सम्मेलनों के निहंगम को पढ़ने–जानने और समझने पर एक बात तो साफ़ हो जाती है कि ये अपने जन्म के मूल उद्देश्य की प्राप्ति की दिशा में अग्रसर है, जैसा भारत सरकार ने 1975 में राजभाषा हिंदी को विश्व पटल पर प्रभावी भाषा के तौर पर प्रस्तुत करना सोचा था। यह होता भी दिखाई पड़ रहा है। वहीं संयुक्त राष्ट्र में हिन्दी की उपस्थिति भी नजर आ रही है। अब तक के बारह सफल आयोजनों के प्रस्ताव अपने गंतव्य को प्राप्त करते हुए दिखाई पड़ रहे हैं। सुखद अनुभव हम ग्यारहवें विश्व हिन्दी आवृति में स्थल का नाम गोस्वामी तुलसीदास के नाम पर तुलसी नगर रखा गया है। अब हिंदी सम्मेलन को अगला मुकाम फिजी 2023 में 12वें संस्करण के रूप में नयी उपलब्धि के साथ होना तय है। अध्ययन विश्लेषण के अनुपात में विश्व हिंदी सम्मेलन अपनी प्रासंगिकता, उद्देश्य और उपलब्धियों के संदर्भ में सफल होते दिखाई पड़ रहे हैं।

स्रोत :

1. स्वतंत्र लेखक मधुकर राव जी चौधरी के विचारों को सोशल साइट भारतकोश में आपके लिखे प्रथम और द्वितीय विश्व हिंदी सम्मेलनउद्देश्य एवं उपलब्धियां से उदघृत दिया गया है।
2. कृपा शंकर जी की सोशल मीडिया पर प्रकाशित आलेख 'अटलमय रहा विश्व हिंदी सम्मलेन' से उद्गत किया है।
3. मंत्री सम्मानीय विश्वास सारंग जी को अमर उजाला अखबार से साभार लिया गया है।

हिंदी : वैश्विक व्याप्ति एवं प्रभाव

4. इसी तरह आवर्त्ती और अवस्था साभार विश्व हिंदी सम्मलेन गर्वमेंट डाट इन इंडेम्स/ एच् टी ऍम से प्राप्त किया गया है।
5. विश्व पटल पर हिंदी सम्मलेन के सभी सम्पन्न सम्मलेन आंकड़े विश्व हिंदी सम्मलेन .... हिंदी सारंग डाट काम से साभार लिया गया है।

वरिष्ठ लेखक,
पिपरिया, मध्य पदेश

www.ingramcontent.com/pod-product-compliance
Lightning Source LLC
Chambersburg PA
CBHW050245010526
44107CB00003B/194
* 9 7 8 1 9 8 9 4 1 6 9 7 6 *